亚里士多德全集

第二卷

苗力田　主编

中国人民大学出版社
·北京·

《亚里士多德全集》编译组成员

苗力田　徐开来　秦典华

余纪元　颜　一　喻　阳

申　明　崔延强　李秋零

目　录

物理学

徐开来　译

* Phusike akroasis　据《洛布古典丛书》希腊本文。

第 一 卷

【1】 既然探究本原、原因或元素的一切方式都须通过对它们的认识才能得到知识和理解——因为只有在我们认识了根本原因、最初本原而且直到构成元素时，我们才认为是认识了每一事物——那么显然，在关于自然的研究中，首要的工作就是确定有关本原的问题。

从本性上讲，研究的途径是从对于我们更易知晓和更加清楚的东西到对于自然更加清楚和更易知晓的东西；因为对于我们易于知晓和单纯地易于知晓并不相同。因此，这里的方式就必然是，从对于自然不甚清楚但对于我们更加清楚的东西前进，达到对于自然的更加清楚和更易知晓的东西。

对于我们来说明白和易知晓的，首先毋宁是那些浑然一体的东西①。在从这些东西中把元素和本原分析出来之后，它们才成为被认识的。所以，应该从普遍出发推进到个别；因为整体更易在感觉上知晓，而普遍就是某种整体；因为普

① ta sugkekhumena.

遍包含着许多成分，像部分一样。

在这种方式上，名称对于原理[1]有相同的关系。因为名称不加区分地标志着某一整体（例如“圆”），而定义则把它分析成诸多个别的成分。儿童也是这样，最初，他们把一切男子称为父亲，把妇女叫做母亲，后来，他们才分辨出他们每一个人。

【2】 必然有一个或者多个本原。如果是一个，它或者是不能被运动的（犹如巴门尼德和麦里梭所说），或者是可以被运动的（就像自然哲学家们所主张的，他们有些说气，有些说水是最初本原）；如果是多个，就或者是有限的，或者是无限的。如果有限，即使比一更多，也只能是两个、三个、四个或者是其他某个数。如果无限，就或者如同德谟克里特所说的那样，虽然在形状或属上相异但却是同一个种，或者相对立。

探索存在数目的人们也在作同样的探讨。因为他们首先要探索的就是存在着的万物所由以存在的东西是单一还是众多，如果是众多，它们有限还是无限的问题。因此，他们是在探索本原和元素是单一还是众多的问题。

对存在是否单一和是否不被运动的考察不属于有关自然的研究范围。因为就像同否认几何学原理的人争论不是几何

① logos.

学，而是另一门科学或一切科学的共同问题一样，有关本原的考察也是如此。因为如果本原仅仅是单一的而且是这样的单一，那就不会是本原。因为本原是某一事物或某些事物的本原。所以，考察本原是否只有不被运动的一个同样是仅仅为了争辩才提出讨论的命题（例如赫拉克利特的命题，或者，如果某人说“存在就是单一的人”）。〔或者辩驳可引起争论的论证，就像那些双方都能成立的以及麦里梭和巴门尼德的论证——因为他们的假设是错误的，而且推导不出来——麦里梭的论证更为平凡，没有什么疑难之处。〕但是，承认一个荒谬的命题，随之而推出其他，这是不难的。让我们假定一切或一些自然物是在被运动着，通过归纳这很是明显。同时，不必去解决所能遇到的所有问题，而只管那些虽出于科学原理但进行了错误证明的问题，凡不属此类问题，就不去理会（例如，几何学家应驳斥通过等分弓形化圆为方的企图，但不必理会安提丰的论断）。但是，他们所讨论的虽然不是关于自然的问题，却提出了一些自然哲学的疑难，所以，对这些问题作简略的讨论会有好处，因为这种考察具有哲学意义。

既然“存在”有多层含义，那么，最恰当的就是首先考察那些断言万物为一的人是怎样说的，他们是否认为万物都是实体或数量或性质；或者再有，他们是否认为万物是一个实体（例如一个人、一匹马或一个灵魂）或性质，而且是同一的性质（譬如白的、热的或其他某种诸如此类的性质）。

所有这些事情都无法说明，但说法却差别甚大。

因为如果万物既是实体又是数量和性质，那么（不论它们是否彼此分离），存在就会是众多。如果万物都是数量或性质，那么，不论实体是否存在，都是荒谬的，如若可以把不可能称为荒谬的话。因为除了实体之外，没有任何其他范畴能够分离存在，既然其他一切范畴都被说成要以实体作为其主体①。麦里梭宣称存在是无限的。这样，存在就成了某
185b 种数量。因为无限只在数量中，实体或性质或承受都不可能是无限的，除非是由于偶性（即如果它们同时也是数量）。因为“无限”的原理需要用数量来说明，而不需要实体和性质。现在，如若存在既是实体又是数量，那它就会是二而不是一了；如若它仅仅是实体，它就不应是无限的，也不能有任何大小，因为大小就是某种数量。

再有，就像“存在”一样，“单一”自身也有多层含义，因此，必须考察人们是在哪种意义上断言“万物为一”的。所谓的“单一”，或者指连续的东西，或者指不可分的东西，或者指原理相同和本质②为一的那些东西，就像 methu 和 oinos 都指“酒”一样。

如果单一指连续的东西，它就是众多；因为连续的东西可以被分割到无限。（这里存在着一个关于部分和整体的疑

① hupokeimenon.

② to ti en einai.

难，或许它与当下的论证无关，而是由于自身而存在的问题，即部分和整体到底是单一还是众多以及如何是单一或众多；如若是众多，又是怎样的众多。而且，还有一个关于非连续物的部分问题；如果每个部分都是作为与整体不可分的单一，那么，各部分相互间也是这样吗?)

但是，如若单一是作为不可分的东西，它就既不是数量也不是性质。这样，存在就不会如麦里梭所说的那样是无限的；也不会像巴门尼德所说的那样是有限的，因为虽然限界不可分，但被限定的东西并非不可分。

此外，如果“万物为一”指的是原理上相同（就像 lopion 和 himation 都指“衣服”一样)，他们就成了是在述说赫拉克利特的说法。因为这样一来，是好还是坏、是不好还是好就会相同了——其结果，同一个东西就会既好又不好，既是人又是马，他们的论证就不再是关于“存在为一”而是关于“存在非一”了。——而且，是某类性质和是某类数量也会相同。

有些较晚的古代学者也惶惶不安，深怕自己出现了同一个东西既是单一同时又是众多的说法。因此，有些人就索性取消了“是”这个词(如像留科福朗)①，另一些人则改变语言，不说这个人是白的，而说他已经白了，不说他是在走路，而说他走路，以免加上“是”这个词之后造成单一就是众多的

① 留科福朗（Lukophron)，智者，高尔吉亚的学生。

情况，似乎“单一”或“存在”都只有一层含义。但实际上，不论是在原理方面（例如，虽然“是白的”和“是文雅的”彼此不同，但同一个人可以兼备二者，因此，单一就是众多），还是在可分性方面（就像整体与若干构成部分），存
186a 在的事物都可以是多。正是在这里，他们陷入了僵局，但又不得不承认单一就是众多，仿佛同一个东西不容许既单一又众多似的，其实它们并不矛盾；因为单一既可以是潜在意义上的也可以是现实意义上的。

【3】 以这种方式继续考察就会明白，存在显然不可能是单一的，而且他们据以立论的论证也不难驳倒。因为麦里梭和巴门尼德的推论都是强词夺理，他们的假定是错误的，他们的论证又推导不出来。麦里梭的论证更为平凡，没有什么疑难。〔但是，承认了一个荒谬的命题，其他也就随之推出，这是不难的。〕①

麦里梭的错误推理显而易见。因为他从“一切生成之物都有开端”推导出“非生成之物都无开端”。此外，这也是荒谬的，即在一切场合事物都要有开端，并且不是时间的开端，不仅在单纯的生成中，而且在性质变化里也是如此，仿佛从未发生过整体范围内的同时变化似的。

再有，如果单一，为什么就不能被运动呢？因为其中一

---

① 这里的一段话与185a8—13重复。

部分——例如这滴水——在自身内被运动，为什么全体不能被运动呢？再说，为什么不应该有性质变化呢？当然，全体在属上不是同一的（除非在所由构成的东西上都同一。正是在这种意义上，有些自然哲学家断言它同一，但在前一种意义上却不是）。因为人和马在属上不同，彼此也是对立的。

同样的论证方式也适于反驳巴门尼德，并且还有一些是专门用于对付他的。因为要反驳的也是其前提的虚假，而且推论不成立——前提虚假在于他只是笼统地理解“存在”，实际上它却有多层含义。推论的不成立是因为，即使所讨论的是那些白色的东西，而白又只有一种含义，那么，那些白的东西也会是众多而不是单一。因为不论是就连续性还是就原理而言，白色的东西都不会是单一。因为作为白和白的东西是有区别的。当然，这并不意味着有什么东西在白之外能够分离存在。因为白和它所依从的主体虽然是不同的，但不是说可以彼此分离。不过，巴门尼德还没有发现这种区别。

因此，他不仅必然要认定“存在”只能表述为一，而且还意味着它“正是”存在“正是一”①。因为属性是用以陈述某个主体的，所以，这个属性的主体就不会是“存在”（因为它异于“存在”），因此是某种“非存在”。所以，“正是” 186b
的东西不能属于他物。因为这个他物并不是“存在”，除非“存在”有多层意思，并且每层意思各是某种这样的存在；

① hoper on kai hoper hen.

然而，按照假定，“存在”只能表述为一。若“正是”不属于其他而是他物属于它，那么，“正是”为什么表示“存在”而不是“非存在”呢？如若“正是”就是白，那么，作为是白就非“正是”存在了（甚至不能把“存在”归于白的属性，因为既然非“正是”存在当然也就不是存在了）。因此，白是“非存在”——这不是指某种特定的“非存在”，而是指完全意义上的“非存在”。这样，“正是”也是“非存在”，因为说白是真的，但这并不表示存在。所以，如果说“白”也表示“正是”，那么，“存在”（是）就有多层意思了。

〔不仅如此，“存在”也不能有大小，如若它是“正是”的东西的话，不然，它的每个部分就各是一个不同的“存在”了。〕

一个“正是”的东西可被分成其他“正是”的东西，这在道理上是明显的。例如，如果一个人是“正是”的东西，那么，动物和两脚的也必然是“正是”的东西。因为如果不是某个“正是”，就会是属性，而且是属于人或其他某个主体的。然而，这是不可能的。因为属性被宣称为或者可能或者不可能属于主体，或者在其原理中就包含着属性所属的主体（例如，“坐着”就是可以分离的属性，而鼻子的原理就包含在塌鼻的原理之中，因为我们说塌凹是鼻子的属性）。此外，整体的原理不被包含在它的界说性定理的构成部分或元素的原理中（例如人的原理在两脚的之中，白人的原理在白的之中）。如果是这样，并且，如果两脚的是人的属性，那么，它必然或者是可以分离的（因此，人就可能会不是两脚的)，或者是人的原理被包含在了两脚的之中。但这不可能，因为本来是两脚的原理包含在人的之中。如若两脚的和动物不是人的属性，而是其他什么的属性，并且它们每个都不是“正是”的东西，那么，人也就会是他物的属性了。但是，“正是”的东西不是任何东西的属性，两脚的和动物所各自分别述说的主项以及由它们所构成的东西亦如此。因此，宇宙是由众多不可分的东西构成的。

187a 有些思想家向两个论证让步。一个是“如若存在是一层意思，则万物为一”的论证，他们承认了“非存在”存在；一个是源于二分的论证，因为他们假定了不可分的积量。但显然，这个推理是不正确的：如果“存在”只有一层含义，而且不能同时有对立的说法，那么，就不会有任何“非存在”。因为没有什么妨碍（不是整体上说）某种不存在是“非存在”。所以，下面这个说法是荒谬的：如若除了“存在”自身之外没有什么其他，那么，万物就应该是一。因为谁会不把存在自身理解为“正是”的东西呢？但即使如此，也没有什么妨碍“存在”是众多，就像上述的那样。

因此，很明显，“存在”在这种意义上不可能是单一。

【4】 自然哲学家们的说法则有两种方式。一种方式主张存在的基础是单一物体——或者是三种[①]之一，或者是

① 指水、气、火这三种物体。

比火更稠密比气更稀薄的某物——通过凝集和疏散，从它生成万物，造成众多。稠密和稀薄是对立的，一般而言就叫盈余与缺欠，就像柏拉图所说的大和小。当然，他把大和小当成质料，单一是形式，而那些人却把单一当作基础质料，对立则是属差和形式。另一种方式主张对立是在单一之中，是从它分出来的，犹如阿那克西曼德所说；那些断言存在既是单一又是众多的人也是如此，就像恩培多克勒和阿那克萨戈拉。因为他们主张他物是从混合体中分离出来的。但是，他们的观点也彼此有别，恩培多克勒认为变化是循环过程，阿那克萨戈拉则认为是单向连续。而且，后者宣称同素体以及对立是无限的，前者则只假定了所谓的元素。

阿那克萨戈拉之所以有本原无限的主张，似乎是由于他接受了自然哲学家们关于无物从非存在中生成的共同看法。因为正是这样，他们才断言“万物本是在一起的”，生成无外乎是合并在一起的诸如此类的东西的性质变化；另一些人则认为生成是结合与分离。

此外，从对立面互相生成的事实出发，他们推出了一方已经存在于另一方中的结论。因为既然一切生成的东西都必然或者从存在或者从非存在生成，而从非存在中生成又是不可能的（因为这一点是所有自然哲学家都同意的看法），所
187b 以，他们认为必然只能从存在中，即从已经存在着的那些东西中生成。但是，由于它们的体积太小，我们感觉不到。因此，他们宣称一切都混合在一切中，因为他们看到了一切都

生成于一切。事物依据混合物的无数成分中那种在数量上占优势的成分而显得相互不同并得到各自的名称；因为没有纯粹而完全的白的、黑的、甜的、骨头或肌肉存在着，正是每一事物内的这种优势成分被认为是它的本性。

如果作为无限的无限是不可知的，那么，在多少或大小方面无限的东西就是在量上不可知，在种类方面无限的东西就是在质上不可知。所以，如果本原的数量和种类都是无限的，就不可能认识由它们所构成的事物。因为只有在我们认识了由什么东西构成及其量时，我们才被假定知道了那个复合物。

此外，如若一事物的部分可以任意大和任意小，那么，这一事物自身也就必然可以如此（我所谓的部分，指整体被分解成的，而且已经存在于整体之中的东西）。如果一个动物或一株植物不可能是任意大和小的，那么显然，它的各部分也不能如此；因为不然，整体也就会是这样的。肌肉、骨头以及诸如此类的东西是动物的部分，果实则是植物的部分。显然，不论是肌肉、骨头还是其他什么，它们在大和小方面的量度都不可能是任意的。

此外，如若一切这样的东西都已经包含在彼此之中，而且，它们不是生成，而是分离出来的，并从数量上占优势的成分中获得名称；还有，如若任何东西都生成于任何东西，例如水从肌肉中或者肌肉从水中分离出来，而任何有限的物体都会被一个有限物的不断分取而耗尽，那么显然，每一物存在于每一物中是不可能的。因为当肌肉从水中分出时，还有另外的肌肉通过分离从剩下的水中生成，即使被分出的肌肉是在不断减少，但毕竟不能少于某个最小的量。因此，如果这个分离过程会结束，一切在一切之中的说法就不能成立(因为在剩下的水中已不包含肌肉了)；如果这个过程不结束，而是能够不断地分下去，就会同样出现一个有限物体的无限数量被包含在有限的积量之中的情况，但这是不可能的。

此外，如果每一物体在某物分出后必然会变小，而肌肉的量无论大和小都是有限的，那么显然，没有什么物体能够
188a 从最小量的肌肉中分离出来；因为不然，它就比最小的量还要小了。

再有，在每一个无限的物体中似乎就已经包含着无限的肉、血和脑，虽然彼此都是分散着，但并不是不存在，而且各自都是无限的。这是没有道理的。

虽然对“绝没有完全的分离”这个说法阿那克萨戈拉并不理解，但它却是正确的。因为例如“承受”就是不能分离的。所以，假若颜色和状况已包含在混合物中，如果又分离出来了，那么，就将会存在某种不是其他什么的颜色或状况，它们就不会依存于主体。因此，如果他的“心灵”想要把它们分离出来，那就是在追求不可能的事情，因而是荒谬的；而且，无论是在量方面还是在质方面都不可能这样做——在量方面是因为没有最小的积量，在质方面则由于“承

受”不能分离存在。

他关于生成源于同属物体[1]的假定也不正确。因为在一种意义上一块黏土虽然可被分成若干小块，但在另一种意义上则不行。水和汽尽管是相互存在和生成的，但和砖头拆自房屋、房屋建于砖头的方式并不一样。

较好的做法是假定较少的和有限的本原，就像恩培多克勒所做的那样。

【5】 所有思想家都把对立作为本原，其中的有些人宣称万物是单一而且不被运动(巴门尼德也把热和冷作为本原，他称之为火与土)，有些人则主张稀疏和稠密。还有德谟克里特断言的充实和虚空，他把前者称为存在，把后者称为非存在；此外，他也说到了位置、形状和次序，认为这些是对立的种；位置的朝上与向下、在前与在后，形状的角、直和曲。

那么，所有这些人怎样把对立作为本原是很清楚的了。这是有道理的。因为本原必定既不是相互生成也不由他物生成，而是一切都出于它们。这一切都被包含在原初的对立中——由于是原初的，就不出自他物，由于是对立的，就不相互生成。但是，还必须考察这个结论是怎样推论出来的。

首先必须肯定，就本性而言，存在着的任何事物都不能

① ta hoioeide.

任意地动作或承受，也不能一个从另一个中生成，除非有人假定这是出于偶性。因为，除非文雅的是非白的或黑的之偶性，不然，白的如何能生成于文雅的呢？虽然白的生成于非 188b 白的，但并不是生成于其他任何颜色，而是生成于黑的或黑白之间的颜色；文雅的虽生成于非文雅的，但也不是生成于文雅以外的任何东西，而是生成于不文雅的或可能是文雅与不文雅之间的某种状况。事物毁灭时也不会成为完全偶然的东西。例如，白的不会成为文雅的（除非由于偶性如此），而会成为非白的，并且，也不是成为任意的非白色，而是成为黑的或黑白之间的颜色。同样，文雅的会成为非文雅的，但并不是成为任意一种非文雅，而是成为不文雅的或可能是文雅与不文雅之间的某种状况。

这种情况同样适于其他；即使那些不是单纯而是复合的存在物也要遵循这同一原则，只是由于没有专门的名称来称谓它们的对立面，我们没有发现这一点而已。因为一切和谐的东西必然从不和谐生成，不和谐的东西也由和谐生成；而且，和谐东西的毁坏成为不和谐，且不是任意的不和谐，而是它的对立面。说和谐、顺序或结合并无区别，因为显然有着相同的原则。实际上，无论房屋、雕像还是诸如此类的其他东西的生成都一样。因为房屋由未结合的、互相分离的东西所生成，雕像以及任何一个已经成形的东西也由尚未定形的东西生成。在这每一个东西中，有些通过顺序的排列，有些则由于某种结合而生成。

如果这是真实的，那么，一切生成之物的生成以及一切消灭之物的消灭都或者源出于对立面或它们的居间者①，或者变成为对立面或它们的居间者。居间者也是源出于对立双方的（例如，由白色和黑色所调制的各种颜色）。所以，由于自然而生成了的一切事物都应该或者是对立，或者是来源于对立。

至此，大多数其他思想家在这个问题上的见解大体一致了，正如我们在前面说过的那样。因为他们全都断言对立是元素（被他们称之为本原），尽管他们没有作出论证，而是迫于真理本身。但是，他们相互也有区别，有些人假定的对立在先，有些人假定的对立在后，有些人的假定在理性上较为易知，有些人的假定在感觉上较为易知。因为有些人把热和冷，有些人把湿和干，有些人把偶数和奇数，还有些人把争斗和友爱作为生成的原因。在已被论述的方式上，这些说法都是彼此不同的。因此，他们的观点既相互一致，也彼此区别——区别就像大多数人所认为的那样，一致则指类似； 189a
因为它们全都取自于同一张表②。只不过有些范围广些，包容其他，有些范围狭些，被其他所包容。

所以，在这样的意义上，他们的说法既相同又相异，有些人的观点较差些，有些人的较好些，有些人的在理性上

① metaksu.

② 指毕达戈拉斯的十对立表，参见《形而上学》，986a22。

（如前所述）较为易知，有些人的在感觉上较为易知。一般的东西在理性上易知，个别的东西在感觉上易知；因为理性相关于一般整体，感觉相关于个别部分，例如大与小是理性上的，而疏和密则是感觉上的。

那么显然，本原必定是对立。

【6】 下面来说一说本原到底是两个、三个还是更多个。

本原不能是单一的，因为单一没有对立，也不能是无限的，不然，存在就会不可知。在全部的种里面，只能有一种对立，而实体就是某一个种。再有，既然从有限的数目出发是可以的，那么，像恩培多克勒那样从有限数目出发就比从无限的数目出发更好。因为他也能够得到阿那克萨戈拉从无限出发所能得到的一切。其次，有些对立先于另一些对立，有些对立则生成于另一些对立（例如甜与苦、白与黑），但是，本原必须总是保持不变。从这些可以明白，本原既不能是单一的，也不能是无限的。

既然本原是有限的，就有某些理由假定它们不仅仅是两个。因为任何人都难以相信稠密如何会以某种自然的方式作用于稀疏，或者稀疏像这样作用于稠密。其他诸如此类的对立亦如此。因为友爱不能把争斗弄到一起并使某物从它生成，争斗也不能使某物从友爱生成，而是他们两者都作用于某个有别于它们的第三者。有些思想家也的确设定过自然万物由以构成的多个本原。此外，如若不为对立设定另外的自然，就可能会遇到如下的难题。因为我们从未见过对立构成存在的实体；本原也不应该述说某一主项（不然，就会出现本原的本原；因为主项是本原，而且被认为是先于述说它的谓项的）。此外，我们也认为，一个实体是不与另一个实体对立的。所以，实体如何可能来源于非实体呢？或者，非实体怎么可以先于实体呢？

因此，如果认为前面的论证和这里的论证都是真实的，而且又想要坚持这两点，那就必须假定某个第三者，就像那些断言万物是某种自然——如水、火或它们的居间者的人的说法一样。是居间者的看法似乎更好些。因为火、土、气和水都已经包含着对立。因此，那些认为载体不是这些元素的人的看法是合理的，与其他元素相比，有些人主张气是本原，因为气比其他元素的感觉差异更小；接下来就是水。但是，大家都在用对立来形成这个“一”，例如用稠密与稀疏、更多与更少。这些对立一般地说就是盈余与缺欠（正如前面已经讲过的）。“一”和盈余与缺欠是存在物的本原的看法古已有之（当然，含义是不同的，更早些的哲人们认为二是动作，一是承受，较近的有些学者则相反，认为一是动作，二是承受）。

所以，依据这些以及诸如此类的其他考虑，似乎有某些理由（就像我们已经说过的）断言元素是三个，而且也不能比三个更多。因为对于承受的本原来说，一个就足够了。如若有四个元素，就会有两对对立，就不得不分别为各对对立设定某种居间的本性。而且，如若这两对对立能够互相生成，那么，另一对对立也就应该是多余的了。再有，原初的对立不能是众多。因为实体是存在的某个单一的种，因此，本原彼此之间只有先与后的差异，没有种方面的不同。因为在单一的种中，总是只有一对对立，其他的一切对立被认为都要归并于这一对。

因此显然，元素不是单一的，也不比两个或三个更多。但要断定它们到底是多少（正如我们所说过的）则有许多困难。

【7】 现在，我们首先说说生成的一般概念。因为正如我们所见到的，论述问题的自然程序是先讲共同原则，尔后再考察个别特点。

因为我们说一物从他物、此物从彼物生成，这里所说的物或是那些单纯的东西，或是那些复合的东西。我们所谓的“生成”是指：一个人成为文雅的，不文雅的成为文雅的，或者不文雅的人成为文雅的人。在我所说的前一种情况中，要生成的东西，即人和不文雅都是单纯的，生成着的东西，即文雅也是单纯的；但在后一种情况里，当我们说不文雅的人已成为文雅的人时，不论是要生成的东西还是生成着的东西都是复合的。

在这里，我不仅说这个东西生成，而且还说从这个东西生成（例如，说从不文雅生成为文雅）；但是，并不是在一切情况下都这么说。因为不能说从人成为了文雅，而是说人成为了文雅。

我们所说的那两个单纯的生成的东西，一个在生成之后仍然存在着，另一个则不复存在了。因为人在成为文雅的人之后是仍然存在着的，但不文雅和无教养在成为文雅之后就不复存在了，不论它是单纯的还是复合的都是如此。

作了这些区别之后，如若有人细心观察（就像我们所说的那样），就能从所有的生成情况中发现：必定总是有某种处于生成变化者下面的东西，如若这个东西在数目上会是单一的，但在形式上则不会是单一的；我这里所谓的形式上，指的是原理上相同。因为人和无教养的在原理上是不同的。一个在生成后仍然保存着，另一个则不复存在了——不构成对立的一方的那个东西仍然保存着（因为保存下来的是人），而文雅和无教养则保存不下来，由两者所复合的东西也不再保存（例如无教养的人）。

对于那些在生成后不再保存的东西，我们就称之为从什么变成什么（而不是说什么变成什么），例如，说从无教养变成有教养，而不说从人变成有教养。但也并不尽然，有时候，对于生成后仍然保存着的那些东西我们也像这样说。因为我们说从青铜生成雕像，而不说青铜变为雕像。如果生成是出自对立的一方，而且又是在生成之后不再保存着的那一方，那么，这两种说法都可以——既可以说从这物生成那物，又可以说这物变为那物。因为既可以说从无教养变为有教养，也可以说无教养变为有教养。对于复合物，也可以同样用这两种说法。因为既可以说从无教养的人生成有教养的人，也可以说无教养的人变为有教养的人。

生成一词具有多层含义。在一些场合，不说生成而说这个东西生成，只有那些实体才是不加限制地在生成。因为显然，除了实体以外的任何其他生成都必定要有某个东西作为生成的载体——不论是量、质、关系还是何时、何地方面的生成都有某一载体。因此，只有实体才不述说其他主体，相反，其他一切都述说实体。进一步的考察也清楚可见，各种实体以及任何其他一般的存在的东西都是从某一载体生成的。因为总是有某个处在下面的东西存在着，再从它生出生成的东西，例如，植物和动物都从种子中生成。总的说来，生成东西的生成可以分为下列各种情形：有些是形状的改变（如从青铜生成雕像）；有些是增加（如被生长着的东西）；有些是减少（如从一块石头制成赫尔墨斯雕像）；有些是组合（例如建造房屋）；有些是质变（如事物质料方面的改变）。很明显，所有这些生成的东西都是从某些载体中生成的。

依据上面所述，显然，所有生成的东西总是复合而成的，无论是生成出来的此物还是变成此物的某物。这个某物又有两层含义，或者是载体，或者是对立物。我所谓的对立指的是无教养的，载体则指人。同样，无形状和无次序的东西叫对立物，而青铜、石料和黄金则叫载体。因此很明显，如果由于自然而存在的事物都有自己的原因和本原，并且，我们所说的每种自然都从开始就不是由于偶性而是由于本性而存在和生成的，那么，万物就都是从载体和形式生成的。因为有教养的人就是从人和有教养以某种方式复合而成的。既然可以把这一复合体的原理分解成它的构成要素的原理，那么显然，生成的东西就应该是从这些构成要素中生成的。

这个载体在数目上是一个，在形式上则是两个，因为人、黄金以及一般而言的质料都是可数的。因为它更多地是某个“这东西”，生成的事物不是从它偶然而生成的，短缺和相反才是偶然的。但另一方面，形式也是单一的，例如次序、有教养以及其他任何这种可作为谓项的东西。因此，在这一种意义上本原是两个，但在另一种意义上本原则为三个。而且，在一种意义上对立是本原，例如，如若有人说有教养与无教养、热与冷、和谐与不和谐是本原，但在另一种意义上对立又不是本原。因为对立不能够相互作用。但是，如果把载体作为另一个本原，这个困难也就解决了；因为载体不是对立的。所以，在一种意义上，本原并不比对立更多，正如已经说过的，在数目上是两个；但进一步看，本原 191[a]
又不是两个，由于另一个相异的存在出现在它们之中，所以应是三个。因为例如，作为人而存在与作为无教养而存在是相异的，作为无形状而存在与作为青铜而存在也是相异的。

那么，关于自然事物生成的本原有几个以及为什么有这几个的问题就谈完了。显然，必定有某物处于对立物的下面，而对立又必定有两个方面。

其他的任何说法都是不必要的，因为通过对立一方的出现与不出现就足以造成变化了。通过类比的方法，就能认识作为载体的自然。因为就像青铜对铜像，木材对木床，质料和取得形式以前的不具有形式的东西对具有形式的任何一种东西一样，作为载体的自然对实体，以及对“这个”或存在的关系也是如此。那么，它本身就是一个本原（尽管它之为一或存在与“这个”之为一或存在是有区别的），原理也是一个本原，而且进一步说，原理的对立面，即短缺也是一个本原。

在何种意义上本原是两个，在何种意义上本原又多于两个，上面已经说明了。我们首先解释了只有对立双方是本原，后来又说明了必然有另外某个东西处于下面，这样，就有了三个本原。从这些阐述，现在已弄清楚了：对立双方的区别是什么，各个本原相互之间有何种关系，载体是什么。虽然形式与载体谁是事物的本质问题还不明显，但是，本原是三个，在何种意义上是三个，以及它们各自作为本原的方式是什么都已清楚了。

那么，关于本原有多少以及是什么的问题，我们就讲上面这些。

【8】 在上述问题之后，我们现在要说明的是：也只有以这种方式，才能解决早期的那些思想家们的困难。那些最初的哲学家，在他们对存在的真谛和本性作出探讨时，由于没有经验，就像迷途之人一样走上了另一条路。因为他们断言，存在既不是生成的，也不会消灭，既然生成的东西必然或者从存在，或者从非存在中生成，而从这两者中生成都是不可能的。因为存在（既然它已经存在着）不会生成，也没有什么东西会从非存在中生成（因为必定要有某物作为载体）。他们就是这样夸大了这个结论，甚至也否认了自然事物多样性的存在，仅仅承认存在自身。

以上就是他们的看法以及为此而说出的理由。但是，在我们看来，在一种意义上，我们说某物从存在或从非存在生成，非存在或存在动作什么或者承受了什么，或生成了某个 191b 特定的东西，这些说法与说医生动作什么或者承受了什么，某物由医生那里存在或生成了是没有区别的。所以，既然这后一种说法有两层含义，那么显然，“出于存在……”以及“动作或者承受存在……”也是如此。一个医生在造房屋，他就不是作为医生而是作为营造师，他变成白色的，也不是作为医生，而是作为黑色的。但是，他成为还是不成为医生则是作为医生而言的。既然只有在医生作为医生动作什么或承受什么或生成什么的时候，我们说医生动作什么或承受什么或从医生生成什么才最为适宜，那么显然，“从非存在生成”中的这个“非存在”也是标志着作为非存在。正是由于没有区分这一点，那些思想家才放弃了这个问题，而且也正是由于这同样的错误，他们才进一步地走入了迷途，以至于认为除了存在自身外没有任何其他东西生成或存在，从而取消了所有的生成。

在断言没有什么东西能绝对地从非存在生成这一点上，我们与他们是一致的，但是，我们认为在某种意义上，例如在由于偶性的意义上，事物是可能从非存在生成的。因为某种东西就是从短缺生成的——而短缺按其本性说就是非存在——它在结果中并不继续存留（当然，这会令人吃惊，并认为某物不可能像这样从非存在生成）。同样，没有什么从存在生成，也没有什么存在能生成，除非是由于偶性。否则这种生成就会像动物从动物生成，某种动物从某种动物生成那样（例如，若是狗从马生成）。因为这样的话，一只狗就不仅会从某种动物生成，而且也就是从动物生成了，而且，这个“动物”还不是作为动物（因为它已经存在着）。所以，如果有某物不是由于偶性而生成为动物，它就不会是从动物所生成。同样，如果有某物不是由于偶性而生成为存在，就不会是从存在生成的，也不会从非存在生成。因为我们已经论述过，“从非存在”中的这个“非存在”指的是作为非存在。此外，我们也不否认一切事物或者存在或者非存在的原则。

上面是解决困难的一种方式。另一种方式则在于指出：同一东西既可以从潜在的方面也可以从实现的方面去述说。

这一点已在其他地方作过更为准确的分析。

可见，（正如我们所说的）这些迫使人们否认我们上述的有些东西存在的困难现在已被解决了。因为正是由于这些困难才导致了早期的思想家们在探讨生成和消灭以及一般而言的变化方面的问题时迷失了道路。假如他们看出了这个问题的本性，他们的一切糊涂见解就会烟消云散了。

【9】 另外有些人也确实领会到了这个问题的本性，但是却不充分。因为首先，他们把巴门尼德的观点作为正确的说法接受下来，同意生成只可能一般地从非存在生成。其 192a
次，在他们看来，如若存在在数目上是单一的，在潜能上也只能是单一的。其实，这有很大的区别。因为在我们看来，质料和短缺是不同的。我们认为，在这两者中，质料是由于偶性的非存在，而短缺则是由于自身的非存在；质料接近于实体，而且在某种意义上就是实体，但短缺则根本不是实体。此外，他们把大和小与非存在相等同，不论是把它们合起来看还是分开来个别地考察。所以，他们的三要素①与我们的完全不同。因为尽管他们甚至也承认必定有某种处于下面的自然，但是，他们却只把它当作是单一的（因为即使有人②把它作为两个，并称之为大和小，其结果也是相同

① triadas。他们的三要素指大、小和理念；我们的是质料、形式和短缺。
② 指柏拉图。

的。因为他忽略了另一个要素）。

因为在生成事物中那个持久不变的是与形式结合着的伴随因，它就像一位母亲；但是，对立的另一部分，如若人们集中注意力于坏的方面，就会觉得它仿佛不存在。因为，如若认为有些东西是神圣的、善良的和令人向往的，那么，我们就断言还有两个东西，一个是与它相反的，另一个是按照其本性它自然要欲求和渴望的。但按照他们的观点，其结果就是，相反者渴望自己的消灭。然而，形式不能渴望它自身（因为它并不缺少），形式的反面也不能渴望它，因为相反的双方是彼此消灭的。真实的说法是质料渴望形式——似乎就像阴性渴望阳性，丑陋欲求漂亮一样。区别只在于，丑陋以及阴性的这种渴求不是由于本性，而是由于偶性。

质料在一种意义上要生成和消灭，但在另一种意义上却不会。因为在它之中包含了要消灭的东西即短缺，所以它由于自身是会消灭的；但是，作为潜能方面的东西，它又由于自身不会消灭，而是必然不消灭也不生成的。因为如若它曾生成过，那就必定有某个它所由生成的而且继续存留在它之中的最初载体。但是，这正是它自己的本性。所以，它是先于生成的，因为我所谓的质料定义正是：每一事物不是由于偶性从它生成，并继续存留在其中的那个最初载体。如若它消灭，它就会在最后回复到自身，所以，它就会在消灭之前就消灭了。

关于形式方面的本原问题，即这种本原是单一还是众

多，它或它们的本性是什么的问题的确切规定，是第一哲学的任务，所以，只有把这些问题留到那时再说。有关自然 192b
物，即可灭事物的形式问题，我们将在后面各卷的讨论中谈到。

这样，我们已经确定的问题有：本原存在着，它是什么，它的数目有多少。下面，我们要开始谈论另外的本原问题。

第　二　卷

【1】　在存在着的事物中，有些是由于自然而存在，有些则是由于其他原因而存在。由于自然而存在的不仅有动物以及它们的部分、植物，而且还有那些单纯的物体（譬如土、火、气和水）。我们把这些事物以及诸如此类的东西说成是由于自然而存在，是因为所有这些事物都明显地和那些不由于自然而构成的事物相区别。因为所有由于自然而存在的事物都明显地在自身之中有一个运动和静止的本原——有些是地点方面的，有些是增加和减少方面的，有些则是性质变化方面的。相反，床榻、罩袍以及诸如此类的其他东西，在它们各自的名称所规定的范围内，并且就它们是工艺制品而言，都没有这样的变化的内在冲动：尽管如果它们偶然地是由石头或土或这两者的混合构成，也会从这些构成材料中得到这种内在的变化本原。因此，所谓自然，就是一种由于自身而不是由于偶性地存在于事物之中的运动和静止的最初本原和原因。我之所以说不是由于偶性，是因为可能出现这种情况：一位医生或许是使自身疾病康复的原因。但是，他

并不是作为患者而具有医疗技术的人，医生和被医治的患者同属一人纯系偶然。正因如此，二者常常是彼此分开的。其他每个工艺制品的情况也是如此。因为没有一件工艺制品的制作根源①在自身之中，而是在他物之中(例如房屋和其他各种手工制品)。虽然有一些工艺制品的根源在自身之中，但那不是由于自身，而是由于偶性才可能成为这些东西的原因。

自然的含义如上所述。只要具有这种本原的事物就具有自然。一切这样的事物都是实体，因为它是某种主体，而自然总是在主体之中的。

“合乎自然”不仅指这些自然事物，而且也指那些由于自身而属于自然的属性，如火被向上地移动。因为它不是自然，也不是具有自然，而是由于自然和合乎自然。 193a

什么是自然，什么是由于自然和合乎自然都已经说过了。想要证明自然存在的企图是幼稚的。因为有许多这样的东西存在着。用模糊的东西来证明显明东西的作法，反而暴露了在判别自明的与非自明的事物上的无能。显然，这种混乱并非不可能出现。因为犹如天生的盲人去侈谈各种颜色，那些对名称进行理论却无所思想的人也必然是这样。

有些人主张，自然或者由于自然而存在的东西的实体就是以自身而寓于个别事物之中的尚未成型的原始材料，例

① arkhe.

如，木料是床榻的自然，青铜则是雕像的自然。（安提丰就是这样说的：如果某人埋一张床，并且如果腐烂后的木头能够长出幼芽的话，那么，长出的东西就不会再是床而是树木。因为根据习惯规定和技术所作的安排都是偶然的东西，实体的自然性质则是那贯穿在过程中始终存在着的另外的东西。）但是，假如每个事物的质料与别的事物也有同样的关系，例如青铜、黄金与水的关系，骨骼、木料与土的关系，其他类似的关系也一样，那么，水、土等就是青铜、黄金、骨骼、木料等的自然和实体了。正因为这样，所以有些人说存在物的自然或本性是火，有些说是土，有些说是气，有些说是水，有些主张是其中的几个，有些则认为是它们全部。无论是把这其中的一个还是多个元素当作自然，他们都说这个或这些元素全都是实体，而其他的一切只是它们的属性、状况和次序。他们也认为这些元素是永恒的，因为它们没有相互的转化，而其他事物则在无数次地生成和消灭着。

上述这些是自然的一种说法，即在每个自身具有运动和变化本原的东西中作为载体的原始质料。另一种说法则是把自然视为依据理性的东西①的形状和形式。因为正像把由于技术的东西和工艺制品称为技术一样，合乎自然的东西和自然产物也被称为自然。如果仅仅潜在地是一张床而还没有床的形式，我们就不应当说这东西有什么是由于技术的，也不

① kata ton logon.

应当说它是工艺制品，在由于自然的事物中的情形也是这 193b 样。因为潜在的肌肉或骨骼在获得我们规定的什么是肌肉或什么是骨骼的原理所体现的形式之前，就还没有它自己的自然，也不会是由于自然的存在。所以，按照这一种解释，自然就应当是在自身中具有运动本原的事物的形状和形式，这种形状或形式除了在理性上外，不与事物相分离。（由质料和形式构成的东西不是自然，而是由于自然，例如人。）而且，形式比质料更是自然，因为每一事物在其现实地存在时而不是潜在地存在时被说成是这个事物更为恰当些。

其次，人是由人生成的，但床却不从床生成。因此，不说图形而说木料是床榻的自然；因为假如床能生长，那么，生成出来的就不会是床而是树木。所以，如若工艺制品的形式是技术，那么，人的形式就是自然；因为人是从人生成的。

再次，自然又被说成是生成，因为生成是导向自然之路。这个意义上的自然不像医疗，因为医疗不被说成是导向医术之路，而被说成导向健康之路。因为医疗必然是从医术出发，而不是导向医术，但自然对自然的关系却不是这样，生长事物之作为生长是从一种事物长成另一种事物。那么，它长成什么事物呢？不是长成它所由以长出的那事物，而是长成它所趋于长成的那事物。因此，形式就是自然。但是，形式和自然都具有两层含义；因为在某种意义上，短缺也是一种形式。至于在总的意义上的生成是否存在着短缺和某种对立的问题，留待以后再作考察。

【2】 在分析了自然的多种不同含义之后，让我们接着来考察数学家与自然哲学家有什么区别。因为自然物体都具有面、体、线和点，数学家也正好要研究这些问题。此外，还要考察天文学是与自然哲学不同的另一学科呢，还是只为它的一个部分。因为，如若自然哲学家要想知晓太阳和月亮是什么，但又不去考察它们的那些由于自身而具有的属性，这是荒谬的，尤其是当自然哲学家们实际上已经在揭示月亮和太阳的形状以及大地和宇宙是否为球形的时候，就更是如此。

数学家尽管也要从事点、线、面、体的研究，但并不把它们作为自然物体的限界，也不把它们作为属于这些物体的偶性来考虑。因此，他们是把它们分离出来考察的。由于它们是因思想而与物体运动相分离的，所以不会导致歧义，也不因分离而产生谬误。

那些讲理念的人却没有意识到他们也这样做了。因为他们分离了自然物，而自然物是不能像数学对象那样被分离的。假如对它们及其属性加以规定，这个问题就更清楚了。因为奇数、偶数、直线、曲线以及数目、线段、形状等概念都不涉及运动；但肌肉、骨骼和人却不是这样，它们就像扁鼻，而不是像弯曲那样的概念。这一点可以从那些明显地是自然学科而不是数学分支的学科如光学、声学和天文学中得到说明。因为这些学科在某种意义上是与几何学相反的：几何学虽然研究自然的线，但却不是作为自然的线来研究；光学尽管研究数学的线，但又不是作为数学而是作为自然的线来研究。

既然自然有两层含义——形式和质料——，那么，我们就应该像考察扁鼻性那样地来考察它是什么。所以，这样的思考就既不能无视质料，也不能仅仅根据质料。

关于这个问题，或许有人会提出两点疑问——既然自然有两种含义，自然哲学家研究的是哪一种自然呢？或者对两者的构成物加以研究？假如既要研究两者的构成物，又要分别地研究每一种，那么，对两者的分别研究是同样的知识还是不同的知识？

在研读古人的著作时，人们可能会发现，他们似乎只注意质料。因为不论是恩培多克勒还是德谟克里特都很少谈到事物的形式和“是其所是”。如果技术是摹仿自然，并且，如果在技术中，认识形式和质料是同一门科学的任务（例如医生就既要研究病人的健康，也要知道胆汁和黏液；同样，建筑师既要知晓房屋的形式，也要了解它的质料，如砖瓦和木材。其他技术活动也莫不如此），那么，物理学也就应该通晓这两种自然。

其次，“何所为”① 和目的与达到目的的手段是同一的。

① to hou heneka.

而且，自然就是目的和“何所为”。因为，如果某物进行连续的活动，并且有某个运动的目的，那么，这个目的就是终结和所为的东西。（正是这一点导致了诗人的荒诞。在谈到人之死时，他说，“他已达到了那个为之而生的目的了”。因为并非一切终结都是目的，只有最好的终结才叫目的。）既然技术制作质料——有些是笼统意义上的制作，有些则是以有效的方式制作——，并且，凡是我们所用的东西，全都是当作为了我们而存在的。因为在某种意义上，我们自己就是目的。所为的东西有两层含义（在《论哲学》中已经说过
194b 了）。技术也有两种，即支配质料的技术和科学——或者叫做使用产品的技术和生产产品的技术。因此，在某种意义上使用者的技术就是生产者的技术。二者的区别是：使用者的技术是认识形式，而生产者的技术是认识质料。因为譬如，舵工应知道舵是什么性质的形式，并对舵的规格特点提出要求，而造舵的木工则应知道用什么木料做成舵以及制作活动的过程。所以，在技术的产品中，是我们以自己作业为目的而制作质料，但在自然产物里，质料却是自然本身所具有的。

再次，质料是对某者而言①。因此相对于不同的形式，质料也就不同。

自然哲学家对事物的形式以及“是其所是”的问题必须

① to pros ti.

了解到什么程度呢？或许，就像医生必须知晓肌腱，铜匠必须了解青铜，而且直至了解它们何所为那样，自然哲学家也必须了解事物各自所为着的东西，并且还要研究那些在形式上虽可分离，但却存在于质料之中的东西。因为人生于人，也生于太阳。至于确定可以分离的东西是怎样的及其“是其所是”的问题，则是第一哲学的事情。

【3】 进行了上面的分析之后，我们就应该进而考察原因，研究它们的性质和数量。因为，既然我们的事业是为了获取知识，而在发现每一事物的为什么，即把握它们的最初原因之前，是不应该认为自己已经认识了每一事物的，那么显然，我们就应该研究生成和灭亡以及所有的自然变化，并引向对它们本原的认识，以便解决我们的每一个问题。

所谓的原因之一，是那事物由之生成并继续存留于其中的东西，如青铜对雕像、白银对酒杯以及诸如此类东西的种。另一种原因是形式和模型，亦即“是其所是”的原理及它们的种，如八音度中二与一的比例，一般而言的数目以及原理中的各部分。再一个就是运动或静止由以开始的本原，如策划者是行动的原因，父亲是孩子的原因，以及一般而言，制作者是被制作物的原因，变化者是被变化物的原因。最后一个原因是作为目的，它就是“所为的东西”，例如健康是散步的原因。因为若问他为什么散步，我们回答说，是为了健康。这样说了，我们就认为是已经指出了原因。还有一些来自其他运动者的东西，成为达到目的的中介[1]，如减 195a 肥、清泻、药剂和器械就都是达到健康的中介。因为所有这些都是为了达到目的，虽然由于有些作为动作，有些作为器械而互不相同。

原因的含义大致如此。既然原因有多种含义，那么，同一事物就有并非由于偶性的多种原因，如雕刻术和青铜都是雕像的原因，并且，不是作为任何别的什么，而是作为雕像的原因。当然，它们不是同一方式的原因，而是一个作为质料，另一个作为运动的来源。

有些事物是互为原因。例如，强壮的原因是进行锻炼，相反，进行锻炼的原因是强壮。但是，它们不是同一方式的原因，而是一个作为目的，另一个作为运动的本原。

其次，同一事物可以是相反结果的原因。因为如果某种结果是以某物的出现为原因，那么，我们有时就把相反的结果看作是由于这个事物没有出现。例如，船只的失事由于舵工不在场，相反，舵工的在场则是安全航行的原因。

现在所说的所有原因，都属于这常见的四种。因为字母是音节的原因，原料是器具的原因，火和类似的元素是自然物体的原因，部分是整体的原因，前提是结论的原因，而所有这些都是“所从出”[2] 意义上的原因。只不过其中的一些

① metaksu.

② to eks hou.

是作为载体（如部分），另一些则作为“是其所是”的东西——整体、组合或形式。而像种子、医生、策划者以及一般而言的行动者，全都是静止、运动和变化的本原。另外有些则是作为目的和善。因为所为的东西就是最好的东西，并且是其他事物想要达到的目的（至于是自身的善还是被认为的善且不作区别）。

上述这些，就是原因的数量以及不同种类原因的性质。尽管这些原因的方式在数目上还很多，但仍可被归结为这样主要的几类。

原因有许多含义，并且，同类的原因彼此之间也有着先后之分。例如，医生和技师都是健康的原因，二比一的比例和数都是八音度的原因，而且，相对于特殊的原因来说，更为广泛的原因总是在后。

此外，原因还作为偶性及它们的种。例如，雕像的原因既可以说是玻吕克列托[1]，也可以说是雕塑家，因为玻吕克列托作为雕塑家是偶然的。并且，包含偶性的那些种也是原因，如人或者更一般地说动物也会是雕像的原因。偶性作为 195b
原因相互之间又有远近之分，例如，假若白净的人和有教养的人都可以说成是雕像的原因的话。

除了固有原因和偶然原因的区分之外，所有原因都还或

[1] 玻吕克列托（Polukleitos），公元前5世纪下半叶的希腊著名雕塑家，他的作品主要以青铜为材料。

者作为潜能来说，或者作为实现了的来说。例如建造房屋的原因，既可说是营造师，也可说是正在营造的营造师。

那些以所述的这些原因为原因的东西也是这样。例如说这座雕像的或雕像的或一般而言肖像的原因，或者说这块青铜的或青铜的或一般而言质料的原因。偶然原因方面的情形也是如此。此外，可以把两者合并起来表述，如不说玻吕克列托，也不说雕塑家，而是合起来说雕塑家玻吕克列托。

上面的所有这些区分都可以归结为六种，每一种又可以分为两个方面。因为原因或者作为特殊，或者作为特殊的种，或者作为偶性，或者作为偶性的种，或者把它们合并起来表达，或者把它们单独地表达。而且，所有这六种原因都既可以是实现了的也可以是在潜能上的。它们的区别是：实现了的原因和特殊的原因是与它们的结果同时存在和不存在的，如这位正在为人治病的医生和这个正在接受治疗的病人，那位正在建造房屋的人与那幢正在被建造的房屋，但在潜能上的原因并不总是这样，因为显然，房屋和建房者并不同时消灭。

必须永远去找寻每一事物的最根本原因（就像在其他场合中一样）。例如，人造房屋是由于他是一位营造师，而营造师之能造房屋则全凭他有营造技术。这种营造技术就是在先的根本原因。而且，一般来说都总是如此。

再有，种的结果要归之于种的原因，个别的结果则应归之于个别的原因。例如，一般的雕像是一般的雕刻家所为，这一座雕像则归因于这一位雕刻家。而且，潜在的原因相对于潜在的结果，而实现了的事物则与实现了的原因相对应。

至此，我们已经充分地分析了原因的数量和各种因果关系的方式。

【4】 机会[1]和自发也被说成是原因，因为许多事物的存在和生成是由于机会和自发。所以就必须考察：机会和自发以何种方式存在于前面列举的那些原因之中，机会和自发是同一的还是不同的，总而言之，必须考察机会和自发是什么。

因为有人甚至怀疑是否有这两种原因存在。他们断言， 196a
没有什么东西是由于机会而生成的，相反，一切被我们说成是由于自发或机会而生成的东西都有某种被规定的原因——例如，一个人去到市场，由于机会，他发现了想要找的那个人。但是，他原本并不指望能遇到他，因为他去市场的原因是想买东西。他们认为，在其他的所谓由于机会的场合也同样地总是可以发现不是机会的某种原因的。因为假如真有某种机会的话，那就实在是显得有些奇怪了，而且也会有人提出疑问：为什么古代的贤哲们在论及生成与灭亡的原因时从未有过一个人用机会来加以说明呢？相反，他们也似乎认为，没有什么东西是出于机会的。

① tuche.

但是，以下的情况颇为奇怪。许多东西的生成和存在都是由于机会和自发；而且，尽管人们不是不知道，每种生成的事物都可以被说成有某种原因（正如古人在否认机会时所提出的论证那样），但是，大家却依旧断言，这些事物中有些是由于机会，有些不是由于机会。因此，他们至少可能是曾在某种意义上提及过这个问题。当然，机会也的确不会是他们所提出的例如友爱和争斗、心灵、火或其他某种诸如此类的东西中的某一个。所以，令人费解的是，他们究竟是否认有机会之类的原因存在呢，还是承认有但却避而不谈呢，更何况他们有时候还在使用它。例如恩培多克勒就说过，气并不总是被分散到最高的地方，而只是由于机会。在他的宇宙演化论中，他说，“它有一次由于机会像这样相遇在一起，但却经常以其他方式相遇”①。他还说，动物的部分大多是由于机会而生成的。

有些人甚至把自发看成是这个天球以及一切宇宙的原因。因为他们认为，把宇宙区分为并且安排成现在这种秩序的漩涡运动是由于自发而生成的。最令人惊奇的是这种说法：一方面，他们宣称动物和植物都不是由于机会才存在和生成，自然、心灵或类似的某个其他什么东西才是它们的原因（因为从给定的每类种子中生成出来的不会是某种碰机会

① 见DK残篇53。由德国学者H. Diels所著，并由W. Kranz于1952年修订出版的《前苏格拉底哲学家残篇》通常简称DK残篇。

的东西，而是相反，橄榄树从一类种子生成，人却从另一类种子生成）；但另一方面，他们却认为，天体以及可见物中那些最神圣的东西都是由于自发而生成的，它们没有动物和植物所具有的那一类原因。如若事情真是这样的话，那就是一个很值得考察的问题，而且，与此有关的某些问题很可能 196b 已经说过了。因为除开这种说法的其他荒唐性之外，更为荒唐的是：他们虽没见到天体中有什么东西由于自发而生成，但却要这样言说；有许多东西本来是碰机会而发生的，但他们又说那些事物不是碰机会。当然，实际的说法应该刚好相反。

有些人虽然也认为机会是一种原因，但却把它作为某种神圣高贵、隐秘莫测，非人类所能理解的东西。

所以，我们必须考察机会和自发各自是什么，它们是同一的还是不同的，而且，如何使它们适于我们对原因的分类。

【5】 那么首先，既然我们看到，有些事物总是这样生成，有些事物则常常这样生成，因而显然，这些出于必然而生成、总是这样生成以及常常这样生成的事物中，没有一个的原因可被说成是机会或碰机会。但是，既然除了这两类事物之外，还有另一类生成的事物，而且，既然大家都断言这一类事物是由于机会，那么显然，确实有某种机会和自发。因为我们知道，这一类事物是由于机会，反过来，那些

由于机会的事物也正是这一类。

在生成的事物中，有些的生成是有所为的，有些则没有。而且，在前一类事物中，有些又是依据选择，有些则不是，但不论是否依据选择，这两种事物都属于有所为的那一类。所以很明显，即使在那些不是必然如此和常常如此的事物中，也仍然有一些可能是与“所为的东西”相关的。有所为的事物有的由于思考而发生，有的由于自然而发生。所以，当这一类事物由于偶性而生成了时，我们就说它们是碰机会的。因为就像事物既能由于自身也可由于偶性而存在一样，它们的原因也可以如此。例如，营造师的营造技术之为房屋的原因是由于本性自身，但他的白净面孔或文雅举止则是由于偶性。由于本性的原因是确定的，由于偶性的原因则不可确定。因为属于任何一种事物的偶性都为数无限。

正如以上所说，当这类事物在为了什么而生成中生成时，它就被说成是由于自发和机会（至于自发与机会的相互区别，要到后面才能确定，但现在有一点是清楚的，即它们二者都处在有所为的事物的范围内）。例如，当一个人在筹措款项准备宴席时，假若他知道的话，就会为了得到钱币而去到某处；但是，这次他虽然去了那里，却不是为了这个目的，对于他来说，去到那里收到了钱只是偶然做成的事情。
197a 而且，这也不是由于他经常地或必然地要去那个地方；这个目的——收到钱——也不是他去的原因，而这一些都是选择的目标和思考的结果。只有在这时，他去那里才被说成是碰机会。如果他是为了这个才选择去那里，即总是去或经常去那里收钱，那么，就不能说是由于机会。由此可见，机会是在那些有所为的选择中由于偶性的原因。所以，思考和机会同属一个领域，因为选择不能没有思考。

由于机会而生成的东西，其生成的原因必然是不确定的。正是这样，机会被认为是不确定的东西，而且是不能为人理解的；也正因为如此，有人认为事物在什么意义上都不会由于机会而生成。所有这些说法都是正确的，因为它们都很有道理。因为虽然在一种意义上，确有由于机会而生成的东西，因为它们是由于偶性而生成的，而机会就是作为偶性的原因，但是，严格地说，机会则不能作为任何东西的原因。例如，营造师是房屋的原因，但吹奏长笛的人由于偶性也可以是房屋的原因。一个人去收钱的原因（假如他不是为了收钱而去）可能是无限多的。因为他可能是想去见到某人、跟踪某人或躲避某人，也可能是想去看戏。而且，机会就是某种反乎常规的说法也是正确的。因为常规乃是总是如此或通常如此的东西，而机会则是发生在除此之外的那些东西中。所以，既然这类原因是不确定的，机会也就是不能确定的。

在一些场合，有人可能会提出这样的问题：是否任何机遇的东西都可以是由机会生成的原因。例如，健康的原因是新鲜空气或阳光，而不是理发。因为有一些由于偶性的原因比另一些离结果更近些。

当某一机会的结果是好的时，就被说成是运气好，相反，当某一结果糟糕时，就被说成是运气坏，当这些结果关系重大时，就用幸运和厄运来称谓。所以，在人们错过了大坏事或者大好事时，也被说成是幸与不幸。因为思考被认为是断言了属性的实际存在，好像没有什么分别似的。

再有，也有理由说幸运是变动不居的。因为机会是变动不居的，而由于机会的东西没有什么是总是如此或通常如此的。

所以，正如我们已说过的，机会和自发这两者都是由于偶性的原因，存在于那些不是必然，也不是通常地可能生成的事物中，而且，也与那些或许是有所为而生成的东西相关。

【6】 它们的区别是：自发的适应范围更广。因为一切碰机会的东西全都由于自发，但由于自发的东西并非全都是
197b 碰机会。

机会性和由于机会的事情只适于交好运以及一般而言能有行为能力的行为者。所以，机会必然是有关行为的。下面的事实能证明这一点：幸运被认为是与幸福同一的，或者至少也近于同一；而幸福就是某种行为（因为幸福就是做得好），所以，凡不可能行为的东西就不能做碰机会的任何事情。正因为如此，不论是无生物、低级动物还是小孩，都不能做任何出于机会的事情，因为它们没有选择的能力。幸运

和厄运也不属于它们，除非是用于比喻，就像普洛塔尔霍所说过的，用以建造祭坛的石头交了好运，因为它们受到尊崇，而它们的同伴却匍匐在脚下，遭人践踏。但是，即使是这些东西，也只有在处置它们的人碰机会地对它们进行了某种行为时，它们才能承受由于机会的某种意义的影响；其他途径是不可能的。

自发却能在其他动物和许多无生物中发生。例如，我们说一匹马自发地走来了，因为虽然它的到来实际上脱了险，但它并不是为了安全才到来的。一只三脚凳自发地摆着，虽然它摆在那里是为了供人坐，但是，却不是为了坐才摆着的。

所以很明显，如果某物是在有所为而生成的一般事物之列，但是，由于外在的原因，当它的生成不是为了实际发生的结果时，我们就说它是由于自发。如果这些由于自发的事件是按照具有选择能力的人的选择而生成的，那就叫做由于机会。

〔“automaton”（自发）这个词中的 maton 就能证明这一点。因为当有所为的某行为实际上没有在那之中产生结果时，就被说成是“枉然”（maton）。例如，如果去到某处是为了排泄，但在走去之后却没有排泄，我们就说是枉自走了一遭，而且，走本身就是枉然的。这就意味着，当自然的手段所为了的那目的没有达到时，那个自然所为的另外的东西是枉然的。如果有人说枉自洗了个澡是因为太阳没发生日食，那就是荒谬的，因为这种行为并不是为了那个事件。因此，就其词源而言，自发一词就意味着自身（auto）枉然（maton）生成了。因为下落砸了人的石头并不是为了要下落砸人；所以，它下落砸人是由于自发，因为它也可能被某人为了砸人而摔下来。〕

在由于自然而生成的事物中，自发与机会的区别最为明显。因为在某物反乎自然而生成时，我们就说它不是由于机会，而更是由于自发而生成的。但严格说来，这是与自发的特性不同的，因为后者的原因是外在的，而前者的原因是内在的。

198a 自发是什么，机会是什么，它们彼此的区别是什么，我们都已论述过了。在原因的诸种方式中，它们各自都属事物由以变化的本原之类；因为总有某种原因，或者是由于自然的原因，或者是来自思想的原因。但是，这类可能原因的数目是不确定的。

既然自发和机会是这样一类东西的原因，即它们可能应该以心灵或自然作为原因而生成，但实际上却因由于偶性的某个原因而生成了；既然没有什么由于偶性的东西先于由于本性的东西，那么显然，也就没有什么由于偶性的原因先于由于本性的原因。所以，自发和机会要后于心灵和自然。因此，假如天体尤其要以自发为原因，那么必然地，心灵和自然就是许多其他事物以及这个宇宙本身的在先的原因。

【7】 显然，原因存在着，它们的数目就是我们所说的那么多。这些数目的原因就是对于“为什么”[1] 这个问题的回答。因为，对不能被运动的对象来说，“为什么”归根到底要归结为“是什么”（例如在数学中，最终都要归结到直线、可约数以及其他什么的定义）；或者归为最初的运动者（例如，“他们为什么要打仗?”回答说：“因为别人进攻了”）；或者是为了什么（如为了统治）；或者用在生成的事物中，指质料。

显然，原因就是这么多类别，也就是这么多数目。既然原因有四种，那么，自然哲学家就应该通晓所有的这些原因，并运用它们——质料、形式、动力、“何所为”来自然地回答“为什么”的问题。后面三种原因在多数情况下都可以合而为一。因为所是的那个东西和所为的那个东西是同一的，而运动的最初本原又和这两者在种上相同。因为例如，人生于人。而且一般说来，那些自身在被运动而又运动着他物的东西都是如此（如若不是这样，就不是自然哲学的对象。因为它们发起运动，但在自身中却没有运动，也不具有运动的本原，而是不能被运动的东西。因此，有三门研究工作，一门研究不能被运动的东西，一门研究被运动但不可毁灭的东西，再一门研究可以毁灭的事物）。所以，要说明事物的为什么，就必须追溯到质料、追溯到是什么，追溯到最

① to dia ti.

初的运动者。因为考察生成原因的最为主要的方式，就是研究什么在什么之后生成，什么最初动作或承受，而且，在每一阶段上都总是这样。

自然地引起运动的本原有两类。其中的一类不是自然
198b 的，因为在它自身之中没有运动的本原。如果某东西自身不被运动而又发起运动，那它就属于此类，就像那完全不能被运动的东西、万物的初始以及“是什么”和形式。因为它是目的和“所为的东西”。所以，既然自然是“何所为”，也就必须要通晓它。而且，还要指出为什么的全部含义，例如，这个必然出于那个（或必然地或通常地出于那个）；这个会是这样，必定先有那个是那样（就像结论出于前提）；这就是某物“所是的那东西”；以及，因为这样更好——不是笼统地好，而是相对于每一特殊事物的本质来说的好。

【8】 首先必须说明，自然为什么是诸种原因中的“何所为”。其次还要论及必然性，说明它在自然哲学中所具有的含义和地位问题。因为所有思想家都把原因归结为必然性，他们说，既然热和冷以及诸如此类的每个东西自然是这个样子，那么，这些东西就是出于必然而存在和生成的。尽管他们也曾经谈到过其他的原因，有人提出过友爱与争斗，有人提出过心灵，但是，在提及之后就搁在一边了。

也许有人会提出疑问：为什么自然就不可以制作出无所为，也没有更好些，就像宙斯降雨不是为了使谷物生长，而

是出于必然呢？因为蒸发了的汽必然冷却，冷却之后必定变成水下落，其结果，就使谷物得到水的滋润而生长。同样，如若谷物在打谷场上遭雨霉变，那么，那个雨也并非是为了如此，而是偶然地使谷物霉变了。所以，在由于自然而存在的事物中的各个部分难道不也是具有如此情形吗？例如，人的牙齿就必然地是门齿锋利适宜撕扯，臼齿宽厚以便咀嚼，这种情形的出现难道不可以并非是为了什么东西，而只是由于巧合吗？其他那些被认为似乎是有“何所为”存在其中的部分也都是这样。当事物的一切部分结合得仿佛就像为了什么而生成时，那些由于自发而形成得很为适当的东西就保存了下来，不这样的就消灭了，而且还在继续消灭着，就像恩培多克勒所说的人面牛一样。

这一类的道理以及如果某人提出其他类似论证，或许就是人们提出疑问的理由。但是，这种方式的提问是不能成立的。因为这些以及所有出于自然的事物都总是如此或者经常如此地生成着，没有一个是由于机会和自发的。因为不能认 199a
为冬天多雨是由于机会，相反，如若在夏天多雨才是由于机会；夏天炎热也不是机会，只有冬天炎热才应该说是机会。所以，如果要么认为是由于机会，要么认为是为了什么，而且，如果这些事物既不是由于机会也不是由于自发，那么，就应该是为了什么。但是，所有的这类东西都是由于自然而存在着，即使与我们意见不同的那些人也会承认这一点。所以，“何所为”存在于那些由于自然而生成和存在的事物中。

此外，在任何具有一个目的的过程中，人们安排先行和后继的各个阶段都是为了这个目的。而且，作为在行为中的，在自然中也会这样，反过来，作为在自然中的，在每一个行为中也会这样，假如没有什么阻碍的话。既然在行为中的是为了什么，那么，在自然中的也当然是为了什么。例如，假若一幢房屋是由于自然而生成的，那么，它也应该像现在由技术制作的一样生成；假若由于自然的那些事物不仅仅是由于自然，也是由于技术生成，那么，它们也就会像自然地生成一样。因此，先行的是为了后继的。一般说来，技术有些是完成自然所不能做到的事情，有些则是模仿自然。所以，如果按照技术的东西有所为，那么显然，按照自然的东西也就有所为。因为不论是在按照技术的产品里还是在按照自然的产物里，后继阶段对先行阶段的关系都是一样的。

这种情形在其他动物方面表现得最为明显，它们不懂技术、不作研究、不加思考地进行着制作。于是，有些人会提问说：蜘蛛、蚂蚁及其类似的其他动物的做工是由于心灵还是由于其他什么技术？像这样继续细心观察就会发现，在植物中，显然也是相关于目的才生出那些器官来的，例如，叶片的长出就是为了遮掩果实。所以，如果说燕子垒巢、蜘蛛结网是由于自然，那也是有所为的，同样地，植物生叶为了果实，根不往上蹿而向下伸是为了汲取养分。所以很明显，在由于自然而生成和存在的事物中是有“何所为”这类原因的。

再者，既然自然一词具有两层含义，一是作为质料，另一是作为形式，而形式就是目的，其他的一切都是为了这目的，那么，形式就应该是这个“何所为”的原因。

当然，在按照技术的行为中会出现差误现象，例如文法家写错了字，医生用错了药，那么显然，在按照自然的事物 199b
中也可能会出现同样现象。如果说在有些按照技术的产品中，正确的是有所为，差误的也是力图有所为，只是错过了，那么，在自然产物中也会具有同样情形，畸形就是错过了它所为了的那个东西。因此，在最初的结合物中，如果人面牛之类的东西没有针对某种规定和目的而行事，那么，也还是会由于某种本原的差错而生成，正如现在种子的差错一样。此外，必然是最初生成了种子，而不直接[1]就是动物。所谓的“最初的完整自然”就是种子。

此外，有所为也存在于植物之中，只是准确程度差些罢了。那么，在植物中是否也生成过像人面牛一类的橄榄葡萄呢？这无疑是荒诞的。但是，如若动物中真有过这等怪物，那么，按理说植物中当然也应该有，而且，在种子中或许就是这样碰巧生成的。

但是，一般说来，持这种说法的人取消了由于自然而存在的东西乃至自然本身。因为出于自然的东西都是从自身中的某一个本原出发，经过连续不断的被运动，从而达到某一

① oulophnes men prota.

目的。运动所由出发的个别本原对每一个体不可能全然一样，也不可能是任意机遇，而是永远趋于相同的目的，假如没有什么阻碍的话。当然，这个所为的东西以及达到它的手段有可能由于机会而生成。例如，一个外邦人来了，在交付了赎金之后又离去了，好像他此行就是为了交付赎金，其实不然。这时，我们就说他干这事是由于机会。这是由于偶性而发生的，正如我们在前面所说，机会就是一种出于偶性的原因，但是，当这事总是要发生或经常在发生时，那就不是偶性也不是由于机会了。假如没有什么障碍，在自然事物中永远如此。如若由于没有看见有运动的策划者，就因此而不承认生成是有所为，这是荒谬的。其实，技术也无谋划。因为假如造船术存在于木料之中，那么，由于自然也就同样地能造出船来。所以，如若所为的东西存在于技术中，那它也存在于自然中。最为明显的例子就是医生诊治自己，因为自然就是像这个例子一样。

因此很明显，自然是一种原因，而且如上所说，是作为有所为的原因。

【9】 至于必然性是什么的问题，我们要问：它是出于假定的呢，还是也属于单纯的？因为现行的看法是把必然的
200a 东西置于生成过程之中，就像有人所认为的，墙壁似乎应当是这样地出于必然而生成：由于重的东西自然地被向下移动，轻的东西则自然地被放在顶上，所以，石料和地基就在

下面，土由于较轻则置于其上，木料最轻，就放在顶上。

但是，尽管没有这些东西墙壁就不会这样生成，但它却不是由于这些东西——除非作为它的质料因——，它的生成是为了遮盖和保护某些东西。在其他一切有所为的事物情形中，也都是这样，即如若没有这些具有必然本性的东西，生成就不可能，但生成却不是由于这些东西（除了作为质料），而是为了什么。例如，为什么锯子是如此这般的？回答说：因为要这样才能锯而且也是为了这样锯。当然，假若锯子不由铁所制成，它所为的东西也就不能实现。所以，如果要有锯子并让它进行锯东西的活动，它就必然要由铁所制成。可见，必然的东西是出于假定，而不是作为目的。因为必然的东西是在质料之中，而所为的东西则是在原理之中。

在数学中，必然的东西和在按照自然而生成的事物中的必然的东西在某些方面具有相似之处。因为，既然它所是的是直线，那么必然地，三角形的内角之和等于两直角。但是，不能反过来，如果三角形的内角之和不等于两直角，直线也就不是它所是。然而，在有所为而生成的事物中，反过来也能成立。如果目的会存在或者已存在，那么，它的先行阶段也会存在或者已存在。如若不然，就会像那里结论不存在始点也不会存在一样，在这里，目的和所为的东西也不会存在。因为它也是一个起点，当然不是行为活动的起点，而是推论过程的起点（在数学中，由于不存在行为活动，就只有推论过程的起点）。所以，如果要有一幢房屋，这样一些东西，或一般而言的为了什么的质料（例如砖瓦和石料，如若是为造房的话）就必然要先已生成了、准备好或存在着。当然，目的不是由于这些东西——除了作为质料外——，也不会由于这些东西才存在。但是，如若没有这些东西，房屋和锯子也不会存在；因为如果没有石料，就没有房屋，如果没有铁，也就没有锯子（就像在数学中一样，如果三角形内角之和等于两直角不成立，它的那些原理也就不成立）。

所以很明显，在自然物中的必然性，就是我们所说的作为质料的东西以及它的运动。尽管这两类原因都要被自然哲学家研究，但尤其要研究的是“何所为”。因为它是质料的原因，而并非质料是目的的原因。而且，目的就是所为的那东西，本原是来自定义和原理的。正如在按照技术的产品中那样，既然房屋如此这般是它所是，那么，它的那些材料必然已经生成和准备好了，既然健康是它所是，它的各类素质要求也必然已经生成和具备了。同样，如果人是他所是，必然已有某些因素；而且，如果这些因素是它们之所是，又必然已有另外一些因素。或许，必然性也存在于原理中。因为如若把锯这种活动定义为如此这般地分割，那么，如若没有此类特性的锯齿，这种分割就不会存在；如若它不是铁制的，也就没有这种特性的锯齿。因为在公理中，也有一些作为公理质料的部分。

第 三 卷

【1】 既然自然是运动和变化的本原，而我们所进行的又正是关于自然的研究，那么，就必须了解运动是什么。因为如若不熟悉运动，也就必然不会知晓自然。在确定了运动的含义之后，我们还必须以同样的方式去研究由之引出的一些相关问题。运动被认为是一种连续的东西，而最先出现在连续性中的是无限这个概念。因此，在连续性事物的原理中，就多次地出现这个无限的概念，例如，连续性就是可以被分割到无限的东西。除此之外，如若没有地点、虚空和时间，运动也不能够存在。显然，由于这些原因，也由于所有这些概念都是普遍的，为一切东西所共有，所以，必须预先对它们逐一地加以研究。因为对个别特性的思考是在对共同东西的研究之后。

依上所述，我们首先就考察有关运动的问题。有的东西只是现实的，而有的东西则既是潜在的也是现实的，不论是这个（实体）、数量、性质，还是存在的其他什么范畴，莫不如此。关系范畴则包括依照过度与不足、能动作者与能承受者而言的关系，一般而言就是能运动者与能被运动者的关系。因为能运动者是能被运动者的能运动者，而能被运动者则是能被能运动者所运动的。

在事物之外，没有任何运动的存在。因为变化事物的变化总是或者在实体方面，或者在数量方面，或者在性质方面，或者在地点方面的。如若不从实体、数量、性质或者其他这样的范畴着眼，要想发现这些范畴所共同的东西（如我
201a 们的说法）是不可能的。所以，在上述的那些方面之外，没有任何的运动和变化，因为在上述那些方面之外，也就没有任何东西存在了。

在上面的所有范畴中，每一方面都具有两种表现方式。例如，实体有自己的形式和短缺，性质有白色与黑色，数量有完满与不完满；同样，还有移动的向上和朝下，轻浮和沉重。所以，运动和变化的种类与存在的种类是同样多的。

既然我们已把每类东西都区分为现实的和潜在的，那么，潜在存在作为潜在存在的现实就是运动。例如，能够质变的东西作为能够质变者的现实就是性质变化，能够增加的东西以及它的对立面——能够减少的东西(因为没有适合于这两者的共同名称)的现实就是增加和减少,能够生成与能够消灭的东西的现实即是生成与消灭,能够移动的东西的现实即为移动。这就是运动的含义,下面的例子会更清楚地表明这一点。因为当建筑材料，即我们所谓的作为能用于建筑的东西处在现实过程中时，它就是正在被用于建筑，而这个运动就是建筑。

其他如学习、医治、滚转、跳跃、成长、衰老等也是如此。

既然在有些场合，同一事物既是潜在的，也是现实的——然而，这不是指在同时，也不是指在同一方面，而是指例如，潜在地是热的，现实上却是冷的——，那么，许多事物就会彼此地既动作又承受。因为它们各自都既是能动作者同时又是能承受者。所以，自然的运动者也是能被运动者，因为每一个这类的东西都既引起运动而自身又在被运动。于是，有些人就由此认为一切运动者都要被运动。不过，关于这个问题，要依赖于另外的论证才能弄清楚，正确的说法将在后面作出①。因为存在着某个自身不能被运动的运动者。只有在它不是作为自身，而是作为能被运动者现实化而且在活动着时，潜在的东西的现实才是运动。

我所谓“作为”的含义如下。青铜是潜在的雕像，但是，运动并不是这种作为青铜的青铜的现实。因为是青铜与是某个潜在的能被运动的东西并不同一。假如它们是无条件的同一，即在原理方面同一的话，那么，作为青铜的青铜的现实就会是运动了。但是，正如上述，它们实际上不是同一的（这在对立方面是很明显的。因为能健康与能生病不一样——假如它们一样的话，生病与健康就会是相同的了—— 201b
但是，健康与生病的载体，无论是体液还是血液，却是相同的和同一的）。既然不同一（就像颜色和可以看见的不同一

① 见《物理学》第八卷，【1】—【6】。

一样），那么显然，潜能作为潜能的现实就是运动。

所以很明显，这就是运动，被运动的发生正是在它作为自身现实化时，既不在先也不在后。因为每一事物都可能在一个时候实现着，在另一个时候则不实现着，例如可建筑的东西；可建筑的东西作为可建筑的东西的实现，就是建筑（因为可建筑东西的实现或者是建筑，或者就是一幢房屋；但是，当房屋已经存在时，可建筑的东西就不再存在了，因为可建筑的东西是就它正被从事建筑而言的。因此，它的实现必然是建筑），而建筑就是某种运动。对于其他种类的运动，这同一原理也是适用的。

【2】 不论是从其他人对运动的说明，还是从难于给它下另外的定义来看，都显示出我们所说的这个定义是正确的。因为某人不能把运动和变化置于另外的种中。如果我们考察有些人对运动的处置，即把它说成是相异、不等和非存在，那么，这一点就清楚了。因为这些——不论是相异还是不等和非存在——都不必然地被运动；而且，比起它们的对立面来，变化更不会趋向于这些或从出于这些。他们之所以把运动置于这些种中，是因为他们认为运动是某种不确定的东西，而且，由于都是短缺，第二列①中的本原全是不确定

① 指毕达戈拉斯学派对立十范畴排列表中的第二列。参见亚里士多德《形而上学》第一卷，【5】，986^{a}25。

的；因为在它们之中，没有一种是“这个”，也没有一种是“这般”或其他范畴。

运动之所以被认为是不确定的，其原因在于，它既不能被笼统地归之于事物的潜能，也不能被笼统地归之于事物的实现；因为不论是潜在的量还是实现了的量，都不必然地被运动，运动被认为是某种实现，但还没有完成。原因在于，实现着的潜能就是还未完成。正是由于这一点，就难于理解运动是什么。因为必然地，要么把它归于短缺，要么把它归于潜能，要么把它归于单纯的实现，但这些似乎全都不可能。因此，现在只能这么说，即它是某种实现，但却是我们 202a
所说明过的那种实现。——它理解起来虽有困难，但其存在却是可能的。

正如前面所说，运动者也要被运动，而每一个因潜能而被运动的运动者，它的不动就是静止（因为运动所属的主体的不动就是静止）。因为对能动的东西（作为能动的东西）施加动作也就是运动；但这种动作要通过接触，所以，运动者同时也在承受被动。因此，运动就是能被运动的东西作为能被运动者的现实；而运动的发生是通过与能运动者的接触，所以，运动者同时也在承受。

运动者总会是某个形式——或者是“这个”，或者是“这样”，或者是“这数”——当它在运动时，它就会是运动的本原和原因。例如，现实的人从潜能地是人的东西中造出了人。

【3】 运动存在于能被运动的东西之中，这一问题的答案是很明显的。因为运动是能被运动的东西的现实，并且被那能运动的东西所运动。能运动东西的实现活动，不外是把能被运动的东西的运动潜能加以实现。因为现实必定是双方共有的。能运动的东西在于它具有运动的能力，而运动者则有实现运动的活动，不过，这种实现活动又是能被运动东西能实现的活动，因此，二者的实现活动是同一的，就像1∶2和2∶1，向上和朝下具有同一的差距一样。它们也是同一的，只是公理不同而已。运动者和被运动物方面的情形亦如此。

这种说法论证起来颇有困难。因为动作者与承受者的实现活动似乎必然不是一样的，一个是动作，另一个则是承受。动作者的功能和目的是施加动作，承受者的功能和目的是承受影响。既然二者都是运动，那么，如果它们不一样，其区别何在？因为或者两者皆在承受者和被运动者中，或者动作在动作者中，承受则在承受者中（假如非要把承受也称为动作，那也只不过是名称相同而已）。但是，如若这样，运动就会存在于运动者中了，因为运动者和被运动者的公理是相同的。这样，就可能或者是一切运动者都将被运动，或者是运动者虽具有运动但却不会被运动。假若两者都在被运动者和承受者之中——既是动作又是承受——，如教育和学习虽是两回事，但却都在学习者之中，那么，首先，各自具有的实现活动就不在各自的自身之中了，其次，就会出现两种运动同时被运动的荒谬性。因为，有谁见过一个事物的两种性质变成为一种形式了呢？这是不可能的，所以，实现活动只会是一个。但是，两种在形式上不同的东西有着相同的 202b
实现活动的说法并无道理。假如传授与学习、动作与承受是同一的，那么，传授就会同于学习，动作就会同于承受了。倘如此，传授者就必然要学习一切，动作者就要承受动作了。

一物的实现活动要在另一物中进行，这并不荒谬（因为传授是一个能传授者的实现活动，但这活动是在某个被传授者中实现的，而且不能彼此分割，而是一个在另一个之中）。假若不是作为相同的存在，而是作为潜能对实现的关系而存在着，那么，就没有什么妨碍两种事物有着同一的实现活动。即使动作和承受是同一的，但是，如果不是作为陈述其是其所是的公理的同一（如作为罩袍和衣服），而是作为从忒拜到雅典和从雅典到忒拜的道路那种意义上的同一，那么，就正如前面已经说过的那样，传授者就并不必然要学习了。因为在某些方面同一的东西并非在一切属性上也都同一，而只是所由以存在的那些东西是同一的。但是，即使传授是和学习同一的，也不能由此而认为授与学同一；就像如果彼此间隔的两物之间有一距离，不能因而认为由此及彼和由彼及此是一回事一样。总而言之，传授与学习、动作与承受并不严格地完全同一，只是它们所属的那个东西——运动的同一。因为在乙中的甲的实现活动与被甲引起的乙的实现活动在公理上是不同的。

现在，我们已经从普遍的方面并分门别类地说明了运动是什么，因而也就不难明白应该如何规定各种形式的运动了。例如，性质变化就是能性质变化的东西作为能性质变化的东西的现实。但是，还有更为简明的定义：运动就是能够动作者和能够承受者作为它们自身的现实。要先给一般的运动作规定，再给个别的运动，如给建筑或医治作规定。其他的每一个别运动也可以同样的方式阐明。

【4】 既然有关自然的科学①要考察广延、运动和时间的问题，而其中的每一个都必然或者是无限的或者是有限的，——当然，也并非一切东西都是非无限即有限，例如承受或点；因为它们或许就不必然属于非无限即有限之列。——因此，研究自然的人就应该讨论有关无限的问题，并且探讨是否有无限，如果有，它是什么。

203a 事实表明，有关这个问题的探讨和我们研究的主题有关系；因为一切接触过这类学科的著名哲学家都对无限的问题提出过见解，而且，他们全都把它作为存在物的某种本原。

有些人，如像毕达戈拉斯学派的人们和柏拉图，把无限当作是由于自身的实体，而不是其他什么东西的属性。不

① he peri phuseos episteme.

过，毕达戈拉斯学派把无限置于感觉事物之列（因为他们没有把数目与这些事物分开），并且认为处在天外的就是无限。而柏拉图则断言没有什么物体处在天外，理念也不例外，因为理念不会处于什么地方，但是，无限不仅存在于感觉事物中，而且也存在于理念中。再有，毕达戈拉斯学派认为无限就是偶数；因为偶数在被奇数所封闭和限定时，它在本质上仍然是不确定的无限性。在数目方面发生的情形就可以表明这一点；因为如果拿来角尺围着一以及此外的二，那么，后者的图形就会总是时时不同，而前者的图形则始终同一。但是，柏拉图却认为无限有两个，即大和小。

自然哲学家们则为无限[①]规定了另外的某种本性，他们全都把无限假定为水、气或它们的居间者等所谓元素的属性。认为元素有限的人们并不主张它们在总数上是无限的；而认元素数目为无限的人们（例如阿那克萨戈拉和德谟克里特，前者主张无限由同质的部分构成，后者主张无限由不同形状的原子混合而成），则断言无限是通过接触而相连续的。

而且，由于看到了任何东西都生成于任何东西，阿那克萨戈拉就认为任何部分都是一个与整体同样的混合体。因为似乎正是基于这个理由，他才宣称万物在某个时候曾经是在一起的。例如，由于这块肉和这片骨曾经在一起，所以，任

① apeiros，或译无定。

何事物都曾经在一起；因此，一切事物都曾经在一起，并且是同时在一起。因为不仅每一事物，而且所有事物都有一个分离的开始。既然生成之物都是从相似物体中生成，而一切事物都是生成的（虽然不是同时），所以，必定有某个生成的本原。这样的本原是一个，就是他称之为心灵①的那个东西；而且，心灵也是从某个本原开始其思想的。所以，万物必然在某个时候曾经在一起，而后在某个时候才开始被运
203b 动。德谟克里特则断言，最初的东西不是从其他什么生成的，但是他认为，共同的物体是万物的本原，依大小和形状的不同而不同。

从上面所述可见，对无限的考察是与自然的研究有关的。他们都把它作为本原，这很有道理。因为无限绝不会是枉然存在着的，而除了作为本原之外，没有什么其他的能力属于它。因为不论任何东西，要么自己是本原，要么就由本原生成，但不能有无限的本原；因为倘若如此，它就会是无限的限界了。其次，作为本原，它就不会有什么生成和毁灭可言。因为凡生成物都必然到达终结，一切毁灭也有完结之时。正是由于如此（就像我们所说的），无限才没有它的本原，而是反过来，它被认为是其他东西的本原，并且包容一切、支配一切，犹如那些除了无限之外不承认诸如心灵或友爱等其他原因的人们所断言的那样。而且，无限是神圣的东

① nous，或译为理智。

西，因为它是不朽的又是不灭的，正像阿那克西曼德及其大多数自然哲学家所宣称的那样。

之所以要相信无限的存在，主要是基于以下五点考虑：从时间的角度看（因为它是无限的）；从量度可分性看（因为数学家也使用无限）；此外，如若消灭和生成是无尽的，那也仅仅是由于事物所由生成的东西是无限的；再有，有限的东西总是由他物来相对地限定，所以必然没有一个限界，如若事物都总是必然由另一个不同于自身的东西来限定的话；最为有力，也是使大家共同觉得困难的一点是：由于我们思想的驰骋不倦，数目、数学的量以及处于天外的东西都被认为是无限的。而且，如果处于天外的东西是无限，那么，也就会认为物体是无限的，世界是无限多个的；因为，为什么虚空的一处有物体而另一处就不能有呢？所以，只要一处是原子群，就会处处是原子群。同时，如果虚空和地点是无限的，物体也就必然是无限的；因为在那些永恒的东西中，可能与存在并无区别。

但是，关于无限的理论是有困难的；因为不论是假定它不存在还是认为它存在，都有许多站不住脚的结果出现。如果它存在，它是如何存在的——是作为实体，还是作为某个自然物的本质属性[①]？或者它两者都不是，尽管仍然有无限的事物或无限多的事物？自然哲学家尤其要探究的问题是： 204a

① sumbebekos kath hauto.

是否存在着一个无限的、可以感觉的积量。

因此，首先必须辨别无限一词的多种含义。无限的一种含义是指不能穿过，因为它在本性上就是不能被穿过的（正如声音之不可见一样）；它的另一种含义是指那种虽可穿过但却不能完成，或是难以完成，或是本性上可以穿过但实际上没有穿过，或是没有一个限界的东西。

再有，一切无限的东西都可以或者是在添加方面，或者是在分割方面，或者是在这两个方面无限。

【5】 无限不可能是一种与感觉事物相分离而自身存在的无限。

因为，如若无限既不是积量的广延，也不是数量的集合，而是一个自身存在的实体而非属性，那么，它就是不可分的。因为可分的东西或者是积量，或者是数目。如果不可分，它就不是无限的，除非它是作为声音不可见那样的意义。但是，这既不是那些断言无限存在着的人，也不是我们正在探索的那个含义，即它作为不能被穿过的东西。另一方面，如果无限是属性，那么，无限作为无限就不应该是存在物的元素了，正如不可见不是语言的元素一样，尽管声音是不可见的。

其次，既然数目和积量都不是实体，而无限只是它们自身本质的某种属性，那么，无限自身又怎么可能是某种实体呢？因为与数目和积量来比，无限必然更不会是实体。

显然，无限也不可能作为实现了的东西，作为实体和本原。如果无限可以分成部分，那么，从中取出的任何部分也就会是无限的——因为如若无限是实体而不依据主体，作为无限而存在就会和无限自身同一了——，所以，它或者是不可分的，或者可以分成多个无限。但是，同一事物不能是多个无限。然而，正如气的部分是气一样，无限的部分也应是无限的，假若它真是实体和本原的话。因此，无限没有部分，是不可分的。但是这样一来，无限的东西在现实中的说法就不能成立了（因为它必然是某个量）。所以，无限即是由于偶性地属于实体。但是，如若这样，就正如我们所说的，它就不可能被说成是本原，而是它所属于的实体——气或偶数的偶性。因此，那些学舌于毕达戈拉斯学派观点的人的说法似乎是荒谬的，因为他们既把无限作为实体，又把它分成部分。

但是，这种探索还可以涉及更为一般的问题：无限是否可能存在于数学对象以及没有任何广延的思想东西中？然而，我们在这里的考察是以感觉事物作为研究对象的，所 204b
以，我们要讨论的问题是：在它们之中是否存在着可无限增加的物体。

我们从理论的①考察开始，通过以下的论证来表明没有这样的物体存在。因为，如果物体以“被面界定”为公理，

① logikos.

那么，不论是在思想中还是在感觉中，都不应该有无限的物体。而且，数目也不是无限的，即使作为抽象的数目也是如此。因为数目或者具有数目的东西都是可数的；所以，如果可数的东西能够被计数，那么，穿过无限也就会成为可能的了。

下面，我们再从事物的本性上进一步探讨。其结果也会是：无论复合的还是单纯的物体，都不能无限。

首先，如若它的构成元素在数目上有限，复合物体就不会无限。因为这些元素必然是众多，而对立双方又总是保持着均衡，所以，它们之中没有一个是无限的。如若物体中一种元素的潜能在某种程度上弱于另一种，设若火是有限的，气是无限的，尽管同量的火在潜能上比同量的气要大几多倍，不过只要有着某种数目，那么显然，无限的东西就会压制并消灭有限的东西。但是，也不可能每一种元素都是无限的；因为物体在每个方向上都有扩展，无限就是没有止境地扩展，所以，无限的物体必定在每一个方向上都无穷无尽地扩展。

其次，一个单一的和单纯的物体也不可能是无限的，无论它是像某些人所宣称的那样在诸种元素之外并生成诸种元素的东西还是完全单纯的东西都不行。有些人把这种东西，而不是把气或水视为无限的，以免其他元素被这种无限的元素所消灭。因为它们彼此之间有对立，例如气是冷的，水是湿的，而火是热的，假若其中的一个是无限的，其他的就确实应该被消灭。所以现在他们就说无限不是这些元素，而是它们所由生成的其他东西。然而，这种东西的存在是不可能的；这并不是因为它的无限（关于这一点，可以用某个同样适用于气、水等一切诸如此类东西的共同的论证来说明），而在于除了所谓的元素之外，并无这种感性物体存在。因为一切东西都可以被分解成它们所由构成的元素，所以，假如真有这种东西存在的话，它就应该存在于这个世界中，且在气、火、土、水之外。但是，却没有看到过这种东西。火或其他任何元素也不可能是无限的。因为一般说来，即使撇开它们中的哪一个是如何可能无限的问题不谈，就假定万物是有限的，它们也不能或者是或者变成这些元素中的某一个，就像赫拉克利特所说的，万物在某一个时候全都变成火。这种论证也同样适用于自然哲学家们所假定的元素之外的那个“一”；因为一切事物的变化都是从相反的一方到另一方，例如从热变成冷。关于它是可能还是不可能无限的问题，还必须依照同样方法考察每一种元素的情形。

从下面的论证可以明白，一般说来，无限的感觉物体的存在是不可能的。

因为一切感觉物体在本性上都处于何处，它们也各有自己特定的地点，而且，各物的整体和部分的地点是同一的，例如，整个大地与一块土、火与一星火的地点同一。所以，假如无限的感觉事物是同类的，那么，它就或者会不能运动，或者总是运动。但这都不可能。因为，为什么更要朝下而不是向上或往其他什么方向呢？我的意思是，假如以一块土为例，那么，它会在何处运动，或在何处静止呢？因为根据假定，与它同类的物体的地点是无限的。那么，它是否会占有整个地点呢？又如何占有呢？它的静止和运动到底是什么？或者，到底在何处进行？要么它就会在一切地方都静止（因此就不会运动），要么它就会在一切地方都运动（因此就不会静止）。但是，如若宇宙万物不是同类的，那么，各物的特有地点也就不同；而且首先，除了通过接触外，宇宙的物体就不会是统一体；其次，各部分物体在属上就或者是有限的，或者是无限的。但是，它们的属不会是有限的；因为假如宇宙是无限的，那么，其中的一些就会是无限的，另一些则不是无限的，例如火或水，但这样一来，就像前面所说过的，无限的那种元素就会消灭与它相反的那些东西了。（正是由于这个道理，自然哲学家们都不把火或土，而是把水或气或它们的中间物当作无限的统一体，因为火或土的地点显然是确定的，而水或气朝上或向下运动都可以。）但是，如果各个部分是为数无限的和单一的，那么，它们的地点和元素也就会是为数无限的。如果不能够这样，地点是有限的，整体也就必然会是有限的；因为地点和物体不能不相互对应。整个地点不可能会比物体占有的地点更大（所以，物体就不会是无限的），物体也不会比地点更大。因为不然的
205b 话，就会或者有某个空的地点存在，或者有其本性不占据任何地点的物体了。

阿那克萨戈拉关于无限是静止的说明是荒谬的。他说，无限自身使自身不动；其所以如此，因为它在自身之内（因为没有其他什么包容它），仿佛一物无论在何处，那里就是它本性使然的处所似的。但是，这种说法是不真实的；因为某物处在何处很可能是由于强迫，而不是依照本性。所以，即使宇宙整体不被运动的说法真实（因为被自身固定并处于自身之中的东西必然是不能运动的），也还必须说明不被运动为什么是它的本性。因为仅这样下一断语就存而不论是不够的。因为其他什么东西或许也不在被运动，但是，这并不妨碍它在本性上能被运动。大地是不被移动的，但这并不是因为它无限，而是由于它处在中心；然而，它之所以停留于中心，并非没有任它所处的其他地点，而是因为它本性如此。而且，在这种场合，也可以说它使自己固定不动。所以，在大地这个例子中，假如它是无限的，那么，它静止的原因就不是这个，而是由于有重量，而重的东西静止在中心，所以，大地处在中心。同样，无限也在自身中静止，但这并不是因为它无限，也不在于它自身固定自身，而是由于其他的什么原因。同时也很明显，无限物体的任何一个部分也应该是静止的；因为就像无限因固定自身而在自身中静止一样，从无限中抽取出来的任何部分也会如此地在自身中静止。因为整体的地点和各部分的地点是同属的（例如，整个大地和一块土的地点都在下面，而全部的火和一星火的地点则都在上面）。因此，如果无限的地点是在自身中，而部分的地点又与此同属，那么，它就会在自身中静止。

总之，既然一切感觉物体都或重或轻，并且，如果是重物体，自然就移向中心，如果是轻物体，自然就移向上面，那么显然，物体无限和物体各有特定地点这两种说法就不可能同时成立。因为无限也必然或重或轻，但是，不论说它作为整体有的重有的轻，还是说它一半重一半轻都不可能。因为，怎样把它分开呢？或者，无限如何能够一部分向上另一部分朝下，或一部分朝向边界另一部分趋于中心呢？

其次，一切感性物体都具有地点，而地点的种类有上与下、前与后、左与右之分。这些差别不仅依据对我们的关系和习惯，而且也按照整体自身来确定。但是，在无限中，这些差别是不能存在的。

总之，如果不能有无限的地点，如果一切物体都处在地点之中，那么，就不能有任何无限的物体。无疑，一物在何处就是在地点中，在地点中就是在何处。所以，如果无限不是某个量——某个量就是诸如两肘尺或三肘尺；因为量所意味的正是这些——，那么，它就同样不会在地点中，即处于何处。因为在何处就意味着在上或在下，或在六种不同方位的另外某个处所。但这其中的每个处所都是一个限界。

从上面这些论证清楚可见，实现意义上没有无限物体存在。

【6】 但是，如若完全没有无限，那么，就会导致许多

显然不能成立的结论；例如，就会有某种时间的开端和终结，积量就不能被分成积量，数目也不会是无限的。如果加上上面的分析，两种情况似乎就都不可能了；显然，必须裁定，并且判明：一种含义的无限是怎样存在的，另一种含义的无限如何不存在。

事物之被说成存在，既指潜能上的，又指现实上的，而无限，则既有增加意义上的，也有划分意义上的。正如我们所说的，积量在实现意义上不是无限的，但在分割的意义上却是无限的（因为要反驳“不可分割的线段”的说法是不困难的），所以，剩下来的结论就是：无限只是潜能上的存在。但是，千万不要把这个“潜能上的”理解成“这潜在地是一尊雕像”那种意义上的“潜能”，因为后者意味着“这将是一尊雕像”，而无限却不是这样，不会有一个实现意义上的无限。但是，既然“是”这个词有多层含义，那么，就像“是日子”和“是运动会”一个接着一个地总是出现一样，无限也是如此。因为在这些场合中，也既有潜能上的，又有实现了的，例如，奥林匹亚运动会就既有可能出现的，也有实际上发生了的。

在时间中，在人类繁衍方面，以及在积量的分割方面，无限都有不同的表现方式。一般说来，无限是这样的：可以一个接着一个不断地被抽取出来，被抽出的每一个虽然都总是有限的，但却永远不相同。〔此外，“是”这个词有多层含义，所以，不应把无限理解为“这个”，如这个人或这幢房屋，而要把它当作称谓时日和运动会那样的存在（“是”），说它们“是”，并不是把它们作为某个已经生成的实体，而是指它们总是处在生成和灭亡的过程中；如果是有限的，也
206b 会永远各不相同。〕① 但是，无限在不同方面的表现是有区别的，在一定的积量中，它表现为被取去的东西总有剩余，在时间的流逝和人的代谢方面，它则有如永不枯竭的来源。

在某种意义上，增加方面的无限与划分方面的无限是同一的。在一个有限的积量中，无限增加逆转过来就成了无限划分。因为正如我们所见的，划分能够进行到无限，而且也会看到，按同一比例也能增加到一个已定的量。因为，如果在一个有限的积量中取出某个一定的部分，然后再按同一比例继续截取出另一部分（但不是从原有的总量中取出同样的量），这样继续下去，不会取完原有的有限积量。但是，如若增大取出部分的比例，并且总是这样取出一个相同的积量，那么，就会取完原有的有限积量；因为一切有限的积量都会被任何更小的确定的积量所取尽。所以，无限的存在不是在其他意义上，而只是在潜能的和减少方面的意义上。要说它有现实的存在，那也是作为像我们所说的“是时日”和“是运动会”那样的含义，潜能的无限则像质料那样，不是作为一个由于自身的有限定的东西。而且，也有一种在增加

① 方括号内的这段文字，与206a21—29行的内容重复，疑是来自不同的校订本。

的潜能上的无限，即我们说过的那种与划分方面的无限在某种意义上同一的无限。因为在增加方面，虽然总是可以找到在外的某个部分，但这些部分的总数却不能超过每一确定的积量，就像在划分方面，每一已定积量都被超过，并且总是还有更小的部分一样。但是，在增加方面超过一切积量的那种无限，即使是潜能意义上的，也不会有，除非它是由于偶性的现实上的无限，正如自然哲学家们所说的那样，其实体是气或另外某种诸如此类的东西的天外物体是无限的。但是，如果没有这样的在现实上无限的感觉物体，那么显然，也就不应该有增加方面的潜能上的无限，除非它是像我们说过的划分方面无限的逆转。正是因为如此，柏拉图也制定出了两种无限。他认为，在增加和减少两个方向上，超过限界并推进到无限都是可能的。然而，虽然他制定出了两种无限，却没有使用。因为在数目中，减少方面的无限是不存在的（因为单元是最小的），增加方面的无限也不存在（因为他把数目视为到十为止）。

实际上，无限的含义正好与大家所说的相反；因为无限不是在它之外全无什么，而是在它之外总有什么。这可以证明如下：没有镶嵌宝石的戒指被说成是无限的，因为在给定的部分之外总是可以再取出某个部分。当然，这个证明依据的只是某种类似性，因而并不严格和准确。因为只有这个是不够的，还必须是所取的部分不能相同；但在圆环中却不是这样，它仅仅是相邻的部分总不相同。所以，如果总是可以在已取出的量之外再取出什么来，那么，这个量就是无限的。然而，在它之外全无什么的东西却是完全的和整体的。因为我们给“整体”下的定义就是这样：什么也不短缺的东西，例如整个人或整只箱子。就像每个单一的事物一样，严格意义上的整体也是如此，例如整个宇宙就是在它之外全无什么的东西。相反，如果还短缺什么，或在它之外还有什么，那就不是全体了。整体和完全或者是绝对同一的，或者是本性关系密切的。一切完全的东西都有一个终结，而终结就是限界。

因此，必须认为巴门尼德的说法比麦里梭的说法更好。因为后者断言整体是无限的，而前者则宣称整体是“从中心均衡着”被限定的①。因为无限与全体和整体的关系不像绳带对于绳带的关系。他们之所以把最崇高的颂词献给无限——它“包容一切”，而且“在自身中具有一切”——，是由于它与整体有某种相似之处。因为实际上，无限是积量所由完成的质料，是潜能上的整体，不是现实上的整体，它在减少的方向上以及在逆转增加的方向上都是可分的。它是整体的和有限的，但不是由于本性自身，而是由于其他原因。而且，它作为无限，不是包容，而是被包容。因此，作为无限，它也是不可知的；因为质料不具有形式。所以显然，宁可把无限置于部分的原理之中，而不要置于整体中；

① 见 DK 残篇 8。

因为质料只是整体的部分，正如青铜是铜像的部分一样。如若在感觉领域中，无限要包容感性事物，在思想领域中，大和小也就应该包容思想了；但是，以不可知的东西和无界定的东西去包容和界定什么，这是荒谬的，不可能的。

【7】 没有通过增加从而超过一切积量这样的无限，但有划分方面的无限，这种看法是合理的。因为无限作为质料，是被包容在内的，包容者就是形式。 207b

在数目中，在“最少”的方向上有一个限界，在“更多”的方向上却总是可以超过所有的数；但在积量方面却相反，在“更小”的方向上可以超过一切积量，在“更大”的方向上却没有无限的积量，——这个说法也是有道理的。原因在于，单一是不可再分的，不论它会是什么。例如，一个人就是一个人，而不是众多。然而，数目乃是众多的一，是一定数量的一；所以，数目必然停止在这个不可分者上（二和三都是派生出来的名称，其他每一个数目也莫不如此。）但是，在“更多”的方向上，则总可以想出更多更大的数目；因为可以二分的量的倍数是无限的。所以，它是潜在的，不是实现了的，被取出的数目总是可以超过任何已定的数目。但是，这个数目并不脱离二分的过程，它的无限不会停止，而是不断生成，就像时间和时间的数目一样。积量方面的情形则相反；因为连续的东西可以被分割到无限，但在增大的方向上却不是无限的。因为它在潜能上可能是多大，在实现上也只能是多大。所以，既然没有一个可感的积量是无限的，那么，也就不可能有超过一切已定积量的积量；因为不然的话，就会有某个积量比天还要大了。

按照其某个单一的本性，无限在积量中，在运动中以及在时间中是不同的，但是，在后的要依赖于在前的。例如，运动被说成无限是因为被运动（或被质变或被增加）所通过的积量是无限的，时间被说成无限则由于运动是无限的。我们现在先使用这些术语，后面再说明它们每一个的含义是什么以及为什么一切积量都可以分成若干积量。

我们批驳了有实现意义上的、作为不可逾越的、增加方向上的无限的观点，但这种说明并不剥夺数学家的研究工作。因为实际上，他们并不需要这种无限，也不使用它，而是仅仅要求可以任意延长的有限的直线；按照分割最大积量的同一比例去分割其他的任何积量是可能的。所以，这并不妨碍数学家们的证明，但这样的无限只能存在于实际存在着的积量中。

既然原因被分为四类，显然，无限是质料意义上的原因，它的本质是短缺，由于本性而具有它的那种主体是连续的和可感的东西。其他一切思想家也都明确地把无限用作质料；因此，把它作为包容物，而不是作为被包容物是荒谬的。

【8】 剩下来就是考察那些认为无限不仅是潜在的存

在，而且也作为分离的东西的论证了。这些论证有的是不能使人信服的，有些则会在其他正确的议论中遇到。

为使生成不致中断，没有必要假定感觉物体在实现上无限。因为尽管存在者的总数有限，但一事物的消灭可以是另一事物的生成。

其次，接触和被限制是不一样的。因为前者是与某物相关和接触（因为一切接触物都会接触到另一物），而且是被限制物的某种偶性。被限制物则不与他物相关。并且，也不会有两个凑巧东西之间的接触。

信赖思想之中的无限也是荒谬的。因为这样一来，过度与不足就不是在事物中，而是在思想中了。人们或许可以把我们每一个人想得比实际的大许多倍甚至无限大；但是，即使某人真有超出城镇那样大的体积，或者比我们所能言说的那种体积还要大，那么，这也不是由于某人在这样想，而是因为确有这种体积的人存在；因为这种想法只是偶性。当然，时间和运动确实是无限的，思想也是如此，但是，被取出的部分是不能继续存留的。至于积量，无论是在减少方面还是在增加方面，在思想中都不是无限的。

关于无限的问题，即它在何种意义上是存在的，在何种意义上又不存在，以及它是什么等问题，就讲上面这些。

第　四　卷

208a27 【1】 自然哲学家必须像认识无限那样来认识有关地点方面的问题，即它是否存在、如何存在以及是什么。

大家都假定，存在的东西总是存在于某个地方（因为不存在的东西是无处存在的，例如，山羊牛或狮身人面的怪物存在于何处呢?）。而且，运动的最一般、最基本的形式是地点方面的变化，即我们所谓的移动。

要回答什么是地点的问题有许多困难。因为从一切有关的事实材料出发，大家考察所得的结论却不一样。此外，不论在问题的提出上还是在有关的解答上，我们都没有从以前
208b 的思想家那里得到任何东西。

从彼此交换地点的情况来看，地点被认为是显然存在的。例如，水存在于某处，当它譬如从容器中流走时，气立即就再进入其中，而且，在某时，另外的某一物体也会占有这同一个地点。地点就被认为是与存在于其中并彼此交换地点的一切物体不同；因为现在气在其中的那个容器先前是水在其中，所以显然，水出来和气换进去的那个地点或处所是

区别于它们两者的。

其次，自然而单纯物体（例如火、土以及诸如此类的元素）的移动不仅表明地点是某种东西，而且也表明地点具有某种潜能。因为如若无障碍，每一元素都被移动到自己所有的地点上，有的朝上，有的向下；而上与下以及六种方向上其余的前后左右等，这些都是地点的部分和种类。

当然，地点的这些区分，即上、下、左和右，并不仅仅是与我们相关而言；因为对于我们来说，它们并非总是同一，而是随着我们的转动改变其所处的方位，因此，同一个东西常常可以既是右也是左，既是上又是下，既是前也是后。但是，在自然中，每一种地点的区别都是被自身所确定的。因为朝上并不是什么偶然的举动，而是火和轻的东西被移动到所在的地方；同样，向下也不是任意所为，而是重的东西和土所构成的东西具有的地方。这就意味着它们不仅有方位上的区别，而且有潜能上的不同。数学的研究对象也能证明这一点；因为虽然它们没有所处的地点，但在和我们相关的方位方面，却有右和左，所以，它们的每一个方位只是被思想确定的，而不是在自然中所具有的。

再次，那些断言虚空存在的人都宣称地点是存在的；因为虚空似乎就是失却物体的地点。

依据上述这些，人们就应该认为，地点就是有别于物体的某种东西，而一切感觉物体都处于地点中。赫西俄德在提出最初的混沌状态时所说的话应被认为是正确的。他说，

“万物生成之初是混沌，然后才有胸脯宽阔的大地”①，这就意味着，必须先有存在物所居之处；因为就像其他许多人一样，他也认为万物都存在于某处，处在地点之中。

如果地点真是如此性质，那么，它的潜能就应该是令人惊异的，而且先于一切东西。因为如若没有它别物不能存
209a 在，没有别物它照样存在的这种东西必然是最初的；因为当在它之中的事物被消灭时，地点本身并不灭亡。

但是，即使确定了地点是存在的，也仍然还有一个它是什么的难题：它是物体的某种体积呢，还是其他什么不同的本性？因为必须首先考察它的种。

首先，它具有三维，即长、宽、高，而这三维是规定一切物体的。但是，地点本身不能是物体；因为假如它是物体，在同一地点中就会有两个物体了。

其次，如若有物体的地点和处所②，那么显然，物体的面以及其他限界也会如此。因为论证是同样适用的：以前的水的平面在何处，接踵而来的气的平面也会在何处。但是，我们却不能在点和点的地点之间作出区分。所以，如果点的地点与点没有区别，那么，其他东西的地点与事物本身也就不会有区别，这样，地点就不是与这每一个东西相区别的另外的什么了。

---

① 见《神谱》，116。

② topos kai khora.

那么，我们应该认为地点是什么呢？既然它有上述这类本性，它就既不能是元素，也不能是由元素构成的东西，不论这些元素是物体性的还是非物体性的。因为它虽有积量，但又不是物体。而感觉物体的元素也是物体，没有一个具有积量的东西是从思想元素中生成的。

再次，我们也可以问：地点是存在物中的哪一种原因呢？四种原因当中没有哪一种属于它；因为它既不是作为存在物的质料（因为没有什么东西是构成于它的），也不是作为事物的形式和原理，也不是作为目的，也不是使存在物运动的原因。

此外，如若地点自身也是某种存在物，那么，它将居于何处？因为芝诺的难题要求某种说明。因为如若存在的一切东西都处在地点中，那么显然，就会有一个地点的地点了，而且，这种推论可以追溯到无穷。

再次，正像一切物体都处在地点中一样，每个地点中也都有着物体。那么，我们将怎样说明有关增长的东西呢？因为依据这里的前提，只能出到它们的地点必然随着它们一起增长的结论，如果每一事物的地点既不小于、也不大于事物自身的话。

通过提出上述这些问题，就必然不仅要问地点是什么，而且还要问是否有地点存在。

【2】 既然有的东西被说成是就自身的，有的东西被说

成是就他物的，那么，地点也是这样，一种是一切物体都处于其中的共有地点，另一种是每个物体最初直接所处的特有地点。

我的意思是，例如，你现在处于天宇中，是因为你在空气中，而空气就是在天宇中；而且，在空气中也是由于在地上，同样，在地上则因为是在那个除你之外不会包容其他什么东西的地点中。

如果地点是指最初直接包容着每个物体的那种地点，那么，它就应该是某种限界，所以，地点就应被认为是规定每个物体的积量以及积量的质料的形式或形状；因为形式或形状正是每个物体的限界。这样，就可以看到，每一物体的地点就是它的形式。

但是，如果把地点作为积量的广度①，它就是质料了。因为它不同于积量，是被形式包容和规定着的，如像被面和限界所包容、规定着一样。质料和不确定东西的性质正是这样；因为一旦去掉限界和范围的特性，除了质料之外，就不会剩下什么了。

正是因为如此，柏拉图在《蒂迈欧》中就断言质料与处所是同一的；因为“分有者”② 与处所是相同而又同一的。当然，他在该篇中对分有者所作的说明与在所谓未著文字的

① diastema.

② metaleptikon.

学说中的说法是不同的，但毕竟还是使地点和处所相同了。我之所以提到柏拉图，是因为当大家都还在谈论有地点这东西存在时，只有他已经在力图说明它是什么了。

依据上述的这些考察，即如果地点确实是质料或形式这二者之一的话，那么，就会自然地觉得认识它是什么实为困难的事情。因为质料和形式都是极不容易看清楚的，尤其是在它们彼此分离的状况下更难认识。

但是，要看清地点不能是这二者之一，却并不难。因为形式和质料不能与事物分离，而地点却是可以分离的。因为正像我们所说过的，气原来所处的地方，水又处于其中了，水与气的地点是互相交换的，其他物体也是这样。所以，地点既不是每一事物的部分，也不是它的状况，而是可以与事物相分离的。

地点被认为是像容器一样的某种东西；因为容器是可以移动的地点。但是，容器不是事物的部分。

可见，作为可以与事物分离的东西，它就不是形式，而且，作为包容事物的东西，它就不同于质料。所谓处于某处的存在物，总是被理解为自身是某个东西，而且在自身之外还有某个不同的东西。

如果可以说点题外的话，那么，柏拉图就应该说明，为什么理念和数不处于地点之中，既然分有者就是地点——不论分有者是大和小还是质料，就像他在《蒂迈欧》中所写的那样。

再有，如若地点是质料或形式，那么，物体如何能被移动到自己特有的地点呢？因为没有运动和上或下的东西不能是地点。所以，必须在具有这类性质的东西中去找寻地点。

如若地点处在事物自身之中（假若它是形状或质料的话，结论就必定如此），那就会是地点处在地点之中了。因为形式和不确定的东西是与事物同时变化和被运动的，而且并不总是在同一地点中，而是事物在何处它们也在何处；所以，就会有地点的地点了。

此外，当水从气中生成时，地点就毁坏了；因为生成的物体不会在同样的地点中。但是，地点的消灭又是什么样的呢？

可见，地点之所以必然是某种东西，以及，之所以会提出关于它的本质的疑难问题，其所依据的理由就是上述这些。

【3】 接下来必须考察所谓一个在另一个之中的多种含义。一种含义是像手指在手中，一般而言就是部分在整体中。另一种是作为整体在它的各部分中；因为在部分之外，便无整体。再一种含义是像人在动物中，一般而言就是属在种中。再一种是作为种在属中，一般而言就是属的部分在属的原理中。再一种是像健康在热与冷中，一般而言就是形式在质料中。再一种就像希腊的一切事务在君主手中，一般地说即是在最初的发动者中。再一种是作为在善中，一般而言

就是在目的中；而目的就是所为了的东西。在这所有的含义中，最严格的一种是，像事物在容器中，一般而言就是在地点中。

可能有人会提出这样一个问题：是否某物可能在自身中，或者没有什么东西可能在自身中，而是一切东西要么无处可在要么在他物之中。

这有两种可能，或是就自身，或是就他物。当有整体的若干部分时，即事物处在其中的东西和在其中所处的事物时，整体就将被说成是在自身中。因为事物常常就部分而述说，例如，某物因其外表是白的而被说成白的，某人因其智慧而被说成有学识。所以，坛子不在自身中，酒也不在自身中，但是，酒坛却是在自身中，因为在其中所处的酒和酒处在其中的坛子是同一整体的两个部分。

所以，在这种意义上，某物可能在自身中，但在最初直
接的意义上却不可能，例如白色在身体中（因为外表在身体 210b
中)、学识在灵魂中。但正是靠了这些作为在人之中的部分，人才被称为白的。然而，在坛子和酒分离存在时，它们就不是整体的部分，虽然在一起时是。因此，当有部分时，一个东西就是在自身中，例如，白在人中是因为它在肉体中，而它在肉体中又是因为它在表面上。但是，在表面上就不再依据其他什么东西了。

当然，表面和白色这两者在属上是不同的，而且，也各自具有不同的本性和潜能。

如果用归纳的方式来考察问题，我们就会发现，在我们区分过的那些含义方面，没有任何东西能在自身之中；通过论证，这种不可能性就清楚了。因为，如若某物可能在自身中的话，那么，两者中的每一个都必须是两者，例如，坛子必须既是容器也是酒，酒也必须既是酒也是坛子。所以，不论它们彼此互在对方中有多么真实，坛子之容纳酒并不是作为它是酒，而是作为它是坛子，酒在坛子中也并非作为它是坛子，而是作为它是酒。在本质方面，它们显然是不同的；因为事物处在其中的东西的原理与在其中所处的事物的原理不同。

此外，一物即使是由于偶性也不可能在自身中；因为不然的话，就会有两个东西同时在同一事物中了。如果本性所容纳的东西能在自身中的话，坛子就会在自身中，而且，它所容纳的那个东西，例如酒，假若是酒的话，也会在它之中。

所以很明显，在最初的本来意义上，一个事物是不能够在自身之中的。

芝诺关于如果地点是某个东西，那它就会在某个东西中的疑难是不难解决的。因为没有什么妨碍最初的地点在其他东西中，不过，这不是作为在地点中那样的意义，而是像健康作为性状在热中，热作为承受在身体中一样。所以，这不会必然地追溯到无限。

另一点也是很清楚的：既然容器不是在它之中的东西的

部分（因为最初意义上的内容与它的包容物是不同的），那么，地点就不应是内容的质料或形式，而是其他的东西。因为质料和形式都是那个内容的部分。

那么，这个问题的说明就到此为止吧。

【4】 地点究竟是什么，下面就会清楚。我们先把被正确地认为是就本性而属于地点的有关特性指出来。

我们的看法是：首先，地点包容着以它为处所的事物，但又不是该事物的部分。其次，最初的地点既不比所包容物更大些，也不更小些。再次，地点并不随着事物的离去而离去，能单独留下来，因此可与事物分离。除了以上这些外，所有地点都有上下之分，每一物体都自然地被移动到各自固有的地点并停留在那里，这样，就形成了地点的上面和下面。

我们应该以这些为基础去探讨其余的问题，力图像这样来说明地点是什么，以便解决所提出来的疑难，并且阐明那些被认为是属于地点的特性确实为它所有，还要进一步澄清有关的麻烦和疑难的原因所在。因为只有这样，才可能使每一个问题都有完满的解答。

首先，必须理解，假如没有地点方面的某种运动，人们也就不会发现地点。也正是因为如此，我们才最清楚地得知天体也是在地点中，因为它总是处在运动之中。

地点的变化或者是移动，或者是增加和减少。因为在增加和减少的变化过程中，原先是在这一点上的东西，现在又变到一个更大或更小的地点上去了。

再有，被运动的东西有的是就自身在实现意义上的，有的则是就偶性而言的。就偶性而被运动的东西又可分为：就自身而有可能被运动，如身体的四肢和船上的铆钉；或者自身不可能被运动，而是永远就偶性而言的，例如白色和知识。因为它们之所以变更了地点，是由于它们所属的东西变更了地点。

此外，我们说某物在天空中，是指它在地点中，这是因为某物在大气中，而大气在天空中。而且，我们说的某物在大气中，也不是说它在全部大气中，而是指的用自己的表层把它包围着的那个大气中。因为，如若所有的大气都是地点，那么，每一事物自身和它的地点就不可能相等了，但人所共知，它们是相等的。

这就是一事物存在于其中的最初地点。

当事物与包容着它的东西不相分离，而是彼此连结时，那么，被包容者就不能被说成是在某个地点中，而是作为部分在整体中。相反，当事物与包容着它的东西分离着，并且又是彼此接触着时，事物就是存在于这包容物的最内层之中，这个内层既不是被包容者的一部分，也不比它的广延更大，而是相等；因为彼此接触的东西，其接触面是同一的。

当一物与另一物相连时，它就不能在那物之中被运动，而是与那物一起被运动，只有在分离时，才能在那物之中被

运动。至于包容物是不是在被运动着，倒是无关紧要的。此 211b
外，当处于不可分离时，就被称为是在整体中的部分，如瞳孔在眼睛中，手臂在身体上；当处于可以分离时，则犹如水在桶里或酒在坛中。因为手臂和身体一起被运动，而水则是在桶中被运动的。

这样看来，什么是地点现在已经明白了。因为有四点，地点必居其一：或者是形状，或者是质料，或者是在极限之间的某种广延，或者，如若在生成于其中的那个物体的积量之外再无其他广延的话，它就是极限自身。

很显然，上面的前三种规定都是不可能的。由于形状在包容着，所以人们以为它是地点，因为在其中，包容者与被包容者的限界是同一个。虽然形状和位置二者确实都是限界，但它们是不一样的，形式是事物自身的限界，而地点则是所包容物体的限界。

由于在包容物保持不变的同时，被包容而又可以分离物却常常在发生变化，例如水从容器中倒出，人们就因而认为其间似乎有着某种广延，在被移开了的物体之外作为某种东西存在着。

但事实并非如此，而是恰好有另一个可被移动的物体进到里面来，并且能和包容者相接触。如若真有某个天生的广延的话，那么，在同一事物中，将会出现无限的地点了。因为在水和气被互换时，它们的所有部分在整体中的活动与全部水在容器中的活动是一样的；同时，地点也是在变动的。

这样，就会有地点的另一地点，而且，许多个地点将会同时出现。

实际上，当整个容器改变地点时，部分在其中被运动的地点并不是另外一个，而是和整个容器同一的地点。因为气和水及其部分是在它们所存在的那地点进行互换，而不是在它们生成的那个地点，它们在那里生成的地点是整个天空地点的一部分。

如若把地点当作一个处于静止中的、无间隔的、连续的东西来考察，那么，地点似应被认作质料。因为正如性质的变化，某物现在是白的而过去是黑的，现在是硬的而过去是软的一样（我们也正是因此而断言有某种质料存在着），地点也是由于有某种类似的现象而被认为存在着。区别只在于：对质料，过去那是气而现在这是水；对地点，过去有气的地方现在有水在那里。

212a 但是，正如我们在前面所说过的，质料既不同事物分离，也不包容事物，而地点则具有这两者。

可见，如果地点不是上述三者中的任何一种，即既不是形式，也不是质料，更不是某个在被移换着的事物之外的永远属于他物的广延，那么，地点就必然是剩下的那第四个，即包容着物体的界限。我所说的被包容物体指的是在做位移运动的东西。

地点被认为是某个既重要但又难于把握的东西，其原因在于：一方面，质料和形状显得和它在一起，另一方面，被移动物体的运动是发生在一个静止的包容物之中的；因为某个有别于被运动物积量的居间的广延①似乎是可能存在的。此外，被认为是无形体的大气也使人相信有某个东西存在；因为不仅容器的限界显得是地点，而且，作为虚空的居间部分也显得是地点。

事实上，正如容器是能够移动的地点一样，地点是不能变动的容器。

所以，当某一事物在被运动着的东西中被运动和变化时，例如船在河中航行时，宁可作为在包容的容器中，而不作为在包容的地点中。而地点就意味着是不动的。所以，宁可说整条河是地点，因为作为整体，河是不动的。因此，包容者的最初直接的、不动的限界，就是地点。

正是由于如此，天空的中心和朝向着我们的这个旋转天体的极限就被认为是对于一切人而言的、最严格意义上的上和下；因为前者总是静止着的，而后者，即这个旋转天体的极限又保持着同一。

所以，既然轻的东西自然地被向上移动，重的东西朝下移动，那么，朝向天球中心的包容物的限界以及中心自身都是朝下的，而包容物朝向天球外部的极限以及极限本身都是向上的。而且，也正是由于如此，地点被认为是容器即包容物那样的某种表面。此外，地点是与事物一致的；因为界限

---

① diastema metaksu.

是与被限界的东西一致的。

【5】 如果一个物体有另一物体在它之外，并且包容着它，那么，这个物体就是在地点中，否则它就不在地点中。因此，水即使无包容物，它的各部分也会被运动（因为各部分相互包容着），但是，水作为整体，它在一种意义上会被运动，在另一种意义上却不会。因为作为整体，它并不同时
212b 变更地点，尽管它是以圆周形式运动的；因为这个地点是它的各个部分的地点。

有些东西的运动不是向上和朝下，而是圆周形式。而有些东西，即有凝聚和稀散可能的东西，则是向上和朝下地被运动。

正如已经说过的那样，有些东西是潜在地在地点中，有些东西则是实现地在地点中。所以，当事物是连续的同种物时，各部分就是潜在地在地点中；当事物是分离的但又接触着时，它们就是像一堆东西一样，实现地在地点中。

其次，有些事物是由于自身而在地点中，例如，所有物体都能就其自身或在移动方面或在增长方面在某个地方被运动；但是，就像已经说过的那样，天球作为整体，既然没有什么物体包容它，就不会在何处，也不会在任何地点中。当然，它被运动的方式为它的各部分提供了地点；因为它的一个部分与另一个部分是邻接着的。

有些东西则是就偶性而在地点中，例如灵魂。在某种意

义上，天球也是如此，因为它的一切部分都在地点中；因为在圆周运动方面，它的一个部分包容着另一部分。

正因如此，虽然天的上部以圆周形式被运动，但整体却不在何处。因为处于何处的东西不仅自身须是某物，而且还必须有某一他物在它之外，并把它包容在其中。但是，除了全体和整体，没有什么东西在万物之外了。

正是由于这样，万物都在天中，因为天就等于万物。但是，地点不是天，而是天的一个部分，是极限，即与能被运动的物体接触的、静止不动的界限。

因此之故，地在水中，水在气中，气在以太中，以太在天中，但天就不再在其他东西中了。

从这些考察清楚可见，只要作出这样的说明，一切有关地点的疑难都会得到解决。因为地点并不必然和它之中的物体一起增长；不应有点的地点；两个物体不应在同一个地点中；地点不应是某个有形体的广延，因为地点的中间可以恰好是任何物体，但却不应是物体的广延。此外，地点虽然也是在何处，但不是作为在地点中那样意义的在何处，而是作为在被限物中的界限。因为并非一切存在物都在地点中，只有能被运动的物体才在地点中。

每种元素都会被移动到自己特有的地点，这是有道理的。因为互相毗邻、彼此接触（不是由于强制）的元素是关系密切的；而且，虽然本性相同的东西[1]不能相互影响，但接触着的东西之间却能彼此作用。

每种元素都自然地停留在自己的特有地点中，这也不无道理。因为这个部分在整个地点中就像可被分离的部分对于
213a 整体的关系一样，例如，当有人把水或气的某个部分运动起来的时候。

气和水也具有这样的关系，因为一个像质料、另一个像形式，水是气的质料，气像水的某种实现。因为水潜在地是气，在另一种方式上，气又潜在地是水。有关这些问题，以后要详加区分，这里只是出于行文的必需才提到的，所以，现在说得含糊，后面将会论述清楚的[2]。可见，如果同一个东西既是质料又是现实（因为水就兼具二者，只不过一是潜在的，一是现实的），那么，水和气的关系在某种意义上就似乎像部分对于整体的关系。因此，水和气是接触着的；但是，当两者成为实现了的一个东西时，它们就是本性相同了。

关于地点的存在以及是什么的问题，就说上面这些。

【6】 自然哲学家也必须同样考察有关虚空的一些问题，即它是否存在、如何存在以及是什么，就像考察有关地

---

① sumpephukota.

② 见《论生成和消灭》第二卷，**【4】**。

点的问题一样。在已有的关于虚空的种种观点中，就像对地点的看法一样，有的相信、有的不相信它的存在。因为那些假定虚空存在的人把它当成是某种地点和容器；当它具有了所包容的群体时，它就被认为充满，而当它失却它们时，就被认为是空虚的；似乎空虚、充满和地点是同一个东西，虽然它们三者的本质并不相同。

我们的考察必须从研究那些断言虚空存在的人所提出的理由开始，然后再讨论那些否认虚空存在的人的主张，第三步再说明有关这些问题的共同见解。

那些力图表明虚空不存在的人并没有驳倒人们所谓虚空的真正含义，只是驳斥了他们表述的错误，就像阿那克萨戈拉和另外一些以这种方式反驳虚空存在的人一样。他们为了证明气是某种东西，就鼓胀皮囊以表明气的力量，并把它放进漏壶中去。但是，主张虚空存在的人们却是想说，虚空就是其中没有任何感觉物体的广延。他们认为一切存在的东西都是物体，所以就断言，其中完全没有何物的地方就是虚空；因此，充满了气的地方也是虚空。可见，这里需要证明的不是气是什么东西，而是没有一种不同于物体的广延存在着，无论它是可以分离的还是实现意义上的，这种广延夹在万物之间，所以就破坏了物体的连续性（正如德谟克里特、 213b
留基波以及其他许多自然哲学家所说的），或者还要证明，在连续的万物之外，是否还存在着某种虚空。

所以，这些人甚至连问题的门口都没有达到，比较起来，那些肯定虚空存在的人更有道理。他们宣称，如若虚空不存在，一个在地点方面运动（即移动与增长）的东西就不可能出现。因为如若无虚空，就不应认为会有运动；既然充满的东西不能够再容纳其他什么。如若能容纳，两个东西就会在同一地点中，甚至可能有任何数量的物体同时在一起了；因为无法说出一个不能超越的数目界限。如若这是可能的，最小的也就可以容纳最大的了；因为众多的小就是大。所以，如果许多相等的东西可以在同一地点中，许多不相等的东西也就可以了。麦里梭实际上就是依据这些证明宇宙万物不能被运动的。因为他说，如果万物被运动，就必然要有虚空，但虚空却属于不存在。

这就是他们据以证明虚空存在的论证之一，另一个论据是：有些东西显得能收缩和被挤压，例如有人说，桶能把酒连同酒囊一起容纳，这就意味着被挤压的物体收缩到它存在于其中的虚空中去了。

其次，大家认为增长也是由于有虚空才发生的。因为食物也是物体，而两个物体是不能同时在一起的。他们还用有关灰烬的现象来作证明，认为灰烬吸收的水与空的容器吸收的水是同样多。

毕达戈拉斯学派的人们也宣称虚空存在，并且认为它是从无限的嘘气进入天，把天作为吸入区别自然物的虚空，仿佛虚空是分离和区分彼此接续的事物的某种东西。这首先表现在数目中，因为虚空区分开了它们的本性。那些肯定或否定虚空存在的人所依据的理由差不多就是这样的，大体上也就是这么多。

【7】 要解决虚空是否存在的问题，必须确定这个语词的含义。虚空被认为是没有什么东西存在于其中的地点。这种观点的理由在于，存在的东西都被理解为物体，而一切物体都在地点中，虚空就是其中没有任何物体存在的地点，所以，何处没有物体存在，那里就是虚空。再有，他们以为每个物体都是可触知的；而且，正是这种东西具有轻或重。这样，就依据演绎推论得到结论：其中没有重的或轻的东西的地方，就是虚空。可见，正如我们在前面所说的，这个结论是依据演绎得出的；但是，如果由此而认为点是虚空，那就荒谬了；因为虚空必须是其中具有可触知物体的广延的地点。但是，这似乎毕竟是关于虚空的一种说明方式：虚空是不为可触知的感觉物体所充满的东西；而可触知的感觉物体是有重和轻的。所以，我们可以提出这样的问题：如若广延有颜色或声音，他们会说什么呢？它是不是虚空？答案是很明显的：如果它能容纳可触知物体，它就是虚空，反之则不是。

另一种观点是：虚空就是其中没有“这个”或任何有形实体的东西。所以，有些人就断言虚空是物体的质料（他们也认为地点是物体的质料），但是，这种把虚空和质料等同的说法是不正确的；因为质料本不与事物分离，而他们在考察虚空时却把它当作可以分离的东西了。

既然我们已经规定了地点的本性，既然虚空（如果它存在的话）必然是失却了物体的地点，而且，我们又已说过地点在什么意义上存在，在什么意义上不存在，那么显然，这样的虚空是不存在的，无论它不可分离还是可被分离。因为虚空被意味的不是物体，而是物体的广延。所以，虚空被认为是某种东西，因为地点被认为是某种东西，而且也是由于同样理由。因为不论是那些宣称地点是在包容它的物体之外的某种东西的人，还是那些断言虚空是某个东西的人，都是受地点运动的启发才提出他们的看法的。作为被运动发生于其中的这样的虚空，他们认为是运动的原因；有些人却说这或许就是地点。

然而，如果有运动，并不必然要有虚空。至少一般意义的运动不需要虚空作为条件；麦里梭就是忽略了这一点，即充满的东西可以发生性质变化。而且，即使地点方面的运动也不必然要有虚空；因为事物可以同时地相互提供处所，尽管没有任何在被运动物体之外的、分离存在着的广延。在连续物的转动中，这种情形是很明显的，就像在液体的旋转中看到的一样。

事物可以被压缩的原因，并不是进入了虚空，而是由于
214b 包容在其中的其他东西被挤出去了（例如，当水被压缩时，其中的气就被挤出）；事物的增大不仅可以由于吸入其他东西，而且也可以通过性质变化，例如，如若从水变成为气。

总之，不论是关于增大的论证，还是关于水被渗进灰烬中去的论证，都是庸人自扰。因为，或者不是物体的所有部分都在被增大，或者不是通过添加物体的方法来实现增大，或者可能有两个物体在同一个地点之中（如果是这样的话，他们就是在想解决共有的难题，而不是在证明虚空的存在），或者，如若所有部分都被增大，并且是由于虚空才能被增大的话，那么，整个物体就必然都是虚空了。这同一论证也适用于灰烬方面。

那么，很明显，要驳斥证明虚空存在所从出的那些根据是很容易的。

【8】　让我们再来说明：像有些人所断言的那种分离存在的虚空是没有的。

如果每种单纯物体都自然地有某种移动（例如，火向上，土朝下，即朝向中心），那么显然，虚空就不应该是移动的原因。那么，虚空会是什么的原因呢？因为它被认为是地点方面运动的原因，但又不是这种运动的原因。

此外，如若虚空是失却了物体的某种地点，那么，当它是虚空时，处于其中的那个物体又被移往何处了呢？因为它不能移到全部虚空之中。这同一论证也适用于反驳那些认为地点是某种有事物被移入其中的、分离的东西的人，即：处于其中的事物怎样被移动或静止呢？这同一论证既适于地点的向上和朝下，也适于虚空，是极其自然的；因为那些肯定虚空存在的人就是把虚空当作地点的。再有，事物会以何种方式处于地点中或者虚空中呢？因为，当一个物体作为整体被置于分离而不变的地点中时，这样的结果就不会发生。因为它的部分如若不是被分离地放置，就不会在地点中，而是在整体中。此外，如果没有分离的地点，也就不会有虚空。

有些人说，如若有运动，就将得出结论：虚空存在是必然的。实际上，如若对这个问题仔细研究，就会发现，真实的情形毋宁说是刚好相反：如若有虚空，任何事物就都不可能被运动。因为正如有些人以大地看来是相同的便断言它是静止着一样，在虚空中的事物也必然是静止着的；因为在虚空中，不存在事物的被运动更多地趋于这里而更少地趋于别
215a 处的那种地方，既然虚空作为虚空是没有差异的。

那么首先，一切运动要么是强制的，要么是合乎自然的；而且，如果有强制的运动，就必然有自然的运动（因为强制的运动就是反乎自然的运动，而反乎自然的运动是后于合乎自然的运动的），所以，如若每一自然物体没有合乎自然的运动，也就不会有任何一种其他运动。但是，没有差异而且无限的虚空，怎么会有自然运动呢？因为作为无限，就没有上、下或中，作为虚空，向上与朝下就没有差异（因为正如在无中没有差异一样，在非存在中也没有差异；而虚空就被认为是某种非存在和短缺）。但是，由于自然的移动是有差异的，所以，合乎自然而存在的事物也会有差异。因此，要么是没有什么事物具有合乎自然的移动，要么是有这

种移动，而没有虚空。

其次，虽然抛掷者不再与之接触了，但被抛掷物仍在被运动着，这或者是由于互换地点（正如某些人所宣称的），或者是由于已被推动起来的气在推动，它的运动比被抛掷物移入自己特有地点的移动更快。但是，在虚空中，这些情形都不可能出现，除了作为被带着移动的东西外，没有什么事物能被移动。此外，也没人能够说明为什么原来在运动着的东西会在某个地方停下来；因为，它为何要停止于此处而不是别处呢？所以，事物要么就静止着，要么就必然会无限地移动，除非遇到更为有力的某物阻碍。

再次，事物由于要退让而被认为是被移动向虚空中；但是，在虚空中处处都同样有这种性质，所以，事物就应该在其中的一切方位上被移动了。

再次，我们的说法还可以从下面的论证得到证明。我们看到，相同重量或物体之所以被移动的快慢有所不同，是由于两个原因：或者因为移动所通过的东西不同（例如通过水、土或气）；或者因为被移动物所具有的重或轻的程度不同，假如其他条件都相同的话。

移动所通过的东西之所以引起速度的不同，是由于它阻碍了被移动物；朝相反方向移动时，阻碍最大，静止时的阻碍次之；如果移动所通过的是不易被分开的，即稠密的东西，阻碍也较大。例如，A物体在时间C中被移动着通过 215b
B，并在E时间中被移动着通过更为稀薄的D，如果B与D

的长度是相等的，那么，移动速度的不同就在于阻滞物体不同浓度的比例。因为，假定 B 是水，D 是气，那么，气比水更稀薄、更无形体性的程度与 A 物体被移动着通过 D 比通过 B 更快速的程度是相等的。假定速度对于速度的比例与气对于水的比例是相同的，那么，如果气比水稀薄 2 倍，A 物体就会需通过 D 的 2 倍的时间才能通过 B，也就是说，时间 C 是时间 E 的 2 倍。而且，这些方面似乎应该总是相等的：被移动物体所通过的东西更无形体性，其阻滞就会更少，就更容易被分开，移动速度也就更快。

但是，却没有一个虚空被其中的物体所超过的比例，正如没有零对于数目的比例一样。因为如果 4 超过 3 的数目为 1，超过 2 的数目更多，超过 1 比超过 2 的数目更多些，那么，却没有一个用来表示 4 超过 0 的比例。因为超过的东西必然可以被分成超出的量和被超过的东西两部分，所以，4 就会等于它超过 0 的数再加上 0（因此，线就不会超过点，如果它不是由点构成的话）。同样，虚空没有对充满的比例，所以，也不能有通过前者的运动对通过后者的运动的比例；但是，如果物体在一定的时间中被移动着通过最稀薄的东西的一定距离，那么，它就会以超过一切比例的速度通过虚空。

因为，假定 Z 是虚空，它的积量等于 B 和 D。如果在某个确定的时间 H 中（它比时间 E 更小），物体 A 被运动着通过虚空，那么，就会有空虚的对于充满的这种比例了。但是，在等于 H 的那段时间中，物体 A 会通过 D 的部分 T。而且，在这段时间中，它也应该会通过某个实体 Z，如果 Z 在稀薄方面超过空气的比例与时间 E 对时间 H 的比例是相同的话。因为，如若物体 Z 比 D 稀薄的程度与 E 超过 H 的程度是相等的，那么，如果物体 A 被移动着通过 Z，它也就会在与运动速度的大小相反的时间中，即在等于 H 的时间 216a 中通过 Z。所以，如若在 Z 中没有任何物体，A 通过 Z 还会更快。但是，一定是要在时间 H 中。这样，A 就会在相等的时间中通过充满的和空虚的 Z；但这是不可能的。那么显然，如果真有物体在其中通过某部分虚空的时间存在，就会得出不能成立的结论：我们将会发现，物体在相等的时间中会通过某段充满的和空虚的距离；因为会有某种物体，它对其他物体的比例与时间对时间的比例是相同的。

总而言之，下面这个结论的理由是很明显的：任何运动之间相对都有比例（因为运动都在时间中进行，而一切时间对时间都有比例，只要二者是有限的），但是，虚空对于充满却没有比例。

上述这些，就是从移动所通过物的不同得出的结论，下面，则是就被移动物本身对另一物的超过而言。我们看到，有着或重或轻的更大动势[1]的物体（如若在外观的其他方面相同）被移动着通过相等处所的速度也更快，而且，它们

① hropen.

彼此间的积量有着所依据的比例。所以，它们也会以同样的速度比例通过虚空。但这是不能成立的。因为，由于什么原因，一物被移动得要比另物更快呢？在充满的处所中，这是必然的，因为力量更大的物体劈分的速度也更快。因为物体劈分所通过物的速度，或者取决于它的外形，或者取决于被移动物或被抛掷物所具有的动势。因此，在虚空中，一切物体都会同速了。但这是不可能的。

从上面所述可见，如果有虚空存在，其推出的结果正好与肯定虚空存在的人们赖以立论的理由相反。

这些人认为，如果有地点方面的运动，就会有就自身而分离存在的虚空。这与地点是某种分离存在的说法相同。前面已经说过，这是不可能的。但是，当人们就它自身进行考察时，这所谓的虚空似乎也好像真是空虚的。因为正像如若有人把一个立方体置于水中，就会有与这个立方体等量的水被排出一样，在气中的情形也如此，只是不为感觉所明了而已。的确，在一切能被置换的物体中，必然都总是在自然地被置换的方向上（如若不被浓缩的话）被置换；或者总是朝下，如果它的移动像土一样是朝下的话；或者总是向上，如果它是火；或者既朝下也向上，不论被置入其中的物体的本性是什么。但是，在虚空中这是不可能的，因为它不是物体。可能有人会假设：原先在虚空中的、相等于立方体广延
216b 的那一份虚空已经渗透到立方体中去了，就像假如水或气没有被木质的立方体置换掉，而是完全渗入它之中一样。但

是，立方体也具有一个与那份虚空所占据的相等积量；如果这个积量也有热、冷、重、轻的话，那么，即使它不能与之分离，在本性上至少也是与所有这些属性相区别的；我这里说的积量，指的是木质立方体的大小。所以，即使它能与一切其他属性相分离，并且既无重也无轻，它还是占据着一个等量的虚空，并处在与它自身相等的那一部分地点中或虚空中。那么，立方体如何与和它相等的虚空或地点相区别呢？而且，如果两个这类的东西能共处一体，为什么就不能有任意数目的东西共处一体呢？可见，这种看法是荒谬的，不能成立的。

再有，显然，即使立方体被置换，它也会具有其他一切物体都具有的那个积量。所以，如果这个积量与地点没有区别，为什么还需要在每个体积之外再为物体造出地点来呢（假如体积没有特性的话）？因为，如若另有一个相等的广延渗入这个之中，那么，广延与地点就没有什么差别了。

〔此外，虚空存在于被运动的事物中，这应该是明显的，但是，宇宙间实际上无处可寻这种虚空。因为气就是某种东西，虽然有人认为它不是这样。假如鱼是铁铸的，它们也就不觉得有水了；因为可触知物的存在是靠触觉来判定的。〕①

① 方括号内的这一段文字，希腊注释家们都不知道，显系后来版本的编者所加。

从上面这些考察明显可见，没有分离存在的虚空。

【9】 有些人以稀薄和稠密的存在为理由，认为虚空显然是存在的。因为他们认为，如果没有稀薄和稠密，事物就不会有凝聚和被压缩；而如果没有凝聚和被压缩，就或者完全不会有运动，或者整体将膨胀而凸出（就像克苏索斯[1]所说的那样），或者气和水就总是以等量互变（我的意思是，例如，如果气由一杯水生成，同时也就有水由等量的气生成），或者虚空就必然存在；不然的话，被收缩和被扩胀就是不可能的。

如果他们所谓稀薄的东西，是指有着许多分离存在的空虚的事物，那么显然，如果不可能有分离存在的虚空，（就像不能有自身具有广延的地点一样），也就不会有这种意义的稀薄东西存在。

如果他们指的是，虚空并不分离存在，而是存在于稀薄东西之中，那么，虽然这种说法多少有点道理，但是，首先，虚空就不会是一切运动的原因，而只是朝上运动的原因
217a （因为稀薄的东西轻，因此，他们才说火是稀薄的）；其次，虚空之作为运动的原因，就不会是在运动在其中进行的意义上，而是犹如一些皮囊，自身就朝上移动，也把与它们连接在一起的东西带着朝上移动，虚空也是这样使事物朝上移动。

① 克苏索斯（ksouthos），是克罗通的一个毕达戈拉斯学派成员。

然而，怎么会有虚空的移动或虚空的地点呢？因为虚空被移入其中的就成为虚空的虚空了。此外，他们又怎样说明重物方面向下的被移动呢？而且也很明显，如果更稀薄、更空虚的东西朝上的被移动更快，那么，如若它是完全空虚的，就应该被移动得最快了。但是，或许它甚至完全不能被运动。因为道理是相同的：就像在虚空中的万物都不能被运动一样，虚空也不能被运动；因为它的速度是无比的。

既然我们不承认虚空的存在，而其他的问题也已正确地说明过了——如果没有稠密和稀薄，就或者不会有运动，或者天会膨胀而凸出，或者总是有等量的水从气出、气从水生（因为很显然，就体积而言，从水生成的气会更大些）——所以必然，如果没有压缩，就会或者部分接续着向外扩胀，并使最外面的部分凸出，或者在其他什么地方必定有等量的水正由气变成，以使总的说来整个体积相等，或者没有任何东西被运动。因为当事物被置换时，总会发生这种情况，除非它被循环式地圆周移动。但是，移动并非总是只有圆周一种形式，而是还有一种直线形式。

这些似乎就是他们断言有某种虚空存在的理由。而我们的主张则是以这些前提为依据的：相反东西（热与冷以及其他本性相反的东西）的质料是单一的；实现了的存在物从潜在的存在物生成；质料与相反东西不能分离，但又不相同；颜色和热与冷（如果凑巧是这样的话）的质料在数目上是单一的。大的物体和小的物体的质料也显然是同一的。因为当气从水中生成时，同一质料变成了某种另外的东西，但并没有增添其他什么，只是由原来潜在的东西变成了实现的东西；水从气中生成时的情形也是如此——有时候从小变大，有时候从大变小。

所以，如若气的体积从更大变为更小或者从更小变为更大，那么，也同样是潜在的质料变成为二者的。因为，就像同一个质料从冷变热和从热变冷是因为它潜在地是二者一样，从热的变为更热的也如此，在质料中并没有生成出一种事物，它在原先不太热时不是热，而在其后变热。正像如若更大的圆弧或曲线变成为更小的圆弧或曲线（不论它是仍然相同还是不同了），在它的任何一段中都不会生成出过去不是曲的而是直的的新曲线——因为程度的不同并不是靠掺入什么——那么，就像在任何一个积量的火焰中也不能发现热和亮的性质不在其中一样，早先热的东西与后来更热的关系也是如此。所以，感觉物体积大和小的被扩胀，不是因为质料增添了什么新的东西，而是由于质料潜在地就是这二者。因此，同一事物既是稠密的又是稀薄的，它们的质料是同一的。

稠密的东西重，稀薄的东西轻①。因为稠密物和稀薄物都各有两种特性，稠密物被认为是重的和硬的，稀薄物则相反，是轻的和软的。但是，重和硬在铅和铁中不相同。

① 这里省略了12—15行，因为很多注释家都认为是伪文。

从上面这些论述可以清楚地看到，分离的（不论是绝对地分离还是在稀薄的事物之中）虚空和潜在的虚空都是不存在的，除非人们完全愿意把被移动的原因称为虚空。但是倘若如此，作为重物和轻物这种东西的质料就会是虚空了。因为稠密和稀薄的东西是依据这种相反的性质才能进行移动的，但它们的承受和不承受则是依据硬和软，所以，它们不是移动的原因，而毋宁说是性质变化的原因。

关于虚空问题的讨论，即它如何存在，如何不存在，就说这些。

【10】 在作了上述说明之后，进而讨论有关时间的问题。最好的办法还是先提出有关时间的疑难，并借用那些众所周知的说法展开讨论：首先，它为存在物所有还是为非存在物所有？其次，它的本性是什么？

从下面的议论中，人们可能会觉得，或者根本就没有时间存在，或者即使存在，也是可疑的和模糊的：

因为它的一部分已成过去，现在不复存在，另一部分还
只是将要出现，现在尚未存在；而且，无论是无限的时间还 218a
是被截取的一段时间，都总是由这两部分构成的。于是，人们自然就想到：由非存在的东西所构成的东西是不能够存在的，不能够分有实体的。

再进一步说，如若可以分成部分的东西整个地存在着，那么，只要它存在着，它的一切部分或者其中的某一部分也

必然存在着。时间虽然可以分成部分，但它的一些部分已成过去，另一些部分尚未到来，没有一个部分正存在着。所谓的现在并不是部分；因为部分是一种尺度，而整体必定由若干部分构成；但是，时间并不被认为是由若干个现在所构成。

至于现在，它似乎是划分过去与将来的界限，它到底总是保持着同一呢还是彼此不同呢，这很难看清楚。

如若现在总是彼此各不相同的，在时间中没有任何不同的部分同时并存（除非是一个部分包容，另一个部分被包容，就像一个较短的时间被较长的时间所包容一样），并且，过去存在过但而今已不存在的现在必然已在某个时候消失，所以，也就不能有若干现在彼此地同时并存着，因为以前的现在必然是永远地消逝了。但是，以前的现在不能消逝在它自身之中，因为那时它还存在着，也不可能消逝在另一个现在中。因为那些现在不能够彼此接续，就像点对点一样。所以，如若它不消逝在其次的现在中，而是消逝在再其次的现在中，那么，在两个现在之间就会有无限个现在同时并存了。但这是不可能的。

但是，现在也不能总是保持着同一。因为任何有限的和可分的东西都不会只有一个限界，无论这东西可能会在一个方向上还是多个方向上连续。现在就是限界，并且能截取出有限的时间。此外，如若时间上的同时就是不分先后地存在于同一个现在之中，如若在先的与在后的都一起存在于这个现在之内，那么，一万年前发生的事就会与今天发生的事同时并存了，因而也就没有什么东西先于或是后于任何别的东西了。

上述种种，可以作为就时间的属性问题所提出的疑难。

关于时间是什么以及它的本性问题，流传下来的解释并不比刚才所讨论的问题更清楚一些。因为一些人说时间是整个天的运动，另一些人则说时间就是天本身。不过，旋转运 218b
动的部分虽然是某种时间，但却不是旋转运动；因为旋转运动的部分只是截取的片段，并不是旋转运动本身。此外，如若存在着众多的天，而时间也同样是这些天中任何一个的运动，那么，就将会有多个时间同时并存。宣称时间就是整个天自身的人们认为：万物都存在于时间中，也就存在于整个天中。这种观点是极其幼稚荒谬的，不值得一驳。

既然最为流行的看法是把时间作为某种运动和变化，那么，就应该认真地考察这种观点。首先，每一事物的变化和运动都或者仅仅存在于这变化着的事物自身之中，或者存在于被运动物运动变化凑巧所在的地方。但是，时间同等地存在于一切地方，且同等地与万物在一起。其次，一切变化都有快慢，但时间却不是这样。因为快和慢都是由时间确定的：快就是在较少的时间中有较多的运动，而慢就是在较多的时间中有较少的运动。然而，时间不能由时间自身来确定，也不能由某种运动的数量和性质来确定。所以很明显，时间不是运动。至于运动和变化的区别，我们目前用不着去谈论。

【11】 但是，如若无变化，也不会有时间。因为当我们的思想没有发生变化，或者虽然变化了但却没有觉察时，我们就不会认为时间已经发生了，犹如神话中萨丁岛上那些睡在英雄身边的人们醒来时所发现的那样。因为他们把前一个现在和后一个现在重合在一起，当成了一个，由于无所觉察而漏掉了居间的时间。所以，就像把这个现在与另一个现在视为同一个就不会有时间一样，如果觉察不到两个现在之间的不同，也就会同样地认识不到那个居间时间的存在。因此，当我们还没有辨明任何变化，灵魂还显得是停留在单一而未分化的状态中时，我们就会不知道时间的存在，相反，当我们感觉到并且辨明了变化时，我们就会说时间已经过去
219a 了。因此显然，如若没有运动和变化，也就不会有时间。

所以显然，时间既不是运动，又不能没有运动。

既然我们的企图是要探索时间是什么，那么，我们就必须从这里出发来把握时间是运动的什么。因为我们是同时感觉到运动和时间的。尽管时间是模糊的，我们不能通过身体感受到，但是，如若某种运动在灵魂中发生，我们就会立即得知同时有某个时间已经过去了。反之，当得知有某个时间过去了时，也总是发现同时有某种运动已经发生了。所以可见，时间要么是运动，要么是运动的什么；既然它不是运动，就必然是运动的什么。

既然被运动的东西是从某处被运动到另一处，并且所有的积量都是连续的，那么，运动就与积量相一致；而且，由于积量是连续的，所以运动也是连续的；而如果运动是连续的，时间也就是连续的了。因为运动有多少，时间也总是被认为已经过去了多少。先于与后于的首要含义是在地点方面；在那里，它们表现为位置。此外，既然积量中有先于和后于，那么，运动中也必然有和积量相类似的先于和后于。但是，由于时间总是和运动相互一致的，所以，时间中也就有了先于和后于。先于和后于在运动中，它们作为存在时是运动，不过，在与存在相异时又不是运动。但是，当用先于和后于作规定时，我们规定了运动当然也就知晓了时间；换言之，只有在我们把握了运动之中的先于和后于的感觉时，我们才说时间已经过去了。通过判明先与后这两者的互不相同以及它们之间的某个居间者，我们才确定了它们。因为只有在我们想到两端与中点有区别时，并且在灵魂告之现在是两个时——一个在先，另一个在后——，我们才可以说，这就是时间。因为能被现在规定的东西才可被认为是时间。让我们把这个作为前提。

当我们感觉到现在只是作为一个，并且，既不作为运动中的先与后，也不作为时间的先与后的同一，我们就不会认为有什么时间已经过去了，因为没有任何运动。当我们感觉 219b
到先与后时，我们就说有时间，因为时间乃是就先后而言的运动的数目。

因此，时间不是运动，而是运动得以计量的数目。这就表明：我们依据数目来判定多和寡，又依据时间来判定运动的多和寡；因此，时间就是某种数目。既然数目有两层含义（因为我们是说，有被计数的或能被计数的数目以及我们用以计数的数目），那么，时间显然是被计数的数目，而不是我们用以计数的数目。我们用以计数的数目与被计数的数目是不同的。

就像运动一样，时间也总是彼此相随的。一切同时的时间都自我同一；因为现在在存在时是同一的；作为先与后来规定时间，它就不同于自身了。而且，现在自身既作为同一，又不作为同一：作为处于彼此相随的现在，它不同一（现在之为现在正是这个意思），但现在作为存在而存在时，它又是同一的。因为正如我们所说过的，运动和积量相一致，时间则要和运动相一致。同样，正如被移动凭借着点一样，我们也凭借着一个东西来认识运动以及运动中的先与后。这东西在存在上是同一的（因为它或者是一个点，一块石头，或者是诸如此类的其他什么东西），但在原理上则不相同。就像智者们所主张在吕克昂中的科里斯考斯与在市场上的科里斯考斯是不同的科里斯考斯一样，这东西从这里被移动到那里当然也是不同的。正如时间和运动相一致，现在也和被移动的东西相一致。因为正是凭借着这被移动了的东西，我们才认识了运动中的先与后；而作为能被计数的先与后，就是现在。所以，不论是在先于中还是在后于中，现在作为存在时都是同一的（因为先与后都是在运动中）；但又不相同，因为现在是作为能被计数的先与后。这是最容易认知的道理：运动是通过被运动物，移动是通过被移动物；而被移动物是某一“这个”，但运动则不是。所以，现在在一方面总是作为自身同一的，但在另一方面则不是作为自身同一；因为被移动物也是这样。

很明显，如若没有时间，就不会有现在，反之，如若没有现在，也不会有时间。因为正像被移动与移动同时并存一样，被移动的数目与移动的数目也是同时并存的。因为时间就是移动的数目，“现在”对应于被移动物恰似数目的单位。

可见，时间既依靠现在而得以连续，又通过现在而得以划分。因为在这里，也有类似于移动与被移动物之间的那种关系：由于被移动物是单一体，运动和移动才据此成为单一的；它之所以是单一，并不由于处在存在中（因为这可能中断），而在于原理。这个被移动也规定了运动的先与后；就这方面而言，它与点有某种类似之处。因为点既连续长度又规定长度：它既是这一长度的起点，又是另一长度的终点。但是，如若有人要这样地把一个东西当作两个来使用，即如若把同一个点既作为起点又作为终点，那就必然有个停顿。然而，由于被移动物处在被运动中，所以，现在总是不相同的。所以，时间是数目，不是作为既是起点又是终点的那种点，它更像是线段的两端，而不是作为线段的部分。前者的理由已如上述（因为把线段的中间点作双重使用，就会出现停顿的结局)，后者的理由很清楚：现在不是时间的部分，段落也不是运动的部分，就像点不是线段的部分一样；一条线的部分是两个线段。所以，现在作为限界，它不是时间，而是时间的偶性；它作为计数的东西，因而也就是数目。因为限界，只是有限界的东西的限界，而数目，例如 10，则是这 10 匹马以及其他可数东西的数目。

由此，显而易见：时间乃是就先与后而言的运动的数目，并且是连续的（因为运动是属于连续性的东西)。

【12】 在严格的意义上说，最小的数目是二。作为具体的数目，一方面有最小，另一方面又没有最小。例如一条线段，它在数量上最小的是二或一，但在积量上却没有最小；因为一切线段都永远可以被分割。所以，时间也如此；因为就数目而言，它的最小是一或二，但就积量却没有最小。

220b 很明显，时间不能被说成有快和慢，只能被说成有多寡和长短。因为作为连续，它有长和短，作为数目，它有多和寡；但它不是快和慢。因为即使是我们用以计数的数目，也是没有任何快慢的。

不论在什么地方，同时的时间都是同一的；先后的时间则不同一；因为当下的变化是一个，而已经发生的和将要发生的变化则不相同。时间不是我们用以计数的数目，而是被计数的数目；所以，它因发生的先后而总不相同，因为现在是各不相同的。100 匹马和 100 个人的数目是同一的，但被计数的东西各异，即马不同于人。此外，正如运动可以反复不断地同一，时间也能如此，例如年度、春天或秋季。

我们不仅通过时间来度量运动，而且也通过运动来度量时间，因为它们是相互被规定的。既然时间是运动的数目，所以它规定运动，运动也规定时间。被运动度量的时间，我们把它说成是多或寡，就像通过被计数的东西，我们知道数目一样，例如通过一匹马作为单位而知道马的数目。因为我们是借助数目才认识马的多寡的，反过来，又是通过一匹马才认识马的数目的。时间和运动方面的情形也如此；因为我们既借助时间来度量运动，又依靠运动来度量时间。这种结论的出现是合情合理的；因为就它们都是数量、连续的和可分的而言，运动与积量相一致，时间又与运动相一致。运动之所以有这些属性，由于积量是如此，而时间之所以有这些属性，又因为运动是如此。而且，我们既依据运动来度量积量，也通过积量来度量运动；因为，如若旅行长久，我们就说是路途遥远；反之，如若路途遥远，我们就说是旅行长久。同理，如若运动怎样，时间也如何，如若时间如何，运动也怎样。

既然时间是运动和被运动东西的尺度，而时间度量运动 221a
是通过确定某个能度量整个运动的运动来实现的（就像肘尺度量长度是通过规定某个能量出整个长度的积量单位来实现的一样），而且，运动存在于时间中就意味着，不仅运动本身，而且它的存在都是被时间所度量的——因为它同时既度量运动又度量运动的存在，并且，运动存在于时间中的含义也正是这样，即它的存在要被时间所度量——，那么很明显，对于其他东西而言，它们存在于时间中的意思也是这样，即它们的存在也要用时间来度量。

因为存在于时间之中的含义是二者居一：或者是在时间存在时存在着，或者就像我们所说的在数目中存在的东西那样。后者又意味着：或是作为数目的部分或方式，一般而言就是属于数目的什么；或是具有数目的东西自身。

既然时间是数目，那么，现在、以前等诸如此类的概念之在时间中，就像单位、奇数和偶数在数目中一样（因为后一系列是属于数目的什么，前一系列是属于时间的什么）；但是，事物存在于时间中就像存在于数目中那样；如若真是这样，那么，它们被数目所包容就会像处于地点中的事物被地点包容一样。

在时间存在时存在着显然并不意味着就是存在于时间中，就像在运动和地点存在时的存在并不意味着就是在运动中和地点中存在一样。因为，如若在什么中的意思就是这样的话，那么，所有的事物就会存在于任何东西中，天就会存在于谷粒中了；因为在谷粒存在时，天也是存在着的。但是，这只是偶然的，相反的说法则是必然成立的——在时间中存在就意味着当它存在时某时间也存在着，在运动中存在就意味着当它存在时运动也存在。

既然在时间中的东西和在数目中一样，那么，就可以发现，时间比在时间中存在的一切东西都更为长久。因此，在时间中存在的一切东西就必然要被时间所包容，正如在某物中的其他东西要被某物包容（例如，在地点中的那些东西被地点包容）一样。而且，事物也要承受时间的某种作用，就像我们惯常所说的时间销蚀着事物，一切都因为时间的流逝而衰老，都由于时间的变迁而被淡忘那样，但是，我们却不 [221b]
说随着时间的过去而学会了什么，或变得年轻了和漂亮了；因为就其本性而言，时间更是一种毁灭性原因；既然它是运动的数目，而运动就是要脱离现状。所以，很明显，作为永远存在的那些永存的东西不会在时间中；因为它们不被时间所包容，它们的存在也不以时间来度量。可以证明这种观点的是：它们没有一个会承受时间的作用，所以它们并不存在于时间之中。

既然时间是运动的尺度，它也会由于偶性而是静止的尺度；因为一切静止都在时间中。处于时间中的东西并非像处于运动中的存在那样必然地被运动着；因为时间不是运动，而是运动的数目；而且，静止的东西也可能存在于运动的数目中。因为并非一切不被运动的东西都是在静止着，而只有那种本性上能被运动，但实际上并没被运动的东西才是静止着的，就像我们在前面所说过的。所谓存在于数目中，就是说事物的存在有着某个数目，而且，它的存在要以它处于其中的那个数目来度量。所以，如果事物是在时间中，它就要被时间所度量。但是，时间所度量的是作为运动的运动以及作为静止的静止；因为时间所度量的只是它们一定数量的运动和静止。所以，被运动物只是简单地作为有某一数量还不能被时间度量，而要作为它的运动有数量才行。因此，凡是没有运动和静止的东西都不会存在于时间中；因为，存在于时间中指的就是被时间所度量，而时间是运动和静止的尺度。

那么，一切非存在的东西显然也都不在于时间中，当然，这里的非存在指的是那些完全不可能存在的东西，譬如对角线与边的通约性。因为一般地说，如果时间就其本性作为运动的尺度，就其偶性作为其他东西的尺度，那么显然，被时间来度量其存在的事物，其存在就会完全处于静止中或运动中。所以，凡有消灭和生成的事物，而且一般说来，那些一时存在一时不存在的事物，就必然是处于时间之中。因为有某个既超过它们的存在，又超过度量它们存在的时间的更长的时间存在着。在不存在，但被时间所包容的事物之
222a 中，有些是曾经存在过的（例如荷马就在某时存在过），有些则将会存在（例如某个将来要发生的事件），这要看时间把它们包容在哪一边而定；如果是在两边，那么，它们就既存在过也会继续存在；至于那些两边都不被时间包容的东西，就是过去、现在和将来都不存在的东西。具有这种性质的不存在的东西，它们的对立面正是那些永远存在着的，例如，对角线的不可通约性就是永远存在的，而且不会存在于

时间中。可通约性也不在时间中；所以，它是永远不存在的，因为它的反面是永远存在的东西；而凡是其反面不永远存在的东西就是那些既能存在也能不存在的东西，即它们有着生成与消灭。

【13】 正如前面所说，现在是时间的枢纽——它连结着过去和将来的时间——，而且，它也是时间的限界，因为它是一时间段的起点，另一时间段的终结。但是，这情况不像在被固定的点上那样明显。它是潜在地划分时间。而且，作为划分，现在总是各异的，但作为连结，它又总是相同的，就像数学中的线段一样；就思想而言，构成线段的点总是不同一——因为在分割线段时，点是各不相同的——，但作为单一的点，它又是完全相同的。现在也是这样，就潜能而言，它既是时间的划分者，又是两部分时间的限界和统一者。就自身而言，划分和统一是相同的，但其存在则不相同。

那么，一种含义的“现在”就是上述这样，另一种含义的现在则指事物的时间临近。例如，“他现在要来”是说他今天将来到；“他现在已经来了”则是说他今天到来了。但是，《伊利亚特》中的事情不是现在已经发生了，洪水的故事也不是现在已经出现了；尽管从现在到那些事件的时间是连续的，但它们并不临近。

“在某时”是一种被确定为与前一种意义的现在相关的

时间，例如，“在某时特洛亚城被攻陷了”，或者“在某时洪水将泛滥”；因为它必须相关于现在来被限定。因此，从这个现在到那件事情将会有某种数量的时间，而且，从那过去的事情到当下的现在已有了某个时间。

如若没有一个不在某时的时间，那么，所有时间就会都是被限定的了。时间会穷尽吗？肯定不会，既然运动是永远存在的。那么，是总有不同的时间呢，还是同一个时间多次出现呢？显然，运动应该是怎样，时间也会是怎样；因为，如果同一运动在某时多次出现，时间也会是同一个，如果运
222b 动不是这样，时间也不会这样。既然现在是时间的终点和起点，但不是同一时间，而是过去时间的终点和未来时间的起点，那么，就像圆具有的凸和凹在某种意义上处于同一之中一样，时间也如此，总是在起始和终结中。而且正因如此，它就被认为总是不相同；因为现在不是同一个东西的起始和终结；不然的话，它就会同时而且在同一方面是对立的双方了。时间也不会穷尽；因为它总是在起始中。

“ede”[1] 既是将来时间的一个与不可分割的当下的现在接近的部分——例如，“你何时去散步？”“立即”，因为他打算做这件事的时间是很近的——，也是一个距现在不远的过去时间的部分，例如，“你何时去散步？”“我刚才已经散

[1] ede 在表示时间时，既有“刚才、已经”等过去的含义，也有“即刻、马上”等将来的含义。亚里士多德在这里也是用以表示两方面含义，不便汉译为单一的概念，故照写原文。

步了。”但是，我们不说特洛亚城刚才被攻陷了，因为这事距现在太久远。而且，“最近”也是一个过去时间中距当下的现在很近的部分。例如，“你何时去散了步?”如若这个时间临近于现存的现在的话，就说“最近”。“从前”则是一个远离现在的过去时间的部分。“突然”则是在一个微小得不易察觉的时间中发生的。

就本性而言，一切变化都是脱离原有的状况。正是在时间中，万物才生成和消灭着；因此，有些人就宣称时间为最智慧的；然而，毕达戈拉斯学派的帕朗（Paron）则认为时间最愚钝，因为在时间中，一切都被遗忘了；他的说法较为真实。那么显然，正如我们在前面所说过的，时间由于本性而更是消灭的原因，而不是生成的原因（因为按其本性而言，变化就是脱离原有状况），它只是由于偶性才是生成和存在的原因。足以证明这一点的是：如若自身不在某种意义上被运动和动作，就没有什么东西会生成，但是，即使事物完全不被运动，也会消灭。我们惯常所说的事物被时间消灭，也主要是这个意思。但是，事物的消灭并非是时间本身，而是偶然地在时间中发生的变化。

那么，时间是存在的、它是什么、我们所谓的“现在”有多少含义，以及“某时”、“最近”、“ede”、“从前”、“突然”意味着什么，我们都已经说过了。

【14】 我们如此这般地进行了这些区分之后，就可以

清楚地看到：一切变化和所有运动物都在时间之中。因为更快和更慢体现在一切变化的方面，在每一变化中都能看到这223[a] 种现象。我所谓的运动得更快，是指它以匀速运动被运动着通过相同的距离时，先于另一变化而到达那个被设定的状况；例如在移动方面，如果两者都沿着圆周或者直线被运动；在其他运动方面的情形也同样。但是，先于的东西是在时间中；因为我们说先于和后于，指的就是相对现在有差距，而现在则是过去与将来的定限；所以，既然现在是在时间中，那么，先于和后于也是在时间中；因为现在处于什么之中，与现在的那个差距也会在什么之中。（但是，在过去的时间和将来的时间方面，先于的含义是相反的；因为在过去的时间中，我们把离现在更远的称为先于，把离现在更近的叫做后于；而在将来的时间中，我们则把距现在较近的叫做先于，把距现在较远的称为后于。）既然先于在时间中，而每一运动都跟随着先于，那么很清楚，一切变化和所有运动都在时间中。

下面这些问题也值得考察：时间怎样与灵魂相关，为什么时间被认为存在于一切事物中，它既在地上，也在海里和天中。关于后一个问题，是因为时间作为运动的数目，它是运动的属性或状况，而所有的这些事物都能被运动（因为它们全都在地点中），所以，时间和运动不论是在潜能方面还是在实现方面都是同时并存的。

如若灵魂不存在，时间是否会存在？有人或许会提出这样的问题。因为，如若计数者不能存在，某个可以被计数的数目也不能存在，因而显然就不会有数目存在；因为数目或者是已被计数的，或者是可能被计数的。但是，如果除了灵魂和灵魂的理智之外，再无其他东西有计数的资格，那么，假若没有灵魂，也就不能有时间，而只有以时间为其属性的那个东西，即运动存在了，如果没有灵魂运动也可能存在的话。先于和后于是在运动中的，而它们作为可数的东西就是时间。

有人或许还会问：时间是哪种运动的数目？或许应该回答：它是任何一种运动的数目。因为不仅事物的生成在时间中，而且它的消灭、增长、质变以及移动都是在时间中；所以，时间就是作为运动的这每一类运动的数目。由此可见，时间毫无疑问地是连续运动的数目，而不只是某一种特定运动的数目。

但是，其他一些东西现在也会在被运动，而且，几种运动中的每一种都应该有数目。那么，是另有一个不同的时间呢还是同时会有两个同等的时间呢？不是的。因为同样而且同时的时间只是同一个；即使是不同时的时间在属上也是相同的；因为例如，如果有一些狗，还有一些马，各为 7 只(匹)，那么，它们的数目是同一的。被同时定限的各种运动也有相同的时间；但一种运动可能快，另一种可能不快，一种可能是移动，另一种可能是质变；只要质变和移动这两种运动的数目是相等的和同时的，它们的时间就是相同的。而且，正因为这样，虽然运动是不同的和分离的，但每个地方的时间却是相同的，因为相等的和同时的数目在任何地方都是同一的。

既然有移动以及在它之中的圆周运动，既然每一事物都被与之同种的某者所计数，如单位被单位计数，马匹被马匹计数，同样，时间被某确定的时间计数，而且（正如我们所说过的），既然时间被运动度量，运动也被时间度量——其所以这样，是因为不论运动的数量还是时间的数量，都是被在时间中确定的运动来度量的——，那么，如果第一位的是与之同种的一切东西的尺度的话，匀整的圆周移动就最适于是尺度，因为这种运动的数目最容易被认识。

无论是性质变化还是增长与生成，都不是匀整的，只有移动匀整。因此，时间被人认为是天的运动，因为其他运动都被这种运动所度量，时间也要被这种运动所度量。正是这样，就得出了一种惯常的说法；因为人们断言，人类的事务以及其他具有自然的运动和生灭变化的事物就是一种循环。其所以如此，是因为所有的这些事物都是被时间所判别的，而且都有终结与起始，仿佛是按某个环形路线在周而复始地进行着；甚至时间本身也被认为是某种循环。其所以如此，因为时间是这种移动的尺度，时间本身又被这种移动所度量。所以，说事物的生成有循环，就是说时间有某个循环；而时间有循环又是因为它被循环的圆周移动所度量；因为除
224a 了这个尺度外，没有其他能被看成被度量的东西，而整体就

是众多的尺度。

〔这个说法也正确：如果绵羊的数目和狗的数目各自相等，它们的数目就是相同的；但是，10 只绵羊和 10 只狗却不相同，就像等边三角形与不等边三角形不是相同的三角形一样；尽管它们的形状相同，因为两者都是三角形。因为如若不被差异区分开来，事物就被说成是相同，但如果区分开了，就不相同。例如，由于三角形的差异，三角形就彼此区分开——所以，它们是不同的三角形——，但是，它们却没有形状的差异，因为都处在同一个划分里。因为形状，一类为圆周形，一类为三角形，而三角形中一类是等边的，一类是不等边的。所以，它们的形状是相同的（因为都是三角形），但却不是相同的三角形。动物的数目也是相同的，因为它们的数目没有由于数目的差异而导致的区别；但是，10 个东西是不相同的，因为被述说的事物有区别，一些是狗，另一些是马。〕

关于时间本身以及与对它的考察密切相关的那些问题，我们都已说过了。

第　五　卷

224a21 【1】 所有变化的东西都以下列方式之一进行着变化：它或者由于偶性而变化，例如，当我们说那个文雅的走来了时，说的是走来的人具有文雅的偶性；它或者由于某部分的变化而被笼统地说成是整个地在变化，例如，有病的眼睛或肺部（它们是整个身体的部分）被治愈而被说成是身体的康复；此外，还有某种东西，既不是就偶性而言被运动，也不是就它所属的某个其他的部分，而首先是就自身在被运动；这是一种就本性自身而能被运动的东西。这种运动又是彼此各不相同的，例如能发生性质变化的东西。而且，性质变化中又有能被治愈的或能被加热的等不同。

在运动者方面也有同样的区别。因为有的是就偶性而运动，有的是就部分（即就属于它的某东西）而运动，有的是就自身直接而运动，例如医生治病，手指敲打等。

现在，我们有了某个最初运动者，某个被运动物，以及
224b 运动在其中进行的东西（即时间），除了这三种要素之外，还有运动由以出发以及所要达到的东西（因为一切运动都是

从某一点出发到达某一点的；而最初的被运动物又总是不同于被运动所达到的以及由以开始的东西，例如燃烧着的木头，灼热和阴冷，在这三者中，燃烧着的木头是被运动物，灼热是运动所要达到的，阴冷则是运动由以出发的）。因而，很显然，运动存在于木头之中，而不是在形式中；因为形式、地点和数量既不运动，也不被运动。但是，却有着运动者、被运动物以及被运动所归宿的东西（被运动所归宿的东西比由以出发的东西更为重要。因为变化乃是依它为名的。正是如此，趋于非存在的变化才叫做消灭——尽管被消灭物的变化是从存在出发的——而趋于存在的变化才称为生成，虽然这种变化是以非存在为起点的）。运动是什么的问题，前面已经说过，从中可以看出：被运动物的被运动所归宿的形式、属性和地点都是不能被运动的，例如知识与灼热。（有人或许会提出问题：如果属性即所承受的变化是一种运动，而白色是一种属性，那就会出现趋于运动的变化了。对于这个问题，我们可以回答说：白色并不是运动，只有变成白色才是运动。）

在上述的这些归宿中，有的是就偶性，有的是就部分和就其他东西，有的则是最初的，不就其他什么。例如，一个被变白的东西变成为被思想的东西是就偶性（因为作为颜色，它只是偶然地被思想）；它变成有颜色的只是因为白色是颜色的部分，正如说去了欧洲乃是因为雅典是欧洲的部分一样；只有它变成白的颜色才是就它自身。

到此为止，我们说明了事物的被运动在什么意义上是就自身的，在什么意义上是就偶性而言的，在什么意义上是就其他什么的，而且也说明了在运动者和被运动物两方面自身直接是什么意义。很清楚，运动不在形式中，而在被运动着的东西中，而且，是在就实现活动而言的能被运动的东西中。

在这里，我们且不去理会就偶性的变化；因为这种变化会永远存在于万事万物中以及在它们的一切方面中。相反，不就偶性的变化却并非无处不在、无事不有，它只是存在于对立物及其居间者和矛盾中。这可以从事例的归纳中加以确证。变化来自居间者，因为居间者自身可被用作对立双方的对立面，原因在于，在一定的意义上，居间者也就是极端。因此，它与对立双方的关系以及对立双方与它的关系在某种意义上也可以说是一种对立。例如，中音对于高音来说是低音，而对于低音来说又是高音；灰色相对于黑色为白色，但相对于白色又成了黑色。

225a 既然所有的变化都是从一物变成为另一物（变化一词即 metabole 就能表明这一点；因为 meta 就是“某物在他物之后”，这就表明是一物在先，一物在后），那么，变化物的变化就应该有以下四种：或是从主体到主体，或是从主体到非主体，或是从非主体到主体，或是从非主体到非主体（我所谓主体的意思，是被肯定表示的东西）。所以，在以上所说的四种变化中，必然只有三种能成立——从主体到主体，从主体到非主体以及从非主体到主体。因为从非主体到非主体的变化并不存在，原因在于这种情况不存在反对关系，既无对立，也无矛盾。

在这几种变化中，从非主体到主体这一由于矛盾的变化就是生成，它又分为笼统的生成和特定的生成两种。例如，从非白的东西变成白的东西就是特定的生成，而从笼统的非存在变成实体（或存在）则是笼统的生成；我们说的笼统的生成，只是指有个什么由此而生成，并不是说生成了某个特定的东西。从主体到非主体的变化则是消灭，如果从实体变成了非存在，就是笼统的消灭，如果是变成了某个否定的对立面，就是特定的消灭，正如在生成方面所说过的那样。

尽管非存在有多种含义，但是，不论是就组合或分离而言，还是就潜能与一般意义上的就实现的存在相对立，它都是不可能被运动的（虽然非白的东西或不好的东西可能有就偶性的被运动——因为那个非白的东西或许是人——，但是，在一般意义上的非存在这个东西决不能被运动），可见，非存在是不能被运动的。如果这一点成立，那么，生成也就不会运动；因为非存在有生成（如果就偶性生成的说法更为合适，那么，说就一般而生成的非存在也同样正确）。因此，非存在也不能静止。这些就是认为非存在能被运动所导致的困难。此外，一切被运动的东西都在地点中，而非存在却不在地点中，不然的话，它就应该是在某处了。消灭也不是运动；因为与运动相反的或者是运动，或者是静止，与消灭相反的却是生成。

既然一切运动都是某种变化，变化只有上面所说的三
225b 种，而在这三种之中，生成与消灭方面的变化（它们是相互对立的）又不是运动，那么，必然只有从主体到主体的这一种变化才是运动。这两个主体或者是相反的，或者是居间的（因为短缺也可以作为相反的一方，并且能用肯定语词来表达——如裸体、豁牙与黑色）。

可见，如果把范畴区分为实体、性质、何处、何时、关系、数量、动作和承受的话，那么，运动就必然地有三类——性质的运动、数量的运动和地点上的运动。

【2】 运动不就实体而存在，因为没有什么存在与实体相反。

也无关系运动。但是，在相关的一方发生变化时，不变的另一方就不可能与之对应了，所以，关系有就偶性而言的运动。

动作和承受也没有运动，一切被运动的东西和运动者亦无运动，因为不能有运动的运动，也没有生成的生成，总之，没有变化的变化。

因为首先，运动的运动可能有两种含义：或者作为主体，例如一个人因为从白变成黑而被运动，所以，运动也像这样作为主体或变热、或变冷、或变更地点、或增加和减少——但这是不可能的，因为变化不能作为某个主体——；或

者由于另外的某一主体从一种变化变成另一种形式，例如，一个人从疾病变为健康。但是，除了就偶性而言之外，这种情形也不能成立。因为运动本身是从一种形式向另一种形式的变化。（生成和消灭也是这样，尽管它们是直接矛盾，而运动则不过是差异。）所以，如若有运动的运动，那么，人在从健康向疾病变化的同时也就在从这个变化转入另一个变化。因此很明显，当一个人已经病了时，他可以转入另一个有关的变化过程（因为他可能静止），而且，这个转变的过程永远不会是耦合，而是从某种确定的东西变为另一种确定的东西；这样，它也就包含了一个对立的变化，即康复的过程。但是，变化的变化也可能偶然地发生，例如，随着变化所属的主体有时变得有知，有时又变得无知，也就发生了从记忆到遗忘的变化。

其次，假若变化有变化，生成有生成，那么，就会步入无限。如果在后的变化是前一个变化的结果，前一个变化必然也是这样。例如，如若一个一般的生成曾在某时生成，生成的东西也曾生成，那么，它就还不是一般生成的东西，而只是某个生成的东西在生成；而这个东西又曾在某时生成，所以，它在那时也还不是生成的东西。既然在这无限的系列中没有什么环节是最初的，所以也就没有一个相继的环节。这样，也就没有生成，没有运动，没有什么变化的东西。

再有，同一主体的运动也会是与它相反运动（以及静止）的主体，生成和消灭也是这样，所以，生成的东西在某时已经生成时，它在那时也会消灭。但是，它既不能在生成时立即消灭，也不能在生成以后消灭；因为消灭过程中的东西必定是存在着的。

再有，在生成和变化的下面必须有质料。这质料是什么呢？正如身体或灵魂是性质变化的基础一样，生成运动或生成的载体是什么呢？再者，被运动所达到的目标又是什么呢？因为某物的运动或生成必定是从这东西到那东西。但是，它同时又将怎样做到这一点呢？因为学习的生成并不是学习，所以，既不会有生成的生成，也不会有某种变化的变化。

此外，如果只可能有三种运动，那么，作为载体的自然以及运动所达到的目标也就必然是三者之一；例如，移动必定性质被变化或被移动。

总之，既然一切被运动的东西只以三种方式被运动，即或者就偶性，或者就某个部分，或者就本性自身，那么，就只有就偶性而言，变化的事物才可能变化。例如，一个正在恢复健康的人可以奔跑或者学习；但是，我们早已说过，就偶性的变化我们是存而不论的。

既然实体、关系、动作和承受都不能有运动，那么，剩下来的就只有性质、数量以及在何地的运动了；因为在它们各自之中都有对立面存在。在性质方面的运动就是质变；因为这个共同的名称包含了这方面的对立。我这里所谓的性质不是指实体之中的性质（因为属差也是一种性质），而是指的可承受性，即事物由此而被说成承受或不承受什么变化的那种性质。数量方面的运动无共同的名称，只能把一方叫做增加，另一方称为减少——趋于完满量度的运动是增加，从完满量度出发的相反运动是减少。地点方面的运动既无共同的、也无个别的名称，权且用移动作为共同名称来述说吧。尽管严格说来，被移动这个词仅仅适于述说那些在变更地点时自己没有能力停下来，也不能把自己从一个地点运动到另一个地点的东西。

在同类的变化之中，那种在较大或较小程度上的变化也是性质变化。因为从相反的一方到另一方的运动或者是一般的，或者是特定方式的；因为向较小程度方面的运动被称为向相反面的变化，而向较大程度方面的运动则被叫做是从相反面出发向自身的变化。特定的或一般的变化没有什么区别，只是在特定的变化中，对立双方的相互反对是在特定的意义上而已。较大和较小只不过是意味着在较多或较少的程度上具有或不具有这种对立的性质罢了。

从这些清楚可见，运动只有那三种。

不能被运动是指：首先，根本就不能被运动的东西（正如声音不能被观看一样）；其次，在较长时间中很难被运动，或者不容易被开始其运动（被称为难以被运动的东西）；第三，尽管在本性上能够被运动，但在一定的时间、地点或方式下，这个本性能被运动的东西却没有被运动。静止就仅仅是指的这最后一种不能被运动的情形；因为静止是与运动相反的，所以，它是能够接受运动之物的运动的短缺。

那么，什么是运动，什么是静止，以及变化有多少，运动又有哪些种类，这些问题上面已经说得很明白了。

【3】 接下来，就让我们来说明什么是并存和分离、接触与居间、顺接、接续和连续，而且表明这些术语各自自然地适用于什么。

当事物处于同一个原始的地点时，它们就被称为是在地点上的并存，相反，当它们处在不同的地点时，就被说成是分离着。

当事物的终端是在一起时，它们就是彼此接触着。

227a7 〔既然一切变化都处于对立的双方之中，在对立的东西中，有些是相反的，有些是矛盾的，而矛盾双方没有什么居间者存在，那么很明显，居间者只会存在于相反的东西之
226b25 中。〕① 在本性方面能连续变化的变化物，在它还没有被移动着变化到那个最后的目标之前所自然地达到的那个阶段，就是居间。所谓居间，至少也会有三个方面存在；因为相反者是变化的终点；如果在事物的运动过程中没有间断，或者只有最小的间断，那么，它就是在连续地被运动着——这里说的间断不是指时间方面的（因为时间的间断并不妨碍连

① 方括号内的这句话，是按 Themistius 本放在这里的。

续，相反，在最低音调之后可以立即发出最高音调)，而是指事物方面的——即被运动发生在其中的那个事物的中断。无论是在地点方面的变化中，还是在其他种类的变化中，这一点都是显而易见的。在地点上的相反者则是指在直线中距离最远的东西；因为最短的线是被定限的，而被定限了的东西就是尺度。

一物顺接着另一物，是指它处于或按位置，或按形式，或按其他什么所确定的起点之后，而且没有任何与它同类的东西把它和它所顺接的事物隔开（我所谓的与它同类的东西，是指例如，一条线段或多条线段之间隔着线段，一个单元或多个单元之间隔着单元，一幢房屋之间隔着房屋；但是，没有什么妨碍不同类的东西间隔其中)。因为顺接的东西是顺接于某一特定的东西，而且是一个在后的东西；因为一不顺接于二，一个月中的第一天也不顺接于第二天，而是相反，二顺接于一，第二天顺接于第一天。

如若一物顺接着而又接触着，它就是接续着他物。

连续是接续的一种。我所谓的连续，是指事物彼此接触的每一个限界变成为同一个，而且（正如这个词本身所表明的）相互包容；如果终端是两个，连续性就不可能存在。在作了上述的规定之后，就可明白，连续性存在于这些事物之中，它们依据于来自相互间的接触而自然地形成为一体。而且，把它们包容在一起的东西以什么方式变成为一体，其整体也会这样地形成为一体，如通过铆合、黏结、接触或有机统一等方式。

显然，顺接是第一的。因为接触着的东西必然是顺接着，而顺接着的东西并非全都接触着（因此，顺接存在于原理上在先的那些东西中，例如在数目中，但接触则不是这样）。而且，如果有连续，就必然有接触；但如果有接触，却不一定有连续。因为，它们的终端即使并存着，也不必然是一个，但是，如果是一个，就必然并存着。所以，在生成方面，自然结合是最后的；因为如果终端要被自然地结合，就必然要有接触；而接触着的东西并非全都自然地结合着，也就是说，在接触不存在于其中的事物里，自然的结合也显然不存在于其中。

所以，即使像有些人所说的那样有自身独立的点和单位存在，这种点和单位也不会是相同的；因为点与点能彼此接触，但单位与单位只能依次顺接。而且，在点与点之间可能存在某种东西（因为所有的线段都是点之间的居间者），而在单位与单位之间并不必然有什么；因为例如，在一与二之间就不存在着什么。

227b 那么，什么是并存与分离，什么是接触，什么是居间和顺接，什么是接续与连续，以及它们每一个各自适用于什么，所有这些问题我们都已说过了。

【4】 运动被说成是单一的有多种含义；因为我们所谓的“单一”就有多种含义。

按其范畴的不同性质，运动在种上是单一的；所以，每一移动与所有其他的移动在种上是单一的，但质变与移动在种上则是不同的。

当运动不仅在种上是单一的，而且也发生于不可分割的一个属中时，它就在属上是单一的。例如，颜色有不同的属，所以，变黑和变白在属上是不同的；但是，每一个变白和所有其他的变白在属上都是同一的，每一个变黑与任何其他的变黑也如此。而白在属上不可再被划分了；因此，每一变白和所有其他变白在属上是单一的。如若运动恰巧是种同时又是属，那么显然，它就只是在某种意义上的属的单一，而不是完全的属上的单一。譬如学习就是一个例子。因为知识既是领会①的一个属，又是各种知识的种。

或许有人会提出疑问：当同一东西从同一起点出发向同一目标变化时，这样的运动（例如一个点周而复始地从这一地点向那一地点运动）是否在属上是单一的？如果它在属上是单一的，那么，圆周移动就会与直线移动相同，滚动就会与步行同一了。但已被确立的原则是：如果运动在其中进行的东西在属上各异（譬如这里所说的圆周和直线就是在属上各异的），那么，运动本身也就在属上不同。

那么，运动在种上以及在属上单一的问题就是如此。

只有在本质上和数目上单一的运动才是无条件的单一。

---

① huplepsis.

下面的辨析将表明这种运动是什么。与我们所说的这种运动相关的因素从数目上看有三个方面——什么东西、在哪里、在何时。我的意思是，必然有某个被运动的东西，例如人或者金；而且，还必然要在哪里被运动，例如在地点上或者在属性上；此外，还必须有时间，因为万物都是在时间中被运动的。在这三个要素中，使运动在种上或属上单一的因素是运动发生于其中的那个地方，使运动具有接续性的因素是时间，使运动无条件的单一的则是所有这三者。因为要使运动成为无条件的单一，必须是运动处于其中的地方是一个，而且是不可再分的（例如属）；运动所经的时间是一个，而且没有中断；被运动物是一个，而且不是就偶性（就像白的被变黑，科里斯考斯在行走一样；虽然科里斯考斯和白的都是
228a 一，但这是就偶性而言的），也不是在同做某事的意义上（因为也许有这种情况：两个人同时在被医治同一种病，例如眼炎，使之恢复健康，但这种运动实际上不是单一的，只是在属上单一）。

现在，假定苏格拉底一而再、再而三地经历了在属上相同的某种质变。如若已经消逝了的东西可能再度生成，而且在数目上仍是同一的，那么，这种质变就或许是单一的；反之，如若不同一，这种质变就不是单一的。

还有一个与此相似的疑问：健康是否是单一的？或者一般地说，身体中的状况和属性在本质上是否是单一的？因为具有着这些状况和属性的身体显然是在运动着和变动着的。

如果黎明时的健康与此时的健康是同一的，那么，当一个人在中断了健康而又再度获得健康时，前一种健康与后一种健康为什么不可以是在数目上的单一呢？因为道理是相同的。当然，也有以下的区别：如果这同一的主体在数目上可以是两个的话，状况也必然如此（因为在数目上单一的主体，在数目上的实现也是单一的）；但是，如果状况是单一的，就还不能足以使我们把实现也当作是单一的，因为当一个人停止行走时，行走就不再存在了，一旦他再度行走，行走也就会再次出现。所以，如若健康是同一的，那么，同一个东西就会反复多次地消灭而又生成了。当然，这些疑难是在我们当下的考察范围之外的。

既然一切运动都是连续的，那么，在一般意义上单一的运动也必然是连续的（既然一切运动都是可分的），而且，如果是连续的运动，也必然是单一的。因为在任何运动与任何其他运动之间是不会生成连续的，就像巧遇的东西与任何其他巧遇的东西之间不会有连续，只有终端同一的东西之间才可能有连续一样。有些东西没有终端，有些东西的终端在属上各异，尽管都有终端这个相同的名称。例如，线段的终端和行走的终点怎么可能相互接触或者成为同一呢？无论在属上还是在种上都不相同的运动确实可以依次接续；某人可能在奔跑之后立即得了热病，而且，在火炬接力赛中，我们看到的也是接续移动，而不是连续移动；因为只有在两物的终端成为单一时，才会是连续的。所以，依据时间的连续，运动可以是接续的和顺接的，但只有依据运动本身的连续，它才可以是连续的；这就是说，只有在两运动的终端成为一228b 个时才行。因此，必然是属上相同、主体同一而且在同一时间之中的运动才会是一般意义上的连续和单一，——之所以在时间上要求没有不动的居间者，是因为在运动中断的地方就必然是静止。间夹着静止的运动是众多，而不是单一的；所以，如果某个运动被静止所阻断，它就不是单一的，也不是连续的；而如果时间有居间，它就会被阻断。尽管运动在属上不是单一的，但如果时间未被阻断，那么，时间就是单一的，而运动则在属上各异。因为单一的运动在属上必然是单一的，尽管在属上单一的运动并不必然是一般的单一。那么，一般意义上的单一运动是什么，就已经说过了。

再有，如若运动是完全的，它也被说成是在种方面、在属方面以及在本质方面的单一，就像在其他场合中，完全和整体是单一的特性一样。在有的时候，只要运动是连续的，即使它还不完全，也被称为单一。

除了上述的那些情形外，规整的运动也被叫做单一。因为与不规整的运动相比，人们更愿意把规整运动认作单一，就像直线运动那样；因为不规整运动可以被分为彼此不同的部分。但是，二者的差异似乎只是多寡程度的不同而已。在每一种运动中，都有规整与不规整之分；因为可以有规整的性质变化，也可以有规整的移动（例如在圆周上或直线上的移动），增加和减少方面的情形也如此。造成运动不规整的差异有时是在被运动所经的路线上——因为，如果路线不是一个规整的大小，运动也就不能是规整的，例如折线运动、螺旋运动或者任意挑选的两个部分不能彼此适合的其他大小的运动——，有时候，这种差异既不是在某地，也不是在某时，也不是在所要达到的目标中，而是在运动的方式中；因为在有些场合，运动是依据快慢而被区分的：如果速度相同，运动就是规整的，反之则不规整。因此，快和慢既不是运动的属，也不是运动的属差，因为它们与一切千差万别的运动相关联。所以，同一东西的重和轻的运动（例如土对土自身或火对火自身）也不是属或属差。可见，不规整运动依据连续也是单一的（但它是较小程度的单一，折线移动就可以作为这种情况；程度较小的东西总是有相反因素的渗入）。既然每种单一的运动都既可能是规整的，也可能是不规整的，那么，虽然接续着、但在属上不相同的运动就不应是单一的，也不应是连续的；因为，由质变和移动复合而成的运动怎么可能是规整的呢？因为不然的话，质变和移动就会彼此适合了。

【5】 此外，我们还必须确定什么性质的运动与什么性质的运动相反，而且要以同样方式来确定有关停顿的问题。

首先，我们必须判定：从同一事物出发的运动是否与达到这同一事物的运动相反（例如出发于健康的运动与达到健康的运动），这二者之间的相反似乎相似于生成与消灭之间的相反；或者，从相反双方出发的运动是否相反（例如从健康出发的运动与从疾病出发的运动）；或者，达到相反双方的运动是否相反（例如达到健康的运动与达到疾病的运动）；或者，从相反的一方出发的运动与达到相反的另一方的运动是否相反（例如出发于健康的运动与达到疾病的运动）；或者，从相反的甲方出发达到相反的乙方的运动与从相反的乙方出发达到相反的甲方的运动是否相反（例如，从健康出发达到疾病的运动与从疾病出发达到健康的运动）。因为运动之间的相反情形必然是上述这五种方式中的一种或几种，此外再没有使它们对立的其他方式了。

从相反的一方出发的运动与达到相反的另一方的运动是不会相反的（例如，从健康出发的运动与达到疾病的运动不相反），因为它们是同一的；当然，它们的存在并不相同，就像出发于健康的变化与达到疾病的变化不同一样。从相反的一方出发的运动与从相反的另一方出发的运动也不相反；因为运动出发于相反的一方也就同时是要达到相反的另一方（或者是趋于中端；但是，关于这一点，我们在后面再说），而达到相反一方的变化与出发于相反一方的变化相比，前者似乎更应该被认为是相反运动的原因。因为后者是相反的缺失，前者是相反的获得；而且，每一运动的被命名更多地是依据变化所要到达的终点，而不是它所出发的起点，例如，达到健康的运动是康复，达到疾病的运动是患病。

所剩的问题还有向相反双方的运动，以及向相反双方、出于相反双方的运动。现在，向相反双方的运动与出发于相反双方的运动或许是差不多的，但是它们的存在却可能不同（我指的是，达到健康者不同于出于疾病者，出于健康者不同于达到疾病者）。既然变化区别于运动（因为运动是从某一特定主体出发向另一特定主体的变化），那么，从相反的甲方出发向相反的乙方的运动就是与从相反的乙方出发 229b 向相反的甲方的运动相反的（例如，从健康出发向疾病的运动与从疾病出发向健康的运动相反）。通过归纳也能表明什么性质的运动被认为是相反的。例如，患病与康复是相反的，被人教以知识与被人授以谬误是相反的（因为所向的目标是相反的；因为就像知识的获得一样，谬误也既可以就自身，又可以就他人而发生），向上的移动与朝下的移动是相反的（因为它们在长度上相反），向右的移动与向左的移动是相反的（因为它们在宽度上相反），朝前的移动与朝后的移动也是相反的（因为它们在深度上相反）。如果只有趋于相反的一方，那就不是运动，而是变化。例如变成白色就不是从某一特定的颜色出发的。而且，在没有对立面的一切场合中，出发于同一物的变化与向着同一物的变化是相反的。因此，生成与消灭相反，丢失与获得相反；但它们都只是变化，而不是运动。

在相反双方有中端的一切场合中，必须把趋于中端的运动看成是在某种意义上的向着相反的一方或另一方的运动。因为无论变化朝哪一个方向进行，中端都被当作是与运动相反的一方，例如，在由灰向白的运动中，灰色被当作由黑色出发的起点，在由白向灰的运动中，灰色则被当作向着黑色的终点，在由黑向灰的运动中，灰色又被当作向着白色的终点。因为就像我们在前面所说过的，所谓中端，就是在某种意义上分别地与两个终端相对立。

所以，从相反的甲方出发向相反的乙方的运动与从相反的乙方出发向相反的甲方的运动是相反的。

【6】　既然运动不仅被认为与运动相反，而且也与静止相反，那么，就必须考察这后一种情况。因为，一般说来，运动既与运动相反，也与静止对立（因为静止就是运动的短缺，而短缺就可以被称为它的相反面），而且，还有这类运动与这类静止的对立，例如，地点上的运动与地点上的静止对立。

但是，现在要对这种笼统的说法加以限制：和停顿于此地相对立的是出发于此地的运动呢还是朝向此地的运动？因为很明显，既然运动是发生于甲乙两个主体之间，那么，从甲出发向相反的乙的运动就在甲处的停顿中有它的对立面，相反，从相反的乙出发趋于甲的运动就在相反的乙处的停顿中有它的对立面。

同时，这两个停顿也是彼此相反的。因为如果只有运动
230a 的彼此相反，而没有静止的相互对立，这种看法是荒谬的。在相反中的静止是对立的，例如，健康中的静止对立于疾病

中的静止。而且，健康中的静止也对立于由健康到疾病的运动；因为，说它对立于由疾病到健康的运动是不合理的（因为向事物停顿于其中的那个东西的运动更多地是达到静止的过程，而向静止的过程与向那个运动过程是共存的），而且，与健康中的静止相对立的必然要么是由疾病到健康的运动，要么是由健康到疾病的运动。因为无论如何不会是白中的静止与健康中的静止相对立。

凡是没有对立面的事物，都不会有运动，但是，却有着从它出发的与趋向于它之类的对立变化，例如从存在出发的变化与向着存在的变化对立。这样的事物也没有停顿，虽然有不变化。如若有某个主体，那么，它存在中的不变化与非存在中的不变化就是对立的；如果非存在不是某个主体，有人就或许会提出疑问：存在中的不变化与什么对立？还有，这个不变化是不是静止？如果它是静止，那么，就会要么并非一切静止都和运动相对立，要么生成与消灭都是运动。现在很明显，既然生成与消灭不是运动，那也就不能说它们是静止，只能说是相似于静止的什么，即不变化。存在中的不变化或者相反于无，或者相反于非存在中的不变化，或者相反于消灭（因为消灭是出发于存在中的不变化的变化，而生成则是趋向于存在中的不变化的变化）。

或许有人还要提出疑问：为什么在地点上的变化中有合乎自然和反乎自然的停顿与运动，在其他方面的变化中就没有呢？例如，没有合乎自然的质变和反乎自然的质变，因为康复并不比患病更合乎自然或更反乎自然，与变黑相比，变白也无所谓更合乎或反乎自然；增长与减少方面亦如此（因为增减双方彼此之间没有一方合乎自然另一方反乎自然这样的对立，增长与增长之间也如此）。生成与消灭的道理也相同；因为不可能是生成合乎自然，消灭反乎自然——因为变老就是合乎自然的——，我们也不会看到一个生成合乎自然，另一个生成反乎自然。对于这个疑问，我们的回答是：如果反乎自然是强制意义上的，那么，强制的消灭就应该是反乎自然的，而且与合乎自然的消灭相反。那么，是否有一
230b 些生成是强制的和非命定的，所以是与合乎自然的生成相反的呢？而且，有强制的增长和减少吗？例如，能否通过精美食物催人快快长大，或不用土把种子盖严使之迅速成长？再有，质变方面的情形如何？我们回答说：是同样的。因为有些质变是强制的，有些则是自然的，例如，疾病在危险期好转就反乎自然，在非危险期好转就合乎自然。这样，消灭就会彼此相反，而不是与生成相反。难道有什么妨碍吗？因为假如一个是欢乐另一个是痛苦的话，那么，在某种意义上就是这种相反情形；由此可见，消灭与消灭的对立不是无条件的，而是就它们双方各自具有这种特性而言。一般说来，运动和静止的对立则以上述的方式表现出来，例如向上的运动与朝下的运动、向上的静止与朝下的静止相反，这些是地点上的对立；火向上移动是合乎自然的移动，土朝下移动也是合乎自然的移动，它们的移动就是对立的。而且，火向上是

合乎自然的，朝下是反乎自然的，它的合乎自然的移动一定相反于反乎自然的移动。停顿也如此：在上面的停顿与由上向下的运动相反，对于土来说，在上面的停顿是反乎自然而发生的，由上向下的运动则是合乎自然的。所以，一个事物的反乎自然的停顿相反于它的合乎自然的运动（因为同一事物的运动也是这样相反的）；因为它的运动——向上或朝下——一个是合乎自然的，另一个则是反乎自然的。

这里有一个问题：是否一切并非永恒的静止都有生成？而且，这个生成与停顿是否同一？如若是，那么，反乎自然而停顿的东西，例如停顿于上面的土，就应该有生成了；这样，当它强制地被朝上移动时，它就是在趋于停顿了。但是，趋于停顿的东西似乎总是被移动得愈来愈快，而强制着被移动的东西则似乎总是愈来愈慢；因此，没有静止生成的东西就会处于静止状态中了。此外，趋于停顿的东西或者一般地被认为是事物趋于自己特有地点的移动，或者被认为与这种移动共存。

还有一个问题：在某处停顿的运动是否与出发于该处的运动对立？因为当事物正被运动着出发于什么或失却什么时，它仍被认为具有着那个正被失却着的东西；所以，如果这个静止与从这里出发趋于它的对立面的运动相反，那么，静止与运动这对对立就会同时属于该事物了。或者，只要事物仍然停顿着，它就在一定程度上静止着？而且一般说来，
231a 当事物被运动着时，它就既处在起点状态中，又趋于变化所

要达到的终点状态中；因此，和运动相对立的与其说是静止，还不如说是另一运动。

关于运动和静止，它们各自如何是单一的，以及什么与什么相反等问题，现在都已论述过了。

关于趋于停顿的问题，或许有人会提出疑问：是否像对自然的运动那样，有与反乎自然的运动相对立的静止呢？如果说没有，那是荒谬的；因为事物停留在那里，可能是在强制下；所以，就会有某物没有生成，但又并非是永恒静止的。不过，这种情形显然存在；因为正像某物能反乎自然地被运动一样，它也可以反乎自然地静止。

此外，既然有些事物有合乎自然的与反乎自然的运动，例如，火有合乎自然的向上运动，也有反乎自然的朝下运动，那么，与此相反的是火本身反乎自然的朝下运动呢还是土的朝下运动（因为土朝下移动是合乎自然的）？显然二者都是，虽然不是在相同的意义上：土合乎自然地朝下移动是与作为同样合乎自然的火的向上移动相反；而火本身向上移动与朝下移动的相反则是作为合乎自然的运动与反乎自然的运动相反。二者停顿方面的相反情况也如此。当然，运动在某种意义上也可能是与静止对立的。①

① 最后这两段文字西方学者的看法不一。有些人认为是对 230^b10—28 那段文字中已解答了的问题的再次叙述；有些人则认为与那段文字的关系只能是二者择一，因而主张删去。

第 六 卷

【1】 如果“连续”、“接触”、“接续”像前面那样被定义——即如果它们的终端是一个，就是连续的，如果它们的终端在一起，就是接触的，如果没有同类的东西夹在它们之间，就是接续的——那么，任何连续物都不可能由不可分割的东西构成，例如，线不能由点构成，既然线是连续的，而点是不可分的。因为各个点的终端既不是一个（因为就一个不可分的东西而言，没有终端与其他某个部分的区别），也不在一起（因为没有部分的东西也就没有终端，既然终端与成其为终端是不同的东西）。 231a21

此外，如若连续物是由各个点构成的，那么，这些点必然或者相互连续或者彼此接触。这个论证也适于一切不可分的东西。由于上述理由，点与点是不应连续的；至于接触， 231b
不外乎三种可能，即或是整体与整体接触，或是部分与部分接触，或是部分与整体接触。既然不可分的东西没有部分，就必然只有整体与整体的接触。而如果是整体与整体的接触，它们就不会是连续的；因为连续的东西具有一个个不同的部分，而且，这样的各个部分是可以分辨的，即它们所处的地点不同。

再有，点与点、现在与现在也不能接续，以至于能由这些点构成长度，或由这些现在构成时间。因为接续就是没有同类的东西夹在它们之间，但是，点与点之间却总有线段，现在与现在之间也总有瞬间。此外，假如长度和时间各自都可以被分成它们所由构成的那些东西，那么，它们也就能被分成不可分的部分了。但是，没有一个连续物能被分成无部分的东西。在点与点之间或现在与现在之间也不会有任何不同类的东西。因为如果有的话，那么显然，它或者是不可分的，或者是可分的；如果它是可分的，那它就或者分成不可再分的，或者分成总是可以再分的。在这后一种场合，它是连续的。显然，每个连续物都可以被分成总是能够再分的部分（因为如若分成不可分的，就会有不可分的与不可分的接触了），既然各个连续物的终端是一个并且是接触着的。

这种论证也同样适于大小、时间和运动，无论它们是由不可分的各部分构成而且可以被分成不可分的部分，还是它们都不是这样。从下面的证明就能明白。假定一个大小由不可分的若干部分构成，那么，通过这个大小的运动也必定是由相当的不可分的若干运动构成的。例如，假如 ABC 这个大小由不可分的 A，B，C 构成，那么，P 通过 ABC 运动

DEZ 中的每一个相当的部分也会是不可分的[①]。所以，如果有运动存在就必然有某物在被运动，而且，如果有某物在被运动就必然有运动存在着，那么，正在进行的某物的被运动是由不可分的部分构成的。因此，当 P 的运动是 D 时，它正通过 A，当它是 E 时，正通过 B，当它是 Z 时，正通过 C。所以，假如某物正在从甲地出发被运动到乙地，那么，它就必然不会既还在被运动着同时又已经被运动到了它所要到达的地方（例如，如果一个人正在走向忒拜，他就不可能既走向忒拜同时又已走到了忒拜）。当 D 232a
这个运动存在时，P 正在通过没有部分的 A，因此，如果 P 是在通过过程之后才通过 A 的，运动就会是可分的了（因为当 P 正在通过时，它既不是静止，也没有完全通过，而是处在中间状态）；如果它正在通过同时又已经通过了，那么，一个行走的人就会正在走的时候就已经走到了目的地，换言之，他已被运动到了他正要被运动到的地方。

此外，如若某物被运动着通过 ABC 这个整体，它的运动是 D、E、Z，而且，如果它不是正在被运动着通过无部分的 A，而是已经完成了通过它的运动，那么，运动就不会

① 图示如下（参阅洛布古典丛书《物理学》第二卷，96 页）：
距离：A　B　C
运动：D　E　Z

由若干运动所构成，而是由若干搬动[①]所构成了。而且，某个没有在被运动着的东西就会完成了被运动（因为它不通过A就已经通过A了）；因此，某个没有走的人就会走完了，因为还在他没有走这段路时就已走完了这段路。所以，如果每一东西必然或者静止着或者被运动着，而且，如果它在这A、B和C的每一个上都静止着，那么，某一事物就会连续地静止着同时又被运动着；因为它被运动着通过整体的ABC，但又在它的每一个部分上（因此也就是在整体上）静止着。此外，如果DEZ的各个不可分的部分是运动，那么，就可能会出现某物虽然存在着运动但却不在被运动着而在静止着的情况；如果它们不是运动，那么，运动就可以不由运动构成了。

与长度、运动一样，时间也必然是不可分的，也就是说，是由若干个不可分的现在构成的。因为，如果整个距离是可分的，作等速运动的事物在较少的时间内通过的距离也较短，那么，时间也就是可分的；如果某物通过A所用的时间是可分的，那么，A也就是可分的。

【2】 既然所有的大小都可以被分成若干大小（因为已经证明过：任何连续物都不可能由不可分的部分构成，而一切大小都是连续的），因此，一个较快的被运动物必然或者

① kinemata.

在相同的时间内通过较大的大小，或者在较少的时间内通过相同的大小，或者在较少的时间内通过较大的大小，正如有时对较快所作的定义那样。

假定 A 比 B 更快。现在，既然更快的东西在变化时在先，那么，在一段时间中（例如 ZH），A 从 C 开始变化到了 D，但在这同一时间中，B 还没有像那样到达 D，而是差一截子；因此，在相同的时间里，更快的东西通过的大小更大。

而且，较快的东西在较少的时间中也能通过更大的大小。因为在 A 已经到达了 D 处的这段时间里，B 由于更慢而被假定才到达 E 处。既然 A 到达 D 处用的是全部的时间 ZH，那么，它到达 T 处所花费的时间就比 ZH 更少，假设 232b
是 ZK。这样，A 已经通过的量度 CT 就比 CE 更大，而它所有的时间 ZK 则比全部的时间 ZH 更少。因此，它能在较少的时间中通过较大的大小（见图 1）。

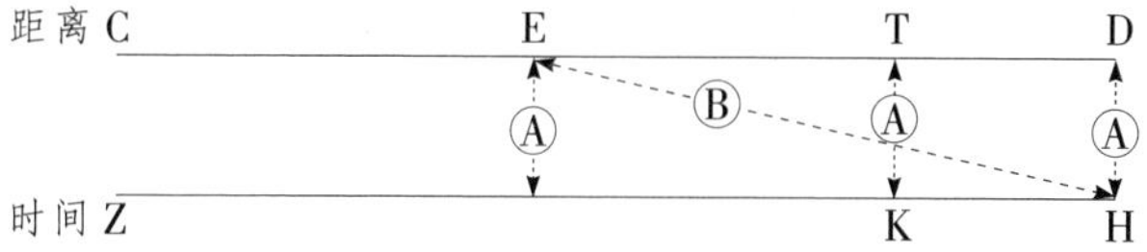

(图 1)

从上述这些也明显可见，较快的东西能在较少的时间中通过相同的大小。因为既然和较慢物相比，较快物能够在较少时间中通过较大大小。那么，就较快物自身而言，它通过较大大小就比通过较小大小（例如 LM 比 LS）所用的时间更多，它通过 LM 所用的时间 PR 就要比通过 LS 所用的时间 PG 更多一些。因此，如果时间 PR 要比较慢者通过 LS 所花费的时间 PH 更少，那么，时间 PG 也就会比这个时间 PH 更少；因为 PG 比 PR 还要少，而比少的更少的东西自身当然就更少了。因此，较快物能在更少的时间内通过相同的大小（见图 2）。

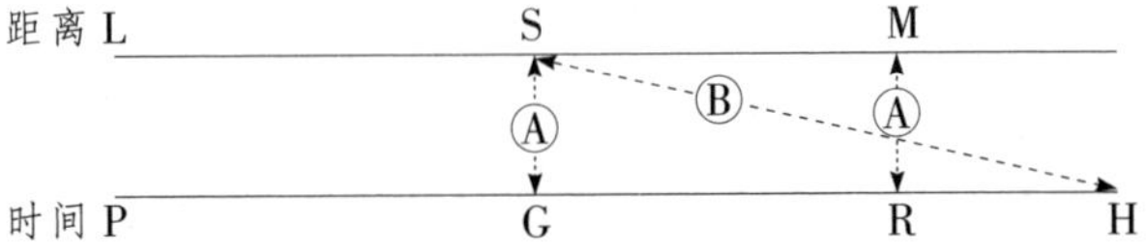

（图 2）

再有，既然每个事物在被运动时必然或者用相同的时间，或者用更少的时间，或者用更多的时间；并且，既然较慢物的运动所用时间更多，等速物所用时间相同，较快物既不是等速的也不是较慢的，那么，较快物的运动就既不会用相同的时间也不会用较多的时间。因此，它只能用较少的时间；所以，较快物必然能在较少的时间中通过相同的大小。

既然一切运动都在时间中进行，而在一切时间中也都能有运动，既然一切被运动的东西都既能更快地也能更慢地被运动，而更快和更慢地被运动的东西又都能在一切时间中进行，那么，时间也必然是连续的。我所谓的连续，指可以分成总是可以分为部分的东西。如若把这作为连续性的定义，那么，时间必然是连续的。因为既然已经说明较快物在较少的时间中通过相同的距离，假设 A 是较快物，B 是较慢物，而且，较慢物在时间 ZH 中已经通过了量度 CD。那么显然，较快物就会在比 ZH 更少的时间中（假设是在 ZT 这个时间中通过了的）通过这个相同的距离。再有，既然较快物在 ZT 时间中通过了整个的 CD，那么，较慢物在这相同的时间中通过的就是较少的距离，假设它为 CK。既然较慢 233a
物 B 在时间 ZT 中通过了量度 CK，而较快物 A 能在更少的时间中通过它，那么，时间 ZT 将被再次划分。而且，时间 ZT 被划分了，距离 CK 也将按照相同的比例被划分（见图 3）。反过来，如果距离被划分了，时间也会被划分。而且，

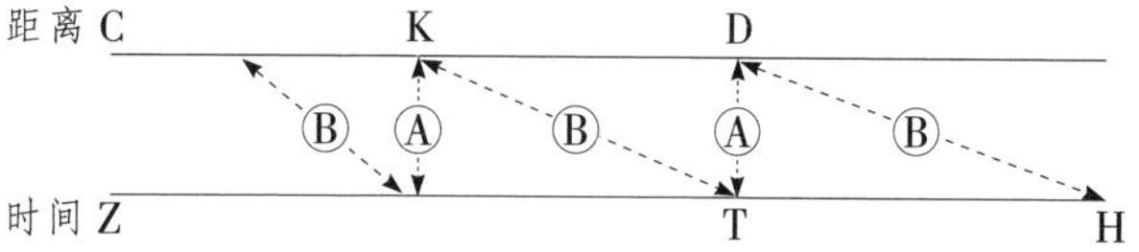

(图 3)

如果从较快的来确定较慢的，又从较慢的来确定较快的，并且使用已被证明的内容，那么，它们就总会有这种交替过程；因为较快的分小了时间，而较慢的分小了距离。所以，如果这种转换总是真实的，并且每次转换总是涉及划分，那么很清楚，所有时间都是连续的。

同时很明显，一切大小都是连续的；因为在多次划分时，时间和大小被分的次数是相同的，比例是相等的。此外，从普通的论证也能表明，既然时间是连续的，大小也就会是连续的，因为在一半的时间中通过的是一半的大小，而且一般地讲，在较少的时间中通过的大小也较少；因为时间

的划分和大小的划分是相同的。

而且，如果一方是无限的，另一方也如此，如果一方在哪方面无限，另一方亦如此。例如，如果时间在两个极端方面无限，长度也在两个极端方面无限，如果时间在划分上无限，长度也会在划分上无限，如果时间在上述两个方面都无限，大小亦会在这两个方面都无限。

因此，芝诺的论证是错误的。他认为一个事物不可能在有限的时间中通过无限的东西或者分别与无限的东西相接触。因为长度和时间之被称为无限有两层含义，而且一般地说，一切连续物都是这样——或者是在划分上，或者是在极端上。因此，一事物在有限的时间内不可能与数量方面无限的东西相接触，但却可以与划分方面无限的东西相接触。因为时间自身在划分方面也是无限的，所以，通过的无限是在无限的而不是在有限的时间中进行的，而与无限的接触也是在无限的而不是在有限的现在中实现的。

因此，无限的距离不能在有限的时间中通过，有限的距离也不能在无限的时间中通过；而是，如若时间无限，距离也无限，如若距离无限，时间也无限。因为，假定 AB 表示
233b 一个有限的距离，开始于 C 的线表示无限的时间，取 CD 表示这个时间的某一有限的部分。在 CD 这段时间中，运动物会通过 AB 距离的某一部分，并用 BE 表示（不论 BE 是计量 AB 的单位还是比这个单位更小或更大都没有关系）（见图 4）。因为，如果通过一个与 BE 相等的距离总是要用

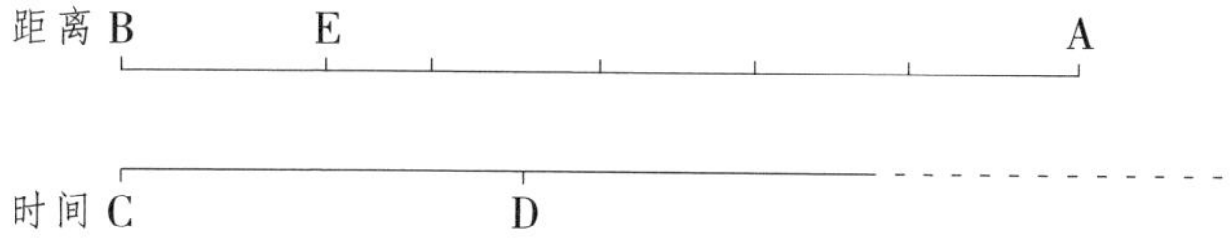

(图 4)

相等的时间（BE 作为计量整个 AB 的单位），那么，通过 AB 所用的总时间就是有限的；因为它也能被分成与距离相等的若干部分。此外，如果每一个距离不是在无限的时间中通过，而是可以在有限的时间中通过某一距离，例如 BE（它是计量整个 AB 的单位），而且，相等的距离是在相等的时间中通过的，那么，AB 在其中通过的时间也将是有限的。如果假定时间在一个方向上是有限的，那么显然，BE 就不会在无限的时间中通过。因为如果部分是在比整体更少的时间中通过的，那么，这个时间必然是有限的，在一个方向上开端的有限。这个证明也同样适于表明无限的长度是否能在有限的时间中通过的假定。

依据上述，显而易见，不论是线、面还是一般而言的连续物，都不是不可分的，不仅由于刚才的论述是如此，而且也在于被假定的那不可分的东西本身也是能被分的。因为既然在一切时间中都有较快的和较慢的，较快的在相等的时间中通过的距离更多，那么，较快的就可能通过两倍或一倍半的长度；因为速度的比例或许是这样。假定较快的在相同时间中通过了一倍半的距离，而且，把较快的所通过的距离 ABCD 分成三个不可分的部分，把较慢的在此期间通过的距离分成 EZ 和 ZH 两个部分。那么，时间也能被分成三个不可分的部分；因为相等的量在相等的时间中通过。假定把时间分成 KL、LM 和 MN。再有，既然在同一时间中较慢物已经通过了 EZ、ZH，那么，时间也可以被一分为二。因此，不可分的东西就会被分，无部分的东西就将不是在不可分的时间中，而是在更多的时间中被通过（见图 5）。所以很显然，没有任何连续物是无部分的。

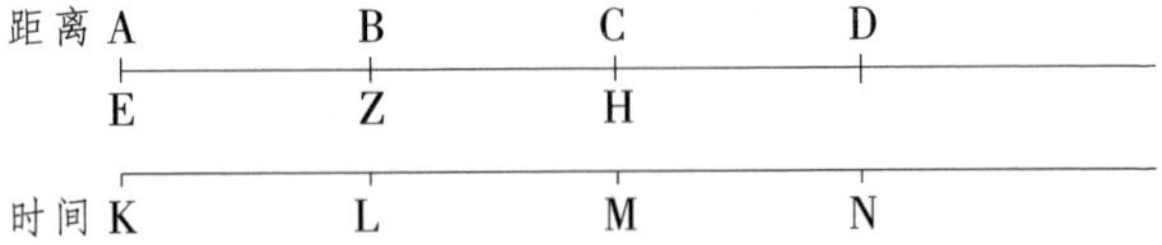

(图 5)

【3】 不是在派生的、而是在本来的和原初的意义上的
234a 所谓“现在”必然是不可分的，而且存在于一切诸如此类的时间中。因为它是过去了的时间的某种终端（没有任何将来的时间在这边），又是将来时间的某种终端（也没有任何过去了的时间在这边）；所以，我们说过，它是二者的终端。如若证明了它在本性上的确如此而且是同一的，同时也就明白了它是不可分的。

作为两段时间终端的现在必然是同一的。因为如若是相异的两个，那么，由于连续物不能由无部分的东西构成，其中的一个就不可能接续于另一个了；而且，如若一个和另一个相分离，那么，在它们之间就将还有时间；因为一切连续物都是如此，即在两个终端之间存在着某种同名的东西。但是，如若这个居间者是时间，它就是可分的（因为一切时间都被证明了是可分的）；因此，“现在”也就可分了。如若现在是可分的，就会有某段过去了的时间在将来了，也会有某种将来的时间在过去中；因为正是依据“现在”这个分界点，才把过去的时间和将来的时间分开。它也是一种现在，但却不应是本来意义上的，而是派生意义上的；因为这里的划分不是本来意义上的。除了这些以外，“现在”的某部分是过去的，某部分则是将来的，而且，过去的部分和将来的部分也并非总是同一。“现在”自身也不是同一的；因为时间可以被分成许多点。所以，如若“现在”不能有这些性质，那么，在不同时段中的“现在”就必然会是同一的了。但是，如若是同一的，显然也就是不可分的；因为如果是可分的，就会再度重述前面说过的那些话。所以，在时间中的确有某个我们称为现在的不可分的部分，从上面所述，这是显然的。

下面要说明的是，没有任何东西能在现在中被运动。因为如果这样，在它之中就可能有较快的和较慢的被运动。假设“现在”为 N，较快的在它之中已经被运动着通过了 AB，较慢的在它之中将被运动着通过了少于 AB 的距离，例如 AC。既然较慢的在整个现在中已经被运动着通过了 AC，那么，较快的就会在少于“现在”的时间中被运动着通过了 AC；因此，“现在”就会被分了（见图 6)。然而它却是不可分的。所以，在现在中不能有被运动。

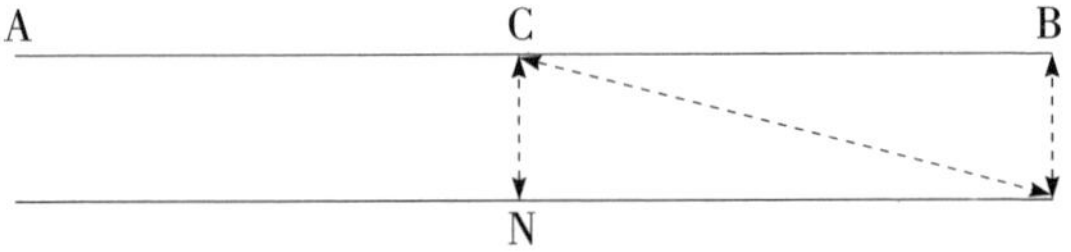

(图 6)

但是，也没有什么能静止。因为我们说过，只有本性上能被运动，但在特定的时间和地点没被运动（尽管仍保持着被运动的本性）的东西才叫静止。因此，既然在现在中没有什么本性上被运动，就显然没有什么静止。

此外，如果在两个时间中的现在是同一的，如果某物
234b 可能在整个的一个时间中被运动，在整个的另一个时间中静止，而且，在这整个时间中被运动的事物也能在这时间的任何一个（事物能由于本性地在其中被运动的）部分中被运动，静止的事物也能如此地静止，那么，就会出现同一物静止同时又被运动的情形；因为两个时间的终端，即现在，是同一的。

再有，如果某物自身及其部分在现在和以前都具有一致的状况，我们才说它是静止着；但是，在“现在”中却没有以前，因此也就没有静止。

因此，被运动物的被运动以及静止物的静止都必然是在时间中进行。

【4】 一切变化的东西必然都是可分的。因为既然所有变化都是从什么开始到达什么，而且，当某物已处在变

化所要到达的那点时，它就不再变化了，当它自身以及它的所有部分还处在变化由以开始的那一点时，就还没有变化（因为如果事物自身及其各个部分还具有同样的状况，它就还没有变化），那么，正在变化的事物必然部分地处于起点状态中，部分地处于终点状态中；因为它既不能整个地都在两种状态中，也不能不在一种状态中（我所谓的变化要到达的终点，是指由于变化而首先出现的状态，例如，开始于白的变化过程的终点是灰的而不是黑的，因为变化物并不必然处于某一个极端状态之中）。所以显然，每一变化物都是可分的。

运动在两层意义上是可分的，其一由于它占有时间，其二根据被运动物的各部分的运动。例如，如果整体的 AC 在被运动，那么，AB 和 BC 也会在被运动。假设 DE 为 AB 的运动，EZ 为 BC 的运动，但它们都是部分的运动，因此，整体的 DZ 必然是 AC 的运动。因为既然 DE 和 EZ 分别地作为 AC 每个部分的运动，而且，一物的运动又不能由他物的运动构成，那么，DZ 必定构成 AC 的运动（见图 7）。因此，整个运动是整个距离的运动。

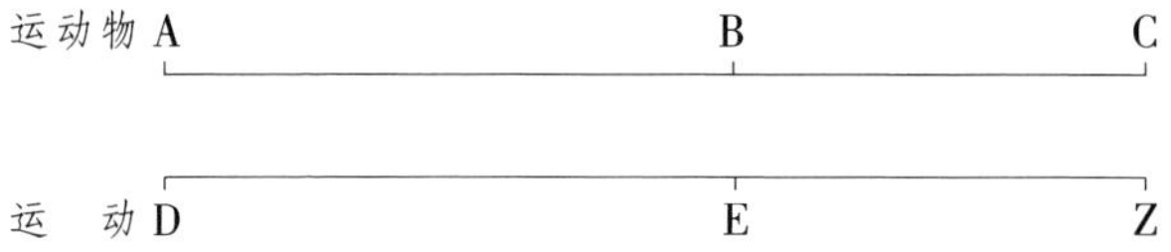

(图 7)

此外，既然一切运动都是某物的运动，而整个运动 DZ 既不是某一个部分的运动（因为部分是 AC 某一部分的运动），也不是任何其他事物的运动（因为整个运动是某一整体物的运动，运动的部分也就是该物各部分的运动；DZ 的各部分是 AB 和 BC 的运动，不是任何其他东西的运动；因为一个运动不能是多个事物的），那么，整个运动就应该是 ABC 这个距离的运动。

235a 此外，如果整体 AC 还有另外的运动，例如 TI，从它之中减去每个部分的运动；这些被减去的运动就将相等于 DE，EZ；因为一个运动物只有一个运动。因此，如果整个运动 TI 被分成各个部分的运动，TI 就会相等于 DZ；如果还有什么（例如 KI）剩下来，它就不会是任何运动物的运动；因为它既不是整体的，也不是各部分的（由于一个运动物只能有一个运动），也不是任何其他运动物的；因为连续的运动是某些连续物的运动；如果由于分得超过了 TI，情形也同样如此。因此，既然上述情况不可能，TI 就必然相同于和相等于 DZ（见图 8）。

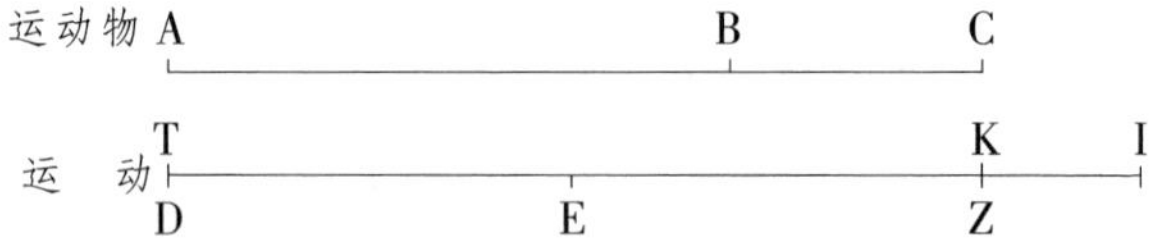

（图 8）

那么，按照各部分的运动来划分就是如此，而且，这也必然适用于一切可以分成部分的东西。

另一种分法是根据时间。因为既然任何运动都在时间中进行，而一切时间都是可分的，在较短时间中进行的运动也较少，那么，任何运动都必然可以根据时间被划分。

既然所有被运动的都在某个范围内被运动，都要经历某段时间，而且万物都有运动，那么，时间、运动、正被运动、被运动的以及运动在其中的范围都必然也是可分的（当然，运动范围的划分方式并不全然相同，其中的数量是由于本性可分，而性质却是由于偶性被分）。

假设被运动在其中进行的时间为 A，运动为 B。那么，如若整个运动在全部时间中被完成了，在一半的时间中被完成的就是少于整个运动的运动，如果这一半的时间再度被分，在其中被完成的运动就会更少，而且，这种划分能永远进行下去。同样，如果运动可分，时间也就可分；因为如果整个运动在全部时间中进行，那么，一半就在一半中进行，更少的就在更少中进行。

正被运动也可按同样的方式被划分。因为假设 C 为整个的正被运动，那么，与一半运动对应的就将是比整个正被运动更小的正被运动，与四分之一运动对应的则将是更小的正被运动，而且，这种划分能永远进行下去。此外，如果两个运动（例如 DC 和 CE）各自提出对应的正被运动，那么，就可以断言，整个的正被运动与整个的运动对应（因为如果有其他介入，就会是多个正被运动与同一个运动对应了），就像我们证明过的运动可以分成事物若干部分的运动一样；因为如果取正被运动对应于两个运动的每一个，那么，整个的正被运动是连续的。

以同样的方式也能证明长度是可分的，而且一般地说，变化在其中进行的一切领域都可分（不过其中有一些是由于变化物确实可分而在偶性上可分的）；因为只要有一个被分，其余的一切也能被分。

在有限或无限的问题上，它们也全都与此相同。在绝大多数场合，这一切之所以可以被分并且无限，是依随变化物的结果，因为可分性和无限性直接属于变化物。可分性在前面已经证明，无限性将在下面的说明中弄清楚。

【5】 既然所有的变化物是从某物变化到他物，那么必然，已经变化的东西，在它完成变化之初，就是处在它已经变成的事物中了。因为变化物所摆脱或脱离的正是变化由以出发的那个东西；而且，即使脱离与变化不相同一，至少也是与变化相随的；如果脱离是跟随着变化的，那么，已经脱离了就跟随着已经变化了；因为在这两种场合中，一个对另一个的关系是相同的。

既然有一种变化是在矛盾关系中进行的，那么，当某物从非存在已经变成存在时，它就是脱离了非存在。因此，它将处于存在之中；因为一切事物都必然或者存在或者不存在。因此，显然在矛盾的变化中，完成了变化的东西就将会处在它已经变成了的事物里。如果在这种变化中是这样，在其他变化中也会如此；因为适用于一种场合的在其他场合也同样适用。

此外，如果已经变化的东西必然是在某处或者在某物之中，那么，每一个别的变化就被理解清楚了。因为既然它已经脱离了变化由以出发的东西，并且必然在某处，那么，它就或者在自己变成了的事物中，或者在其他事物中。所以，如果已经变成了B的东西在其他事物中，例如在C中，那么，它就会再度从C变到B（因为C不是接续于B，而变化却是连续的）。这样，已经变化了的东西，在它完成了变化时，就会正在向它已经变成了的那个事物变化。这是不可能的。因此，已经变化了的东西必然是处在它已经变到了的那个事物中。所以显然，已经生成的东西在它生成了时就存在着，已被消灭的东西在它被消灭了时也就不会存在了。因为已经说过的这些一般地适用于所有变化，在依据矛盾的变化中尤其明显。

那么，很明显，已经变化了的东西，在它完成变化之初，就已经处于它所变成的事物之中了；而且，已经变化了的东西在其中完成变化的那个最初时间必然是不可分的（我所谓的最初时间指的是：事物成为如此这般存在的那个第一瞬间，而不是比它更长的某个另外的时间）。因为，假设AC是可分的时间，而且被分于B。如果它已经在AB中完成变化，或者又在BC中完成变化，那么，AC就不应是它在其中完成变化的最初时间。如果它已经正在AB和BC
中变化着（因为它必然或者已经完成变化了或者还正在AB 236a

和 BC 中变化着），那么，它也应该正在整个的 AC 中变化着。但是，我们前面已经假定它已完成了变化。如果它被说成在 AB 中正在变化而在 BC 中已经变化了，也可使用同样的论证；因为如若这样，就会有某个先于最初的时间了。因此，它在其中完成了变化的那个时间是不可分的。所以也显然，已经消灭的东西和已经生成的东西都是在不可分的时间中完成消灭和实现生成的。

事物在其中完成变化的那个最初时间有两层含义。一是指变化在其中终结的最初时间（因为在这时断言它已经变化是真实的），二是指在其中开始变化的最初时间。依据变化的终结而被断言的最初时间是确实存在的；因为变化是可以被终止的，而变化的终结是存在的；而且已经证明过，由于终结是一个限界，所以它是不可分的。但是，依据变化的开始而被断言的最初时间则完全不存在；因为没有变化的开始，也没有事物在其中变化了的最初时间。因为，假设有个最初时间 AD，那么，这个 AD 不会不可分。因为如若不可分，两个现在就会接续在一起。再有，如若事物在整个的时间 CA 中是静止着（因为可以假定它是静止着），它也就在 A 中静止着，所以，如若 AD 是无部分的，事物就会在静止着的同时已经完成变化了；因为它在 A 中静止着，但却在 D 中完成了变化（见图 9）。既然 AD 不是

（图 9）

无部分的，就必然是可分的，而且，事物在它的任何一个部分中都已完成了变化（因为，假设 AD 被分成两个部分，如若事物在任何一个部分中都没有完成变化，那么，在整个的 AD 中也会如此；但是，如果它在两个部分中都正变化着，在整个 AD 中就也正变化着；如果它是在其中的一个部分中完成了变化，那么，整体 AD 就不是它在其中完成变化的最初时间了。所以，事物必然是在任何一部分时间中都完成了变化）。那么，显然，没有事物在其中完成变化的最初时间；因为划分是无限的。

已经变化了的东西也没有某个已经变化了的第一部分。因为，假设 DZ 是 DE 的已经变化了的第一部分（因为已被证明过，一切变化物都是可分的），并且假设 DZ 在其中完成变化的时间为 TI。那么，如果在这整个时间中 DZ 完成了变化，在一半的时间中就会有某个小于并且先于 DZ 的部分完成了变化，而且，还有小于并且先于这个部分的其他部分，这种划分可以永远进行下去（见图 10）。因此，变化物不会有已经变化了的第一部分。

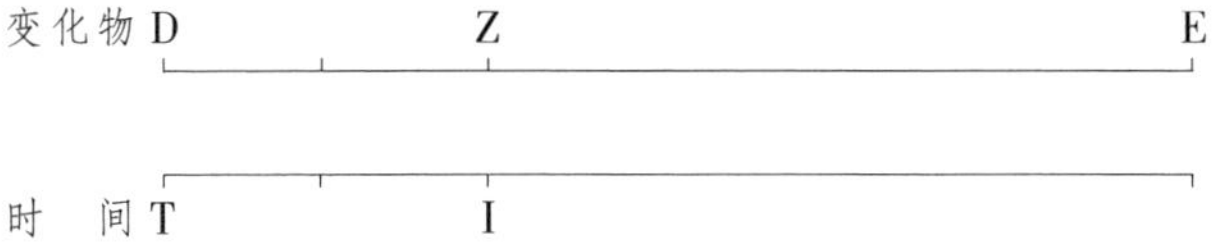

(图 10)

所以，不论是变化物还是变化在其中进行的时间都没有最初的部分，从上面所述种种是显而易见的。

236b 但是，变化的主体或变化所相关的东西情况却有不同。

因为一说到变化，总要涉及三个要素——变化者、变化在其中进行的东西以及变化的主体，例如人、时间和白色。人和时间都是可分的，但关于白色却应当别论（尽管由于偶性全都可分；因为白色或其他性质所依属的那个事物是可分的）。即使有些东西是就自身而不是就偶性被说成可分，在它们之中也没有第一的部分，例如在距离之中。因为，假设 AB 为一个距离，而且它已经从 B 运动到了第一的 C（见图 11）。如果 BC 是不可分的，无部分的就会接续另一个无部分的了；如果 BC 是可分的，就会有某个先于 C

（图 11）

的已经变化了的东西到达那里，而且，又会有另一个先于这个，并且，由于划分的过程不会完结，就可以依此类推地永远进行下去。所以，就不会有已经变化的东西到达的第一地点。数量变化方面的情况也如此；因为它也是在连续物中进行变化的。因此很明显，只有在性质方面的运动中，才可能是就自身而不可分的。

【6】 既然一切变化物都是在时间中变化，而所谓的变化是在时间中，既指在最初时间中又指另一个较长的时间（如说在某一年中，实际上变化只在其中的某一天中），那么，变化物在最初时间中变化，也必然会在它的每个部

分中变化。从最初时间的定义来看，这是很明显的——因为我们在前面称谓的最初时间就是这样——不仅如此，而且还可以从下面的论证表明。假定被运动物在其中运动的最初时间是 HR，并被分于 K（因为一切时间都是可分的）。那么，在时间 HK 中，它或者被运动，或者不被运动，在时间 KR 中的情形也一样（见图 12）。如果在这每段时间中都不被运动，它在整个时间 HR 中就应该是静止着；因为它不可能在每段时间中都不被运动却在整个时间中被运动了。如果它只在其中的一段时间中被运动，那么，它在其中被运动的最初时间就不应该是 HR，因为相关于运动的是另一个时间。所以必然，在 HR 的任何一个部分中都已经进行过被运动。

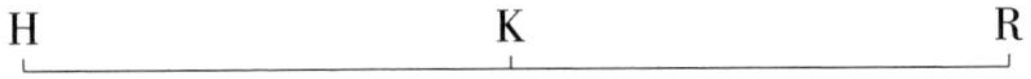

（图 12）

这个被证明过后就可以明白，一切被运动物必然在以前就已经被运动了。因为，如果事物在最初时间 HR 中已经被运动了距离 KL，那么，与它同速并同时开始的另一被
运动物就会在一半的时间中已经被运动了一半的距离（见 237a
图 13）。如果同速的事物在相同时间中已经被运动了某个距

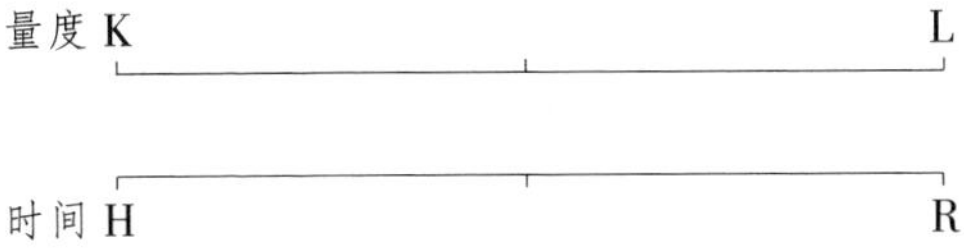

（图 13）

离，那么，另一物必然也已经被运动了相同的距离。因此，被运动物必定在以前就已经被运动过。此外，如若全凭把“现在”当作时间的终端（因为“现在”是规定时间的，而时间则是在两个现在之间的东西），我们才能够断言在整个的时间 HR 中或一般而言在任何一段时间中事物已经被运动了，那么，也就同样可以说在另外一段时间中事物已经被运动了。而划分点就是一半时间的终端。所以，在一半时间中，而且一般地说在任何的部分时间中事物都已经被运动了；因为时间被现在规定同时也总是以分割的方式被规定。因此，如果所有时间都是可分的，而时间则是两个现在之间的东西，那么，一切变化物都会已经完成无限变化了。再有，如果连续变化的、既未消灭也未中止变化的事物在任何时间中必然或者正变化着或者已经变化了，并且，如果在“现在”中不会有正变化着，那么，事物在每一个现在上必然已经变化了。因此，如果“现在”是无限的，那么，一切变化物都会已经无限变化了。

不仅变化物必然已经变化过，而且已经变化了的东西在以前也必然正变化着。因为一切已经从什么变成为什么的东西都是在时间中完成变化的。假设某物在现在中已经从 A 变为 B。如果它在其中的“现在”与 A 在其中的那个“现在”是同一的，它就还没有完成变化（因为不然的话，它就会既在 A 中同时又在 B 中了）；因为前面已经证明，已经变化了的东西，当它完成变化时，就不处在变化所由以出发的地方了。如果它在另一个现在中，那么，两个现在之间就会有一段时间；因为两个现在不能接续。所以，既然它已在时间中完成变化，而一切时间都是可分的，那么，就有另一东西在一半时间中完成变化，再有另一东西在四分之一时间中完成变化，而且总是可以这样分下去。因此，它在以前就应该正变化着。

此外，上述情形在距离方面更为明显，因为变化物在其中变化着所通过的距离是连续的。假设某物已经从 C 变化到了 D。如若 CD 是不可分的，无部分的和无部分的就会接续了。既然这不可能，那么，它们之间的东西必然是一个距离，而且可以分为无限部分。因此，事物在以前就正向这些部分变化着。所以必然，一切已经完成变化的东西在此以前都在变化着。这个证明也同样适于在非连续物中的变化，例如在对立双方和矛盾双方之中的变化。因为如果我们考察了事物在其中完成变化的时间，我们就可以使用同样的论证。

因此必然，已经变化了的东西正变化着，正变化着的东西已经变化过，而且，已经变化的东西先于正变化着的东西，正变化着的东西也先于已经变化的东西；绝不可能抽取出所谓的最初。其原因是没有部分的东西与没有部分的东西不能接续；因为划分可以无限进行，就像在增大着和减少着的线段一样。

而且也显然，生成了的东西必然在以前正生成着，正生成着的东西在以前也已生成了，只要事物是可分的而且是连续的——尽管生成着的事物并不总是这样，在有时会是另外的东西，例如它的某个部分，就像房屋的地基一样——在正消灭着的东西以及已经消灭了的东西方面，也会有同样情形。因为产生着和消灭着的事物必定包含某种无限性，既然它们是连续的，而且，某物如没有生成过，就不会在生成着，某物如没有已经生成，也就不会生成过。消灭着的东西和已经消灭了的东西也一样；因为已经消灭了的先于消灭着的，消灭着的又先于已经消灭了的。所以显然，生成着必然先于已经生成了的，已经生成过又必然先于正生成着的；因为一切距离和一切时间都总是可分的。因此，不论事物可能会处于什么阶段之中，这个阶段都不应该作为最初。

【7】 既然一切被运动物都在时间中被运动，在更长的时间中运动通过的距离就更大，那么，有限的被运动不可能发生在无限的时间中——当然，这不是指同一个被运动或它的某部分的不断重复，而是指整个被运动在整个时间中。

如若某物进行着匀速运动，那么必然，在有限时间中被运动的距离是有限的，这是显然的。因为如果取运动的一个部分作为整个运动的尺度，那么，整个运动就能在与各部分运动相等的那些时间中完成。因此，既然这些部分无论在个别的大小方面还是在总体的数量方面都是有限的，那么，整个时间也应该是有限的；因为它将是一个倍数，等同于部分的数乘部分完成运动的时间。

但是，即使运动不是匀速的，也一样。假设 AB 表示一个在无限时间中已经被运动了的有限距离，CD 表示无限的时间。如果距离的一部分先于另一部分而已经被运动了——这是显然的，在前一部分时间中和后一部分时间中已经被运动过的距离不相同；因为运动的不同部分总是在不断延长的时间中被完成，无论变化是匀速的还是不匀速的，也无论运动是在加快、减慢还是保持原速，都无关紧要——那么，就能取总距离 AB 的某个部分 AE 作为 AB 的尺度（见图 14）。这个部分是在无限时间的某一段中通过的；它不能在无限时间中，因为在无限时间中通过的是整个的 AB。如若再取另一个相等于 AE 的部分，它所占据的也必然是有限时间；因为整体才是在无限时间中。并且，如若继续像这样取下去，既然没有一个部分会是无限时间的尺度（因为无限的东西不能由众多的有限构成，不论它们是相等的还是不相等的，因为在数目上和大小上有限的东西都能被某一个单位所度量，不论它们相等或不相等都无关紧要，只要大小上有定限就行），而有限的距离 AB 却能被许多的 AE 度量，所以，通过 AB 的运动应该是在有限时间中完成的。静止方面的情形也同样。

(图 14)

因此，某个同一的东西既不可能永远生成着，也不可能永远消灭着。

同样的论证也能说明：在有限的时间中，既不能有无限的被运动，也不能有无限的趋于静止，不论被运动是均匀的还是不均匀的。因为，如果取某个部分来度量整个时间，那么，在这个部分中将被通过的只是某个量的大小，而不是整个大小（因为整个大小应在整个时间中被通过），并且，在另一个相等部分的时间中再被通过一个部分的大小，在每个部分时间中都是这样，不论它是否与原初的部分相等；因为只要每个部分都是有限的，相等还是不相等没什么区别。显然，当时间被分完时，无限的大小却没有被分完，既然从它分取下来的部分在量度和数目方面都是有限的。因此，无限的大小将不会在有限的时间中被通过。大小只在一个方向无限还是在两个方向都无限也无区别；因为论证是相同的。

在上述这些得到了证明之后，显然，一个有限的大小不可能在有限时间中通过无限的大小，理由是同样的：因为在部分时间中只会通过一个有限大小，而且，在每个部分时间中都是这样。所以，在全部时间中通过的大小也是有限的。

既然在有限的时间中有限大小不能通过无限大小，那
238b 么显然，无限大小也不能通过有限大小。因为，如若无限能通过有限，有限也就必然能通过无限了。这二者之中的哪一个是被运动物没有什么区别；因为这两种场合都是涉及有限通过无限的问题。因为，当 A 这个无限的大小在被运动着时，它的某个部分 CD 就会对应于 B 这个有限的大小（见图 15），而且，就会像这样一个又一个地永远继续下去。因此，就会同时出现无限大小已被运动了有限的大小，有

限大小也已通过了无限大小；因为只让无限被运动着通过有限而不让有限通过无限（或被位移着通过它，或度量它）似乎是不可能的。既然这不可能，因此，无限也不应通过有限。

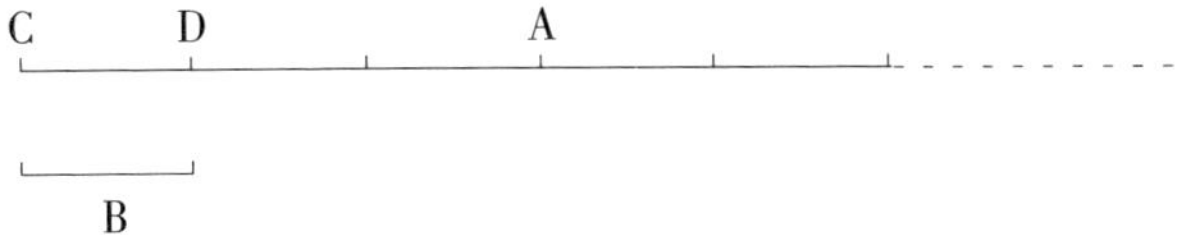

(图 15)

再有，在有限的时间中无限的大小也不能通过无限的大小。因为如若能通过无限，也就能通过有限了；因为无限包含着有限。此外，如果分取时间段，也能证明这同一个论点。

既然在有限的时间中有限不能通过无限，无限也不能通过有限，而且无限也不能被运动着通过无限，那么显然，在有限的时间中不会有无限的运动。因为把运动或者把大小当作无限又有什么区别呢？因为，如若它们之中的某一个是无限的，另一个也必然是无限的；因为一切位移运动都在地点中。

【8】 既然一切自然事物都能在某时、某地并以某种方式自然地或者被运动着或者静止着，那么，趋于静止的事物在它正趋于静止时就必然在被运动着。因为如果它不在被运动着就在静止着，但是，静止的东西不可能正被促向静止。

如果这已被证实，那么显然，被促向静止必然也在时间中。因为被运动物是在时间中被运动的，而被促向静止的东西又被证明是被运动的，因此，被促向静止必然是在时间中。此外，是在时间中我们才说较快和较慢的，而被促向静止的过程能有较快和较慢。

被促向静止的东西是在第一时间中趋于静止的，那么必然，它在这个第一时间的每个部分中都被促向静止。因为在把这个时间一分为二时，如果它在每个部分中都没有被促向静止，那么，在整个时间中也就会没有，因此，被促向静止的东西就不会是在趋于静止了；如果它只在一个部分中趋于静止，那么，整个的时间就不会是它在其中趋于静止的第一时间了，因为它在其中趋于静止的是另一个时间，就像前面说过的被运动物方面的情形一样。

239a 正如被运动物没有在其中被运动的第一时间一样，被促向静止的东西也没有在其中趋于静止的第一时间；因为不论是被运动着的事物还是被促向静止的事物都没有某个第一部分。因为，假定 AB 表示事物在其中趋于静止的第一时间。这个 AB 不可能无部分；因为由于在它的某部分里事物已在完成被运动，所以，运动不会存在于无部分的时间中；而且已被证明，被促向静止的东西是被运动着的。但是，如果 AB 是可分的，那么，在它的任何一个部分中都在趋于静止。因为在前面，这一点已被证明：事物在趋于静止的第一时间里的任何一个部分中都在趋于静止。所以，既然事物在其中趋于静止的第一时间是一段时间，而且它不是不可分的，既然所有时间都是无限可分的，那么，就没有事物在其中趋于静止的第一时间。

也没有静止物在静止着的第一时间。既然在不可分的时间中没有运动，它就不能在无部分的时间中静止着；静止发生于其中的时间被运动也发生于其中；因为我们曾说过，当一个自然物在自然地能被运动的时间中没有被运动着时，它就是在静止着。此外，当某物的现在和以前的状况保持着相同性时，我们也说它是在静止着，可见，判断静止与否不能仅凭一个分界，而要依靠两个分界。因此，事物在其中静止着的时间不能无部分。既然它可分，就应该是一段时间，而且，事物在它的任何一个部分中都静止着；因为这可以用和前面相同的方式来得到证明。因此，没有第一时间。它的原因在于：一切静止和运动都在时间中进行，而时间是没有第一的，大小以及一般而言的任何连续物也都无第一；因为一切连续的东西都可以分为无限多的部分。

既然一切被运动物都是在时间中被运动，而且都是从某物开始变化到他物，那么，在运动得以进行的时间中（指自身直接的时间，而不是指这个时间的某部分），被运动物不可能与某一特定物直接相对着。因为如若一个事物（无论是它自身还是它的每个部分）在某段时间之后仍在原处，它就是在静止着；因为我们正是这样称谓“在静止着”的：当一个事物（它自身及其各部分）在一个又一个现在中时，仍能真实地断言它仍在原处。如果“在静止着”的含义是这样，那么，变化物在它变化的第一时间中不可能与某一特定物整个地相对着；因为整个时间是可分的，因此，一个事物自身及其各部分在一个又一个的部分时间里仍在原处是一个真实的断言。因为如若不是这样，而是只在一个现在中，那么，事物就不会在一段时间里，而是在
239b 时间的一个分点上与某一特定物相对着了。在现在中，事物确实总与某一特定物相对着，但这不是在静止着——因为在现在中既没有被运动也没有静止——因此，说事物在现在中不被运动且与某一特定物相对着是真实的，但却不可能说它在某段时间中与静止着的东西相对着；因为否则，就会得出正被移动着的东西在静止着的结论。

【9】 芝诺的论证是荒谬的。因为他说，如若当任何事物处在一个相等的地点时它总是静止着的，如若被移动的东西总是处于现在之中，那么，飞着的箭是不能被运动的。这个观点是错误的。因为时间并不由不可分的若干现在构成，正如其他大小不由不可分的部分构成一样。

芝诺关于运动的论证是四个，它们为那些试图解决这些问题的人带来了麻烦。第一个是关于被运动不存在的，根据是：被移动的东西必须先被移到一半的地方才能抵达目的地。在前面的论证中，我们已讨论过这个观点了①。

---

① 见 233^a21 以下。

第二个是所谓的阿刻琉斯。它的意思是：一个跑得最慢的绝不可能被一个跑得最快的追上。因为追赶者必须首先到达被追赶者起跑的出发点。因此，跑得慢的必然总是有某种程度的领先。这个论证与第一个二分法的论证是相同的，区别只在于，在对大小的划分中，没有接着采取二分法。从这个论证所得的结论是跑得较慢的不会被追赶上，但它是依据与二分法相同的假定得出的——因为在这两个论证中所得的结论都是：无论以何种方式划分大小，都不会达到终点，尽管在最快的追赶不上最慢的这个论证中，表现得更为明显些——因此，解决这个论证的方法也必然是相同的。领先的东西干能被追上的见解是错误的。因为，虽然在它领先的时候确实不能被追上，但是，如果允许它通过那个有限的距离，它就会被追上了。那么，关于这两个论证，就说这些罢。

第三个刚才已经说过，就是飞着的箭是静止着。它是依据时间由现在构成这个假定而得出的，因为如果不确立这个假定，推理就不存在。

第四个是关于运动场中被运动物的。有两列大小相等数目相同的物体，一列从运动场的终点出发，另一列从运动场的中间点出发，进行速度相等方向相反的运动。芝诺认为，从中可以得出一半的时间等同于它的一倍的结论。240a
这个论证的错误在于把一个被运动物通过另一个被运动物与它以同等速度通过同样大小的静止物所占用的时间当成

是相等的。这是错误的。例如，假定 AA 表示那些同等大小的静止物，BB 表示从 AA 的中间点开始运动的物体，它们与 AA 数目相同大小相等，而 CC 则表示那些从终点开始运动的物体，它们与 AA、BB 的数目相同、大小相等，而且还与 BB 速度相等。这就可以推出：当 BB 和 CC 各朝相反方向被运动时，第一个 B 和第一个 C 同时到达终点。也可以推出：第一个 C 已经通过了所有的 B，但第一个 B 则只通过了 AA 的一半；因此，这个时间就是一半；因为每一个通过每一个的时间是相等的。同时还可推出：第一个 B 已经通过了所有的 CC（因为第一个 C 和第一个 B 将会同时到达两个对立的终点），而通过每一个 C 和通过每一个 A 的时间是相等的（就像他所说），因为它们两者通过 A 的时间是相等的。这个论证就是如此，其结论是依据前面所说的那个错误假定推出的。

在矛盾的变化中，在我们看来也不会有什么不可能。例如，如果某物正在从非白的变为白的，而且，它既不处于白的也不处于非白的状态中，那么，它就将既不是白的又不是非白的。因为如果事物没有整个地处于某种状态中就不能算是那样的话，那么，它就不能被说成是白的或非白的。但是，我们称谓白的或非白的，并非由于它整个地是如此，而是依据它的大部分或决定性的部分是如此。不处于某种状态中和不整个地处于某种状态中是不相同的。在存在和非存在方面以及其他矛盾关系方面的变化都是这样；因为变化物必然会处于对立双方的一方之中，总是不会也整个地处于另一方中的。

再有就是关于圆、球体以及一般而言的其他一切在自身的广延中被运动的事物的问题，它被说成是在静止着；因为它自身及其各部分在一段时间后仍然会处于相同的地点，因此，它静止着同时又在被运动着。因为首先，它的各部分在任何一段时间后就不将在相同的地点，其次，整 240b
体也总是在变化到另一个地点；因为从 A 划取的圆弧与从 B、从 C 以及从其他每一点划取的圆弧是不一样的，除非是由于偶性而相同，就像文雅的人和人相同一样。因此，它总是在变化着，从一处到另一处，决不静止着。球体以及其他在自身中被运动的事物也都是这样。

【10】 在对上述那些问题作出证明后，下面我们要论述的是，无部分的事物不可能被运动，除非是在偶性上。例如，在它存在于其中的那个物体或者大小被运动着的时候，就像如若船中东西的被运动是靠船的移动，或部分是由于整体的运动一样。(我所谓的无部分的事物是指在量上不可分的事物；因为各部分都有由于自身的不同运动，而且部分是由于整体的运动。这种区别在球体方面似乎看得最清楚，因为各个部分的运动速度依接近中心还是远离中心而彼此不同，而且都和整体的运动速度不同，所以，运动不会是单一的。)

所以，犹如我们所说，无部分的东西只可能像坐在船中的人随着船的移动而运动那样被运动，不可能有就自身的运动。因为，假定它正在从AB变化到BC——或者是从大小变化到大小，或者是从形式变化到形式，或者是一种状态向矛盾面变化——并假定它在其中变化的第一时间为D。那么，在变化所经的这段时间中，它必然或者在AB中，或者在BC中，或者它的某一部分在AB中另一部分在BC中；因为一切变化物都有这样的情况。但是，它不能一部分在AB中，而另一部分在BC中，因为如若这样，它就会是可分的了。而且，它也不能在BC中；因为倘若如此，它就会完成变化了，但它被假定为是正在进行变化。剩下的情况就只能是，它在变化所经的时间里处在AB中；因此，它是在静止着，因为在经过一段时间后仍在原处的东西就是静止着。

因此，无部分的东西不可能被运动，一般而言不可能变化。因为要使无部分的东西运动应该有一个条件，即：如若时间由现在构成。因为在这种条件下，它就总是会在现在里完成了被运动和变化，因此，它就会从未被运动着而又总是已经被运动着了。但这是不可能的，在前面已经证明过了。因为时间不由现在构成，正如线不由点构成一样，运动也不由跳动构成。因为这种观点无异于断言运动由不可分的部分构成，就像断言时间由现在构成，大小由点构成。

此外，也能从下述论证表明：不论是点还是其他任何不可分的东西都不可能被运动。因为一切被运动物，如若不先通过等于或小于自身的距离，是不能通过大于自身的距离的。如果是这样，那么显然，点就必须首先通过一个小于或者等于自身的大小；但既然点是不可分的，它就不能先通过一个比它更小的大小，因此，这个大小只能是和它相等的。所以，线就将由点构成了；因为当点不断地被通过相等于自己的大小时，它就成了计量整个线段的尺度了。既然这是不可能的，那么，不可分的东西被运动也同样不可能。

此外，既然一切事物都是在时间中，而决不是在现在中运动，而所有时间都是可分的，那么，每一被运动物都应该有某个比它在其中通过与自身相等大小的时间更少的时间（因为它在其中运动的是一段时间，由于一切事物都在时间中被运动，而一切时间又已在前面被证明为是可分的）。所以，如果点在被运动，它就将有某个比它在其中已经通过了的与自身相等大小的时间更少的时间了。但这是不可能的；因为在更少的时间中被运动的大小也必然更少，这样，不可分的东西就可以分成更小的部分了，就像时间被分成更少的时间一样。因为无部分的和不可分的东西若要被运动应该有一个条件，即：如若它能在不可分的现在中被运动。因为在现在中被运动着和某个不可分的东西在被运动着是同样道理。

没有一种变化是无限的。因为任何变化，无论是矛盾之间的还是对立之间的，都是从某物到某物。因此，在矛盾的变化里，肯定和否定是限界，例如，存在是生成的限界，非存在是消灭的限界；在对立的变化中，对立双方是限界（因为它们是变化的极点），并因此而是一切质变的限界；因为质变是从出于某些对立的。增加与减少也是这样；
241b 因为增长的限界是依据事物特有本性的终极的大小，而减少的限界则是这个大小的消失。但是，位移在这种意义上就不会是有限的了，因为并非一切位移都在对立中进行。然而，既然不能被分割的东西在不可能被分割的意义上（因为“不能”一词有多层含义）要被分割是不可能的，而且一般而言，不能生成的东西不会生成，那么，不能变化的东西也就不应该可能正在向它不能变成的东西变化着。所以，如果被位移的东西在向某物变化，就一定能够完成这种变化。因此，它的运动不是无限的，也不会通过无限的距离，因为它不能完成通过这个距离的运动。显然，在以并非没有限界来规定的意义上，变化不会是无限的。

但是，还必须考察是否可能有某种在同一意义上的变化在时间中是无限的。因为如若变化不是一种，似乎也并不妨碍它是无限的，例如，如果位移之后是质变，质变之后是增加，增加之后再是生成；因为这样的话，在时间中就总是会有运动。但是，运动却不是一种，因为由所有这些构成的不是一种运动。因此，如果生成是一种，就不可能在时间中无限，只有一个例外，它就是圆周位移。

第　七　卷

【1】 一切被运动的事物都必然是被某物所运动。因为，如若在自身之中没有运动的本原，那么显然它要被他物所运动（因为在这时，运动者只能是另外的东西）；如若运动的本原在自身之中，设定为AB，那么，它就是就自身而不是就它的某部分在运动而被说成是被运动的东西。因此首先，须以AB是被自身所运动为前提，因为它是作为整体而被运动，并且不是被任何外物所运动。这就犹如KL运动着LM并且自身也被运动着，由于分不清哪部分运动哪部分被运动，所以就不说KM是被什么所运动一样。其次，一个不被他物所运动的东西，也必然不会由于他物的静止而被停止运动；但是，如果某物由于他物的被停止运动而静止下来，它自身就必然是被他物所运动着。如果承认这一点，那么，一切被运动着的东西都是被某物运动。因为既然已经设定AB为被运动着的东西，它就必然是可分的，因为一切被运动着的东西都是可分的。假定它被分于C处。因此，假如CB不被运动，那么，AB也不能被运动；因为如若它被运动的话，那么很明

显，AC 就会在 BC 静止着时被运动了，这样，AB 就不是原初地就自身而被运动了。但是，按照原先的假定，它是原初地就自身而被运动着。所以，当 CB 不被运动时，AB 必然静止着。但是我们已一致认为，不被某物所运动就会静止着的东西是在被某物所运动着。因此，一切被运动的东西都必然在被某物运动着；因为被运动的东西是会永远可分的，而且，如若它的部分不被运动，整体也就必然静止着。

既然一切被运动的东西都必然被某物所运动着，那么，假如某物被另一个被运动的东西运动着在某一地点中运动，而这个运动着的东西又被另一个被运动的东西运动着，如此等等就可以永远追溯下去，所以，必然有某个最初的运动者，才不致于追溯到无限。因为如不这样，而是可以无限追溯，A 被 B 运动，B 被 C 运动，C 又被 D 运动，就会总是有接续的下一个被它的再下一个所运动。既然假定了运动者在运动时也在被运动，那么，被运动东西的运动和运动者的运动就必然同时发生（因为运动者的运动和被运动物的被运动是同时的），因此很明显，A，B，C 以及每一个像这样既是运动物又是被运动物的运动就都会同时发生了。现在分别地来论述这每一个运动，并且用 E 来表示 A 的运动，用 Z 来表示 B 的运动，用 H 和 T 来表示 C 和 D 的运动。因为尽管每物的运动都总是被个别的东西所运动，但仍然可以把每一运动当作数目上的一个来处理。因为所有运动都是从某一点出发到达另一点，而不是向两个极点的无限扩展。（我所谓数目上为一的运动，指的是从数目上看，在同一个数目时间中发生的、由同一点出发到达同一点的运动。因为运动的同一可以是种上的，可以是属上的，也可以是数目上的——同一的范畴，例如实体或性质等，就是种上的同一；
从同属的起点出发到达同属终点的运动，例如从白到黑和从 242b
好到坏在属上没有区别，这就是属上的同一；在同一时间内从数目上为一的起点到达数目上为一的终点的运动就是数目上的同一，例如在这段时间内从这种白到这种黑或者从这个
地点到那个地点；因为假如是在不同的时间内，那么，运动 4
就不会是数目上的一，而是属上的一了。关于这些道理，在 8
前面已经讲过了。）现在再说说 A 在其中完成了自己运动的那个时间，并用 K 来表示。既然 A 的运动是有限的，那么，时间 K 也将是有限的。然而，运动物和被运动物的系列却是无限的，并且，由全部个别运动构成的 EZHT 运动也是无限的（因为，可能 A 的运动，B 的运动以及其他东西的运动是相等的，也可能其他东西的运动更大些，但是，不论是相等还是在增大，在这两种情况下整个运动都是无限的；因为我们可以选取任何一种可能的情况）。既然 A 与其余每一个东西是同时被运动的，那么，整个运动与 A 的运动发生在同一时间中；而 A 的运动是在有限时间中进行的；因此，无限就会出现在有限之中，但这当然是不可能的。

这样，可以认为是指明了出发之点，但是，还没有证明为什么不能得出任何结论。因为只要运动的东西不是单

一而是众多，那么，在有限的时间中就可能存在无限的运动。现在的这些有关讨论也同样如此，因为每一个别运动都在各自被运动，众多东西同时被运动就不是不可能的。但是，如果最初的运动者做地点的和物体的运动，它就必然是与被运动物或者相接触或者连续着（正像我们在任何场合能见到的那样），那么，众多的被运动物和运动者也必然地或者相互连续或者相互接触，这样，就从一切构成了某个单一体。这个单一体不论是有限的还是无限的，对于现在来说都无关紧要。因为在任何情况下，如果存在着的东西是无限的，运动也就是无限的，如若这些运动可能彼此相等或者大于，我们就把这可能的当作真实的。那么，如果由 A、B、C、D 构成的是某个无限的东西，它在 K 这个有限的时间中进行着 EZHT 运动，就会出现这样的结论：有限的或无限的东西能够在有限的时间中进行无限的运动。
243a 但是，这两种情况都是不可能的。所以，必然有一个止点，而且存在着某个最初的运动者和被运动物。由前提得出的不可能的结论无关紧要；因为所选取的这个前提是可能的，而可能的前提不应该导致不可能的结果。

【2】 最初的运动者——不是作为运动的目的，而是作为运动的本原——是与被运动物在一起的；我所谓的在一起，是指在它们之间没有什么东西。这普遍适用于一切被运动物和运动者。既然有三类运动——地点方面的、性

质方面的和数量方面的——那么，也必然有三类运动者，即引起移动者，引起质变者和引起增减者。

我们首先讲有关移动的情况，因为它是最初的运动。一切在被移动着的东西都或者是被自身或者是被他物所运动。在被自身所运动的那些场合中，被运动物和运动者显然是在一起的；因为最初运动者包含在它们之中，所以，在它们之间没有任何东西。被他物所运动的情况必然有四种方式；因为被他物所运动的移动有四种——拉、推、带、转。

一切地点方面的运动都被归并为这四种。推有多种表现，当离开自身的运动者跟随被运动物前行时，就是推进，当运动者不跟随被运动物时，就是推开，当运动者引起一个比依据本性的移动更为强烈的离开自身的运动时 [243b]（只要运动还在支配它，它就一直这样移动），就是抛掷。再有，推离和推拢就是推开和拉；因为推离是推开（推开或者是离开自身或者是离开他物），推拢是拉近（而拉也有拉向自身和拉向他物）；因此，这些不同的形式也都能归入推开和拉近，例如，织布机上机杼的运动是推拢，梭子的运动是推离。其他的聚拢和分离也同样可归入推开和拉近（因为它们全都是推离或者推拢），但那些处于生成和消灭中的除外。同时也很明显，聚拢和分离不是另外的某类运动；因为一切运动都被分别地归并于上述那些的某一种。此外，吸气是拉，呼气是推；吐出以及其他一切经由身体的排出或吸入运动也同样如此；因为它们有些是拉近，有些是推开。

地点方面的其他运动也都应该这样归并；因为它们全都可以归入这四种形式，而在这些当中，带和转又能归为拉和推。因为带是依据其他三种方式中的某一种；因为被带的东西是就偶性而被运动，因为它处在某个被运动的东
244a 西中或在它之上，而带动者则或者被拉着或者被推着或者被转着在带动，所以，带是所有这三种运动共有的。转则是由拉和推所构成的；因为既然转动者使被转动物的一部分脱离自身，另一部分朝向自身，转动者必然在拉着被转动物的一部分，推着它的另一部分。

因此，如果推者和被推物、拉者和被拉物是在一起的，那么显然，在地点方面的运动中，被运动物和运动者之间就没有什么居间物。即使从定义上看，这也是明显的。因为推是从自身或从他物趋向另物的运动，拉则是在它的运动比连续事物彼此分离着的运动速度更快时，从另一事物趋向自身或趋向他物的运动，因为事物就是这样被拉到一起的（当然，也可以认为还有某一种以另外的方式引起的拉；因为例如木柴拉火就不同于上述方式。至于拉者正在拉时自身被运动着或静止着则无关紧要；因为在它静止着时，它是把他物拉到自己正在之处，在它被运动着时，它是拉到自己曾经所在之
244b 处）。要把某物从自身运动到他物或者从他物运动到自身而又不与它接触，这是不可能的。所以显然，在地点方面的运动中，被运动物与运动者之间没有什么居间物。

在被质变物和使质变者之间也没有居间物。这从归纳

中可以表明。因为可以发现，在一切质变中，使质变者的终端与被质变物的最初端是在一起的。〔因为我们的前提是：被质变就是就所谓起作用的质而承受的影响。因为一定性质的东西发生质变是就它是可感觉的而言，而感觉特性就是那些使物体得以相互区别的特性（因为一切物体都是依凭所具感觉特性数量上的多少或者所具的相同特性程度上的大小而与别的物体相区别的）。但是，被质变物的质变〕正是被上述那些特性引起的；因为它们就是载体起作用的质的承受。当某物正在被变热、变甜、变密、变干或变白时，我们就说它正在被质变，对于无生物和生物都可以这样说，而且，对于生物中的无感觉部分和感觉器官自身也是如此。因为感觉也以某种方式发生质变；既然实现中的感觉就是在感官以某种方式被作用时的一种经由身体的运动。所以，无生物能发生的质变，生物都能发生，而生物能发生的质变，无生物则不能全都发生，因为无生物没有感觉方面的质变；而且，生物是有意识地受影响，无生物则是无意识地受影响（当然，这并 245a
不妨碍在质变的发生与感觉无关时，生物也无意识地受影响）。既然被质变物是由感觉事物引起质变的，那么显然，在一切这样的质变中，使质变者的终端与被质变物的最初端是在一起的。因为大气和使质变者连续，身体与大气连续。再有，颜色与光连续，光与眼睛连续。听觉与嗅觉也一样，因为对于被运动物的最初运动者是大气。味觉也如此；因为舌头与味觉是在一起的。无生命和无感觉的事物方面的情形亦复如此。所以，在被质变物和使质变者之间没有居间物。

在承受增长之物和引起增长者之间也无居间物。因为引起增长者最初是通过成为被添加从而使整体为一的方式实现增长的。再有，减少者是通过使被减少物的某部分的离去而进行减少的。所以必然，引起增长者和引起减少者是连续的，而如果事物是连续的，在它们之间就不会有居间物。

245b 那么显然，关于被运动物，在被运动物和运动者（不论是最初的还是最后的）之间没有居间物。

【3】 一切被质变物都是被可感觉的原因引起质变的，而且，只有在那些被断言为就自身而受可感觉物影响的事物中才存在着质变。从下面的考察中会明白这个道理。因为在其他事物情况中，人们似乎最爱假定在外形和形状中，在状态中以及在获得而又失去这些的过程中存在着质变，但实际上，在这两种事物情况中没有一种有质变。

因为一个被改变外形的事物，在它已经完成了这种改变时，我们就不再按它由以构成的质料的名称来称谓它了。例如不说雕像是铜、蜡烛是蜡或床榻是木头，而是用派生词来把它们分别称为铜塑的、蜡制的和木做的。但是，一旦事物已被影响和已被质变，我们就仍用原来的名称称谓，所以，我们仍说铜和蜡是干燥的、流动的、温热的和坚硬的。不仅如此，我们也说流动的和温热的东西是铜，用和影响同样的名称来称谓质料。所以，既然在涉及外形和形 246a 状时，不按外形存在于其中的质料的名称来称谓已经生成的东西，而在涉及影响和质变时，却依然照旧称呼，那么显然，形状的这种生成过程不应该有质变。此外，下面这样的说法应该被认为是荒谬的：人、房屋或者诸如此类的其他已经生成的东西都已被质变而成。因为尽管或许每一物的生成都必然是某物被质变的结果（例如质料的被凝结、被稀散、被变热或被变冷），但是，生成的事物却不被质变，它们的生成也不是质变。

再有，状况也不是质变，不论是身体的还是灵魂的都如此。因为有些状况是好的，有些则是坏的，但无论好坏都不是质变，相反，好是某种完满性——因为当每一事物获得了自己的良好性时，就被说成是完满的；因为它在这时最符合于自然（正如一个圆，在它完全成为圆时，就是完满的和最好的）——而坏则是这种条件的消失和分离。所以，就像我们不把房屋的完成说成是质变一样（因为不论把屋顶和砖瓦说成是质变，还是把正被盖屋顶和正被铺砖瓦的行为说成房屋在被质变而不说成在被完成都是荒谬的），好与坏以及具有或获得好与坏的事物方面的情形也如 246b 此，因为一些是完满，另一些是分离，因此，都不是质变。

此外，我们说一切好都依据于它所处的某种特定关系。因为我们把诸如健康和适宜等身体的好看成是热和冷在体内相互之间的或者对于外部环境的关系中按适当比例混合的缘故；优美，强壮以及其他的好和坏的状况也都是如此。因为它们每一个都依据于各自所处的某种特定关系，并且都把自己的具有者置于与特有的影响相关的好的或坏的状况中。我所谓特有的影响，指那些通过它们，事物能自然地被生成和被消灭的影响。所以，既然关系自身不是质变，它们也不是质变的、生成的，以及一般而言的任何一种变化的主体，那么显然，状况以及失去和获得状况的过程都不是质变，尽管状况的生成和消灭或许必然涉及有某些其他事物的质变（就像形式和形状的情形一样），例如热的和冷的、干燥的和流动的东西或者状况直接依存的其他任何东西。因为每一种所谓的好的和坏的状况都和那些能使它们的具有者自然地被质变的东西有关；因为好使它的具有者或者不受影响或者应受某种意义的影响，而坏则使它的具有者或者受影响或者不受相反意义的影响。

247a 灵魂的状况方面情形也同样；因为它们也全都依据于所具有的某种特定关系，而且，那些好的状况是完满，坏的状况是分崩。此外，由于特有的影响，好把具有者置于好的条件中，坏则把具有者置于坏的条件中。所以，它们自身不能是质变，失去和获得它们的过程也不能是质变，虽然它们的生成必然是灵魂的可感部分质变的结果。而且，质变是被感觉对象所引起的。因为任何道德上的善都与身体的快乐和痛苦有关，而快乐与痛苦又或者在现在的体验中或者在回忆中或者在期待中。现在正体验着的乐与苦取决于感觉，并因此而被某种可感物引起运动，回忆中的和期待中的乐与苦也同样源于感觉（因为在这种场合，人们是通过回忆体验过的东西和期待将会体验的东西而感到快乐的）；因此，一切此类快乐都必然被感觉事物所引起。既然好和坏都是在乐与苦生成时生成的（因为它们与乐苦相关），而乐与苦是感觉部分的质变，所以很明显，这些状况的失却与获得必然是某物被质变的结果。因此，虽然它们的生成有质变相随，但它们自身却不是质变。

灵魂的理智部分的状况也不是质变，而且它们也没有生 247b
成。因为我们说，知识更为适合依据于所具有的某种特定关系这一条件；此外，它们也显然没有生成。因为潜能上具有知识的东西不是由于自身的运动，而是依据其他某物的存在才成为有知识的；因为当它与特殊事物发生关系时，是凭借一般的知识以某种方式才认知了特殊事物。再有，也没有知识的使用和实现的生成，除非有人认为有视觉和触觉的生成，并认为知识的实现类似于它们。知识的最初获得也不是生成和质变。因为当理智到达静止和停留时，我们才说知道和理解了，趋于静止的状态也不是生成，因为一般说来，没有一种变化有生成，就像前面所说的那样。此外，正如某人在从醉酒、睡眠或患病变化到相反状况时，我们不说他再度成为有知识一样（尽管他在先前确实是没有能力使用知识），在他最初获得这种状况时，我们也同样不说他有知识。因为理解和知识的具有是灵魂从自然的兴奋状态平静下来的结果（正

248a 是由于这样，孩子们不能像成人一样对感觉事物形成知识和判断；因为他们灵魂中的兴奋和运动很频繁)。在有些场合，灵魂平静和静止下来是被自然自身造成的，在另一些场合则是被他物造成的，但是，在这两种场合中，都是身体内某些东西质变的结果，就像当某人变得清醒和被唤醒时在使用和实现知识方面的情形一样。

从上面所述显而易见，被质变的东西和质变只出现在可感事物中和灵魂的可感部分中，在其他任何东西中都不能出现，除非是就偶性而言。

【4】 或许有人会提出疑问：是否一切运动都可以相互比量。假若一切运动能相互比量，而且，被运动物在相等时间中通过相等距离的速度是一样的，那么，一段圆弧就会相等于一条直线了，或者比它更大或更小。此外，如若在一个相等的时间中，一物在质变，另一物在移动，那么，就会有质变和移动的相等了；并因此而有了被作用与长度的相等；然而，这是不可能的。就算被运动物在相等时间中通过相等距离有着相同的速度，但是，被作用和长度难道不是不相等的吗？所以，质变不与移动相等，也不比它更小。因此，并非一切运动都可相互比量。

这个结论如何解决圆和直线方面的问题？因为，如若假定一物以圆周形式被运动与另一物在直线方面被运动不一样，而是一个必然比另一个更快或更慢，就像如果一个在下降另一个在上升一样，那么，这种假定是荒谬的。此外，即使某人断言被运动必然有较快或较慢，对于论证也无关紧要；因为即使如此，圆弧也会比直线更大或更小，并因此而可能相等。因为，如果在时间 A 中，一物通过了 248b
距离 B，另一物通过了 C，那么，B 就可能会比 C 更大；因为前面所说的更快就是这个意思。而且，如若它在较少时间中通过了相等的距离，它就是更快；因此，事物 B 在时间 A 的一部分中通过的圆周的一部分等同于事物 C 在整个的时间 A 中通过的距离。但是，如若这两种运动可以相比，那就会导致前面说过的结果，即直线可以等同于圆。然而它们不可相比，所以，它们的运动也不能相比。

但是，不是多义词的全都可以相比。例如，为什么不能相比着说这枝笔、这瓶酒或这声高音更尖利呢？因为尖利的是多义词，因而这几种尖利不能相比。但是，高音与次高音可以相比，因为尖利的是在同一个含义上修饰这两者。那么，快之用于圆周和直线运动时含义不同吗？倘若是，它用在质变和移动中的意思就更不同了。或者首先，如若不是多义词就可以相比的这种说法是不真实的；因为“许多”这个词用在水和气方面是同一层含义，但它们却不能相比；如若“许多”不行，“倍”这个词的含义无疑是同一的（因为它表示二比一），但仍然不能相比。或者，这同一个论证也适于这些方面——因为“许多”也是多义的——但是，有些语词甚至定义也是多义的，例如，如若某人说：“许多就是这样多并且再多些”，但是，“这样多”在不同场合所指的含量是不同的；“相等”也是多义词；如果可能的话，“一”也必定是多义词，而如若“一”是这样，“二”亦如此。那么，假如自然是单一体，为什么有些事物可以相比，有些又不能相比呢？

难道是由于它们处在不同种类的直接容受者中吗？马和狗可以相比，因为可以说它们哪一个更白，既然白色处于其中的直接容受者是同一的，即都在躯体表面；在大小方面它们也同样可以相比。但水和声音则不行，因为它们的种类不同。显然，这样就可以使所有的属性含义同一，
249a 并断言每一个都处在不同的容受者中，所以，相等的、甘甜的和白色的都含义相同，虽然在不同场合中它们的容受者不同。此外，能容受属性的东西不是随意的，而是一个直接容受者接纳一个属性。

那么，如果要能相互比量，是否不仅应该不是多义词而且属性以及它的容受者应该没有属上的不同呢？我的意思是，例如颜色有属上的不同，就不能在这方面相比，即不能说哪种东西更有颜色（这里不是指某种特定的颜色，而是指作为颜色的颜色），但在白的方面则可以相比。关于运动也是这样，如果两物在相等时间中运动量相等，它们就是等速的。假如在某个确定的时间中，某物的一半长度发生了质变，另一半长度则完成了移动，那么，在这种场合，质变就因此而等同于同速的移动吗？但这是荒谬的；原因在于运动有不同的属。所以，如若在相等时间中运动

了相同长度的两个事物是等速的，那么，直线和圆弧也就相等了。但是，是什么原因使它们不等速呢？是因为移动是种或者线段是种吗（因为时间是同一的）？如若线段在属上不同，移动也会在属上相异；因为如若运动所经的东西具有不同的属，移动也就具有不同的属。此外，是否还有依据移动的工具不同而存在的差别呢？例如，如果工具是脚，就是行走，如若工具是翅膀，就是飞翔。或者不是这样，而是依据路线的外形而有不同的移动。所以，在相等时间中被运动了同一大小的两个事物是等速的；而这里的同一指的是属上无区别以及运动上无区别。

因此，必须考察运动为什么有属的不同。上面的论证表明，种不是某种单一体，而是除它之外还包含有众多东西。在多义词中，有些的含义差别很大，有些有某种类似性，有些则在种上或相似性上关系很近，以至于好像它们不是多义词似的。

那么，属的不同出现在何时——是在相同属性存在于不同东西中时，还是在不同属性存在于不同东西中时呢？而且，如何规定属的限界？或者，我们靠什么来判断白的和甜的是相同还是相异？靠它们各自出现于不同的东西中呢，还是靠它们完全不相同？

关于质变，一种和另一种的速度是如何相等的？如若被康复的东西在被质变，可能有的人被治愈得快些，有的
人慢些，也有可能是同时的；所以，既然是在相等的时间 249b

中进行的，质变就会等速。但是，什么是质变呢？因为在这里不能说“相等的”，而是像在数量的范畴中使用“相等的”一样，在这里要用“同样的”。但是，就假定在相等时间中进行相同变化的东西是等速的吧。那么，是应该比量影响存在于其中的容受者呢，还是应该比量影响自身？在这里，正是由于健康是同一的，才使得我们确信一种质变和另一种质变既不更多也不更少，而是同样存在的。如若承受的作用不同，例如一个的质变是在被变白，另一个是在被康复，那么，它们之间就既无同一、也无相等和相同，而且，正是这种所受作用的不同造成了质变的属的不同，这样，质变就不是单一的，正如位移不是单一的一样。所以，必须考察质变有多少个种以及移动有多少个种。如果被运动物（指它们的运动是就其自身而不是就其偶性）有属的差异，运动也就会有属的差异；如若被运动物有种的不同，运动也就会有种的不同；如若被运动物有数的不同，运动也就会有数的不同。但是，如果两个质变是等速的，那么，是应该到所受的作用中去考察是否同一或相同呢，还是应该到被质变物中去考察？例如，考察各自都已变白了的是否是两个相等的量。或许应该考察两个方面，即依据所受作用是否同一来确定质变是否同一，依据被质变物的量是否相等来确定质变是否相等。

关于生成与消灭方面的情形，也必须作同样考察。生成是如何等速的？如果在相等的时间中两个生成物是同一的而且在属上不可分，例如都是人而不仅是动物，那么，它们就是等速的；如果在相等时间中两个生成物不同，就会一个比另一个更快。（因为我们没有两个合适的词来表达生成中的不同，像表达质变中的不同那样。假如实体是数目，在相同的属中就会有更多的和更少的数目：但是，这里既无像表示更多影响或更加超过及更大大小一样的共同名称，也无个别的名称。）

【5】 既然运动者总是使某物的运动在什么之中，并且到达某处（我所谓的在什么中，指在时间中，而到达某处则指它通过的某种数量的长度。因为它在使运动的同时已经使运动完成了，所以，已有某个距离被通过，而且也已耗去了某段时间）。假设 A 表示运动者，B 表示被运动物，C 表示已被运动的距离，D 表示在其中耗去的时间，那 250a
么，在相等的时间中，相等的力 A 将会使半个 B 运动两个 C，在半个 D 中，则使半个 B 运动一个 C；因为这样是符合比例的。

如果这同一个力在这一个时间中使这同一个事物运动这个距离，在半个时间中运动半个距离，那么，半个力就能使半个事物在相等的时间中运动相等的距离。例如，假设 E 表示 A 的一半，Z 为 B 的一半，那么，E 与 Z 的比例关系和动力 A 与重物 B 的比例关系是相同的，所以，它们能在相等时间中运动相等的距离。

如果 E 使 Z 在 D 中运动 C，那么必然，E 能在相等的时间中使两个Z运动半个C。但是，如果A能使B在D中运动整个的C，半个A（即E）却不能使B在时间D中（或D的某个部分中）运动C的某个部分，即使C的这个部分对整个C的关系与A对E的关系成比例。因为很有可能碰巧E完全不能使B运动。因为如果整个力使事物运动了某个距离，并不能由此推论出一半的力也能使事物运动一定量的距离或在任何一段时间中运动；因为不然的话，一个纤夫就会拖动一条船了，尽管若干纤夫的合力以及他们一起拖船通过的距离都能被分解成与人数相等的若干部分。

正因为如此，芝诺关于米粒的任何一个部分都能发出声响的论证是不真实的；因为没有什么妨碍米粒的一个部分在不论什么时间中不能像一个整体的麦蒂蒙洛[①]下落时那样运动大气。实际上，它甚至连在整体中时运动的那样一点气也运动不了，假如它真能由于自身地独自运动的话，因为除了潜在于整体中外，没有一个部分能起作用。

如果有两个运动者，而每一个运动者都能各自使一个东西在一定时间中运动一定距离，那么，被合并在一起的两个力就能使合成于两个重物的东西在相等时间中运动相等的距离；因为比例是一样的。

那么，质变与增长方面的情形也是这样吗？因为在这种

---

① 麦蒂蒙洛（medimnos），古希腊亚狄克地区的度量单位，约为52.23公升。

场合，有某个增长者，还有某个被增长物，在一定量的时间中，增长者引起被增长物增长一定的量。质变者和被质变物也是这样，某物也在一定量的时间中在更大和更小的程度上被引起了一定量的质变——在双倍时间中质变也加倍，在一半时间中质变也减半，而且，双倍的质变物在双倍的时间中进行，一半的质变物在一半的时间中进行，或者，在相等的时间中一半的质变物发生双倍质变。

虽然质变者或增长者能使某物在一定时间中发生一定量的增长或质变，〔而且，能使一半的增长或质变在一半时间中发生，或者能使在一半时间中发生一半的增长或质变,〕但是不能必然推论出〔一半的增长者或质变者能在双倍时间中引起同样程度的增长或质变,〕偶尔也出现它完全不能引起质变或增长的情况，就像对于重物那样。

第　八　卷

250b11 **【1】** 运动是以前不存在，在某个时候才生成，而且还会消灭，并因此而没有什么东西被运动呢？还是从未生成过，也不会消灭，而是过去总存在着并将永远存在？也就是说，它是存在于事物之中不朽的和不灭的属性，好像一切自然构成物的某种生命一样呢？

一切就自然问题提出过某种见解的人都断言运动是存在的，因为他们观察和研究的都是世界的构成和有关事物的生成消灭问题，而这些过程如若没有运动是不能出现的。但是，那些断言世界为数无限，有些世界在生成着，有些世界在消灭着的人宣称运动总是存在着（因为各个世界的生成和消灭必然要涉及运动）；而那些认为只有一个世界（无论这个世界是否永恒）的人则依据其理论来假定有关运动的问题。

如若在某时可能没有任何东西在被运动，那么，这种情况的出现必然有两种可能：或者像阿那克萨戈拉所说的那样（因为他说，一切都在一起而且在无限时间内静止着，是心灵造成了运动并且分开它们），或者如恩培多克勒所主张的，被运动与再度静止交替着发生——当友爱从众多形成单一或争吵从单一形成众多时就是在被运动，在它们的中间时刻则是在静止着。他这样说道：

只要知道单一从众多生成，
众多又因单一的分解而发生， 251[a]
万物都是生成，且不能生命永远。
但既然它们交替变换了无止息，
就总有不动的状态周期出现。

因为必须把他这里所说的交替变换理解为从一个运动变为另一个运动。所以，必须考察这个问题是如何成立的；因为发现了这件事情的真理，不仅对于有关自然的研究，而且对于有关最初本原的考察都是重要的。

首先，让我们从在本书的前面已经确立了的观点出发来开始这里的讨论。我们说过①，运动就是能被运动物作为能被运动者的现实。因此，每一个运动都必然以能够被运动的事物存在为前提。而且，即使抛开运动的定义不管，大家也会承认，在每一个运动中被运动着的必然是能被运动的事物——例如，能够质变的事物在被质变，能进行地点变化的事物在被移动——所以，在被燃烧之前必定先有能被燃烧的东西，在燃烧之前必定先有能引起燃烧的东西。而且，这些东

① 见《物理学》第三卷，【1】，201[a]10。

西必然或者以前不存在，是在某个时候生成的，或者是永远存在的。

如若每个能被运动的东西都是生成的，那么，在被考察的运动之先，必然有能被运动物或能运动者早已生成了，依据它们其他的变化或运动才得以生成。

但是，如若假定这些东西是没有任何运动地永远存在着，那么，这个假定的无理使人一目了然，而且，如若加以深究，它必然显得更不合理。因为，如若既有能被运动的东西又有能引起运动的东西存在，在一个时候有某个最初的运动者和被运动物，在另一个时候却没有它们而是只有静止的东西，那么，这个东西在以前必然是在变化着的；因为静止必定有某种原因，静止就是运动的缺失。所以，在这个最初的变化之前，还会有一个变化。

因为有些东西只能引起一种方式的运动，有些东西则能引起两种相反的运动，例如，火只能使热不能使冷，而相同的知识却被认为能引起相反的两种结果。当然，即使在前一种场合，似乎也有某种类似情形；因为冷的东西能以某种方式退走和离开从而使某物变热，就像一个具有知识的人在相
251b 反地使用知识时有意造成错误一样。但无论如何，能造成影响的和能承受影响的，能运动的和能被运动的一切东西，并不是在一切时候，而只是在一定的和相互接近的时候才能实现这些潜能。所以，只有在两者彼此接近时，而且只有在存在着一个已作为能引起运动者，另一个已作为能被运动物这

个前提时，一个才能运动，另一个才能被运动。因此，如若运动并不总是在一直进行着，那么显然，并不具有这样的前提，也就是说，并不是一个已作为能运动者，另一个已作为能被运动物，而是两者之中还有一个正在变化着；因为在相关者中必然出现这种结果。例如，如果某物过去不是另物的两倍，现在却是了，那么，即使不是二者都曾变化着，至少也有一物是如此。因此，将有某种变化先于最初的变化。

除了这些之外，如若没有时间，如何会有在先的和在后的东西？而如若没有运动，又如何会有时间？如果时间是运动的数或者就是某种运动，那么，既然时间总是存在的，运动也就必然是永恒的。但是，关于时间，除了一个人以外所有学者都有一致见解，因为他们都说它不是生成的。而且正是由于这个看法，德谟克里特才证明不可能一切东西都曾经生成过；因为时间就不是生成的。只有柏拉图认为时间是生成的；因为他说时间曾与宇宙同时生成，而宇宙是生成了的。如果没有现在，时间是不能存在的，也不可想象，而现在是某个同时集起点和终点于一身的中间点——因为它既是将来时间的起点又是过去时间的终点——那么，时间必然是永远存在的；因为不论选取哪一段过去了的时间，它的限界都一定是在某个现在中（因为在时间中，除了现在之外什么也选取不了），所以，既然现在是起点也是终点，那么，在它的两边都必然总是有时间。但是，如果时间是这样，运动也显然必定如此，既然时间是运动的某种影响。

同样的论证也适于证明运动是不可消灭的。因为正如在运动的生成方面所得结论是有某种变化先于最初的变化一样，在运动的消灭方面也同样有某种变化后于最后的变化。因为在某物停止了被运动时，并非就同时也停止了能被运动(例如被燃烧的东西和能被燃烧的东西。因为它可能能被燃 252a 烧但却没有被燃烧)，在某物不再是运动者时，也并非不再是能运动的。而且，在能被消灭物已被消灭时，能消灭它的消灭者也会被消灭，不过要在后来才被消灭；因为被消灭也是某种变化。所以，如果这些是不可能的，那么显然，运动是永恒的，而不是时有时无；因为这样的观点只能被说成是荒谬的。

断言自然就是这样，而且认为本原也必定是这样的观点同样是荒谬的。恩培多克勒的看法似乎就被认为是如此。他说，友爱和争吵必然交替着主宰一切并引起运动，在交替之间的时间里有静止。那些像阿那克萨戈拉一样主张只有一个本原的人可能也是像这样说的。但是，那些由于自然和根据自然的事物绝不会是无秩序的；因为自然是一切秩序的原因。无限者对无限者的关系却没有什么比例，而秩序全都意味着比例。在无限的时间中静止着，在某个时候才有了运动，但是，在这种状态中，是分辨不出现在或以前的，也没有什么秩序，因此就不再是自然的活动了。因为由于自然的事物或者完全如此，而不是一时这样一时那样——例如火由于自然而朝上位移，而不是一时朝上一时又不朝上——或者不是完全如此，而是具有比例。所以，还是恩培多克勒以及与他似乎有同样看法的其他人说得比较好些，宇宙交替地静止着又被运动着；因为在这种状态中至少有了某种秩序。但是，主张这种观点的人应该不仅讲出看法，而且还要指出它的原因，也就是说，不能只提出空泛的假说或没有依据的公理，而是要进行归纳的或演绎的证明。因为恩培多克勒所假定的友爱或争吵自身并不是原因，也不是它们应该是的交替，而是前者的作用是结合，后者的作用是分离。如果他想继续说明这种交替，就必须说出这样的状态在于何处，正如他所说的，有某种使人们结合的东西，即友爱，反之，敌对的人则相互回避；由于他看到在某些场合如此，于是就假定这适于一切场合。他还应该作出某种论证：为什么友爱与争吵占主宰地位的时间相等。依据某物总是如此或者总是如此生成就将其一般化，把它们充作本原，这种假定是不正确的。德谟克里特把有关自然的各种原因归结为事物历来就是这样生成；但是，他没有致力于寻求本原来说明这个“总是”， 252b
所以，虽然他的说法在某些方面正确，但在一般性问题上却不正确。三角形的各个角之和总是等于两直角，但是这个公理还有某种永恒的其他原因；然而，本原却没有其他原因，它们是永恒的。

过去不曾有过，将来也不会有这样的时间，在此时间中从未有过、也将不会有运动，这就是我们的结论。

【2】 要驳斥与此相反的各种论点是不困难的。认为运动原来完全不存在，而是在某个时候才存在的人似乎是以下述理由为主要依据的：首先，没有一种变化是永恒的；因为所有的变化在本性上都是从某物变到他物，因此，每种变化都必然是在两个对立的限界中进行，没有一种被无限运动。其次，我们看到，一个既没被运动，在自身之中也无任何一种运动的东西却能够被运动，例如无生物方面的情形，无论它们的部分还是整体都没被运动而是静止着的，然而在某个时候，却能被运动。可见，如若运动不是以前没有后来才生成的，事物就会或者总是在被运动或者永不能被运动。再有，上述这种情形在生物方面最为明显。因为有时在我们之中没有任何运动，而是完全静止着，但在某个时候我们却在被运动，也就是说，即使没有来自外界的任何运动，在我们之内也能生成来自我们自身的运动的本原。在无生物方面，我们却看不到这种同样的情况，而是总有某个来自外面的他物在运动它们；然而我们说动物是由自己运动自己的。所以，如若一个动物在某时完全静止着，那么，运动就会在不能被运动的东西之中从自身而不是从外物生成了。而且，如若这种情形能在动物中出现，又为什么不能在宇宙全体中同样地出现呢？因为如果它能在小宇宙中发生，也就能在大宇宙中发生；如果它能在宇宙中发生，也就能在无限中发生，假如整个的无限可能被运动着或静止着的话。

上面列举的第一种说法——趋于对立双方的运动并不总

是同一，在数目上也不是一个——是正确的见解。因为，如若相同的而且单一的事物的运动能够并非总是单一和相同的，那么，这个见解或许就是必然的。我的意思是，例如可以这样提问：当单独的一根弦具有同样的条件而且被同样运动时，它所发出的音响是单一而相同的呢还是总不一样？但不论采取哪一种答案，都不妨碍有某种由于连续和永恒而相 253a
同的运动。从后面的讨论中，这个结论会显得更清楚。

如若有时有外来物引起运动，有时又没有，那么，没被运动的事物在被运动着就不荒唐了。但是，应该寻找为何如此的原因——我指的是，被同一个运动者运动的同一个事物为何有时在被运动着有时又没有。因为提出这种反对意见的人不为其他，而正是这个疑难：为什么有些事物不总是静止着，另一些事物不总是被运动着。

最为困难的似乎是第三个问题，即从生物方面的情形来证明以前没有运动的东西后来发生了运动。因为一个动物似乎在没有外来物的运动时，它以前静止着后来又在行走着。但实际上这是错误的。因为我们看到，在动物中总有某个器官被运动着，而这个运动的原因不是动物自身而可能是环境。我们说动物自己运动自己，但并不是指一切运动，而是指地点上的运动。所以，没有什么妨碍，或许毋宁说是必然，动物体内的许多运动都被环境引起，其中的有一些又引起思想或欲望的运动，而思想和欲望再引起整个动物的运动——睡眠方面出现的情况就是如此。因为在这时，虽然没有了任何可以感觉到的运动，但仍有某种运动存在着，正是它使动物再度醒来。但是，有关这些问题也只有从以后的讨论中才会明白。

【3】 这里的研究起点仍是上述的难题：为什么有些事物有时在被运动着有时又静止着。

必然地，或者一切都总是静止着，或者一切都总是在被运动着，或者有些在被运动着有些则静止着。这些又可以再分为：或者那些被运动的东西总是在被运动着，而那些静止的东西则总是静止着，或者一切东西都自然地同样既在被运动着又静止着，或者还剩下一类即第三类：因为有可能一些东西总是不被运动，一些总是被运动，还有一些则在运动与静止这二者之间变化。我们接受的是这最后一种可能，因为只有它才能解决一切疑难，并使我们的这个课题达到目的。

一切事物都静止着的看法，以及违背感觉去为这种看法找寻理由的作法，都是思想贫乏的某种表现，而且，这里所争论的不是关于部分的问题，而是关于某个整体的问题；所以，它不仅违背了自然哲学，而且违背了所有的知识，甚至
253b 可以说是违背了一切常识，因为这一切都与运动密切相关。此外，正如在数学公理中对于否认数学基本原理的人数学家可以不予理睬一样（其他学科也是如此），对于这里的否认运动存在的议论，自然哲学家也可以一笑置之；因为运动以自然为本原乃是前提。

万物都在被运动着的说法也是近乎错误的，但它对于自然的研究还破坏不大。因为在本书论自然的部分中已经确定，正如自然是运动的本原一样，它也是静止的本原，而且，运动更要自然一些。有些人不是说事物中有些在被运动，有些不在被运动，而是说万物都在永远被运动，只是我们感觉不到罢了。虽然他们没有明确指出所说的是哪一种运动还是一切种类的运动，但是，对于他们是不难解答的。因为增加和减少都不能无限地延续，而是要有个中间之点。这个道理就犹如水流冲走石头、长出的植物劈开岩石一样；因为，假如这股水流能冲走或者挪动石头，但并不是说在一半时间中先冲走了一半，而是像拖船一样，一定量的水流才能使一定量的东西运动，水流的一部分无论在什么时间中都是不能够这样的。尽管被冲走的东西可以被分成许多个部分，但是，没有哪一个部分能够被分别运动，而是同时的。所以，很明显，减少的过程尽管可以无限地被分割，但并不必然是某一部分永远不断地离去，而是在某时整个地离去。无论什么样的质变方面的情形也如此。因为被质变的东西尽管可以无限地分成部分，但并不因此就等于质变本身也能这样，相反，质变常常是在整个质变物上一下子发生的，就如结冰一样。此外，当某人生病之后，必然有一段康复的时间，但是，康复的变化并不发生在时间的限界上；而且，变化必然是趋于健康，而不是趋于其他什么。所以，被质变是一个不断的连续过程的说法明显违背事实；因为质变是趋于对立面的。一块石头也不会变得更硬或者更软。在被移动方面，如果有人不相信一块石头或者被朝下移动，或者停留在地上，那就奇怪了。再有，土以及其他自然物也由于必然性而停留在各自固有的地点上，只有在强制下才从这些地点运动开。由此可见，既然有某些东西存在于固有的地点上，那么必然，并非万物都是在地点方面被运动着。根据这些以及其他的类似理由似乎可以相信，万物不能够或者总是在被运动，或者总是在静止着。

但是，也不允许有些事物可能总是静止着，有些事物则总是被运动着，或者一个东西有时静止着有时被运动着的说法。正如前面所说的和现在要说的那样，这是不可能的。因为我们看到，上面所说的那些变化发生在一些同样的事物上；而且此外，对此持异议的人是在与明显的事实为敌。因为如若以前静止着的东西没有反乎本性地被运动起来，那么，就不会有增长和强制运动了。所以，这种理论是与生成和消灭不相容的。人所共知，一切被运动都可以被认为近乎某种生成和消灭。因为变化所趋的终点就是“这个”生成或者“在这里”生成，而变化所出的起点则是“那个”被消灭或者“在那里”被消灭。所以很明显，有些东西有时在被运动，有些东西有时静止着。

现在来谈万物有时静止有时被运动的主张，并把它和前面的那些论证联系起来考察。我们现在必须再从开头时所提出的那些区分开始。这就是：或者万物都静止着，或者万物皆被运动，或者万物中有些静止着有些被运动。而且，如若有些静止着有些被运动，那就必然是：或者万物都有时静止着有时被运动，或者有些总是静止着有些总是被运动，〔或者有些总是静止着有些总是被运动，〕其中还有些是有时静止着有时被运动。我们现在重申以前说过的话：万物不能都静止着。因为，假定某些人所说的“存在是无限的和不能被运动的”具有真理性，但是，依据感觉仍然可以发现不是这样，而是相反，存在着的许多东西都被运动着。如若确实有错误意见或者一般意见存在，那也就有运动存在，而且，如若想象存在，并且假若它们看来一会儿这样，一会儿又那样的话，也就同样有运动存在了。因为想象和意见都被人们认为是某种运动。但是，考察这样的主张，而且去为那些我们不应为其提供理由的说教寻找理由，这就等于是分辨不清什么是较好的和较坏的，可信的和不可信的，本原的和非本原的东西。同样，万物都被运动，或者有些总是被运动有些总是静止着的主张也是不可能的。因为对于所有的这些，只需 254b
一个证明就足以驳倒。因为我们看见，有些东西是有时在被运动有时又静止着的。所以很清楚，与万物都静止着和万物都不断被运动着的主张一样，有些事物总是被运动着有些事物总是静止着的看法也是不能成立的。那么，剩下的任务就是考察：或者万物本来就有时被运动有时静止着；或者有些是这样，有些则总是静止着，还有些总是在被运动。因为这后一种观点正是我们必须证明的。

【4】 在运动者和被运动物中，有些是就偶性而运动和被运动，有些则是就自身而运动和被运动。——就偶性是因为这些东西依存于运动者或被运动物，以及依据它们的部分而运动或被运动；相反，就自身则既不依存于运动者或被运动物，也不是依据它们的某个部分而运动或被运动。

在就自身而被运动的事物中，有些是被自己运动，有些则被他物运动，而且，有些是合乎自然的，有些则是强制的和反乎自然的。被自己运动的东西是合乎自然而被运动的，例如各种动物，因为动物自身是被自己所运动的；在自身之中有着运动本原的那些事物，我们也说它们是合乎自然而被运动。虽然动物作为整体是自然地自己使自己运动，但它的躯体则既可能是合乎自然，也可能是反乎自然而被运动，这要取决于被运动的东西恰好在进行什么性质的运动以及由什么性质的元素构成。由他物运动的被运动物中有些是合乎自然地被运动，有些则是反乎自然的——例如，土朝上而火向下就是反乎自然的。此外，动物的四肢也常常作反乎自然、反乎运动的地点和方式的运动。如果把被运动物放在那些反乎自然而被运动的东西中，那么，它被某物所运动就尤为明显了，因为这显然是被他物所运动的。明显程度仅次于那些反乎自然而被运动的东西的，是合乎自然而被运动的东西中那些靠自己运动自己的东西，例如动物。因为这里的不明显之处不在于是否要被某物所运动，而在于应该怎样来区分它的运动者和被运动物。因为正像在船里以及其他非自然构成的东西中一样，在动物身上，运动者和被运动物也同样是分开的，只有作为整体的动物才是如此地自己运动自己。

最难弄清的是上面所作区分中剩下的最后那一类。因为在被他物运动的东西中，我们已经指出了反乎自然而被运动的那些，剩下的就是与之相反的、即合乎自然而被运动的东西。这里所遇到的困难，似乎是被什么所运动的问题，例如那些轻的东西和重的东西。因为这些东西有时被强制着作趋于相反地点的运动，有时又合乎自然地作趋于自己固有地点的运动——轻的朝上，重的向下。但是，它们被何物所运动现在还不清楚，就像它们在何时才会作反乎自然的运动还不清楚一样。

因为，它们自己被自己运动的说法是不能成立的。原因在于，这是生命的活动，只为那些有生物所特有，而且，假如它们能自己被自己运动，也就应该能自己使自己停止运动（我的意思是，例如某物如若是自己行走的原因，那也应是自己不行走的原因），所以，如果火能使自己向上移动，那么，显然也该使自己朝下移动。其次，如若它们是被自己所运动，那么，这种被自身引起的运动就没有理由仅仅是一种。再次，一个连续的和结合为一体的东西如何可能自己使自己运动呢？因为只要事物是单一的并且是连续的（不是由于接触而连续），它就不能承受自己的运动；只有可以分开的事物，才能一部分动作，另一部分承受。因此，这些东西没有一个是自己运动自己的——因为它们是个结合体——，其他的连续事物也同样不能。因为在每个场合中，运动者必然是与被运动物分开的，正如在无生物方面，当它们由某个有生命的东西运动时我们所看到的一样。实际上，这些连续的事物总是被某物运动才运动的。辨明了运动的原因，就可以弄清它们是由于什么而总是被运动了。

上述区分也适于运动者。因为在这些运动者中，有些反乎自然地运动——例如，杠杆起动重物的运动就不是合乎自然的——，有些则合乎自然地运动，例如实现了的热使潜在热的东西变热；这也同样适于其他类似的东西。潜在地具有性质、数量或地点的东西也同样能合乎自然地被运动，假若它们在自身之中有着这类的运动本原，而且又不是就偶性而言的话（因为同一个东西或许既在质变也在量变，但是，其中的一种变化服从另一种变化只是就偶性而不是就自身）。因此，当火和土反乎自然地被某物所运动时，是被强制的，而当它们趋于实现潜在的固有运动时，就是合乎自然的。

由于潜能一词有多层含义，所以，具有潜能的那些东西（如火向上升而土朝下落）到底是被什么所运动，其原因也就不明显。一个正在学习知识的人与一个已经具有知识但却不用以察辨的人各有着不同的潜能。只要动作者和承受者同时在一起，就总有潜能在实现过程中，例如一个学习的人从
255b 原有的潜能生成了另外一种潜能；因为一个已有知识但却不用以察辨的人在某种意义上也是个潜在的知识者，但是，这

已不是作为学习以前的潜能。若当某人已经具有了这种潜能时，假如没有什么妨碍的话，他就会进行实现活动，用以考察思辨，否则，他就将处于反面，即处于无知之中。在自然事物方面也同样有这种情形。因为冷的东西潜在地具有热，一旦它变成热，就是火，而且，如果没有什么障碍，它便会燃烧。有关重的东西与轻的东西的情形也如此。因为轻的从重的生成，例如气是从水中生成的：水起初只是潜在的轻，如果没有障碍，后来它就变成气，成为实现了的轻。轻东西的实现之处是在上面，当它处在相反的地位时，就是遇到了障碍。性质和数量方面的运动也有同样情形。

还应探讨这个问题：为什么轻的东西和重的东西总是朝着它们固有的地点运动？原因在于自然就是如此，而且，轻之为轻或重之为重正是以向上或朝下为依据来规定的。正如前面所说，在潜能上，轻和重具有多种含义；因为不仅当它是水时是某种意义的潜在的轻，而且当它是气时，仍然是潜在的轻。因为它可能由于受到阻碍还没有向上升去，但是，一旦消除了阻碍，它就实现其潜能，生成不断的上升运动。同样，性质也会发生趋于实现的变化。因为一个获得了知识的人，假如没有障碍，就会立即用以察辨。如果无什么障碍，数量也会向外延伸。一个挪动了支撑物和阻碍的人，既可以说是运动了，也可以说没有运动，例如一个人移走了支撑重物的柱子使重物下落或搬掉了把酒囊压在水中的石头使酒囊上浮；因为他是由于偶性引发运动，正如一个碰壁反弹回来的球的运动不是被墙壁而是被投球的人所引发一样。所以很明显，这里没有一个是自己运动自己的。但是，它们也具有运动的本原，不过不是造成运动的本原，而是承受运动的本原。

总之，既然一切被运动物都或者是合乎自然或者是反乎自然和强制地被运动着，而且，既然所有强制的和反乎自然的运动都是被某物和被他物所运动，而合乎自然被运动的东
256a 西也要被某物所运动，其中有些被自身运动，有些则不被自身运动（例如轻的事物或重的事物就或者是被生成它们并使它们成为轻的或重的事物的那个东西所运动，或者是被消除障碍的那个东西所运动），那么，一切被运动着的东西都应该是被某物所运动。

【5】 这有两种情况：或者不是通过运动者自身，而是通过另一个东西运动了运动者，或者是通过运动者自身；而且，这又或者是最初运动者和最后环节直接相接，或者是通过若干中间环节相接。例如，棍棒运动石头，棍棒则被手所运动，手又由人所支配，而人就不再被他物所运动了。因此，我们说，在一系列运动者中，最后的和最初的两者都在造成运动，但是，更应该是最初的运动者。因为是最初运动者运动最后运动者，而不是最后运动者运动最初运动者，而且，如若没有最初运动者，最后运动者将不能运动事物，但是，如若没有最后运动者，最初运动者照样运动，例如，如

若没有人的运动，棍棒就不会运动石头。

所以，如果被运动着的万物都必然是被某物所运动，而这个运动者又或者再被一个也被他物运动的被运动者所运动，或者不再被他物所运动，如果它再被另一个被运动者所运动，那么，必然有某个自身不再被他物运动的最初运动者。如果所说的运动者就是那个最初运动者，必然就没有另外的运动者了（自身也被他物所运动的运动者不能追溯到无限，因为在无限的系列中不存在什么最初的东西）。——所以，如果被运动着的万物都是被某物所运动，而最初运动者则不被他物所运动，那么，它就必然是被自身所运动。

还可以用另一种方式来阐述这同一个道理。一切运动者都运动某物，并且通过他物来运动，因为运动者或者是通过自身或者是通过他物而运动。例如人就是或者依靠自身或者借助棍棒；再如风，它也能或者自身吹落或者通过被它刮掉的石头击落某物。如果没有自身借助自身的运动者，作为运动工具的那个东西是不能运动的。但是，如果自身靠自身而运动，就不必要以他物作为工具而运动；相反，如若有另物作为运动的工具，就要有某个不借助其他而借助自身运动的东西，不然，就会推到无限。所以，如果某物在运动但又在被运动着，那么，这个系列就必然要有个停顿，不能趋于无限。因为，如果棍棒在运动是由于被手所运动，手就是在运动棍棒；如若他物又在运动手，那么，某一他物就是这手的运动者。所以，如若运动总是借助于他物，那就必然有一个先于他物的依靠自身的运动者。而且，如若这个运动者也被运动的话，那么，运动它的就不是别的什么东西，而必然是自己运动自己。因此，按照这个道理也能得到：被运动物或者直接被一个自我运动者所运动，或者要经过一段时间才达到这样一个运动者。

除了以上所说的那些之外，对这些问题用另外的方式考察也可以得出同样的结论。因为，如果一切被运动物都由也在被运动着的东西所运动，那么，这就或者是就偶性而依存于事物，这样，被运动着的东西虽然也在运动，但并不是就它自身永远在被运动；或者不是这样，而是就自身而运动。如果像开头所说的是就偶性，那么，被运动物就不是必然在被运动；而且如果是这样，那么显然，就可能会出现存在着的东西完全不运动的时候。因为偶性不是必然的，而是有可能不存在。所以，如若我们假设的可能成为真实的话，那么，由此推导出来的结论就没有什么不能成立了，尽管也许会有错误。事实是：运动不可能不存在；因为前面已经证明，运动必然永远存在。

〔…………①〕

但是，如若运动者不是就其偶性而是出于必然被运动，那么，它自身若是不被运动，也就不能运动。既然运动者必然是作为被运动，那么，这种被运动和它所引起的运动就或

① 按照原文，这里省去的256b13—27这段文字被移到本节末。

者是同属的，或者是不同属的。我所说的意思是，例如，或者加热者自身也在被加热，医治者自身也在被医治，移动者自身也在被移动，或者医治者在被移动，移动者在被增长。但是很清楚，这些都是不能成立的。因为假如二者同类，那就 257[a]
必定要把划分继续下去，直到不可再分为止，譬如说，如果一个人在教授几何学，他自己也就在被教授这同样内容的几何学；或者，如果某人在抛掷，他自己也会以同样的方式被抛掷。或者，假如二者不同类，而是一类出自于另一类，例如位移者在被增长，这个增长者又被他物引起质变，而这个质变者则再因其他某种运动在被运动着。但是，这个系列必然要中断，因为运动的种类是为数有限的。即使可以再倒退回来，说质变者在被移动，那么，也就同样可以说移动者在被移动，教授者在被教授了。因为很明显，一切被运动物都是在被更为靠前的运动者所运动，并且，在这些运动者中，越是靠前的作用也就越是重大。但是，这无疑是不能成立的。因为教授者必定已具有这知识，而学习者则不具有这知识，不能把这二者视为同类。

还有比这些更无道理的推论，这就是：一切能运动者都是能被运动者，因为既然一切被运动物都由被运动者所运动，那么，被运动者要成为运动者，自身也要被运动。这就好比说一切能医治者或正在医治者或者直接地或者通过许多中间环节而都在被医治，一切能营造者也同样地都能被营造一样（我的意思是：虽然全部能运动者都是被他物所运动的能被运动者，但能被运动者的运动与它引起的相邻物的运动并不是同一的，而是相异的——例如能医治和能被学习——但是正如我们前面所说的，它在一定的时候仍能返回到同一种运动）。可见，在这两种情况中，第一种是不能成立的，第二种则是想入非非。能够质变者居然必定是能被增长者，多么荒唐！

因此，被运动物决不必然总是被一个个自身也被他物所运动的东西来运动，它将会停顿。而且，最初的这个被运动物或者是被静止着的东西所运动，或者是自己使自己运动。但是，假如要探讨运动的原因和本原到底是自己使自己运动还是被另外的被运动物所运动，那么，所有的人都或许会承认前者。因为作为运动的原因，就自己而存在的东西总是要先于就他物才存在的东西。

所以，我们就必须从头来研究这个问题：如果某物自己运动自己，它是怎样运动，又是以什么方式运动的。凡是被运动的东西，必然都是可分的，而且是永远可分的。因为这
257b 在前面关于自然的一般概念的考察中已经证明过，凡是由于自身而被运动的东西都是连续的。作为自己运动自己的运动者，不可能在所有的方面都自己运动自己。因为既然它在属上是一个而且是不可分的，那么，作为整体，它就会被移动并且也造成同样的移动，或者被质变并且也造成质变，就像一个人既在教授人同时又在被人所教授，既在医治同时又在同样地被医治一样。其次，已经确认，被运动着的是能被运

动的东西，这是就潜能而言而不是就现实而言的被运动。而潜能上运动的东西正在走向现实，运动就是能被运动者的尚未完成的现实。相反，运动者则是已经实现了的。例如，已经热了的东西才加热，一般而言，生成者自身已经具有了形式。可见，这样就会出现同一事物就同一方面，在同时既是热的又将不是热的。只要运动者与被运动物必然具有共同的名称，其他任何场合其情况都和这里一样。因此，如若有自己运动自己，一个事物就只可能一方面是运动，另一方面是被运动。

自己运动自己的运动者并不是它的两个方面互相被运动，从以下的说明就可以清楚。如若两个方面互相运动，就不会有任何最初的运动者了；因为在前面的比在后面的更有资格作为被运动的原因，更能引起运动。因为运动有两层含义：自身被他物所运动以及自身被自身所运动。与中间环节相比，离被运动物越远的运动者距运动的本原就越近。此外，如若不是被自身运动，运动者就不会必然地被运动，因此，另一方面反过来运动只是就偶性而言的。现在，假定可以没有这种反过来的运动，那么，就会一个方面是被运动物，另一个方面是不能被运动的运动者。其次，运动者并不必然要反过来被运动，相反，既然运动必然总是存在的，那么，运动者就必然或者是不能被运动的，或者是被自身所运动的。再次，如若两个方面互相运动的话，造成运动的东西就会承受运动，正如加热者在被加热一样。

但是，最初的自我运动者中没有一个部分是自己运动自己的，不论这部分是单一的还是众多的。因为，如若整体自身是被自己所运动，那就或者是被自身的某部分所运动，或者是整体被整体所运动。如若自身被自身运动是由于某一部分所运动，那么，这个部分就应该是那个最初的自我运动者。因为当这个部分离开整体时，它依然能自我运动，而整体却再也不能了。如若是整体被整体所运动，那么，每个部分的自我运动就会是就偶性而言的。所以，既然不是必然
258a 的，那我们就可以认为它们是不再被自身所运动了。因此可见，整体的一个部分是运动而不能被运动，另一个部分是被运动。因为只有如此，某物才能够被自我运动。

此外，既然整体是自己运动自己，那么，它的一个部分就会运动，另一个部分就会被运动。可见，AB 被自身所运动也就是它被A所运动。既然运动者有的也被他物所运动，有的不能被运动，而且，被运动物有的也能运动，有的不能运动，那么，自我运动者就必然或者由运动但不能被运动的东西构成，或者由被运动但不必然运动而只是在某时碰巧运动的东西构成。因为，假定 A 表示运动但不能被运动的东西，B 表示既被 A 所运动也能运动 C 的东西，C 表示被 B 所运动但不能运动任何事物的东西（尽管也可以通过更多的中间环节才达到 C，但这里假定只通过一个环节）。那么，作为整体的 ABC 就是自己使自己运动。但是，如若取去 C，AB 仍能自我运动——A 运动而 B 被运动——但 C 就不会自

我运动了，也完全不会被运动。而且，如若没有了A，BC也不会自我运动；因为B之能运动是由于被他物所运动，而不是由于被自身的某个部分所运动。因此，只有AB是自我运动。可见，自己使自己运动的运动者必然有两个部分：一个运动而不能被运动，另一个被运动而不能必然地运动任何东西，这两个部分或者相互接触，或者一方接触另一方。所以，如若运动者是连续的——因为被运动物必然是连续的——那么很明显，作为整体的自我运动，不是由于它的某个具有此类性质的部分在自我运动，而是整体自己使自己运动，由于它的某个部分是运动者，另一个部分是被运动者，所以它既被运动又运动。因为它既不是整体地运动也不是整体地被运动，而是只有A在运动，B在被运动。C不再被A所运动了，因为这是不能成立的。

这里有一个问题：假如从A中（如果这个不能被运动的运动者是连续的）或者从被运动的B中取走某物，那么，A所剩下的部分还会运动吗？B所剩下的部分也还会被运动吗？因为如果还会的话，AB就不应该是最初的被自身所运动了，既然从AB中取去了什么后，剩下的AB仍然会自我运动。或者，没有什么妨碍它们每一个（或者被运动的这一个）在潜能上是可分的，虽然在现实上不可分。 258b 但是，如若可分的话，它就不再有任何同样的自我运动的能力了。所以，没有什么妨碍自我运动最初存在于潜能上可分的事物之中。

从以上所说，现在清楚可见，最初的运动者是不能被运动的。因为被某物所运动的被运动者，可以或者追溯到一个不能被运动的最初运动者为止，或者追溯到一个既能为自己所运动又能自我停止的被运动者，但是，这两种情况的结论都是：在一切被运动的东西中，那个最初的运动者是不能被运动的。

256b13 这个结论是十分合理的。因为运动必然有三个要素，即被运动物、运动者以及运动所借助的工具。被运动物固然必定被运动，但并不必然运动；运动所借助的工具既运动又被运动（因为它和被运动物一起进行同一进程的变化。这在地点运动方面是很明显的，因为它与被运动物必然有着某部分的相互接触）；运动者又与运动借助的工具不同，它是只运动而不能被运动。既然我们看见运动的系列中有一个终点，有的能够被运动，但却没有运动的本原，有的虽然被运动，但却不是被他物而是被自身所运动，那么，我们就有很好的——且不说是必然的——理由断言，有第三种东西，即运动但不能被运动的东西存在。因此，阿那克萨戈拉既然已把心灵作为造成运动的本原，那么，他关于心灵不被作用、不被混合的说法就是正确的。正因为它是不能被运动的，所以才能造成运动，也正由于它是不被混合的，所以才能支配万物。

258b10 **【6】** 既然运动必定总是存在，不会中断，那么，就必然存在着某个永恒的、最初引起运动的东西，而且不论是一个还是多个，这最初的运动者都是不能被运动的。至于每一个不能被运动的运动者是否都永恒存在，与现在的论证无关。因为这里要考察清楚的是：必然存在着一个纵然有全部外界的变化（不论是就本性的还是就偶性而言的变化）自身也不能被运动，但却是能运动他物的东西。

如果有人愿意的话，姑且假定有些东西可能有时存在有时不存在，而且不需要生成和消灭（因为，如若有某个不可分的东西有时存在有时不存在，那么，一切诸如此类的东西虽然没有变化，几乎也必然要有时存在有时不存在）。在不能被运动的运动本原中，也可以假定有些是这样的，即有时存在有时不存在。但是，却不能所有的都是这样。因为道理很明显，自我运动的那些有时存在、有时不存在的运动者必须有某个原因。因为一切自我运动者都必然具有大小，如若没有部分，就不能被运动。但从前面所说可以看出，并不是每个运动者都必然具有大小。有些事物在生成，有些事物在消灭，并且连续不断，其原因不可能是虽然不能被运动，但却不是永恒存在的那些东西，也不可能是这类东西：其中的一些总是引起一些事物的运动，另一些则引起另一些事物的运动。因为这些东西不论是个别还是全体，都不能成为永恒而又连续运动的原因。理由在于，一方面，这个运动具有永
恒性，且是出于必然的，但另一方面，全部运动者是为数无 259a
限的，而且并非全都同时存在着。那么，很明显，如果有些不能被运动的运动本原以及许多自己运动自己的运动者在千

万次地生成和消灭着，而且，如果这个不能被运动的东西运动着那个东西，而那个东西又运动着其他东西，那么，就会还有一个既包容它们但又不是它们之中的任何一个的某物，只有它才是一些事物存在，另一些事物不存在以及连续变化的原因。并且，它也是那些运动者的原因，而那些运动者又是其他被运动东西的原因。

所以，既然运动是永恒的，那么，最初的运动者不论是一个还是多个，也是永恒的。对于这种最初的运动者，应该宁可认为它是一个而不是多个，有限而不是无限。因为如果推出的结论相同，那么，假定它有限总是要好一些。因为在就自然而存在的事物中，如果可能，就更应该主张有限的和较好的东西。这样的运动者只要一个就足够了：它是最初的、不能被运动的、永恒的，是其他事物运动的本原或始点。还可以从下面的论证来表明最初运动者必然是某种单一而又永恒的东西。因为已经证明过，运动必然总是存在的。而且，如果它总是存在，就必然是连续的。因为总是存在的东西才能连续，相随的东西则不能连续。但是，如果是连续，那就是单一；而在单一中，就只有一个运动者和一个被运动物。因为如果一时由这个来运动，一时又由那个来运动，那么，整个的运动就不是连续的，而是相随的了。

不仅从上面的那些论述中可以使人相信有某个最初的不能被运动的运动者存在，而且还可以对运动者本原的考察说明这一点。很明显，在存在的万物中，确实有一些是一时在被运动着，一时又在静止着的。而且也正是由于这个事实曾经清楚地表明了，并非万物都在被运动，并非万物都在静止着，也并非有些事物总是静止着有些事物总被运动着。因为那些可在双方变动的和能够一时被运动一时又静止的事物证明了有关这些假定。既然大家已经明了这一类事物的情形，那么，我们下面就想来说明另外两类事物各自的本性，即一些事物总是不能被运动的，另一些事物则总是在被运动。并且循着这个论证下去，使之确立：凡被运动的东西都是被某物所运动，这个运动者又或者是不能被运动或者也在被运动，而如果它也在被运动，就或者是被自身所运动，或者永远在被他物所运动；这样，我们就在这个假定上得到一个结论：在那些被运动的东西中，被运动的本原是自己使自己运动的东西，而整个系列的本原则是一个不能被运动的东西。而且，我们清楚地看到，存在着自己使自己运动的那类事物，例如动物类乃至整个有生物。——的确，这种事物引起了一种看法，即认为以前完全不存在的运动是有可能生成于事物中的，因为我们在这类事物中看到了这种情形的出现：因为正如所认为的，它们在一个时候不能被运动，后来又被运动着。所以，应该把握这一点：动物只在一种运动上是自我运动的，而且严格地说还不是这样。因为它的原因不是出于动物自身，而是在动物中存在着另外的不是被自身运动所引起的自然运动，例如增长、减少和呼吸就是在每一个动物静止着而不是被自身的运动所运动着时所进行的运动。这些运动的原因是周围环境以及进入动物体内的许多东西，例如在有些场合中的食物。因为在食物被消化时，它们在睡着，而当食物被分散吸收时，它们就醒了，并且使自己运动，但是，这种运动的最初本原是外来的。因此，动物并不总是在连续地被自己所运动；因为还有另外的、与每一个自我运动者相关的、自身也在被运动着和变化着的运动者。而且，在所有的这些事物中，最初运动者和自我运动的原因也是被自身运动的，虽然是由于偶性；因为动物的躯体在变化地点，所以，在躯体内的东西也要变化其地点，并凭借这种杠杆似的作用运动自己。从这些可以确信：如果某物是一个不能被运动的运动者，只是就偶性它才被运动，那么，它就不能引起连续的运动。所以，既然必定存在着连续的运动，那么，就也应该存在着某个即使就偶性也不能被运动的最初运动者，如若（就像我们已说过的）在存在的事物中确实有某种既不停顿也不灭亡的运动，而且宇宙处于自我同一和自我包容之中的话；因为如果本原是稳定持久的，宇宙也必然是稳定持久的，既然它与本原的关系是连续的。（但是，被自身引起的就偶性的运动和被他物引起的就偶性的运动是不相同的；因为被他物引起的就偶性的运动还属于天体中的一些本原，即那些被带着进行的比移动更多的运动的本原，而被自身引起的就偶性的运动只属于可以消灭的事物。）

但是，如果总有某个这类的东西，某个自身不被运动的、永恒的运动者存在，那么，被它所运动的那个最初的东西也必然是永恒的。这一点还可以从以下角度来说明：如若没有某个自身也在被运动的东西的运动，其他事物之中就不会有任何的生成、消灭和变化。因为不能被运动的运动者总会以相同的方式引起同一的运动，既然它与被运动物之间的关系没有发生变化。但是，被一个自身也被运动着的东西（它的确是被不能被运动的运动者所运动的）引起运动的事物，由于与它所运动的另外那些事物具有不同的关系，所以，就不会引起相同的运动；相反，由于处于相反的地点或具有相反的形式，它就会在它所运动的每个事物中造成相反的运动，并使其有时静止，有时被运动。

那么，从上面所说，我们在开初所提出的那个问题就已经弄清楚了。那个问题是：为什么不是一切事物都被运动或者都静止着，也不是有些事物总是被运动而有些事物总是静止着，而是有些事物一时被运动一时不被运动。这种情形的原因现在是很明显的：有些事物被不能被运动的、永恒的东西所运动，因此总是在被运动；另一些事物则被自身也在被运动着和变化着的东西所运动，所以，它们也必然在变化。而那个不能被运动的运动者，正如前面所说，由于它是单纯的、不变的，并持续地保持其自身同一，所以，它将引起单一的和单纯的运动。

【7】 但是，如果从另外的角度开始讨论有关的这些问题，将会更加清楚。我们必须考察是否可能有某种连续的

运动，如果可能有，那么，它是什么，并且，什么是最初的运动。因为很明显，如果运动必然总是存在的，如果某一特定的运动是最初的和连续的，那么，它就正是最初运动者所引起的运动，所以，它也就必然是单一的、相同的、连续的和最初的。

在三种运动中——大小上的、被作用上的以及地点上的——，我们称为移动的地点上的运动必然是最初的。因为，如若不先发生质变，就不能够有增长；因为被增长的东西虽然在一种意义上是由同类物引起增长，但在另一种意义上却是由不同类物引起增长；因为食物就被说成是和相反者相反的东西，而任何东西只有在变成了同类之后才能被添加到同类物上。所以，这种趋于反面的变化就必然是质变。但是，既然在被质变，就必定有某个使质变者，例如，从潜能上热的东西造成实现了的热的东西。所以显然，运动者与被质变的东西之间的关系并不是始终同一的，而是有时更近，有时更远些；但如若没有移动，这些变化就不可能发生。因此，如果运动必然总是存在，那么，移动也就必然总是最初的运动；而且，如果移动本身还有最初与后来之分，就存在着最初的移动。此外，一切影响都起源于浓密与稀疏——因为重与轻、硬与软、热与冷都被认为只是某种浓密与稀疏——而浓密与稀疏又被说成是存在物依照其生成和消灭的结合与分离；而被结合与被分离就必然要发生地点方面的变化。再有，当事物被增长和被减少时，它的大小也在地点上发生变化。

再有，从下面的考察也会表明移动是最初的。因为正如在其他场合一样，在运动方面的所谓最初也应具有多种含义。如若没有它的存在，其他东西就不会存在，但如若没有其他东西，它却依然存在，那么，它就被说成是在先的；此外，还有时间中的在先以及本质方面的在先。

因此，既然运动必然连续地存在着，而连续地存在的可能或者是连续的运动或者是接续的运动，连续的运动或许更为连续，而且，连续的运动比接续的运动更好，我们又总是假定在自然中存在的是更好的东西，如若它是可能的话；既然连续的运动是能够存在的（后面再证明这一点，现在姑且作为前提），而且除了移动之外，没有一种其他运动是连续的，那么，移动必然是最初的。因为没有一个被移动的东西必然要被增长或被质变，或生成或消灭；相反，如若不存在最初运动者所引起的这个连续运动，那么，这些运动就没有一种可能发生。

再有，移动在时间中是最初的；因为对于永恒的那些东西来说，它是唯一可能的被运动。在任何有生成的个别事物方面，移动的确必然是它的各种运动中最后的一个；因为在它生成之后，它首先进行的是质变和增长，移动则是已经完 261a
成了的事物的运动。但是，必然先有一个另外的在移动上被运动的东西，它自己并不生成，却是生成之物生成的原因，例如已生育者是已被生育者的原因。既然由于事物必须首先生成这个理由，那么，生成就似乎应被认为是最初的运动。虽然任何有生成的个别事物的确如此，但是，在任何生成事物之先，必然另有某物在被运动着，它自身不生成但却存在着，而且，在它之前还有另外的东西。既然生成不能是最初的运动（因为不然，一切被运动物都是可以消灭的了），那么显然，接续着它的各种运动就不会有任何一个更在前面了——我所谓接续着它的运动，指的是增长，然后是质变、减少和消灭——因为这些运动全都后于生成。因此，如果生成不先于移动，那么，在其他的变化中就更没有一种能先于移动了。

一般说来，正在生成着的东西总是显得尚未完成和正趋于本原，所以，在生成中在后的东西在自然中却是在先的。一切存在于生成之中的事物都是在最后才完成移动。正是因为如此，有些生物，如植物和许多种类的动物，由于缺乏所需的器官，就完全不能被运动，而另一些则在被完成的过程中获得了它。所以，既然事物具有移动的程度与它实现自然的程度是相应的，那么，这种运动也就应该是在本质上先于其他那些运动。除此以外，还因为一个被运动的东西在被移动中比在其他各种运动中所丧失的本质最少；因为它是唯一不发生本质属性变化的运动，而被质变的事物要改变性质，被增长和减少的事物要改变数量。最为明显的是，这个地点上的运动在最确切的意义上是由自我运动者所运动的；而我们断言，这个自我运动者是一切被运动物以及其他运动者的本原，是被运动事物的最初源泉。

从上面所述可见，移动是最初的运动。现在必须说明的是：哪一种移动是最初的。使用同一的论证过程也将同时表明现在和前面所假定的那个前提，即某种连续而又永恒的运动存在着是可能的。

下面将说明，没有其他任何运动可能连续。因为其他的一切运动和变化都是从对立的一个限界到另一个限界的——例如，对于生成和消灭而言，存在与非存在是限界，对于质变，相反的影响是限界，对于增加和减少，大小的最大与最小、完成与未完成是限界——趋于相反双方的运动是相反的运动。不总是在进行某种特定运动的被运动物虽然在以 261b
前是存在的，但它以前必然是静止着。所以很明显，变化物在相反状态中将是静止的。变化方面的情形也如此。因为无论是一般意义上的还是每一特定意义的生成和消灭，都是互相对立的。所以，只要事物不能同时进行对立的两种变化，那么，变化就不会是连续的，而是有一段时间将间隔在对立的两种变化之间。只要它们不能同时存在于同一个事物中，这些矛盾的变化是否是相反的倒无关紧要；因为对于论证来说，这是不重要的。即使事物在矛盾状态中不必然静止，即使不会有与变化相反的静止状态——因为非存在可能不在静止着，虽然消灭物趋于非存在——也没有关系，只要中间有某个时间出现就行了。因为这样的话，变化就不会是连续的。因为在前面的论证中，重要的也不是两个变化的相反性，而是它们同时存在于同一事物中的不可能性。而且，也不应困惑于这样的情况：同一个东西与多种东西相反，例如，一种运动既相反于静止，又相反于趋向相反方向的运动；只是要把握这一点：一种运动是如何对立于静止，又怎样对立于相反的运动的（正如一个相等者和尺度既对立于超过它的东西又对立于被它超过的东西一样），而且，相互对立的运动或变化不可能同时存在于同一事物中。此外，在生成与消灭方面，如若认为已经生成了的东西必然立刻消灭，不能继续存在一段时间，那么，这是极其荒谬的。所以，或许也可以在其他方面生出同样的信条，既然在一切场合中，它们在本性上具有相同情形。

【8】 现在我们要阐述的是，某种无限的、单一的、连续的运动是可能存在的，它就是圆形运动。

因为一切被移动事物所进行的运动不外是圆环形、直线形或者这两种形式的混合；所以，如果圆环形与直线形这两者中没有一种是连续的，来自它们的混合形式也就不会是连续的。很明显，如果被移动物是直线式的和有限的，那么，它就不会连续地被移动。因为它必须倒回，而在直线上倒回的被运动是两个相反的运动；因为在地点移动方面，向上的相反于向下的，朝前的相反于朝后的，向右的相反于向左的，
262a 所有这些都是相反的运动。然而，我们在前面已经明确地规定过，单一的和连续的运动就是单一的事物在单一的时间中

所进行的在属上没有差异的运动（因为运动有三个因素——被运动物，例如人或神；何时，即时间；第三就是运动发生在其中的领域，如地点、状态、形式或者大小）。但是，相反者有属上的差异，所以不是单一的；至于地点方面，则有上述的这些差异。在直线上从A到B的运动相反于从B到A的运动，这可以由这个事实来证明：如果它们同时发生，就会因互相抵消而静止和停顿。圆形上的情形也如此，例如，从A到B的运动相反于从A到C的运动；因为虽然它们是连续的并且不出现倒回，但由于相反双方的相互抵消和妨碍，仍然是静止的。但是，趋于横向的运动与朝上的运动并不相反。

最能表明直线方面的运动不能连续的是倒回必然发生停顿；不仅直线方面如此，而且圆形移动方面似乎也如此。因为圆形移动与圆形旋转是不一样的；因为在圆形上被运动的东西当其到达它原先出发的那同一点时，既可以继续不停地前行，也可以再倒回来。但是，倒回来就必然出现停顿，这一点，不仅在感觉上，而且在推论上都能得到确证。下面就开始推论。运动有起始、中间和终结三个点，相对于另外两者的每一个，中间点既是起始点也是终结点，所以，它虽然在数目上是一，但在定义上却是二。此外，也有潜能上与实现上的区别。所以，虽然直线两端之间的任何一点在潜能上都可以表示中间点，但在实现上却不行，除非被运动物在这一点上停顿并再开始被运动，从而把线分开；这样，中间点就既成了起始点又成了终结点，即是后一线段的起始点和前一线段的终结点。我的意思是，例如，假若被移动物 A 到 B 处停顿，然后又被移动到 C 处。但是，当 A 在被连续地移动时，那么，它就既不是已经到达了也不是已经离开了 B 点所表示的那个位置，它只是在某个现在中在那个位置，而且，也不是在任何一个时间中，除非这个现在作为一个分点存在于运动所经的整个时间之中。如果某人主张它已经到达了和已经离开了，那么，被移动的东西 A 就会总是在停顿。

262b 因为A不可能同时既已经到达了又已经离开了B处，相反，它们必定发生在不同的时间点中；因此，它们之间会有一个时间；所以，A 在 B 处会静止着，在其他地点也一样，因为在一切场合道理都是相同的。当被移动物 A 把 B 这个中间点既用作终结点又用作起始点时，由于正如有人所想象的那样把它造成了双重身份，所以，A 就必然会在 B 处停顿。但是，当事物已经完成了被移动并停顿下来时，它就早已离开了所由起始的 A 处，已经到达 C 处了。因此，对于这个难题也必须这样来解决，这个难题如下。假设起于 E 点的线相等于起于 Z 点的线，A 物被从端点 E 向 C 点连续地移动着，当 A 在 B 点的同时，发生了 D 物从端点 Z 向 H 点的与 A 物同速同属的被移动运动，那么，在 A 物到达 C 点之前，D 物就已到达 H 点；因为先开始离开的东西必定也要先到达。因为 A 物不能同时既到达了 B 点又离开了 B 点，所以，它就落后了。假如 A 能同时的话，它是不会落后的，但是，它却必然要被停顿。因此，不能假定当A到达了B点的同时D已开始从端点Z被运动了。因为如果A物会到达了B点的话，也就会被离开B点，而且不能同时；但事实上，A在B点是在时间的一个分点中而不是在一段时间中。所以，在这里，即在连续运动的场合，这样说就不能成立。但是，在倒回运动的场合则必然要这样说。因为，假设H物被移动到D处，然后又倒回来被朝下移动，那么，端点D就既被用作终结点又被用作起始点——一点被当作两点了；所以，H物必然在此停顿，不能同时既已到达了D点又已从D点离开了，不然的话，它就会在同一个现在中既在那里又不在那里了。但是，这里不能再用前面的方法来解决。因为在这里，不可能说H物是在一个时间的分点中在D点，并且没有到达或没有离开D点；因为这里所到达的目的是实现上而不是潜能上存在的东西。所以，虽然在中间的点只是潜能上 263a 的，但这一个中间点却是实现意义上的，从下面看它是终结点，从上面看它是起始点；因此，它也同样是运动的终结点和起始点。

所以，直线上的倒回运动必然要停顿。因此，不可能有永恒的直线连续运动。

也可以用同样的方法来反驳那些以芝诺的论证为根据提出问题的人。他们认为，如果在通过某个距离前必须总是要先通过它的一半，而这些一半是为数无限的，所以，要通过为数无限的距离是不可能的；或者，有些人换一种方式提出同样论证的问题，他们认为，在被运动的过程中，每达到一半距离，就同时先计数一半的运动，这样，就会得出：在通过了整个距离时，就将会计数无限的数；但是，这被公认为是不可能的。在前面关于运动的第一个论证中，我们曾借助于指出时间在自身中有着无数个单位的方法来解决过难题；因为，如果在无限的时间中通过某个无限的距离，而无限同样地既存在于长度中又存在于时间中，那么，这就没有什么荒谬之处。虽然这个解决作为对所提问题的答案是足够了——因为所提的问题是：在有限的时间中是否可能通过或计数无限的单位——但是，作为对事实和真理的说明则是不够的。因为如若有人撇开长度问题和是否可能在有限的时间中通过无限单位的问题不谈，只把他的问题限制在时间自身方面（因为时间具有无限可分性），那么，这个解决方案就不够了，而是要考察我们在刚才的论证中说到的真实情况。因为，如若某人把一个连续的线段分成两半，他就因此而把一点用作了两点——因为他把它既作为起始点又作为终结点——不论他是把数目数成半还是把线段分成半都是如此。但是，如若这样分，线段和运动都不会是连续的了。因为只有与运动相关的东西是连续的时，运动才是连续的，而且，虽然在连续的东西中蕴含有无限数的半，但那不是现实上的，而是潜能上的。如若他要使它们现实化，那么，所造成的就不会是连续的运动而会是间断的运动。假如是在数半的场
263b 合，其结果是会很明显的；因为那样，一个点必然要被他数

成两个点；因为假如他不是在数那个单一的连续的线段，而是在数它的两个半，那么，这个点就会是一半的终结点，另一半的起始点。所以，对于是否可能通过无限数的时间或长度单位的问题，必须这样回答：在一种意义上是可能的，在另一种意义上则不可能；因为，如若这些单位是现实上的，就不可能，如若是潜能上的，就可能。因为连续地被运动着的某人只是就偶性能通过无限，在绝对的意义上则不行。因为有着无限数的半虽然是线段的偶性，但它的本质和存在却是另一回事。

也很明显，如若某人不把将时间分为前后两段的那个分点总是当成只属于事物的后一段的话，就会得出同一事物既存在同时又不存在，一旦它已生成就不存在了的结论。虽然那个点确实为前后两段时间所共有，而且，它在数目上是同一个，在定义上不同一（因为它是一段的终结点，是另一段的起始点），但是，它却总是属于被作用事物的后一段。假定 ACB 为时间，D 为事物；这个事物在 A 时间中是白色的，在 B 时间中是非白色的，那么，它在 C 这个分点上就既是白色的又是非白色的。因为，如果它在整个的 A 时间中是白色的，那么，它在 A 时间的任何一点中也是白色的就是真实的说法，而且，它在 B 时间中是非白色的，C 则既在 A 中又在 B 中。所以，不应允许在整个 A 中是白色的说法，而要说在除了最后的现在，即 C 点之外的 A 中是白色的；C 已属于后面的 B；而且，如果在整个 A 中非白色已在生成，白色已在消灭，那么，在 C 中它就已经完成了生成或消灭。因此，除非白色的在 C 处第一次被称为非白色的是真实的说法，不然，就会或者一物在已生成时却不存在，在已消灭时却存在着，或者一物必然既是白色的同时又是非白色的，或一般而言既存在同时又不存在。

再有，如若某个以前不存在但现在存在着的东西是生成为存在的，而且，在它正生成时是不存在，那么，时间就不能被分成不可分的时间。因为，如果 D 物在时间 A 中已在变白，而且，如果它在接续着 A 的另一个不可分的时间 B 中已经变成白的了，如果它在 A 中只是在变白，还不是白的，但在 B 中却是白的了，那么，在 A 与 B 之间就必定有某个生成过程，所以也必定有生成在其中发生的时间。但
264a 是，对于那些不承认不可分的时间的人来说，这个论证是没什么影响的。按他们的看法，在生成过程所经时间的最后那点中，D 物已经生成了，因而也就是白的了，没有任何其他的点接续着或者连接着这个最后的点，但不可分的时间是连接着的。而且也很明显，如若D物在整个时间A中已正在变白，那么，D 物在其中完成变白的时间加上它正在变白的时间并不比它只在其中正在变白的所有时间更多。

上述这些以及其他类似的论证，对于证明我们所论题目是很合适的。如果我们要作一般的考察，从下面的那些论证也可以得到相同结论。

如若不被其他东西强制离开，一切被连续地运动着的事

物，在它通过移动到达终点以前，都已经在被移动着趋于这个终点。例如，如果它的终点是 B 处，那么，它就已经在向 B 处移动着，而且，还不仅是在它已接近了 B 时，而是从一开始起就被运动着趋于B了。因为不然，为什么它只能在接近B时如此而不是在以前也如此呢？其他运动方面的情形也一样。假定某物被移动着从 A 到 C，当它到达 C 时，再倒回来被连续地向 A 运动。因此，当它被移动着从 A 到 C 的同时，也就是在被移动着进行从 C 到 A 的运动。所以，它就是同时在进行两个相反的运动，因为在直线上进行的相反方向的两个运动是相反的。同时，它也是在从它不在其中的那个地方开始变化。可见，如果这是不能成立的，那它就必然在 C 处停顿。所以，这个运动不是单一的，既然被停顿隔断了的运动不是单一的。

此外，通过下面对各种运动的一般论证，将会使这个问题更为清楚。如果一切被运动物都能进行前面所述三种中的某一种运动，并且也能处于与这些运动对立的某种静止（因为除了这些之外再无其他了），而且，如果被运动物并不总是在进行某一特定运动——我所谓的特定运动，指的是属上不同的一种运动，而不是指整个运动的某一特定部分——那么，它以前必然处在与这种运动对立的那种静止状态中（因为静止就是运动的短缺）；所以，如果在直线上进行的两个运动是相反的，而两个相反的被运动不可能同时进行，那么，从A到C的被移动的东西就不应该同时又在从C到A

地被移动着；既然不应同时被移动，但这个运动又要被运动，那么，在它再被移动以前，必然在C处静止过；因为这是一个与从C处出发的运动相对立的静止。从上面的论述
264b 现在可以明白，这种运动是不会连续的。而且，下面的论证比上述那些更为合适。因为例如在某物中，非白的消灭了与白的生成了同时发生。所以，如果质变到白和从出于白是连续的，其间没有什么时间的耽误，那么，非白消灭了、白生成了以及非白生成了就会是同时的；因为这三种活动的时间是同一的。

再有，不能由于时间是连续的就推论出运动也是连续的，它只是接续的。其实，相反的两面，例如白与黑，怎么可能有同一的端点呢？

但是，圆周线的运动是单一而又连续的。因为这里没有任何不能成立的结论。因为，从A出发的被运动物也是按照相同的方向同时在被运动着趋于A——因为被运动趋于的那一点也就是它最后要到达的那一点——，而不是在同时进行两个相反的或对立的运动。因为并非一切趋于这个点的运动都与出于这个点的运动相反或对立，只有在两个运动同在一条直线上时，它们才是相反的（例如在直径上的两个运动就是在地点方面彼此相反的，因为这条直径上的两个端点彼此隔得最远）；如果两个运动都在同一长度上，它们是对立的。所以，没有什么妨碍连续地被运动，也无什么时间的阻隔；因为圆周上的运动的出发处和趋向处是同一的，而直

线上的运动则是趋于另一处。而且，在圆周上的运动决不会在相同的端点中，而直线方面的运动则不断地在相同的端点中重复；能永远前进的被运动可能是连续的，而总是在相同点中不断重复的被运动则不可能连续，因为不然，就必定有两个对立的被运动同时发生。所以，在半圆中以及在其他弧形中都绝不可能有连续的被运动；因为在这种情况下，同一路径必然多次重复地被运动，相反的两种变化必然发生，因为终结点与起始点是不重合的。相反，圆周运动的终结点与起始点是重合的，所以，只有它才是唯一完满的运动。

从这种分析也可见,其他的各类运动都不可能是连续的。因为在一切其他的运动中，都会发生同一路径被多次重复运动的情况，例如，在质变中有中间阶段，在大小中有中间大小，生成与消灭变化中的情形也如此。无论变化的中间阶段被造成得少还是多，也无论是在它们之间加上还是减去某个环节,都是无关紧要的;因为在这两者中的每一场合，都仍会发生同一路径被多次重复运动的情况。

由此可见，那些自然哲学家所断言的一切可感觉事物都总是在被运动着的主张是不正确的；因为可感事物的被运动必然是上述运动中的某一种，而且，他们尤其把它当成是被质变；因为他们说，事物都总是在流动着和消灭着，此外，他们也把生成与消灭说成是质变。然而，我们刚才的论证已就一切种类的运动作了一般说明：除了圆周运动之外，没有任何运动可能被连续地运动，不论是质变的运动还是增加的运动都如此。

所以，除开圆周移动的旋转运动外，没有一种变化是无限的或连续的，有关这个问题，我们就说这些。

【9】 显然，在移动中，圆周旋转又是最初的运动。因为正如我们在前面已说过的，一切移动都或者是旋转式的，或者是直线式的，或者是这两种形式的混合。而且，前两种运动必然先于混合运动，因为混合运动是由前两种合成的。在前两种中，圆周旋转又先于直线移动；因为它更为单一也更为完满。因为，直线上的被移动不会是无限的，既然不会有无限的直线。即使有无限的直线，也无物可能通过它；因为不可能的事情是不会发生的，而通过无限直线就是不可能的事情。另一方面，有限的直线运动，如果倒回来了，就是复合的，即是两个运动；如果没倒回来，就是不完满的和可以消灭的。不论是按照自然、按照定义、还是按照时间，完满的东西和不可消灭的东西都要先于不完满的东西和可以消灭的东西。此外，可能永恒的运动要先于不可能永恒的运动。圆周旋转运动是可能永恒的，而其他运动，不论是移动还是其他任何运动，都是不可能永恒的。因为它们必定要出现停顿，而如果一旦停顿，运动就已经消灭了。

圆周旋转是单一而连续的，直线移动则不是这样，所得的这个结论是理由充足的。因为直线移动的起始点、终结点和中间点是被确定了的，而且它们全都在直线自身中，所以，被运动物就会有由以出发的起始点和完成所趋的终结点〔因为任何东西在它的端点，即起始点或终结点上时，都是静止着的〕。但是，圆周上的运动却无确定的端点——因为，圆周线上的端点为什么更是这个而不是那个呢？因为每一点都同样地可以是起始点、中间点或终结点——所以，它们既 265b
总是在也从不在起始点和终结点中。因此，球体在被运动着也就是在某种意义上静止着；因为它始终占有着同一个地点。原因在于：所有这些属性都属于中心——因为它既是所通过的大小的起始点，也是中间点和终结点——所以，由于这个点不是圆周线上的点，也就不会有被移动物通过完了它的路程之后在那里静止着的点；因为被移动物总是围绕着中心，而不是趋于端点。由于中心总是固定着，所以，整个球体既是在某种意义上静止着，又是在连续地被运动着。

还可以得出具有互推关系的结论。因为一方面，旋转运动是其他运动的尺度，所以它必然是最初的（因为一切东西都是被最初者所度量)；另一方面，也正因为它是最初的，所以才会是其他运动的尺度。

此外，也只有旋转运动是均衡的。因为在直线移动中，事物离开起始点和趋于终结点时的被运动是不一样的，既然一切事物在被移动时都是离静止处愈远速度愈快。只有旋转运动的起始点和终结点都自然地不是在它自身之内，而是外在的东西。

地点上的移动是最初的运动，这是一切对运动问题作出过论述的人都证明了的。因为他们都把引起这类运动的东西作为运动的本原。分离与结合是地点上的运动，友爱和争吵是这样引起运动的——争吵使之分离，友爱使之结合——，阿那克萨戈拉则说最初运动者是心灵，是它使之分离。那些不主张这类运动有任何原因,而断言被运动是由于虚空的人也一样。因为他们也宣称自然物的被运动是地点上的运动，因为由于虚空的运动是移动，是在地点上发生的。他们还认为，其他各种运动没有一种属于最初实体，而是属于由这些最初实体构成的事物；因为他们说，被增加、减少以及被质变的过程都是由于原子物体的结合与分离而发生的。那些通过浓密与稀疏来考察说明生成和消灭的人采取的也是同样的方式；因为他们是采用结合与分离的方法来分类排列这些事物的。此外，还有那些把灵魂作为运动原因的人；因为
266a 他们说，自我运动者是被运动物的本原，动物以及一切有生物的自我运动就是这种地点上的运动。而且，只有地点上的运动，才是我们所说的被运动物在被运动的严格意义。如若某物在同一地点上静止着，那么，它所发生的增加、减少或某种质变，我们就只能说是在某个特定方面被运动，而不能笼统地说它在被运动。

到此为止，我们已经论述过的问题有：无论是在过去或将来的一切时间中，都总是存在着运动；什么是永恒运动的本原；什么是最初运动；什么运动是唯一可能永恒的以及最初运动者是不能被运动的。

【10】　现在，我们要论述的是，这个最初运动者必然既无部分，也无大小。首先必须确立有关这个结论的几个前提。

前提之一是：没有任何有限的东西能在无限的时间中引起运动。因为有三种要素——运动者，被运动物以及第三，运动在其中进行的时间。这些要素或者全部无限，或者全部有限，或者其中的一个或两个有限。假定运动者为 A，被运动物为 B，无限的时间为 C。假定 D 运动 B 的某个部分 E。那么，它所用的时间 Z 不会等于 C，因为运动的距离越大，所用的时间也就越多；所以，时间Z不是无限的。这样不断地增加 D，我就会用完 A，同样，不断增加 E，我也就会用完 B；但是，不断地减去时间的一个相应的量，我却不会用完时间（因为它是无限的）。所以，整个的 A 只是在 C 的一段有限时间中运动整个的 B。可见，任何事物都不能被有限的东西运动着进行无限的运动。因此显然，有限的东西不可能在无限的时间中引起运动。

一个无限的能力也完全不可能存在于一个有限的大小中，从下面的论述就能表明这一点。因为，假定更大的能力总是能在更少的时间中造成等量的变化，例如加热、变甜、掷远或一般而言的引起运动。因此，承受物必然在某种程度上被一个具有无限能力的有限东西所作用，而且，它受作用的程度要比被其他东西所作用的程度更大；因为无限的能力更为强大。但是，却不可能有与此相应的时间。因为，假定A表示一个无限的能力在其中使某物变热或推进某物所用的时间，AB表示一个有限的能力在其中进行同样活动所花
266b 的时间，那么，如果不断地分取有限的能力添加到这个有限能力的大小上去，我就会在某个时候达到这样一点，即有限能力在时间A中已经完成了它的活动；因为不断地添加有限的大小，就能使能力超过任何已被规定的限界，同样，不断减少有限的大小就能使时间小于任何已被规定的限界。这样，有限的能力就会在与无限的能力相等的时间中引起运动，但这是不能成立的。因此，任何有限的东西都不可能具有无限的能力。

有限的能力也不可能存在于无限的大小之中。虽然较大的能力可能存在于较小的大小中，但是，更多的情形还是较大的能力存在于较大的大小中。假定AB表示无限的大小。BC具有在某个时间中运动D物的某种能力——假定这个时间为EZ。现在，如若我取两倍于BC的大小，那么，这个大小在EZ的一半时间中（假定是这样的比例）就会运动D物，也就是说，它在时间ZT中就可以运动D物。即使像这样不断地取更大的大小，我也绝不会在某个时候达到AB，相反，我却可以不断地得到一个比原先给定的时间更小的时间。所以，AB的能力将是无限的。因为它超过了一切有限的能力；而一切有限能力在运动时所花的时间也必然是有限的。因为，如果一定的能力在某个时间中运动某物，那么，

一个更大的能力虽然会在更小的时间中运动该物，但按照反比例关系，它仍是一个有限定的时间。但是，正像数目和大小一样，任何超过了一切限定的能力也都是无限的。这一点也可以用下面的另一种方式来证明。因为我们可以取某一个与存在于无限大小中的能力同类的能力，假定这个能力存在于有限的大小中，并且是存在于无限大小中的那个有限能力的尺度。

根据上述那些，那么显然，不论无限的能力存在于有限的大小中还是有限的能力存在于无限的大小中，都是不可能的。

首先，最好是讨论一个与被移动物有关的疑难问题。如果一切被运动物都是被某物所运动（当然，自己运动自己者不在此列），那么，有些事物，譬如被抛掷的东西，在它们的运动者与它们不再接触时是如何继续被运动的呢？如果运动者同时还在运动另外的某物，例如气，而这个被运动着的某物也能运动，那么，当最初的运动者不再与它接触或不再运动它时，它也就同样地不能被运动了；相反，一切被运动物必定同时被运动，而且，在最初运动者停止运动时，它们
又同时停止被运动，即使最初运动者像磁石般地使它已运动 267a
了的东西也能运动，情形也一样。所以必然这样说：是最初运动者使本性上既能运动也能被运动的气、水或其他某种类似的东西成为运动者；但是，这类东西并不同时停止运动和被运动，而是在最初运动者停止运动它的同时它停止了被运

动，但却仍然在运动；所以，它是在运动着另外某个接续着它的东西。对于这后一个东西，道理也一样。但是，在接续系列中后来的运动能力愈来愈小时，运动就会停止，当在先的东西不再能使在后的东西运动，而是只能使它被运动时，运动就最终停止了。这最后的两个东西——一个是运动者，另一个是被运动物——必然同时停止，而且，整个运动也就随之停止了。可见，运动是发生在那些可能有时被运动有时静止着的事物之中的；而且，它虽然表面上是连续的，但实际上却不连续；因为它是一些连接着的或者彼此接触着的事物的运动，运动者不是一个，而是相互接续的一个系列。所以，这类运动发生在气和水中，有些人将它称为“互补”①运动。如果不用这里所述的方式，用其他方法是不能解决这个疑难问题的。“互补”运动使得这个系列中的每个东西都被运动同时也运动，所以也使它们同时停止运动。现在表现出来的是某个被连续运动着的单一物；既然它不是被同一个运动者所运动的，那么，它到底被什么所运动呢？

既然在存在物中必然有连续的运动，这种运动是单一的，而单一的运动必然是某个大小的运动（因为没有大小的东西就不能被运动），并且，一个单一大小的运动是被单一的运动者所运动的（因为不然的话，它就不会是连续的，而是彼此接续着的，并且可以被分开了），如果运动者是单一

① antiperistasis.

的，它自身就或者是在被运动，或者不能被运动；如果它自身在被运动，它就应该与被它所运动的东西在一起，并且自己也在变化，同时被某一他物所运动；所以，这样就会追溯 267b
到一个被不能被运动的某物所运动的时候才能停止。因为这个运动者必须不与它所运动的东西一起变化，而是要总有能力运动（因为这样的运动是不费力的），而且，这个运动是唯一均匀的，或者至少也是最均匀的，既然这个运动者从未有过任何变化，如若运动要保持同一，被运动物与运动者的关系就不应该有任何变化。所以，这个运动者必然或者在中心或者在圆周上，因为它们是本原。但是，距运动者最近的东西被运动得最快，圆周上的运动就是这种最快的运动；所以，运动者是在圆周上。

如果认为某个自身也在被运动的东西连续地运动，而且不是以接续的方式连续运动——就像重复不断地推撞那样——，那么，就会还有一个疑难问题。因为在推着或拉着（或既在推着又在拉着）的必定或者是运动者自身，或者是彼此相随的运动者系列中接受了运动的某个其他的东西，就像前面说过的被抛掷物的情形一样。如果是可分的气或水在运动，实际上就是它们的那些总是在被运动的一个个部分在运动；所以，不论是两者中的哪种情况，运动都不是单一的，而是一个接续的系列。因此，只有不能被运动的运动者引起的运动才是连续的；因为它总是保持其一贯性，而且，它与被运动物的关系也是一贯的和连续的。

一旦上述各点被确定下来，就可以清楚，不能被运动的最初运动者不能具有任何大小。因为，如若它具有大小，那么，这个大小必然或者是有限的，或者是无限的。在本书的前面几卷已经证明过，无限的大小是不可能的；现在我们又已证明了，有限的大小不能具有无限的能力，而且还证明了，任何事物都不能在某个无限的时间中被有限大小的东西所运动。但是，最初运动者运动的是永恒的运动，而且是在无限的时间中运动的。所以，很显然，它是不可分的，既无部分也无大小。

论 天

徐开来 译

*　peri Ouranou　据《洛布古典丛书》希腊本文。

第　一　卷

【1】 有关自然的知识，都明显地几乎是关于物体和大小以及它们的性质与运动的，此外，也是关于这类实体的本原的。因为在自然构成的东西中，有些是物体和大小，有些具有物体和大小，有些则是这些具有者的本原。 268a

连续乃是可以分成部分的东西能够永远再分，而物体就是在一切方面都可分的东西。大小如在一个方面可分就是线，在两个方面可分乃为面，在三个方面可分则是体。除了这些之外，再无其他大小，因为三维就是全部，三个方面就是一切方面。诚如毕达戈拉斯学派的人们所言，宇宙及其中的一切事物都由三所规定；因为终点、中间和开端具有着一切数目，而它们的数是三者合一的①。所以，由于从自然中得到了犹如它的一个规律的三，我们就甚至在对于神灵的膜拜中使用这个数目。而且，在语言活动中我们也是以这种方式表达称呼的。因为对于两个事物或两个人，我们称之为

① trias.

“两者都”，而不说“全部都”，三才是适于我们所谓“全部”这种称呼的第一个数目。这样，正如已经说过的，我们就追随着自然本身在先的东西。因此，既然“全部”、“全体”、“完全”在形式方面彼此之间没有区别，而是（如果的确是这样的话）仅仅在质料中以及在所陈述的对象方面有差异，那么，只有处于大小中的物体才会是完全的。因为只有它被三维所规定，这就是说，只有它是全体。如若它在三个方向上可分，也就是在一切方向上可分，其他的大小则只在一个或两个方向上可分。因为大小的可分性和连续性依据于能适于不同方向的数目，有的只在一个方向上连续，有的在两个方向上是连续的，有的则在一切方向上都是连续的。

凡是可分的大小，也都是连续的。而一切连续的东西是否可分的问题，从现在的论证来看还是不清楚的。但这一点 268b 是明显的：不能像从长度到平面，从平面到立体一样再变化到另一个种类。如若不然，物体就不会是完全的大小了。因为要超过它必然只能就它的缺欠，而完全的东西是不能有缺欠的；因为它在每个方向上延伸。

所以，按照我们的定理，作为整体之部分的物体每一个都是完全的；因为每个物体都具有三维性。但是，每个都是在与相邻部分的接触中被规定的，因此，在某种意义上，每一个物体都是多。然而，这些物体作为部分所属的那个全体必然是完全的，而且，正如这个名称所表明的那样，它是在一切方向上完全，而不是有的方向完全，有的不完全。

【2】　关于这个全体的本性问题，即它在大小上是无限的亦或是整个体积有限的问题，都留待后面去考察①。我们现在要说的是它的那些在形式上各自不同的部分，而且把这个问题作为我们的起点。我们说，一切自然物体以及它们的大小都由于自身而能够在地点方面被运动；因为我们断言过，自然就是它们之中的运动本原②。一切地点方面的、我们称之为移动的运动，都或者是直线的，或者是圆周的，或者是这二者的混合；因为只有这两种运动形式才是单纯的。这样说的理由是：只有它们，即直线和圆周才是单纯的大小。围绕着中心的是圆周运动，朝上和向下的是直线运动。我所谓的朝上，指的是离开中心，向下则是指到达中心。所以，一切单纯的移动全都必然或者是离开中心、或者是到达中心、或者是围绕中心的运动。按照本卷开头所说的道理，这种观点应该说是正确的；因为物体既然是在三个方面完成自己的，那么，它的运动也会有三种形式。

既然在所有物体中，有些是单纯的，有些是单纯物的复合（我所说的单纯物，指的是那些自然地具有运动本原的东西，例如火、土，它们的类属以及其他诸如此类的东西），那么，运动也必然有些是单纯的，有些是这样那样的混合，

① 见《论天》第一卷，【5】—【8】。

② 见《物理学》第二卷，【1】，192^{b}20。

269a 单纯物的运动是单纯的，复合物的运动是混合的，这种混合运动依据复合物中占优势的成分被造成。

既然存在着单纯的运动，而圆周运动又是单纯的运动，并且，既然单纯物体的运动是单纯的，单纯的运动乃是单纯物体的运动（因为，纵然有复合物进行单纯的运动，那也是由其中占优势的成分造成的），那么，就必然存在着某种这样的单纯物体，它就自身的本性自然地以圆周运动方式移动着。当然，由于强制，它也可能进行着其他的不同运动，但是，这断不可能合乎自然，既然每种单纯物都只有一种合乎自然的运动。其次，如果反乎自然的运动与合乎自然的运动是相反的，并且一物又只能有一个相反面，那么，圆周作为单纯运动，它对于被移动的物体来说若不是合乎自然的，就必然反乎自然。现在，如若被圆周移动的是火或其他某种类似的单纯物体，它的合乎自然的移动就是与圆周移动相反的。然而，一种物体只能有一个相反者；向上与朝下才是彼此相反的。也许这反乎自然地被圆周移动的东西是某种其他物体，它会有某种其他合乎自然的运动。但这是不可能的。因为若这种合乎自然的运动是向上，那它就是火或气，如果是朝下，就该是水和土。

而且，这种圆周运动必然是最初的移动。因为在本性上，完全的东西先于不完全的东西，而圆周是一种完全的形状，直线则全然不是这样。原因在于：无限的直线不是完全的（如若它是完全的，就应该有限界和终点），有限的直线也不完全（因为一切有限物都有某个他物留在后面，而且都能被延伸）。所以，既然在先的运动是本性上在先的物体的运动，既然圆周运动先于直线运动，先于那些单纯物体以直线形式所进行的运动（因为火以直线形式向上移动，而泥土则朝着中心垂直向下），那么，圆周运动就必然是某种单纯物体的运动。因为我们已经说过，混合物体的移动是被在混合物中占优势的单纯成分所决定的。从上面这些可以清楚地看出，在这里所见到的这些元素之外，还自然地存在着某种有形体的实体，它比所有的这些元素都更神圣、更先在。再者，人们也可以这样设定：一切运动都或者是合乎自然的，或者是反乎自然的，而且，对一物是反乎自然的对另一物来说则是合乎自然的，例如向上和朝下对于火和土来说就是如此；因为对火是合乎自然的运动对土就是反乎自然，反之亦然。因此，既然圆周运动对于火、土等是反乎自然的，那 269b
么，对于另一种单纯物而言，它就必然是合乎自然的了。除此之外，如若圆周移动对某物来说是合乎自然的，那么显然，它就可能是某种单纯的和最初的物体，并且，它本性上就必定要合乎自然地以圆周形式被移动着，就像火之向上与土之朝下一样。另外，如果说那些被移动的东西所进行的圆周式旋转移动是反乎自然的，那么，这将会令人吃惊且悖于常理，因为这就无异于说那唯一连续而又永恒的运动居然是反乎自然的。其他证据也将表明，那些反乎自然的东西消灭得最快。因此，正如某些人所说，如果这种被移动的东西是火，那么，这种运动就像朝下的运动对于火一样是反乎自然的；因为我们看到，火是以直线方式从中心向上运动的。

总之，从所有的这些论证可以推论出：在我们周围的那些单纯物体之外，还有另一种与它们不同的分离存在着的东西，它和我们这个世界相距越远，它的本性也就越是尊贵荣耀。

【3】 上面所说的那些，不论是作为前提还是作为论证，都清楚地表明：并非一切物体都有重或轻。本来必须首先确定我们所谓重和轻的含义的，但是，这里只能就与目前相关的问题作一说明，关于它们的本质，留待后面再详细地讨论①。那么，“重”就指自然地朝向中心而移动的东西，“轻”则指离开中心而移动的东西，“最重”意味着沉入一切朝下移动东西的底部，“最轻”则表示升到所有向上移动东西的顶端。凡是朝下或向上移动的东西，都必然具有轻或重，或者兼而有之，当然，这并不是说同一事物自身既轻又重；因为所谓的重和轻是就事物的相互比较而言的。例如，气相对于水是轻的，而水相对于土又是轻的。但是，以圆周形式移动着的物体不能有重或轻。因为对于它来说，不论是合乎自然还是反乎自然，都不可能有到达中心或者是离开中心的运动。就合乎自然而言，直线形式的移动不会属于它；

① 见《论天》第四卷。

因为每种单纯物体只能有一种合乎自然的运动，假如它以直线方式运动的话，它就成了某种被直线移动的物体了。再就 270a
反乎自然而言，也不可能。因为，如若朝下运动是反乎自然，向上运动就合乎自然了；反之，如若向上是反乎自然，那朝下就是合乎自然的；因为我们已经设定，在相反的运动中，如果一方是反乎自然的，另一方也就合乎自然了。同时，既然整体和部分（例如所有的土和小土块）是合乎自然地向着同一个方向自然运动的，那就可以推出：首先，它既无轻也无重（因为它不可能合乎自然地自身进行朝向中心或者离开中心的移动）；其次，它不能够被强制地在地点上向上或朝下运动。因为无论是整体自身还是它的部分，除了自己的运动之外，都不可能进行其他的运动，不论这种运动是合乎自然的还是反乎自然的；同一理由对整体和部分都适用。

同样，也有很好的理由认定进行圆周式移动的物体既不生成也不消灭，既不增加也不减少；因为一切生成之物都是从相反的东西以及从某种载体中生成的，消灭亦然，是从某种载体中，并且是从相反到相反，正如我们在开始的论证中所说的那样①。只有相反的东西才有相反的移动。但是，对于这个所说的物体，如果不可能有相反的东西乃是因为其圆周移动没有某种相反的运动，那么，自然就似乎公正地把不

① 见《物理学》第一卷，【7】—【9】。

生不灭的东西从相反者中解救出来；因为生成和消灭正是存在于相反者中的。再有，凡是能够增加和减少的物体，都是靠了同类东西加添到它的质料上去或者削减它的质料；但是，这种物体却不是从质料生成的。而且，如果它没有生成和消灭，按照同样道理，也就可以认定它不会有性质变化。因为质变是在性质方面的运动，如若没有由于承受作用而产生的变化，也就没有性质的状况及其序列，例如健康和疾病。一切自然物体所承受的性质方面的变化，我们都可以看成是增加和减少，例如动物的躯体和它们的部分以及植物的性质变化，元素的性质变化也如此。可见，既然进行圆周式移动的物体不可能有增加和减少，那么，也就很有理由断定它没有质变。

270b 为什么这种原初物体是永恒的，且不增不减，万古长存，既没有质变也不受损害，对于那些相信这些基本假定的人而言，上述的说明已经清楚了。看来，这种理论为经验现象所验证，而经验现象又为理论所证明。一切人都有关于神灵的概念，而且，所有相信神灵存在的人，不论是野蛮人还是希腊人，都认为要把最高的地点给予神灵，其所以如此，显然是因为他们以为不朽的东西要与不朽的东西相伴，其他都是不可能的。如果有某种神圣的东西存在着，而且是肯定存在着，那么，我们现在关于物体的最初实体所说的一切就是说得极好的。通过感觉也足以使人相信这一结论。因为在过去了的整个时间长河中，根据世代相传的记载，不论是最外层天空的整体还是它的自身固有的各部分，似乎都没有什么变化。它的名称似乎也被传了下来，从我们的祖先一直传到现时代，他们对待它的方式和我们现在所说的也一样。因为必须接受不是一两次，而是无数次地出现的，一直传到我们的那些相同的见解。所以，由于认为原初物体是土、火、气、水之外的另一种存在物，他们就把这个最高的地点名之为“以太”[1]。这个名称来自于永恒的时间“永远”[2]“在奔跑”[3]。但是，阿那克萨戈拉却拙劣地误用了这个名称，因为他把以太称为火。

从上面所述可以明白，为什么单纯物体的数目不比我们所说的更多。因为单纯物体的运动也必然是单纯的，而且我们也断言：这些单纯的运动只有两种，即圆周式和直线式；直线式又分为两部分：离开中心的运动和到达中心的运动。

【4】 可以从多个不同的方面来假定，没有其他的移动形式与圆周式移动相反。首先，我们最爱假定直线移动对立于圆周移动；因为凹与凸不仅被认为是彼此对立的，而且当它们被结合在一起并被视为一个统一体时，也被认为与直线 271a
对立。因此，如果有某种圆周运动的相反者，那么，这个相反于圆周运动的就必定最应该是直线运动。但是，依据它们

① aithera。

② aei。

③ thein。

的地点，直线上的两种运动形式却是彼此对立的；因为在地点上，向上和朝下不同，而且还正相反对。

其次，有人可能会认为，直线方面的道理也同样适于圆周方面，因为从A到B的移动是与从B到A的移动相反的，但是，这里指谓的仍是直线方面的移动。因为它是有限的，而圆周线通过这相同两点的途径却是为数无限的。即使只考虑一个半圆周形，例如从C到D和从D到C的移动，情形也一样。因为其运动是与沿着直径的运动相同的，既然我们总是把两点之间的距离设定为连结它们的直线的长度。即使有人画一个整圆，并且把沿着一个半圆的移动看成相反于沿着另一个半圆的移动，也同样如此；例如，在整个圆中，半圆H中的从E到Z的移动相反于半圆J中从Z到E的移动。但是，纵然这些是相反的，也不能推出整个圆上的那些移动就因此而彼此相反。而且，沿着圆周的从A到B的移动与从A到C的移动也不相反；因为这种运动是从同一点出发到达同一点的，而相反的运动则已被规定为是从相反的一点出发到达它的相反点。

再有，假如一个圆周式运动与另一个圆周式运动相反，那么，有一个就会是枉费的[①]。因为这是在相同地点上的运动，既然圆周式移动的东西，不论它从哪一点开始，都必然要被运动着通过所有同样的相反地点（所谓地点的相反，指

① maten。

的是向上和朝下，向后和朝前，向右和朝左）。但是，移动的相反与地点的相反是一致的。如若两个运动相等，就不会有什么运动了；如若其中的一个更占优势，另一个就不会发生。所以，如若两个物体都存在，其中的一个就会因其没有以自己特定的运动方式被运动而枉费，就像我们把一双从未穿过的靴子称为枉费一样。然而，神和自然所做的事情没有一样是枉费的。

【5】 虽然以上那些问题清楚了，但我们还必须继续考 271b
察剩下的有关问题。首先，是否像以前的多数哲学家所相信的那样，有某个无限的物体，或者，这是不可能的事情。这个问题如何解决，对于我们的真理探究来说，不是无足轻重的小事，而是有着至关全局的意义。因为这个问题可望成为，而且实际上也已经成了那些论述过作为整体的自然的人们一切相反见解的根源，既然对于真理的违背最初虽只失之毫厘，后来却会谬以千里。例如，如果某人承认有某个极微大小的存在，这个最小的大小就可能使数学的最大原理动摇。其原因在于，本原在能力上比在大小上的意义更大，因此，在起点中微不足道的东西在终点中就会变得举足轻重。无限不仅具有本原的能力，而且在数量方面最大程度地具有它，所以，从某个无限物体的假定中导源出差异并不足为怪，也没有悖理之处了。因此，我们的考察必须一开始就涉及这个问题。

一切物体，必然要么是单纯的，要么是复合的；无限的物体也或者是单纯的，或者是复合的。但是很显然，如果单纯物是有限的，复合物也必定有限；因为由在数目和大小上都有限的东西所构成的事物自身在数目和大小方面也必定有限，既然它的数量与构成它的成分的数量相同。那么，现在留给我们的任务就是，考察某个单纯物的大小是可能无限的，还是不可能无限的。让我们先从第一物体开始，然后再讨论其余的东西。

从下面的论述可以明白，圆周式移动的物体必然在一切方面都是有限的。因为如果圆周式移动的物体无限，从中心引出的半径也会无限。而且，这些无限的半径之间的间隔也会无限。我所谓半径之间的间隔，指的是在没有与所发现的线段相接触的大小之外的地方。所以，这必然是无限的；既然在有限半径的场合，它总是有限的。此外，人们也总能截取比所给量更大的大小，所以，正如我们所说数目是无限的，因为没有最大的数目一样，同样的道理也适用于这个间隔。如果无限不能被通过，而且，如果存在于无限半径之间的间隔也必然无限，那么，物体的圆周运动就是不可能的。但是，我们看到天体是以圆周方式旋转的，而且，通过论证我们也业已确认，圆周运动属于某种物体。

再有，如若一个有限的时间从一个有限的时间中被减去，剩下来的必然有限，而且有一个开端。如果旅行的时间有开端，运动也必定有开端，旅行的距离因而也有开端。这种情形在一切其他方面都如此。画一直线 ACE，设它只在一个方向，即在 E 方向上无限，再画一条线 BB，让它在两个方向都无限。如果 ACE 以 C 为中心画一个圆，那么，在某一个有限时间内，ACE 在其圆周运动中就会分割 BB；因为天体在其中实现其圆周运行的整个时间是有限的，所以，在一条线运动着分割另一条线期间，被减去的那个时间也是有限的。因此，就会有一个 ACE 最初分割 BB 的开始之点。但这是不可能的。所以，无限的东西不能以圆周方式旋转。天体也同样不能，假如它是无限的话。

再有，从下面的论证也可以明白，无限的东西是不能够被运动的。假定一条有限的线 A 被移动着通过另一条有限的线 B，那么必然地，在 A 离开 B 的同时 B 也会离开 A；因为 A 与 B 相重叠的量是相等的。如若二者朝着相反的方向被运动，它们彼此离开的速度就会更快，如若 A 静止着，B 被运动着通过它，离开的速度就会更慢，因为 B 的运动速度在两种场合是相同的。但是很清楚，在有限时间中通过一个无限的距离是不可能的。所以，时间也必须是无限的。关于这一点，我们在以前的有关运动的讨论中早已证明过了[①]。是一条有限的线被移动着通过一条无限的线，还是一
条无限的线通过一条有限的线，这并无区别；因为当 A 通 272b
过 B 时，B 就与 A 重叠，不论 B 是在被运动还是不能被运

① 见《物理学》第六卷，【7】。

动都一样。当然，如若两者都在被运动，彼此脱离的速度就会更快。但是，在有的场合，也没有什么妨碍一条被运动的线通过一条静止的线比通过一条向相反方向被运动的线的速度更快，如若某人把两条朝相反方向运动的线的被移动想象得更慢，而以为一条被移动的线通过一条静止的线比它们运动得更快的话。所以，假定一条运动的线通过一条静止的线对于我们的论证并无影响，既然这是可能的：如果 B 也在被运动着，那么，被运动着的 A 在通过它时就会更慢。可见，如果有限的被运动着的线通过无限所用的时间是无限的，那么，无限的线被运动着通过有限的那个时间也必然是无限的。因此，无限的东西根本不可能运动；因为如若它要运动哪怕是最小的东西，也必定要用无限的时间。整个天体是在有限时间中旋转和进行圆周运动的，所以，它通过在圆周内的任何线段，例如通过有限的 AB。因此，作圆周旋转的物体不能是无限的。

再有，正如有限界的线段不能无限，即使无限，也只是在长度上无限一样，就其有限界而言，平面也不可能无限，即使它被界定，也不可能在任何方面无限，例如，正方形、圆形或球形都不可能无限，犹如一足之长不能无限一样。如果球形、正方形和圆形都不是无限的，如若没有圆形，就不会有圆周式移动，同样，如若没有无限的东西，也不会有无限的运动，那就可以推出，如果圆自身不是无限的，就不应有无限物体的圆周式运动。

再有，设AB为一条无限的线，以C为中心，另一条无限的线E与AB成直角，再有一条被运动的无限的线CD，这条CD决不会脱离E，其位置总是类似于CE；因为它分割E于F处。由此可见，无限的线不能转成一个圆周。

再者，如若天体是无限的，且以圆周方式被运动，那么，它就会在有限的时间中通过无限的距离了。因为假定一个固定的天体是无限的，在它之中被运动的东西与它相等。这样，当被运动的无限的物体完成了它的圆周旋转时，它就是在有限的时间中通过了一个与自身相等的无限。然 273a
而，这是不可能的。反过来也可以说，如果旋转在其中进行的时间有限，它所通过的距离必然也有限。而通过的这个距离与天体自身相等，所以，它也是有限的。

那么，很显然，以圆周形式被运动的物体不是无终结的或无限的，而是有一个终点。

【6】 不论是朝向中心还是离开中心而被移动的物体也都不是无限的。因为向上与朝下的移动是相反的，而相反的移动是趋于相反地点的移动。如果相反的一方被规定了，另一方也会被规定。中心是被规定了的；因为朝下运动的物体，无论从何处开始其被移动，都不可能通过比中心更远的地方。所以，随着中心的被规定，上面的地点也必然被规定。如果这两个地点被规定了，而且是有限的，

那么，处于其间的物体也是有限的。此外，如果上和下已被确定，中间的地方必然也被确定。因为如果它未被确定，就会有无限的运动；但这是不可能的，我们以前早就证明过[1]。

中间既已被确定，存在于其中或者潜在地存在于其中的物体也是被确定的。朝上和向下的被移动物体就是潜在地存在于其中的，因为一个是离开中心而被运动，另一个是趋于中心而被运动。

从上面这些清楚可见，无限的物体是不可能存在的；而且进一步说，如果没有无限的重，这些物体也就没有一个会是无限的；因为假如有无限的物体，它的重也必然无限。（同样的道理也适用于轻。因为如果有无限的重，就会有无限的轻，假若上升的物体是无限的话。）现证明如下。假定重是有限的，设一个无限的物体 AB，它的重是 C。从这个无限物体中减去一个有限的大小 BD，并设它的重为 E。那么，E 就会比 C 更小；因为更小体积的重也会更小。假定这个更小的重任意次地去度量更大的重，并让量 BD 对于量 BF 的比例关系与更小的重对于更大的重的比例关系相同；因为可以从无限中减去任意多的量。现在，如果大小与重是成比例的，较小的重是较小体积的重，那么，较大的重就是较大体积的重。因此，有限的重与无限大小的重就是相等的。再有，如果更大物体的重也更大，GB 的重就

① 见《物理学》第八卷，【8】。

会比 FB 的重更大，这样，有限物的重就比无限物的重更大。再者，不相等的大小的重是相同的；因为无限物和有限物不相等。重是否可以通约无关紧要。如果它们不可通约，同样的推论也行得通。例如，假定 E 被三乘比 C 更大，BD 体积的三倍的大小的重会比 C 更大。所以，我们得出了与前面同样的不可能的结论。再有，也可以假定重可通约；因为我们是从重还是从大小开始无关紧要。例如，设定重 E 与 C 通约，且从无限的大小中截取出重 E 的一个部分 BD。然后，让被截取的大小 BF 与 BD 有相同比例，这个比例是两个重相互具有的（因为这个大小是无限的，可以随意从它之中减去多少）。这些假定的物体在大小上也可通约，正如在重上一样。再有，无论整个大小与指派给它的重相等还是不等，对于我们的证明都无关紧要。因为通过把部分的体积增减到必要的范围中去，从无限大小中截取与 BD 等重的物体总是可能的。

依据上述，很明显，无限物体的重不能是有限的。它必然无限。所以，我们只需表明这一点在顺序上不可能，就能证明无限的物体不可能。但是，无限重的不可能却能以下述方式证明。一个给定的重在给定的时间中运动一个给定的距离；一个更大的重在更少时间中更能运动相同的 274a
距离，时间与重有相反的比例关系。例如，如果一个重是另一个的两倍，它取一半就会覆盖给定的运动。此外，一个有限的重在某个有限时间中通过任何有限的距离。由这些前提必然可以推出：如果有某个无限的重，那么，一方面，由于它与有限的重一样大甚至更大，因此就会被运动，但另一方面，由于重必须在与它的体积成反比关系的时间中，亦即更大的重在更少的时间中才能被运动，所以，这个无限的重就不能被运动。无限与有限之间没有比例关系，只有在有限时间内，更少的与更多的时间才有比例。虽然运动的时间总可以不断减少，但却不会有最小量的时间。即使有，也无济于事。因为这只意味着另外某个有限物体在与无限对有限的相同比例关系中或许会被假定为比那个给定的有限物体更大，因此，无限物就会在与有限物相同的时间中通过相等的距离。但这是不可能的。而且，如若无限物在任何有限时间中能被运动，那么，另一个有限的重也必然能在这个相同的时间中被运动某个有限的距离。所以，无限的重是不可能的，同理，无限的轻也不可能。因此之故，也不可能存在具有无限重和无限轻的物体。

通过上面对不同场合特殊情形的考察，没有无限物体存在是清楚的了。关于这个结论，还可以通过一般的方式来考察证明，即不仅按照我们在关于本原的讨论中[①]所提出的论证进行（因为在那里，我们已经一般地规定了无限在何种意义上存在以及在何种意义上不存在），而且还有我们现在要使用的另一种方式。循着这种考察，就会引出这样的

① 见《物理学》第三卷，【4】—【8】。

问题：即使整体的物体不是无限的。但它是否能有足够大以供多个天体存在。因为有人或许会提出：并没有什么妨碍还有许多像我们周围的这个世界一样构成的其他世界，尽管它们的数目不是无限的。但是，我们还是先对无限作一般讨论。

【7】　一切物体都必然或者是无限的，或者是有限的。如果它无限，它的所有部分或者是不同质的，或者是同质的；如若各部分不同质，又或者是由有限或者是由无限的各种成分构成。很明显，它不能由无限的各种成分构成，如果我们的第一前提仍然有效的话。因为既然原初运动在 274b
数目上是有限的，那么，单纯物体的种类也必然为数有限。单纯物的运动是单纯的，而单纯的运动是为数有限的，所以，每一个自然物体都必然总有自己特有的运动。另一方面，如果无限的物体由为数有限的各类成分构成，每一类成分（我指的是例如水或火）的部分就必定是无限的。但这是不可能的。因为我们已经证明过，无限的重和轻都不存在。此外，它们的地点在大小上就必然会无限，所有这些物体的运动也就因此而是无限的了。然而这不可能，如若我们的第一前提是真实的，朝下移动的东西以及（依据同样道理）向上移动的东西都不可能被移动到无限的话。因为不能生成的东西是决不能够生成的，不论是在性质、数量还是在地点上都是如此。我的意思是，如果某物生成为“白色”、“一肘尺长”或“在埃及”是不可能的，那么，它也就不可能处在这任何一种

情况的生成中。因此，任何东西都不能被移动到其运动不能够到达的地方。再有，如果物体是被分散的，那么，由所有这些分散的部分构成的总体（譬如说火）也同样可能会是无限的。但是，正如我们已经见到的，物体在一切方向上都具有广延。那么，许多不同质的物体怎么会每一个都是无限的呢？既然它们每个都必须是在一切方向上无限伸展。

但是，无限物的所有部分同质也不可能。因为首先，在我们已经提及的那些运动之外没有其他运动存在。所以，它必定具有其中的一种运动。但如果是这样，就会推出有无限重或无限轻的结论。其次，以圆周形式被移动的物体不能是无限的，既然无限的东西不可能被圆周式移动。因为这个说法与说天体无限没有区别，而我们早已证明过，天体无限是不可能的。再有，一般地说，无限的东西不可能被运动。因为如若它被运动，不外乎或者是合乎自然的，或者是强制性的；如果是强制性的，就会有合乎自然的，因此，也就会有与它自身相等而又是它运动所趋的另一个地点。但这是不可能的。

一般而言，无限被有限作用或作用于有限物都是不可能的，下面的论证可以表明这一点。设 A 为无限，B 为有限，C 为一方在其中引起另一方运动的时间。如果 A 在 C 时间中被 B 加热、推进，或施以其他某种作用，或进行不论什么形式的运动，那么，假定 D 比 B 更小，这个更小的东西在相等的时间中运动的大小也会更小。设被 D 改变性质的这个大小为 E。正如 D 对应于 B 一样，E 也对应于某个有限的大小。假定在相等的时间中，相等的东西改变相等的大小，更小的东西改变更小的大小，更大的东西改变更大的大小，那么，被改变大小的对应关系与更大的行为者和更小的行为者之间的对应关系的比例相等。因此，无限在任何时间中都不能被任何有限的东西所运动。因为在相等时间中，更小的大小将会被更小的东西所运动，而与这个东西相关的比例也将是有限的；既然无限对有限不会处于任何比例关系中。

再有，无限也不能在任何时间中运动有限。假定 A 为无限，B 为有限，C 为运动的时间。在 C 时间中，D 比 B 运动的大小更小，设它为 F。假定 E 对 D 的比例关系与整个 BF 对 F 的比例关系相同。那么，E 在时间 C 中会运动 BF。这样，有限和无限就会在相等的时间中引起相同的性质变化。但是，这不可能；因为已经确定的原则是：更大的东西引起相同变化所用的时间更少。无论选取什么时间，其结果总是一样的，所以，没有无限在其中运动有限的任何时间。而且，在无限的时间中，也没有什么东西能够运动他物或被他物运动；因为无限的时间没有限界，但动作和承受都有限界。

再有，无限也根本不可能被无限作用。假定 A、B 都是无限的，CD 为 B 在其中被 A 作用的时间。如果设 E 为无限的一个部分，那么，既然整个 B 是在一确定的时间中被作用的，E就不会在相等的时间中被同样作用；因为我们认定：更小的量是在更少的时间中被运动的。设E在D时间中的运动被A所完成。假定E对B的另外某个有限部分的关系与D对CD的关系一样，那么，B的这另一个部分必然在时间CD中被A所运动；因为我们认定：更大和更小的东西被相同物作用时所花的时间更少和更多，被作用物与时间是成比例变化的。因此，无限在任何有限的时间中都不能够被另一个无限所运动；所以，时间应是无限的。但这是不可能的，因为无限的时间没有终结，而已被运动的东西却有运动的终结。

所以，如果每个可感物体都有可以动作、可以承受，或既可动作也可承受的能力，那么，无限的物体就是不可能感知的。但是，一切处在地点中的物体都是可以感知的。因此，在天之外没有无限的物体，也无什么有限的东西。所以，天外完全无物。因为如果它是能够认知的，就一样会在地点中，既然“在内”与“在外”表明的就是地点。因此，它将是可以感知的东西。不在地点中的东西无一可以感知。

这个问题还可以更一般的方式考察论证如下。一方面，各部分同质的无限物不能以圆周方式被运动。因为无限的东西没有中心，而以圆周方式被运动的物体却要围绕中心进行。另一方面，无限物也不能以直线方式被移动。因为不然，就需要有一个与它自身一样无限的地点作为它合乎自然的运动的所趋之处，而且，还需要另一个同样无限的地点作为它反乎自然的运动的所趋之处。此外，不论它的直线运动是合乎自然的，还是强迫进行的，在这两种情形下，使它运动的力都必定是无限的。因为无限的力是无限物体的力，而无限物体的力必定是无限的；所以，运动者也会是无限的（在我们有关运动的讨论中[①]已经论证过：有限事物都不具有无限的能力，无限事物也不具有有限的能力）。那么，如果合乎自然地被运动的东西也可能反乎自然地被运动，就会有两个无限物，一个是反乎自然运动的运动者，另一个则是被运动物。再有，无限物的运动者是什么呢？如果是自己运动自己，它就是有生物。但生物怎么可能是无限物呢？如果运动者是另外的某物，那就会有两个无限物，一个是运动者，另一个是被运动物，二者在形状和能力上有区别。

如果全体不是连续的，而是像德谟克里特和留基波所说的那样，被虚空分离存在着，那么，一切运动就必然是单一的。他们说：虽然它们在外形上彼此区别，但它们的本性却是单一的，就像分离存在着的每块黄金一样。但是，正如我们所说的，它们必然有着相同的运动。因为一个土块移动的方向和整个土地移动的方向相同，整个火和一束火苗都趋于相同的地点。所以，没有一个物体绝对地轻，如果所有物体都具有重；反之，如果所有物体都轻，也无

① 见《物理学》第八卷，【10】。

物绝对地重。再有，如果它们都具有重或轻，宇宙就会或者在某个最远处，或者在中心。但如果宇宙无限，这就是不可能的。一般而言，既无中心也无外沿的东西，就既无上亦无下，也就没有可供物体移动的地点。而如果没有地点，也就不会有运动；因为物体的被运动必然要么合乎自然要么反乎自然，而这两种形式都是就地点而言，即由特有的和相反的地点来确定的。再有 R，如果某物在其中停留或被移动的那个地点对它来说是反乎自然的，对另外某物来说就必然是合乎自然的（从经验的归纳中可以确信这一点），那么必然地，并非一切东西都具有重和轻，而是有些具有，有些不具有。

通过上面这些论证，现在很清楚了：宇宙的物体不是无限的。

【8】　现在，必须解释为什么天不能多于一个，我们在前面说过要考察这个问题的。因为有人可能会认为，我们并没有一般地证明在我们这个世界之外任何物体都不能够存在，我们在前面所提出的论证只适于无确定位置的东西。

一切物体都或强迫地或合乎自然地停留着或者被运动着。一物合乎自然地被移往的，正是它非强制地停留的地方，而且，它合乎自然地停留的，也正是它非强制地被移往的地方。反过来，它被强迫移往的，正是它被强迫停留的地方，它被强迫停留的，也正是它被强迫移往的地方。再有，如果某个移动是由于强迫，它的反面就是合乎自然的。如果土从彼处到中心的此处的运动是由于强迫，那么，它从此处到彼处的运动就是合乎自然的。而且，如果从彼处来的土停留在此处并非由于强迫，那么它在此处的运动也合乎自然。每种合乎自然的运动都是单一的。再有，由于本性相同，所有的世界都必然由同样的物体构成。而且，这每一种物体（我的意思是指例如火、土以及它们之间的那些居间物）都必然具有同样的能力。因为如果断言其他世界的物体与我们这个世界的物体相同只是因其名称，而不是按其有相同的形式，那么，由它们所构成的全体就只应在名称上才被称为一个世界。因而很明显，它们中有的会自然地被运动着离开中心，有的则朝向中心，既然所有火与其他火，所有土与其他土等等具有相同的形式，就像我们这个世界中火的各部分具有相同形式一样。从我们对运动的讨论所设定的原则中，可以清楚地看出这种情形是必然的。因为运动是为数有限的，每种元素都有一种所谓特定的运动。所以，如果运动相同，不论何处的元素也必然相同。因此，另一个世界中的土的部分也自然地朝向我们的这个中心而被移动，那里的火则向着我们这个边沿移动。但这是不可能的。因为如果这样，土就会在它自己的世界中被朝上移动，火则趋于中心，同样，当我们这里的土朝着另一个世界的中心被移动时，由于设定的世界位置是彼此相对的，它就会合乎自然地脱离这个世界的中心被移动。这样，我们要么就不能承认多个世界中的单纯物体有着相同的性质，要么如果承认这点，我们就必须使中心和边缘成为一个；而这就意味着世界不能比一个更多。

如若单纯物体或多或少地离开自己特定的地点就假定它们有不同的本性，这是不合理的。因为，是什么差别使我们能够说一物离开这个或那个距离呢？差别是在比例方面，距离越增加差别也越大，但形式是同一的。再有，这些物体必然有某种运动，既然它们非常明显地在被运动。那么，我们可以说它们的一切运动（即使是彼此相反的运动）都是被强迫的吗？不行。因为一个在本性上完全不被运动的事物是不能被强迫运动的。如果这些物体都有某种合乎自然的运动，那么，每个特殊事物的运动都必然朝向数目上单一的地点，
277a 例如，朝向某个特定的中心或某个特定的外缘。如果假定每一运动朝向的目标在形式上相同但在数目上却是多，特殊事物自身也会因此而是多，尽管它们每一个在形式上都没有区别，那么，我们的回答是，目标的多种不能局限在这个或那个部分，而要同样地扩展到一切部分；因为在形式上，一切都同样地没有区别，但在数目上，每一个都彼此不同。我的意思是这样的：如果这个世界中各部分彼此之间的关系和它们对另一世界中各部分的关系相同，那么，从这个世界中截取出的任何部分与其他某个世界中各部分的关系以及与它同一个世界中其余部分的关系就不是不同，而是相同的；因为在形式上，它们彼此并无区别。所以，要么必然放弃这些假定，要么中心和外缘就必定只有一个。如果是后一

种选择，那么，依据同样的论据和按照同样的必然性，天就必然只有一个而不是众多。

通过其他考察也清楚可见，存在着土和火自然地被移往的某个地方。因为一般说来，被运动物要从某种状态变为另一种状态，而且，变化所由开始的起点和所趋的终点在形式上是不同的。一切变化都有限，例如，康复是从疾病到健康的变化，被增长是从小到大的变化。被移动也必定如此；因为它也有变化的起止点。因此，自然地被移动的起始点和趋向点在形式上必然不同；就像康复的变化方向既不是巧合的，也不是由运动者的意愿所决定的一样。所以，火和土也不是被移动到无限，而是到对立的地方。地点方面的对立就在上与下之间，因此，它们就将是移动的限界。（即使圆形移动也有直径终端上的某种对立；虽然作为整体的圆形移动没有反面。所以，在这种意义上，这种运动也有某种对立的和有限的目的地。）可见，被移动必然有某个终点，不能趋于无限。

被移动不能趋于无限的结论还可以被这个事实证明：土离中心愈近时，它被移动得愈快，火离顶端愈近时，它被移动得愈快。如若运动无限，它的速度也会无限；而如若速度无限，物体的重和轻也会无限。因为正如两个物体中位置更低的那个由于它的重而具有更快的速度一样，如果重的增加无限，速度的增加也会是无限的。

再有，这些物体有的向上有的朝下移动不是被另外的 277b

东西所引起，也不是由于强制，就像有些人[1]所说的被挤出那样。因为如若这样，更大的火就会更慢地向上运动，更大的土也会更慢地朝下运动了；但事实刚好相反，更大的火或土朝向自己特有地点的移动更快。再者，一物朝向终点的移动不会更快，如若这种移动是由于强制和被挤出的话。因为随着强制力源的越来越远，一切被强制的运动就会越来越慢，而且，一物不被强制移往的，正是它被强制移动的地方。从这些考察中，我们已获得了对于我们所论真实性的足够信心。

从第一哲学以及从圆形运动（不论在我们这个世界还是在其他世界，它都必然是同样永恒的）的论证中也同样能够证明这一点。

从下面的考察也可以表明：天必然只有一个。因为物体性元素是三种，所以，这些元素所处的地点也是三个，一个是沉到底部的元素的地点，它围绕着中心，另一个是圆周式移动的元素的地点，它处在最外缘，第三个是居间性元素的地点，它处于中间地带。居于中间地带的必然是处在面上的东西。因为如若它不在那里，就会在外围，但它不能在外围；因为有两种物体，一种无重，一种有重，靠下的地点是有重物体的，既然中心周围的区域专属于重物体。而且，它的位置也不能反乎它的本性；因为如若不

① 指原子论者。

然，就会合乎另一物的本性了，但并不存在另一物。因此，它必然处在中间地带。至于中间地带自身内部有什么差别，我们留待后面说明。①

现在，关于物体性元素的性质和数量，它们各自的地点是什么，以及一般而言有多少个地点等问题，从我们在上面的论述中，已经清楚了。

【9】 我们不仅要说只存在着一个天，而且要说多个天的不可能。此外，我们还要说这个天是永恒的，不生也不灭。我们先从有关这个问题的难点开始。从某种观点看来，天似乎不可能仅仅是一个；因为在一切由于自然和出于技术的构造和产物中，我们都能区分出依据自身的形状和与质料相结合的形状。例如，球体的形式与金质的和铜质的球 278a
体不同，圆环的形状与铜制的和木制的圆环相异。在说明球体或圆环的本质时，我们不包括金的或铜的定理，因为它们不属于我们所定义的东西的实体。但是，如果说明的是铜质的和金质的球体，我们就包括它们；而且，即使除了具体的特殊事物外，我们不能思想和把握任何其他东西，我们也要作出这种区分。因为在有时，没有什么阻止这种情况的发生：例如，假若只有唯一的一个圆被发现，圆的本质与这一个具

① 这里是把中间地带当作一个统一体来看待的，其实，水和气都处在这里。这二者的各自特点将在《论天》第四卷讨论。

体圆的本质之间的区别也不会更小，因为前者只是形式，后者则是在质料中的形式，即特殊事物。既然天是可以感知的，它就应被视为一个具体的特殊物，因为正如我们所知道的，每个可以感知的事物都在质料中。而且，如果它是个具体物，那么，这一个具体的天就应与一般意义上的天相区别。因此，这个天与一般的天是相异的，即后者是作为形式和形状，前者则作为与质料相结合的东西。这些有着某种形式和形状的特殊物是或可能是众多的。因为情况必定是这样：要么如有些人所说，形式是自身存在的，要么没有一个这种实体分离存在。在我们观察到的所有场合中，凡其实体在质料中的事物，形式相同的特殊物在数目上都是众多的，甚至是无限的。所以，有或可能有多个天。

从上面的这些论证，人们或许要假定有或可能有多个天。但是，我们必须再次考察这些论证中哪些是正确的，哪些是不正确的。没有质料的形式的定理区别于在质料中的形状的定理，这个说明是正确的，而且还可以把它假定为一条真理。但是，却不能因此而断定必然存在着多个世界；多个世界也不可能生成，如果（就像事实上如此一样）我们的这个世界包含了所有质料的话。我的意思在下面的论述中可能会更为清楚。假定“鹰鼻”在鼻子或肉中是弯曲的，肉是鹰鼻的质料，假定所有肉的部分集合成一整块肉并具有这种“鹰钩”的性质，那么，就没有任何其他鹰钩性质的东西可以存在或可能生成。同样，假定肉和骨头是一个人的质料，假定这个

人是由所有的肉和骨头生成的，而这些肉和骨头又不能被分解，那么，另一个人就不可能存在了。在其他例子中情况亦 278b
然。因为一般情形是：如若不具备一定的质料，其实体存在于某种载体中的事物就绝不可能生成。天是特殊的、由质料构成的存在物。如果它不是由一部分，而是由所有的质料构成，那么，尽管“是一个天”与“是这个天”有区别，但仍不应有另外的天，也不可能有多个天生成，既然所有的质料都被包括在这个天之中了。

因此，剩下来要证明的就是：我们的这个天是由所有自然的、可以感知的物体所构成。我们首先要解释我们所谓“天”① 的含义是什么以及有多少含义，以便更清楚地理解我们的研究对象。在一种意义上，我们把整个宇宙最外围的实体称为“天”，或把整个宇宙最外围中的自然物体称为“天”；因为我们惯于用“天”这个词来称呼最外层和最高的地方，我们相信，所有神圣的东西在那里也有其位置。在第二种意义上，我们把“天”一词用来指与整个宇宙最外围连续着的物体，它包括月亮、太阳和某些星体②；因为我们把这些物体说成是“在天上”。此外还有一种意义，我们把“天”用于指被最外围包容着的一切物体；因为我们习惯于把整体或全体称为“天”。

---

① 在这一节中“天”（ouranos）当“宇宙”（kosmos）解。

② 指行星。

可见，“天”有上述三种含义。被最外围包容着的整体必然是由一切自然的、可以感知的物体所构成，因此，在“天”之外没有什么东西存在，也不可能有什么生成。因为如果在最外围之外有自然物体存在，那它必定要么是单纯物体，要么是复合物体，它的位置要么是合乎自然的，要么是反乎自然的。但是，它不会是单纯物体。因为已经证明[1]，以圆周方式被移动的物体不可能改变它的地点。它也决不能是脱离中心的物体或停留于中心的物体。它们不应合乎自然地在那里（因为它们的特有地点在别处），但如果它们是反乎自然地在那里，那么，这在外的地点就会合乎自然地属于某个另外的物体了，既然对一物来说是反乎自然的地点对另一物而言就必然是合乎自然的。但是，我们已经看到，在这些之外没有其他物体。因此，在天之外不可能存在任何单纯的物体。而且，如果单纯物体不可能，混合物体也不可能；因为混合物所在之处必然也是单纯物存在的地方。再者，也没有任何物体能在那里生成；因为它在那里生成要么是合乎自然的，要么是反乎自然的，要么是单纯式的，要么是混合式的，所以，同样的道理再次适用。因为考察“它是否在那里存在”与考察“它是否能在那里生成”并无区别。

依据上述，很明显，在“天”之外，没有、事实上也不会有任何有形体的体积存在和生成。因为作为整体的这个

[1] 见《论天》第一卷，【2】—【3】。

世界是由全部合适的质料所构成（正如我们已见到的，适合于它的质料也就是可以感知的自然物体)。所以，现在没有、以前未曾出现过、将来也绝不可能出现多个“天”。我们的这个天是单一的、仅有的、完全的。同时也很明显，在这个天之外既无地点、亦无虚空和时间。因为在所有的地点中，物体都能存在；而虚空被说成是虽然在其中现在没有物体，但能够存在物体；时间则是运动的数目，而没有自然物体，也就不会有运动。既然已经证明在天之外既无物体存在，也不可能有物体生成，所以显然，天之外无地点、无虚空、无时间。因此，没有什么东西在地点中自然生成，没有时间使它们变老，处于最外层运动之外的事物没有一个有什么变化，而是既无质变，也不承受作用，在它们存在的整个时期中，有着持续不断的、最好的、最为自足[1]的生活。对于我们的祖先来说，“持久”一词的确具有神圣的含义。因为他们把包含每个生物生命的时间、无物能在它之外自然生成的那个完满总体时间称为“持久”。依据同样道理，整个天体的完满以及包括所有时间和无限的“完满”也是“持久”，这个名称来源于“aei einal”(永远存在)[2]，有不朽和神圣的意思。在它之中，派生出其他东西的存在和生命，有些更直接清晰，有些则是模糊的。

① te autarkestate。

② 在希腊文中，“持久”（或译为“持续”、“时期”等）是 aion 一词，来源于 aei on，即“永远存在”或“总是存在”。

因为正如在通俗的哲学中有关神圣性的讨论一样，经常提出的观点是：神圣的、最初的、至上的东西必然是完全不变的。这个事实使我们的说法得到了证实。因为没有其他比它更高的东西使它运动（如若不然，就会有更神圣的东 279b 西了），它没有什么不足，也不欠缺自身特有的优美。它的不停的运动也是很有道理的；因为当每个事物到达了自己的特有地点时都停止其被运动，而这个物体是圆周式运动，所从出的起点和所趋向的终点是同一个地点。

【10】 在确定了上述这些区分之后，我们接着就来考察这个天是不生成的还是生成的、是不可消灭的还是可以消灭的。我们首先从复述其他思想家的理论开始，因为一个理论的证明就是对于相反理论的诘难。同时，如果人们先听到了我们的对手的论辩，或许就更会相信我们将要作出的陈述。而且，我们也不愿让人们得出我们在搞缺席审判的看法。对真理作出恰当判断的必定是仲裁人，而不是对立的当事者。

所有思想家都一致认为这个世界是生成的，但生成之后，有些人[1]说它是永恒的；另一些人[2]则说它是可以消灭的，就像其他自然构造物一样；还有一些人则断言它是交替

---

① 奥菲派、赫西俄德、柏拉图等人。

② 原子论者。

变化的，有时像现在这样，有时又不同，处在消灭之中，而且，这种过程是永远持续的，阿格里根特的恩培多克勒和爱非斯的赫拉克利特就是持这种观点。

既断言它生成又认为它永恒的观点是不能成立的。因为我们的假定只有以我们在许多或一切场合所看到的事实为依据才是合理的，而上述观点则刚好相反；因为我们看到，任何生成之物都总是要被消灭的。再者，如果一物的现存状态没有开端，它在以前的任何时间延续中都不能是其他样子，那么，它就不可能有变化；因为变化会有某种原因，如若这个原因早已存在，那么，我们所说的不可能是其他样子的事物就可能是其他样子了。假定这个世界由元素构成，而这些元素在以前是其他样子。那么，如若它们总是处于那种状态，不能变成其他，这个世界就决不会生成了；但是，既然它已经生成，那么很显然，元素必然能够变化，不会永远处于那种状态。所以，它们在结合之后还会被分离，正如它们早先是分离的后来结合起来了一样，而且，这个过程或者已经、或者可能已经在无限的时间中重复发生过了。如果这样，这个世界就不会不消灭，无论它是已经有了其他样子还是可能有其他样子。

在主张世界虽不消灭但要生成的人中，有些人企图通过提出一个不真实的类比来自我辩护。他们说，他们关于世界生成的说法类似于几何学家画的图形，并不意味着世界真的
在某个时候生成，而是出于讲授的目的，使问题更容易理解， 280a

正如在构造过程中的图形一样。但是，就像我们所指出的，这两种情形不相同。在图形的构造中，当所有的成分凑在一起时，结果的图形与各成分相同，但在这些人的证明中，结果并不相同，也不能相同；因为在先的假定与在后的假定是矛盾的。他们说，有序在某时生成于无序[①]，但同一事物不可能同时既无序又有序，所以，必然有一个时间的间隔来分开这两种状态。但在几何图形中，没有时间的分离。

那么很清楚，这个世界不可能既是永恒的同时又是生成的。至于世界交替结合和分离的观点，并不比使世界永恒仅仅改变它的形状的观点更荒谬。就像假如有人把一个成年人从小孩长成，一个小孩从成年人生成看成是一时消灭一时又存在一样。因为很明显，当各元素彼此结合在一起时，其结果不是一个偶然的顺序和结合，而是与以前相同的，——尤其是按主张这种理论的人自己的观点来看是如此，因为他们认为对立面是每一种排列状态形成的原因。所以，如果物的整体（它是连续的）现在是如此排列和顺序的，而且现在也处在这种状态中，如果这个整体的结合就是一个世界或天，那么，生成消灭的就不会是这个世界，而仅仅是它的排列。

如果世界是一，它作为整体就不可能先生成又消灭，也绝不可能重复。因为在它生成之前，肯定总存在着一个先于它的结合，而且，我们认为这个结合决不会有变化，若

① 见柏拉图：《蒂迈欧》，30A。

它没有生成的话。另一方面，如果世界是为数无限的，这种观点就可能了。

但是，无论这种观点是否可能，后面的论述都将表明。因为有些人认为，不生成的某物被消灭，生成的事物保持着不被消灭都是可能的，例如在《蒂迈欧》中就是这样主张的。在那里，柏拉图说，天是生成的，但却在其余的时间中永远存在。上面所说的有关天的观点，只是以天的本性为限的，当我们一般地考察了一切有关的方面之后①，关于这个问题的答案就清楚了。

【11】 我们首先必须区分我们所谓“非生成的”、“生 280b
成了的”、“可消灭的”、“不可消灭的”的含义。因为这些词有多层意义。虽然对于当下的论证无关紧要，但如果某人把在多种意义上可分的东西作不可分的来使用，就必然会导致思想不确定的后果；因为陈述主体的特性是不清楚的。

“非生成的”的一层含义是：某物先前不存在，现在存在，但又没有生成和变化过程。这就像有些人所说的被接触和被运动的情况一样；因为他们说，无论是被接触还是被运动，都没有生成过程。第二层含义是：某物可能生成，或可能已经生成了，但却不存在。之所以把这种情况也叫做“非生成的”，是因为它的生成只是一种可能性。第三层含

① 指通过对生成和消灭的整个问题的考察。

义是：某物一般说来不可能生成，所以它有时存在有时不存在（“不可能”有两层含义，或者指“事物可以生成”的说法不真实，或者指事物不能轻易地、很快地或很好地生成）。

“生成了的”也同样有三层含义：一是某物先前不存在，后来存在了，无论有没有生成的过程都无所谓，只要它某时不存在，现在又存在了就行。二是某物能够生成，无论这个“能够”被定义为“事实”还是“容易”都可以。三是某物易于从不存在生成到存在，它或者由于这个生成过程已经实际存在了，或者还没有实际存在，只是可能存在。

“可消灭的”和“不可消灭的”的含义也一样有多种。如果某物先前存在，后来不存在了或者不可能存在了，我们就称之为“可消灭的”，无论是否有被消灭或变化的过程。有时候，我们也把由于消灭的过程可能引起的事物的不存在叫做“可消灭的”。此外还有第三层含义，即可以把“易于毁坏的东西”说成是容易消灭的。

关于“不可消灭的”这个词，也有同样多的说法。因为它或者是指有时存在有时不存在但却没有一个毁灭过程的事物。例如接触，它虽然先前存在后来不存在了，但并无被消灭的过程。或者是指现在存在但可能不存在，或将来的某时不存在但现在存在着的事物；因为你现在存在，也有接触，但二者都可以消灭，因为会有一个时间，在那时，说你存在或说那些事物接触着就不真实了。它最严格的含义是指存在着、并且不可能在“现在存在，以后不存

在或以后可能不存在”的意义上被消灭的事物。此外，不容易被消灭的东西也被说成是“不可消灭的”。 281a

如果这些区别成立，我们就必须考察我们所谓“可能”和“不可能”的意义是什么。因为在最严格的意义上，“不可消灭”的陈述是依据于事物被消灭的不可能性的，即它不是一时存在另一时不存在。“非生成的”也意指不可能性，即事物不可能以先前不存在、后来存在的方式生成，例如对角线不可能与边通约。

如果某物能够被运动或升举重量，我们就总是说它的最大量，例如，我们说一个力举起了 100 塔仑特或行走了 100 斯塔得（如果它能完成最高量，它当然也就能完成其中的部分），因为我们在定义力时必须给出定量或最大量。这样，能够具有一定最大量的东西也必然能够具有这个最大量以内的量。例如，如果一个人能举起 100 塔仑特，他也能举起 2 塔仑特，如果他能走 100 斯塔得，他也定能走 2 斯塔得。但这个能力是指最大量的能力。如果某物不能具有一定的量（是就最高量而言的），那它也就不能具有更大的量。例如，假若某人不能走 1000 斯塔得，那么很显然，他也不能走 1001 斯塔得。

这一点不应该使我们有任何疑虑，因为严格地说，可能性是被限定的最高量所规定的。可能有人会反对，认为我们所说的不具有必然性，因为一个看见了 1 斯塔得远的人并不一定会看见在它之内的所有大小，相反，能看见一个小点或听到微弱声响的人将会感知到更大的东西。但是，这种反对与我们的论证并不相干，因为最大量可以在力方面，也可以在它的对象方面被规定。意思是很明白的，因为更好的视力是对更小物体的，而更快的速度则是对更大距离的。

【12】 在这些区别确立之后，我们必须进行后面的工作。如果有些事物既能存在，又能不存在，那么，必然有某个确定它们存在和不存在的最大量时间。我的意思是说，有一个事物在此间能够存在的时间，也有一个事物在此间能够不存在的时间。这种情况适于任何范畴，无论是人、白色的、三肘尺长还是其他任何范畴。因为如果时间在量上不确定，而是总比任何能假定的时间更长，比任何不存在的时间更短，
281b 那么，同一事物就可能会在一个无限的时间中存在，在另一个无限的时间中不存在。但这是不可能的。

让我们以这一假定作为起点：“不可能”与“虚假”的意思并不相同。“不可能”与“可能”、“虚假”与“真实”的一个用法是假定意义上的（我的意思是，例如，按照某个假定，三角形内角之和不可能等于两直角，按照另一个假定，对角线与边不可能通约）；也有某些东西的可能与不可能、虚假与真实是绝对意义上的。某物的绝对虚假与绝对不可能是不一样的。当你没有站着时，断言你站着就是虚假的，但不是不可能。同样，当一个人正在演奏竖琴而没有唱歌时，断言他在唱歌就是虚假的，但不是不可能的。

但是，如果说你站着同时又坐着，或者说对角线与边通约，那么，这种断定就不仅是虚假的，而且也是不可能的。所以，构造虚假的前提与构造不可能的前提不一样，不可能的结论是从不可能的前提中推出的。一个人同时具有坐着或站着的能力，因为当他具有一种能力时，也具有另一种能力；但是，并不因此而推出他能同时坐着和站着，而是在不同的时间中。当然，如果某物在无限时间中具有多种能力，那么，各种能力的实现就不是在不同时间中，而是同时的。所以，如若某个在无限时间中存在的东西是可以消灭的，那它也必定会有不存在的能力。如果它在无限时间中存在，假定这种不存在的能力被实现，它在现实中就会同时存在又不存在。这样，虚假的结论就会出现，因为前提的设定是虚假的。但是，如若前提不是不可能，其结论也应该不是不可能。因此，任何永远存在的事物都是绝对不可消灭的。

它也同样不是生成的。如果它是生成了的，就会有在某个时候不存在的能力；因为就像可以消灭的东西在先前存在、现在不存在，或在将来的某时可能不存在一样，生成了的东西也可能在先前是不存在的。但是，永远存在的东西没有任何它在其中可能不存在的时间，无论这个时间是无限的还是有限的；因为它在无限时间中存在，它也能在有限时间中存在。因此，同一个事物不可能既能永远存在又能永远不存在。

它不能有矛盾，就是说，不能永远不存在。所以，某

282a 物不可能既永远存在又可以消灭。同样，它不能被生成；因为如果在两个词项中，前一个不存在后一个也不可能存在，而前一个不可能存在，那么，后一个也必定不可能存在。因此，如果永远存在的东西不可能在某时不存在，那它也就不可能被生成。

再者，既然“永远能够存在”的东西的矛盾面是“并非永远能够存在”，它的相反面则是“永远能够不存在”，而“永远能够不存在”的矛盾面是“并非永远能够不存在”，那么，这两种表达的矛盾面必然属于同一个事物，也就是说，在“永远存在”和“永远不存在”之间必定有某个居间者，即既能存在也能不存在的东西；因为每种表达的矛盾面都会在某时适于它，除非它是永远存在的。所以，并非永远不存在的东西是在有时存在有时不存在，而且很清楚，这也适于并非总是能存在的东西，它在有时存在，因而有时不存在。因此，同一个事物既能存在又能不存在，这是二者之间的居间者。

我们的论证可以一般地表述如下。设 A 和 B 是两个不能同属于一个主体的属性，假定 A 或 C 和 B 或 D 能属于每一事物。那么，A 和 B 不属于的每个事物必然为 C 和 D 所属于。再假定 E 是 A 和 B 的居间者（因为不是相反双方之一的东西必定是二者的居间者）。C 和 D 必然属于 E。因为 A 或 C 属于一切事物，所以也会属于 E。既然 A 不可能属于，C 就一定属于。这同一个道理也适于 D。

可见，永远存在的东西不可能生成和消灭，永远不存在的东西亦如此。同样清楚的是，如果某物可以生成或消灭，那它就不是永恒的。否则，它就既能永远存在，同时又能不永远存在了；但前面已经证明过①，这是不可能的。因此，不生成且存在着的东西必定是永恒的，不可消灭且存在着的东西也同样如此（我所谓“不生成”和“不消灭”，是在严格的意义上使用的。“不生成”是指这样的东西：它现在存在着，而且“它在以前某个时候不存在”的断言是不真实的；“不消灭”则是指：它现在存在着，并且断言“它在以后某个时候不存在”是不真实的）。再有，如果这两个词是相互跟随的，即“不生成”之物是“不可消灭的”，“不可消灭”之物是“不生成”的，那么，永恒必然跟随它们每一个，即如果某物 282b
不生成，它就是永恒的；如果某物不可消灭，它就是永恒的。从这两个词的定义也看得很清楚。因为如果某物可消灭，它就必然是生成的。它或者是生成的，或者是不生成的；如果它不生成，那么，依据假定，它就不可消灭。再者，如果某物是生成的，它就必然可消灭；它或者是可消灭的，或者是不可消灭的；但如果它不可消灭，按照假定，它也就不生成。

如果“不可消灭”与“不生成”不相互跟随，那么，不生成之物和不可消灭之物就都不是必然永恒的。然而，它们必定是相互跟随的。证明如下。“生成了的”与“可以消灭的”相互跟随，这从前面所述看得很清楚；因为在永

---

① 见 281b18 以下。

远存在之物和永远不存在之物之间有居间者，二者谁也不跟随它，这个居间者是生成的又是可以消灭的。因为每一个在有限的时间中都既能存在也能不存在（我所谓的“每一个”，指它在某个一定量的时间内存在，在另一个一定量的时间内不存在）。所以，如果某物是生成的，或者是可以消灭的，它就必然是居间者。设 A 表示永远存在的东西，B 表示永远不存在的东西，C 表示生成的，D 表示可以消灭的。那么，C 必定是 A 和 B 的居间者；因为在有限范围内，没有 A 在其中不存在或 B 在其中存在的任何时间。对于生成了的事物来说，必然潜在地或者现实地有这样一个时间，但对于 A 和 B 而言，则既无潜在的、也无现实的这种时间。因此，在某个一定量的有限时间中，C 将既存在又不存在；表示可以消灭的 D 也是如此。这样，C 和 D 各自都既是生成的，又是可以消灭的。所以，“生成了的”和“可以消灭的”互相跟随着。

设 E 表示“不生成的”，Z 表示“可生成的”，T 表示“不可以消灭的”，H 表示“可消灭的”。Z 和 H 已被证明是相互跟随的。但是，当这些词的相互关系像下面这样时（即 Z 和 H 彼此跟随；E 和 Z 不是同一主体的属性，而是它们中的某一个是每一主体的属性；H 和 T 的关系相同），E 和 T 也必然相互跟随。因为假定 E 不跟随 T，那么，Z 就会跟随，因为 E 或 Z 是每一主体的属性。但是，Z 跟随的
283a 东西 H 也会跟随。因此，T 也会跟随 H。然而，按照假定，这是不可能的。同样的论证也能证明 T 跟随 E。同时，“不

生成的”（E）与“生成了的”（Z）之间的关系和“不可消灭的”（T）与“可以消灭的”（H）之间的关系是一样的。

那么，“没有什么妨碍生成了的某物不可消灭，或不生成的某物可以消灭”的说法与“一物的生成和另一物的消灭完全一次发生”的想象一样，是破坏了已经确立的前提。因为在无限的或某个一定量的有限时间中，每个事物都能够主动动作或被动承受、存在或不存在；无限的时间只是一种可能的选择，因为它自身在某种意义上是被限定的，即没有更大时间超过它的时间长度。但是，在一个方向上的无限既不是无限的也不是限定的。

再者，为什么先前永远存在的东西在这个时间点上而不是在其他时候被消灭了？为什么无限的不存在的东西后来又生成了？如果没有什么理由，而且这个时间点是无限的话，那么很清楚，某个生成了的和可消灭之物就是在无限时间中存在的。因此，它也能在无限时间中不存在（既然存在与不存在的能力是同时并存的），如果它可以消灭，它就是在消灭之前，如果它是生成的，它就是在生成之后。所以，如果我们假定它的能力实现出来，对立的双方就会同时并存。此外，它的能力自身也会同样地现存于每个时间点中，这样，事物在无限时间中就会有既存在又不存在的能力了。但已经证明过，这是不可能的。再有，如果潜能先于现实而存在，它就会在一切时间中存在，即使在事物还没有生成和不存在时，它也能够生成。这样，它不存在和它具有存在的潜能就是同时的了，或者在那时或者在后来，所以，是在无限的时间中。

按另外的根据也很清楚：可以消灭的东西在某时不可消灭是不可能的。因为不然，它就总是会可以消灭同时在现实上又不可消灭，这样，它就既能永远存在，同时又能不永远存在了。因此，可以消灭的东西在某时是可以消灭的，如果它是可以生成的，也已经生成了；因为它能够生成，所以就不是永远存在的。

从下面的论证也可以看到，不论是在某时生成了的东西要保持不可消灭，还是不生成的、在以前永远存在的东西要消灭，都是不可能的。因为没有什么东西能由于自发和机会而不可消灭或不可生成。自发的和由于机会的产物是与永远和经常存在或生成的东西相对立的，相反，或绝对或从
283b 某个时间点开始而存在于无限时间中的事物是永远存在或经常存在的。所以，由于机会的事物在本性上必然是有时存在有时不存在。但是，在这种性质的事物中，矛盾状态双方的潜能是同一的，质料既是事物存在的原因，也是事物不存在的原因。因此，对立双方必然同时存在于现实中。

再者，也不能真实地断言现在存在的东西在以后存在，或以后存在的东西现在存在。所以，在某时已不存在了的东西在以后还永恒地存在是不可能的；因为在它后来的状态中，它将具有不存在的潜能，当然，这不是说在它存在时的某个时候不存在（因为那时它是现实地存在着的），而是说它在以

后或过去的某个时间不存在。假定有这种潜能的事物存在于现实中，那么，现在说“它以后不存在”就是真实的。但这不可能；因为没有一种潜能是过去的，它总是现在的或将来的。同样的论证也适于“以前永恒存在的东西后来不存在了”的观点；因为在后来的状态中，它将具有一种不存在于现实中的潜能。所以，如果我们假定潜能的实现，那么，现在说“它在以后或在过去的任何时间存在”就是真实的。

以前永恒存在的东西后来被消灭，或者，以前不存在的东西后来永恒存在，这两种情况的不可能性也可以不从一般，而从特殊的考察得到证明。因为可以消灭和生成的事物都是要发生性质变化的，而质变的发生是由于对立面，构成自然物体的东西与消灭它们的东西是相同的。

第　二　卷

283b26 【1】 整个天既不生成，也不可能被消灭，而是像有些人所说的那样，是单一和永恒的，它的整个时期既无开端也无终结，在自身中包含着无限的时间。这种观点，不仅可以通过上面的论证使我们确信，而且还可以借助于那些与我们的看法不同的、认为它是生成的人的观点来证实。因为如若我们主张的这种观点是可能的，而他们所说的依据那样一
284a 种方式生成的观点不可能，那么，这就会加强我们对于天的不朽性和永恒性的信念。因此，我们可以很好地确信那些古代信条，尤其是我们自己的传统理论的真实性。按照这种理论，存在着某种不朽的和神圣的东西，它有运动，但这种运动没有其限界，相反，它是其他运动的限界。因为限界就是包容者。由于这种圆形运动是完满的，所以，它要包容那些不完满的、有限界的和停顿的运动，而自身却既无开端亦无终结，不停地穿越无限的时间，成为其他运动开始的原因，并容纳另一些运动的停顿。我们的先辈们把天体和上面的

地区分派给神灵，认为只有那才是不朽的；我们现在的论证就是要证明它是不可消灭的和不生成的。我们也要表明，它不受任何有死之物影响，除此之外，它的运动也毫不费力，因为它不需要任何外在力量强迫自己的必然运动，并阻止其进行自身本性之外的其他运动。这种强迫运动全都费力，持续越久远，费力越多，而且与完满不一致。因此，我们不要相信那个古老的传说，说天体的安全要归功于“阿特拉斯”[1]。虚构了这个故事的那些人与后来的思想家们似乎有着同样的见解，即认为一切上面的物体都是土构成的，且具有重量，所以，他们必然以其虚构的方式设定一个有生物来支撑着它。我们不能接受这种方式的见解，但我们也不能相信恩培多克勒的说法。他说，天体由于有其比自身朝下的倾向更快的漩涡运动，因而能在这个时间中保持不灭。通过灵魂的必然制约使天体永远保持的说法也不合理[2]；因为处在这种状况下的灵魂的生命不会是无痛苦的和幸福的。既然运动必然是强制的，那么，如果灵魂像这样运动最初的物体，当最初物体的自然移动不同时，它就要连续不断地运动它，所以，它必定不安宁，缺乏闲暇和理智的满足；因为它甚至不能像有死生物的灵魂一样，

① 阿特拉斯（Atlas），希腊神话中古老的诸神之一，他支撑着天的柱子。见柏拉图：《斐多》，99^{C}。

② 这是针对柏拉图在《蒂迈欧》中关于世界灵魂的观点的。

在睡眠中通过肉体的放松而得到消遣，相反，“依西昂”[1]的命运必然永远地、无休止地罩住它。总之，正如我们所说过的，如果最初运动以所述的方式发生是可能的，就不仅可以更适当地像这样确信它的永恒性，而且也只有依据这个假定，我们才能提出与我们关于神圣性的预言相一致的理论。但是，对于现在来说，这种说明已经够了。

【2】 既然有些人说天有右和左，就像以毕达戈拉斯学派而著称的人们所说的那样（实际上，这种观点是他们提出的），那么，我们就应该考察，如果必须把这些原则归属于宇宙的整个物体，它是具有他们所说的那种方式呢，还是具有其他更好的方式。因为首先，如果有右和左，在它之中就肯定先有其所属的在先的本原。关于这些本原，我们在有关动物的运动的讨论中已经分析过了[2]。它们是动物的本性所特有的；因为在有些动物中，明显存在着所有这些部分的区别，例如我们所谓的右与左等等，在另一些动物中有另外的区别，但在植物中却只有上与下。如果我们要把这些区别的某个部分归属于天，那么，就像我们已经说过的，在动物中首先存在的东西也应该合乎情理地存在于天体中。因为这三对范畴中的每一对都是某种本原。

---

① 依西昂（Iksion），在希腊神话中，依西昂被神惩罚，被绑在地狱车轮上永远旋转。

② 见《动物的行进》，【4】—【5】。

我所谓的三对范畴，指上与下、前与它的反面、右与左。这三对区别可以很有理由地被认为是一切完满物体所具有的①。上是长的本原，右是宽的本原，前是深的本原。或者再有，可以把这些本原与各种运动联系起来看，因为我所谓的本原，是指具有运动之物的运动首先由以开始的东西。生长运动开始于朝上，位置移动开始于向右，感觉运动则开始于向前，因为所谓前，指的就是感觉被指向的方向。

因此，上与下、右与左、前与后是不能在所有物体中被发现的，只有在那些自身内具有运动本原的生物中才能找到；因为在非生物的任何一个部分中，我们都不能看见运动由以开始的本原。它们有一些根本不被运动，另一些
虽被运动，但并非在一切方向上都同一，例如火只向上， 285a
土只朝向中心。只是相对于我们而言，我们才说上与下，右与左也在这些物体中。我们这样称它们，或者是依据我们自己的右手（就像占卜者们那样），或者是按照和我们自己的类似物（例如一尊雕像的各部分），或者处在我们位置的反面，即把在我们左边的部分称为右，把在我们右边的部分称为左。但在物体自身中，我们却看不到这些区别；因为如若它们以圆周方式转动，我们就把其相反的部分称为右和左、上和下、前和后。

因此，人们就会感到奇怪：毕达戈拉斯学派为什么只

① 完满的物体指具有三维的物体，见《论天》第一卷，【1】。

说这些本原中的两个，即右和左，而忽略了其他四个与它们同样重要的本原？因为在一切动物中，上对下、前对后的区别也与右对左的区别一样明显。这种区别有时只是在功能上，但有时也表现在形状上；而且，上与下的区别存在于一切有生物中，不论它们是动物还是植物，但右和左的区别不存在于植物中。再有，长先于宽，所以，如果上是长的本原，右是宽的本原，在先东西的本原亦在先，那么，上亦先于右（这个“先于”是在生成顺序上的，既然“先于”一词有多层含义[①]）。此外，如果上是运动的起点，右是移动开始的地方，前是向前运动的目的地，那么，这也使上在与其他形式的关系中具有了某种本原的功能。

这样，毕达戈拉斯学派受到公正批评的缘由就明显了。因为第一，他们省略了更为根本的本原；第二，他们认为他们所认可的那两个本原是同等地存在于每个事物之中的。至于我们的见解，既然已经确定了这类功能存在于具有这些运动本原的事物之中，既然天是有生命的，且具有运动的本原，那么很明显，它也必定具有上和下、右和左。我们不必为宇宙是球形的事实而困扰，也不要由于宇宙的所有部分是相同的且处于永远的运动中而担心如何才能区分
285^{b} 它的右和左的问题。我们必须把它认作是某个存在物，在其中，右与左像在功能方面一样，也有着形状上的区别，

① 见《范畴篇》，$14^{a}26$ 以下，《形而上学》第四卷，【11】。

虽然它被包容在球形中；功能的差异是存在着的，尽管由于形状的匀整齐一而不明显。关于它被运动的本原，也适用同样的论证方式。因为即使它没有任何运动的开端，也必然有一个本原，如若被运动有开端，就从中开始其运动，如若它的被运动有停顿，就从中重新开始其运动。

所谓天的长度，我指的是其两极之间的距离，两极中一极在上面，另一极在下方；因为由于极的不动性，我们看到的两个半球与其他那些有明显的不同。同时，当我们说在宇宙中“旅行”时，我们的通俗含义也不是指向上和朝下，而是指穿越两极的线，而这就意味着是长度，因为“旅行”就是围绕着上与下的运动。

在两极中，我们看见在我们上面的那个是朝下的部分，而我们看不见的那个是向上的部分。因为我们说过，每种东西的右边是地点上的运动由以开始的本原。天的旋转是从星体升起的地方开始的，所以，它应该是在右边，而星体下落的地方是左边。如果它从右边开始，并在右边旋转，它的上部必然是看不见的那一极；因为如若它是可见的，运动就会在左边了，而这正是我们所否认的。所以很明显，看不见的那一极是在上面，在那里生活的东西是住在上半球，并且对着右边，相反，我们则住在下半球，对着左边。这与毕达戈拉斯学派的观点相反，因为他们把我们安排在上面和右边，另外的东西则被安排在下面和左边。事实刚好相反。但是，相对于第二圈旋转，即相对于行星的旋转而言，我们是在上面和右边，它们是在下面和左边。因为它们的运动本原是在反面的地方，原因在于它们的移动就是方向相反的，所以，对我们来说是起点的地方对它们就是终点。关于被
286a 三维以及被它们的地点所规定的那些部分，我们就说这样一些。

【3】 既然没有与圆形运动相反的另一种圆形运动，我们就必须考察为什么有多种不同的移动，虽然我们离企图探求的对象有很大距离；这个距离主要不是由地点的遥远造成的，而是因为天的属性很少为我们的感觉所感知。尽管如此，我们还是要尽力述说。有关它们的原因必须从下面的事实出发去把握，即每个有“功能”的事物都是为了它的功能而存在着的。神的现实性就是它的不朽性，即永恒的生命。所以，永恒的运动必然属于神圣的东西。天体具有这种性质（因为它是个神圣的物体），也正因为如此，它才是个圆形物体，且在本性上永远以圆形方式运动。

那么，为什么宇宙的整个物体不是都具有这种性质呢？因为当一个物体圆周式地被移动时，它的某个部分必然在中心静止着；但是，我们所说的这个物体却没有一个部分静止，不论它在中心还是在其他什么地方。因为如若它静止，它的合乎自然的运动就会朝向中心了；但实际上，它的自然运动是圆周式的。如若不然，它的运动就不会是永恒的了，因为没有什么反乎自然的东西是永恒的。反乎自然的东西后于合乎自然的东西，它是合乎自然的东西在其

生成过程中的某种错乱。因此，土必然存在；因为在中心静止着的正是土（现在，姑且让我们把它作为假定接受下来，有关它的说明在后面再作出①）。但是，如果土存在，火也必然存在；因为如果相反的一方由于自然地存在，另一方也必定如此，如若它真的是一个相反面，就必定有自己的某种本性。相反双方的质料是相同的，而且，肯定的一方先于否定的一方，例如热先于冷。静止和重也被说成是运动和轻的短缺。再者，如果土和火存在，它们的居间物体也必然存在；因为每种元素都与每种其他元素处于相反的关系中（现在也把这一点作为假定加以接受，后面我们要力图证明它②）。

既然有四种元素存在，那么很明显，就必然有生成，原因在于，它们没一种是永恒的；因为对立面的作用与被作用是彼此的，而且相互消灭。再有，下面这个看法是不合理的：存在着某个可以被运动的、永恒的东西，但它的合乎自然的运动又不可能是永恒的；这些物体都有运动。

从上述论证清楚可见，生成是必然的。但如果有生成，就必定还有一种或多种另外的移动；因为整个宇宙的 286b
运动与物体的元素之间的相互关系必然是同一的。关于这个问题，也将在后面的讨论中说得更清楚③，现在，下列问题至少是明白的：有多个圆周式移动物体存在的原因在于

① 见《论天》第二卷，【14】。

② 见《论生成和消灭》第二卷，【3】、【4】。

③ 见《论生成和消灭》第二卷，【10】。

必然有生成；如若有火，就会有生成；而如若有土，就会有火和其他元素；土的存在又是由于：如若有某物在永远被运动，就必然有某物永远静止。

【4】 天体的形状必定是球形。因为这最适合它的本质，而且在本性上也是最初的。我们先一般地讨论平面和立体的形状问题，以及什么是最初的或第一位的形状。一切平面图形都或者是由直线或者是由曲线组成。而直线图形要被多条线所包围，曲线图形只有一条线。既然每个种类在本性上，单一要先于众多，单纯要先于复合，那么，圆形就应该居于平面图形之首。其次，如若“完全的”这个词，就像我们以前定义过的，是表示在它之外不能找到任何一个自身的部分，那么，一条直线就总是可能被添加，而一条圆形线则决不能被添加，可见，围绕着圆形的线就应该是完全的线；并且，如若完全先于不完全，根据同样的道理，圆形也就应该是先于其他图形的。所以，球体也同样先于其他立体；因为它只由一个面围绕而成，而那些直线形的立体要由多个面构成。球体在立体中的地位与圆形在平面中的地位是一样的。就连那些把物体分解成平面，并且认为物体是从平面中生成的人[1]也似乎同意这种观点；

① 指柏拉图在《蒂迈欧》中的理论，亚里士多德对此的批评见《论天》第三卷，【11】。

因为球体没有多个面，只有一个面，所以，只有它是不能被分解的立体。因为即使把它分解成面，也并不是在把一个整体分割成部分这种意义上的分解，而是分解成另一个类属。

所以很明显，球体是第一位的立体图形。若按数目排列，给它这样的位置也是最合理的。在数目上，圆形相当
于一，三角形相当于二，因为它等于两个直角。假如把三 287a
角形说成是一，圆形就不再会是图形了。既然第一图形是第一物体的图形，而第一物体又是处在圆周最外沿的物体，那么，这个进行圆周运动的物体就应是球体。

与它相连接的物体也是这样；因为和球体连接的也应该是球体。接近中心的那些物体也不例外；因为被球体围绕并且整个地被球体所接触的物体必然也是球体。下面的那些物体是和上面的球体相接触。那么，所有的物体都应该是球体；因为一切都是和球体接触着、连接着的。

再有，既然整个天体在圆周式地移动是明显的，而且也被假定了，那也就表明，在球体最外边沿之外既无虚空也没有地点；正是因为如此，天体才必然是个球体。因为如若它由直线构成，在它之外就会既容许地点，也容许物体和虚空存在了。因为直线形物体在进行圆周运动时，决不能占据同一个地方，相反，由于在运动中角的位置的改变，先前有物体存在的地方现在就会没有物体，而现在没有物体的地方以后将再度有物体存在。如若有另外某种半径距离不相等的形状，如像扁豆形或卵形物作圆周运动，

也会这样。所有这些都会容许在旋转外面有地点和虚空存在，原因在于，在整体上，它不能占有同样的地方。

此外，如果天体的旋转运动是一切运动的尺度，那是因为只有它是连续的、均衡的和永恒的。在每类事物中，尺度是最小的，并且，最小的运动就是最快的，所以显然，天体的运动也应该是所有运动中最快的。从自身出发又回到自身的圆周线是最短的，而最快的运动就是沿着这最短的路线进行的运动。所以，如果天体是作圆周运动，并且又是被运动得最快的，那么，它就必然是球形。

也可以从考察位于中心周围的物体来把握这一观念。因为如果水环绕着土，气环绕着水，火又环绕着气，那么，在上面的其他物体也会按照这相同道理安排；因为它们虽
287b 然不连续，但却相接触。水的表面是球形的，所以，与球形连续或居于球形周围的物体也必然是具有相同形状。由此清楚可见，天体是球形的。

关于水的表面是球形的假定，还可以证明如下：水总是自然地汇流到较为低凹处，而较为低凹处的意思就是更接近中心处。设 AB 和 AC 是从中心引出的直线，并由 BC 连接。那么，三角形的底边线 AD 就会比从中心画出的两条线更短。所以，D 所占据的地点就更低凹。这样，水就流到此处，直至淹平为止。但是，AE 是和半径相等的，因此，水必然在这半径的外沿上，并在那里静止不动。然而，连接半径外沿的线是条圆周线，所以，水的表面 BEC 是圆

球形。

从上所述，很明显：宇宙是个球体，并且，这圆在程度上是如此地精确，以至于没有什么人手造就的东西，也没有任何我们眼睛所看得到的其他东西能与之匹敌。因为在所构成的元素中，没有一种能够像这种包容着其他物体的物体那样有均衡和精确的本性；因为很显然，就像水比土那样，距离得越远的元素就越完美。

【5】 圆周上的运动有两个方向，即从 A 到 B 和从 A 到 C。前面已经说过，这两个运动并不彼此相反[1]。但是，既然没有什么由于机会的和出于自发的东西能够永恒存在，既然天以及它的圆周移动是永恒的，那么，为什么它在一个方向上运动而不在另一个方向上运动呢？它必定或者自身是本原，或者以某个本原为依据。或许有人会认为，无一例外地去为有些事物提供证明的企图是极度愚蠢或极度鲁莽之举。但是，这种非难并不是全都一样公正的，人们必须看到这种说法有什么理由，寻求的是什么信念，无论只是人类还是某种更加坚实有力的东西。当有人成功地发现了更加精确的证明时，我们必定感激他的发现，但是现 288a
在，我们必须说表面上讲得通的东西。

如果自然总是制造出可能的最好情形，而且，就像直

① 因为两者都是从相同点到相同点，见《论天》第一卷，【4】。

线运动中向上的更优越一样（因为上面的地点要比下面的更为神圣），同样道理，向前的运动也比向后的运动优越，那么，前与后，如同右与左，也有着先于和后于，就像前面所说过的（以及提出的疑难所暗示的）那样。这就是我们解决难题的理由。如果自然的秩序是可能的最好状态，那么，这就应当是所论事实的理由；因为最好东西的被运动是单纯的和不停的运动，而且沿着更为优越的方向进行。

【6】 接下来我们要讨论的是：天体的运动是均衡的还是不均衡的（我说的只是第一重天和首位的运动。因为在较低之处的那些物体中，多种移动已经合而为一了）。

如果它的运动不均衡，显然在移动中就有加速、顶点和减速，因为一切不均衡的移动都有减速、加速和顶点。顶点可能出现在运动的起点、终点或中点。例如，对于那些合乎自然的运动，顶点或许在终点，那些反乎自然的运动的顶点则在起点，而对于那些抛掷运动来说，顶点则在中点。但是，圆周移动既无起点，也无终点和中点，它没有开端、限界和中点。因为在时间上，它是永恒的，在长度上，它是连续的，没有中断。既然它的运动没有顶点，也就不应该是不均衡的，因为不均衡性正是由于减速和加速造成的。

其次，既然一切被运动的东西都被某物运动，那么，运动的不均衡必然或者是由运动者，或者是由被运动物，或者是由二者共同造成。因为，如果运动不能总是用同样能力来发动，如果被运动物发生了质变但没保持同一，或者如果二者都发生了变化，那么，被运动物就难保不做不均衡的运动。但是，这些情形没有一种能发生在天之上。因为我们已经指出过，这个被运动物是最初的、单纯的、不生不灭的，一般地说也是不变的；至于它的运动者就有 288b
更多更好的理由具备这些属性了；因为它作为运动者，是最初的最初、单纯的单纯、不生不灭的不生不灭。既然被运动物是物体而没有变化，那么，运动者是非物体也就应该是没有变化的了。所以，这种移动不可能是不均衡的。

再者，如果产生了不均衡的运动，那就或者是整个地发生了变化，即一时较快一时较慢，或者是它的各部分发生了变化。但是，它的各部分显然不会有不均衡的运动；因为如果被运动的东西有的快些、有的慢些，那些恒星在无限的时间中就已经分散了。然而，看不出它们的距离有任何变更。另一方面，天作为整体也不会有变化。因为任何事物由于能力的丧失才发生减速运动，而能力的丧失则是反乎自然的（例如在动物中，能力的丧失就完全是反乎自然的，譬如衰老和腐朽。也许是由于这样：动物的整体结构是由一些各自具有不同位置的成分所组成的，它的每一部分都没有自己的场所）。所以，在那些最初的东西中，是不会反乎自然的——因为它们是单纯的、不混杂的，并且处在自身所固有的场所，也没有任何东西与它们相对立——，也不应该有能力的丧失，因此，就不会有减速和加速运动；因为如果有加速，也就会有减速。

再次，如果说运动者在一个时间中无能为力，而在另一个无限的时间中又无所不能，这是荒谬的。因为很明显，没有什么东西能在无限的时间中反乎自然地存在着（无能为力是反乎自然的），没有什么东西能以与合乎自然存在同样长的时间去反乎自然存在着，也没有什么能以与有力量存在同样长的时间去无能为力地存在着。如果运动减速，那就必然要以无限时间来减速。但是，它既不能永远地加速，也不能永远地减速。因为假如这样，运动就会是无限的和不确定的了；而我们却认为，一切运动都是从某点出发到达另一点的，因而是确定的。

最后，也许有人会主张，存在着一种微量的时间，在其中，天是不可能实现其运动的。因为就像在某个一定的时间内不能举步或弹琴一样，每一行动都有个确定的、不可逾越的微量时间，同理，天在某个一定的时间中也不能
289a 被运动。假如这是对的，那么，移动就不应该有永远的加速（如果没有加速，也就没有减速，不论是对它们二者还是对其中的某一个，道理都是一样的），因为加速要以等速或加快或加强的方式实现，这都需要无限的时间。

剩下来的一种可能就是：运动是或快或慢地交替进行。然而，这种看法极其荒谬，完全是想入非非。此外，假如真是如此的话，这些现象就不可能不被更加充分地注意到，因为对于快慢交替的现象，感觉是更容易加以辨认的。

那么，有一个并且只有一个天，它不是生成的，而是永恒的，它被均衡地运动着。对于这些问题，我们已经说明。

【7】 接下来，我们要讨论被称为恒星的物体，说说它们的构成元素是什么，有何种形状和运动。对我们来说，最合理、也是最能自圆其说的看法是：每个恒星都由它们在其中移动的那种物体所构成，因为我们已经说过，存在着一个在本性上是圆周式移动的物体。我们的这个说法与那些断言恒星由火构成的人的说法一样，他们所持的根据是，把上面的物体称为火，并认为每个事物都由它存在于其中的那些元素构成的看法是合理的。

恒星发出的热和光由它们在空气中的移动产生的摩擦所引起。从本性上讲，木、石头和铁的运动都能发出火，气比这些东西离火更近，就更有理由如此了。例如被移动着的投掷弹，它们自身发出火，所以也溶化了铅球；而且，如果它们发出火，它们周围的气也必然同样受影响。投掷弹自身由于在大气中被移动而发热，气又由于与它的碰撞运动而生出火。上面的每个物体都在球体中被移动，所以，虽然它们自身不发出火，但在旋转物体的球体下面的空气却必然要由于它的移动而发热，尤其是太阳被固定的那个部分更是如此。因此，当太阳更近、更高或悬于我们头上时，热量就增加了。关于恒星既不由火构成，也不在火中被移动的问题，我们说的这些已足够了。

289b 【8】 既然恒星和整个天明显地要发生变化，那么，这种变化必然有三种可能的情形：要么二者都静止；要么二者都被运动；要么一个静止另一个被运动。

二者都静止是不可能的，因为如果土是静止的，就不会产生那些现象了。我们把土的静止作为假定。剩下的选择就是：要么二者都被运动，要么一个被运动另一个静止。

如果二者都被运动，就会得出恒星和圆形物有着相同速度的荒谬结论；因为如若那样，每个恒星就会与它在其中被移动的圆形物等速了，既然我们看到恒星要与圆形物同时回到相同的地方。这就会推出恒星通过了圆形物的同时圆形物完成了自己的移动，即通过了自己的圆周的结论。但是，恒星的速度与圆形物的大小具有相同比例的假定是没有道理的。圆形物的速度与它们的大小成比例，这不仅不荒谬，而且是必然的；但是，要说在圆形物中的每个恒星也有这种比例，就不合理了。因为如果在较大的圆上被移动的恒星必然较快，那么很明显，假如恒星更换其彼此的圆，较快的就会较慢，较慢的就会较快了。这样，它们就不会有自己特有的运动，而是被圆所移动了。另一方面，如果这种情况是出于机会，那么，较大的圆与在它之中移动得较快的恒星在每个场合都一致也同样不合理。在一两个场合具有这种情形或许并不荒唐，但要在每个场合都如此则纯系幻想。同时，机会在由于自然的事物中并不存在，在一切场合和一切事物中都适于的东西决不会出于机会。

但是，如果圆形物是静止的，而恒星是被自己所运动，也会出现同样方式的相同荒谬性。因为这会推出在较外面的恒星被运动得较快以及恒星的速度对应于圆的大小的结论。

既然二者都被运动或只有恒星被运动的假定都不合理，那么，剩下的可能就是：圆形物被运动，恒星静止并由被其附着的圆形物所移动。这是唯一不会导致荒谬结论的假定。因为较大的圆形物具有较快的速度是合理的，既然所有的圆都被附着于围绕同一个中心。正如在其他物体中较 290a
大东西的特有移动也被移动得更快一样，圆周式移动的物体也如此。当圆弧被半径分割时，较大的圆的弧线也较大。所以，较大的圆的旋转运动与较小的圆的旋转运动花费相等的时间是合理的。这也是天体之所以不被分碎的一个理由，另一个理由是，整体已被证明是连续的。

再有，既然恒星是球形的（犹如其他人所断言的，我们自己也与这种说法一致，因为它们是从出于球形物体的），而且，既然球形物有两种自身特有的运动，即旋转与滚动，那么，如若恒星由自己所运动，它们就会以这两种方式之一运动。但是，我们却没有观察到哪一种方式。因为如若它们被旋转，就会停留在同一处所中，不会改变自己的地点，但按照观察和一般的说法，它们却不是这样。此外，假定它们全都具有相同的运动似乎是合理的，但是，只有一个星体，即太阳，在它的升起和下落时，表现出这种旋转。而且，这也不是由于它自身，而是由于我们观察它的距离遥远；因为我们的视线被延长，就变得微弱和颤动了。同样的道理或许也能说明恒星的闪烁和行星的不闪烁现象。因为行星距离近，视线能以其不减的力量到达它们；但在到达恒星时，由于距离遥远，造成了视线的颤动。正是由于它的颤动，造成了运动仿佛在星体中的现象；因为不论是视线在运动还是被看到的对象在运动都没有区别。

另一方面，星体不滚动也十分明显。因为滚动的东西必然要旋转，但正如人们所说的，月亮的脸面总是朝向我们。

所以，既然星体的任何由于自身的被运动都是它们自身特有的运动才合理，而我们又看不到它们之中有这些运动，那么很明显，它们不应有由于自身的运动。

再有，自然未曾赋予它们这种运动的任何器官也是荒谬的。因为自然从不会偶然地做什么事情，它在关心动物时也并不忽视如此高贵的存在物，而似乎是有意识地使它们失去由于它们自身的一切可能前进的方式，并尽可能地使它们与具有运动器官的东西相脱离。正是因为如此，整
290b 个天以及每一个星体都是圆球形才似乎是合理的。对于在同一地点中的运动来说，球体是最为有用的形状（球形物的运动速度最快，也最容易保持地点的同一），但对于前进运动而言，球体最不适合，因为它最不相同于由于自身而被运动的物体。它也不像直线图形那样有分离的和凸出的

部分，而是完全与前进运动物体的形状相区别。所以，既然天的运动是在同一地点中被运动，既然其他星体不是由于自身而向前运动，那么，二者都是球体的结论就应该是合理的；因为这是最适合一个的被运动、另一个的不动性的形状。

【9】 从上面所说的这些可见，下面这个理论显然是不真实的：星体的被移动产生了和谐，也就是说，它们发出的声音是协调一致的；尽管作者们的话说得美妙而有独创性。有些思想家认为，如此庞大的物体在被移动时必然产生声音，既然在我们地球上的其体积和被移动速度都远不如星体的物体都会这样。所以他们说，当太阳、月亮和一切数量如此多、体积如此大的星体以如此快的速度被移动时，不可能不产生出其大无比的声音。以这个假定和以星体速度（通过对它们距离的判定）与音乐和声成比例的观察为依据，他们就断言星体被旋转移动时所发出的声音是和谐的。但是，既然我们听不到这种声音，上面的理论就显得不合理了，于是，他们就解释说，这种情况的原因是，那个声音直接属于产生的那一刹，所以，传到我们时，就与它的反面，即寂然无声没有区别了；因为声音与寂静的区别是通过它们的相互比较而为人所知的。正如铜匠由于习惯了工坊发出的噪音而以为它们没什么区别一样，我们人类发生的情形也如此。

就像前面所说的，这种理论虽然讲得美妙而富于诗意，但却不可能是真实的。它的不合理性不仅在于我们听不到任何声音（关于这一点，他们力图找出理由来解决），而且还在于，没有感觉，就没有什么影响作用于我们。我们知道，极度的声响能震动非生物群体，例如，雷声就能劈开 291a 石头以及最为坚固的物体。当许多物体在被移动时，如果它们传到这里的声音是与被移动物的大小成比例的，那么，它传给我们的必然是雷声的许多倍，而且，作用力也是其大无比的。但是，有很好的理由来解释我们听不到声音、物体也没承受什么力的作用这些现象，这就是：它没有声音。这个解释不仅是清楚的，同时也表明了我们提出的观点的真实性。因为正是使毕达戈拉斯学派断言星体的被移动产生谐和的那个困难确证了我们的观点。自身被移动的物体制造出声音和摩擦，但被附着或被包含在被移动物体中的东西，就像船上的各个部分一样，并不制造声音；如果船在河中被移动，船自身也不能发声。人们也许会提出同样的论证说，一条大船上桅杆和船尾被移动时不发出声音，或者船体自身的被运动不发出声音是荒谬的。但是，声音是在不被移动的东西中由移动的物体造成的；如果是在被移动的东西中，并且连续着，那么，就不能造成摩擦，也不能产生声音。所以，我们可以说，如若天上的物体是在完全散乱的气或火的群体中被移动，就像大家都断言的那样，那么，就必然会造成极其强大的声音，而且，这个声音如果产生，就必定会到达我们这里并震动事物。所以，既然这种情况显然没有出现，那么，它们绝不会由于有灵魂之物或强制力的移动而被移动。仿佛自然预见到了这个结果一样，如若它们的运动不是现在这个样子，我们这个地方的东西就没有什么具有同样性质了。

我们已经说明了：星体是球形的，它们没有由于自身的被运动。

【10】　有关它们的次序问题，即它们每一个的被运动哪些在先哪些在后，以及它们彼此之间的距离问题，我们留待星象学[①]的著作去考察，因为在那里的讨论更为适当。这种讨论的结果表明，依照其距离的不同，它们的运动有些较快，有些较慢。因为已经设定，天体最外沿的旋转运动是单纯的，也是最快的，相反，其他物体的运动则慢些，291b 也是复多的（因为每一个按自己圆周旋转的东西都是与天体的运动对立的），所以，这是很合理的：离单纯的和第一旋转最近的星体要在最长的时间中完成自己的圆，离它最远的星体在最短时间中能完成，其他情形亦总是如此，较近的在较长时间中完成，较远的在较短时间中完成。因为最近的东西受第一旋转的阻抗最强烈，而最远的东西由于距离遥远，所受的阻抗就最微弱。其他居间物体所受阻抗的程度与其距离成比例，正如数学家们所证明的那样。

【11】　每个星体的形状是球形，这应该是最为合理的

① astrologia。

假设。因为既然已经证明，它们由于自身的被运动不是自然的，而自然又绝不会做无道理或枉然之事，那么很明显，它会赋予那些不能被运动的东西以最不适于运动的形状。最不适于运动的形状是球体，因为它不具有运动的工具。所以显然，星体的群体应该是球形。

再者，一个和一切是相似的。通过我们眼睛的观察表明，月亮是球形。因为假如它是其他形状的话，它就不会在大部分的盈亏期间，而仅仅是在半月时才会显出新月形或凸形了。再有，借助天文学的论证也能证明，日食不会是新月形的。所以，如果一个天上的物体是球形，其余的也显然应是球形。

【12】 这里可以自然地提出两个困难来，我们必须力图给予巧妙的说明；因为如果某人出于哲学的热情而对于那些困惑着我们的难题获得了些微的启示，我们就要把这种热情视为审慎的、而不是轻率的证明。这类难题很多，最怪异而难以把握的一个是：由于什么原因，离第一移动较远的被运动的物体不总是具有较多的运动，而是那些中间物体的运动最多。因为我们或许有很好的理由认为，既然被运动的第一物体只有一个移动，那么，离它最近的被运动物体就只有最少的运动，例如说只有两个，接续它的那个物体有三个运动，其余那些也按相同的比例类推。但
292a 是，其结果正好相反；因为太阳和月亮的运动比有些行星

的更少，而这些行星比起日月来说，离中心更远，离第一物体更近；在有的场合，通过观察能够表明这一点。例如，我们看到月亮（当它是半圆形时）从火星下面通过，火星就被月亮黑暗的那一半所遮没，在明亮的一半转过来时，火星又出现了。埃及人和巴比伦人也同样说明了其他星体的情况，他们在过去的许多年中都在进行观察，我们关于每个星体的许多证据都是从他们那里得到的。

可以恰当提出的第二个难题是：基于什么理由，第一移动要包含如此众多的星体，以至于它们的整个序列似乎是不可计数的，而其他每个都仅仅区分为一，我们又没有看到两个或更多的东西被附着在同一移动中呢？

有关这些问题，我们应好好探究，以增强理解力，虽然我们所依据的东西很少，而且又与所要考察的对象相距遥远。但是，如果我们的考察从这些东西出发，现在的困难就不会显得是不可理喻的了。我们把星体认作仅仅是物体和单位，它们具有一定的排列次序，完全无生命；但是，我们应把它们理解为分有行为和生命。这样，那些事实就不会显得奇怪了。这是很有道理的：在一切中处于最佳状态的东西应当具有无行为的善，离它最近的东西只需借助极少的和单一的行为而获得善，但远离它的东西则要借助较多的行为才能获得善，就像人的身体一样，有的完全不锻炼却有好的素质，有的要通过少许散步，有的则需要跑步、摔跤和艰苦的锻炼，还有一些人虽然付出了巨大的艰苦努力，但却仍不能实现这种善，而是另外的东西。在许多场合和许多时候，成功都是困难的；例如，在掷骰子时重复一万次相同的东西是不可能的，但一两次却比较容易。再有，当 A 为了达到 B，B 为了到达 C，C 为了达到 D 而必定被作用时，如果中间步骤只有一两个，还是不难达到目的
292b 的。但中间环节越多，困难也就越大。因此，我们也必须把星体的行为视为与动物和植物的行为类似。在我们地球上，人类的行为最具多样性，其原因在于人类能实现许多善，所以，他的行为是多样的，且为了其他的目的。另一方面，处于最佳状态的东西不需要任何行为；因为它自身即是目的，相反，行为却总要涉及两个因素，即目的和达到目的的手段。其他动物比人的行为种类少些，植物的行为极少，可能只有一种；因为它们或者只会获得某一个目的，就像某个人一样，或者虽然有许多，但全都直接地贡献给最好的了。那么，一个东西具有或分有最好，第二个通过少许环节获得它，第三个通过许多中间环节获得，再一个甚至并不打算获得它，而只是满足于接近离边沿不远的地方。例如，如果健康是目的，那么，一物总健康，另一物通过减肥而健康，第三物通过跑步而减肥，第四物又通过其他某种行为为了跑步，这样，又有了许多运动，再一物自身不能获得健康，而只是跑步或减肥，对于这些事物来说，这些环节的一个或另一个是目的。获得终极目的的东西在最真实的意义上是一切事物中最好的；如果这不可能实现，那么，离最好较近的东西就

较好。正是由于这个原因，土完全不被运动，离它很近的物体也只有少许运动。因为它们并不到达最边沿，而是只到达有能力获得一份神圣的本原之处为止。但第一天体通过单一的运动而直接获得它，处于第一天体与最远物体之间的那些物体也的确能获得它，只不过要通过许多运动才能获得。

关于这个难题，即单一的第一移动含有许多星体，而其他每个星体各自都只有自己特有的运动的问题，可以首先提出一个理由来说明这种排列的合理。在考察生命和这些天体的每一个本原时，我们必须认为第一位的东西比其余的更高贵，这样，就可以得出合理的结论。因为这个单一的第一移动要运动许多神圣的物体，而复合的运动却仅仅运动每一个，既然每个行星都有着复多的移动而被移动。 293a
自然就是通过赋予许多物体以一种移动和把许多移动给予一个物体的方式，使事物相等同，并造成某种次序。

再者，其他各种移动何以只有一个物体的理由是：除了最后的那个移动只有一个星体之外，其他的移动都运动许多物体；因为最后的球体是在它被附着的许多其他球体中被移动的，而每个球体实际上都是物体。所以，最后球体的工作就应该是共有的。每个球体都有自己特定的、由于自然的移动，这个运动仿佛是被加上去的。但是，每个有限物体的能力也与这种有限对应。

关于以旋转方式被移动的星体的有关问题，不论是实体、形状还是移动的次序，我们现在都已充分说明了。

【13】 剩下要讨论的是地球的有关问题：它处于什么位置，它是静止的还是被运动的，以及它的形状。

关于它的位置问题，各人都有不同的看法。凡是断言整个天有限的人，绝大多数都说它处于中心，但被称为毕达戈拉斯学派的意大利哲学家们却持相反的观点。他们断言中心是火，地球只是星体之一，当地球围绕中心作圆周式移动时，就造成了白昼和黑夜。此外，他们还捏造出了另一个与我们的地球对立的地球，并把它称为“对地”[1]；他们不去努力寻求说明这些现象的理论和原因，而是力图牵强附会地把这些现象说成与他们自己的理论和意见相一致。还有许多其他人似乎一致认为不应该赋予地球以中心的位置，但他们找寻的支撑这一信念的根据不是来于现象，而更多的是源于理论。他们的根据是：最高贵的地方应该属于最高贵的东西，火比土更高贵；而且，界限比居间物
293b 更高贵，而外沿和中心就是界限。从这些根据出发，他们说，处于球体中心位置的不是地球，而更应是火。

毕达戈拉斯学派还进一步提出了一个理由。他们认为，宇宙最重要的部分（即中心）应被最严格地守卫，他们就把火所占据的这个位置称为“宙斯的守望塔”，仿佛“中心”一词在单纯的意义上一样，并且，几何图形的中心与

① enantia ge。

事物或自然的中心是同样的。但是，更应该把整个天的情形理解为与动物的情形类似，而动物的中心与躯体的中心是不相同的①。由于这个原因，他们就不必为宇宙而焦虑，也不要在“守卫”的意义上去称呼它的中心，更应该去找寻其他意义上的真正的中心，并考察它的性质是什么以及自然位置在何处。起始的和高贵的东西正是那个中心；但是，地点上的中心更应被视为是终点而不是起点。中心是被定义者，定义它的东西是界线。包含者和界线比被包含物更高贵，因为后者是质料，前者则是结构的本质。

上述这些就是有些人提出的关于地球位置的看法，他们关于地球的静止或运动的观点也是同样的。在这里，大家的见解也不一致。那些否认地球处于中心的人断言它围绕着中心作圆周式运动，而且，不仅地球本身是这样，正如我们在前面所说的，“对地”也如此。他们中的有些人甚至认为许多物体围绕中心像这样被移动也是可能的，只是由于地球插在中间，我们看不见罢了。他们说，这也是月食比日食更经常发生的一个原因；因为这些被移动的物体每一个都要遮蔽月亮，而不仅仅是地球。既然地球不在中心，而是整个半球远离中心，那么，他们就认为，没有什么阻碍在说明那些现象时，按照他们关于我们不处于中心

① 动物逻辑的或真实的中心是心，因为它处于躯体中。见《论动物的部分》，665^b21，666^b3。

的观点和按照地球处于中心的观点所得出的结论相同。因为即使依照流行的见解，也没有什么表明地球直径的一半使我们远离了中心。此外，还有一些人说，虽然地球处在中心，但却是围绕着整个天轴而被滚动和运动的，所以，就在《蒂迈欧》中写了下来①。

关于地球的形状问题，也有同样多的分歧。有些人认
294a 为它是球体，另一些人则说它是扁平的，其状如鼓。持这种观点的人以下述事实为根据：当太阳升起和下落时，被地球遮盖的部分显露出来的是一条直线，而不是曲线，反之，假如地球是圆形，切割线就会是弯曲的了。他们没有说明太阳与地球的距离以及地球圆周的大小，而且，当从遥远的地方来看这些表面上的小圆时，就显得是直的了。他们本不应依据这种现象就不相信地球体积的圆形。但是，他们还添加了其他论证，他们说，由于地球静止着，所以它必然具有这种形状。

关于地球的运动或静止，人们有许多不同的表述方式。每个人都必然遇到困难。对下述情形不感到奇怪的人的思想肯定是自得而无痛苦的：如若小的土块自由地处在空中时，它被移动而不是在所呆之处静止，并且，愈大的土块被移动得也愈快；相反，如若某人主张整个土自由地处在空中时，它不应被移动。但事实上，这样的一种重是静止着的。再有，如若某人把一小块被移动着的土在它落下之

① 见柏拉图：《蒂迈欧》，40B。

前从地球移开，那么，只要没有东西与它对立，它就会一直下落。

所以，这个难题就自然地成了哲学的一般问题。人们也许会觉得奇怪，有关这个问题的解决被认为并不比问题本身更荒诞。这些考察使得有些人（就像科洛封的色诺芬尼一样，他说“它的根无限伸展”[①]）断言地球向下无限伸展，以解脱寻求原因时遇到的麻烦。因此，恩培多克勒尖锐地指责说：

> 如果地球的深度无限，
> 经由许多蠢笨饶舌宣称的那充盈的‘以太’，
> 就会从他们口中倾泻出来，
> 虽然他们对整体所知甚少。[②]

其他人则说地球静止在水上。这是流传下来的最为古老的理论，而且据说是米利都的泰勒斯的说法。之所以假定它静躺着，是由于它能像木头或其他类似的东西一样漂浮（因为从本性上讲，这些东西没一样能静止在空气中，而是静躺在水上）。仿佛对支撑土的水的说明与对土本身的说明不是同样的论证似的。在空中静止也不是水的本性，它要依靠什么东西。此外，正如气比水更轻一样，水也比 294b
土更轻。那么，更轻的东西怎么能够躺在更重的东西下面呢？再者，如果说静躺在水上是作为整体的土的本性，那

① 第尔斯《Vors.》21，A[47]，B[28]。

② DK 残篇 39。

就很明显，土的每个部分也会如此；但观察的事实却不是这样，而是任何土块都沉到底部，并且土块愈大，下沉得愈快。可见，这些思想家虽把难题的考察推进到了一定程度，但还没到他们能够推进到的地步。不直接使考虑与探讨的主题相联系，而是与对手的观点相联系，这乃是我们大家所习惯的倾向。因为即使是在探讨自己的观点时，人们也只推进到这样的程度，即不再有任何与自己的论证对立的说法。因此，一个优秀的探讨者必须准备应付在他所论主题范围之内特有的各种反对意见，这就要从对所有差异的理解中获得认识。

阿那克西美尼、阿那克萨戈拉和德谟克里特都把地的扁平说成是它静止的原因。它不是分割，而是像盖子覆盖着下面的气，似乎犹如扁平状的物体所做的那样；由于它们的阻力，甚至风也不容易运动它们。他们说，由于形状的扁平，土在与下面的气的关系中也有着同样的不动性，而气因为没有足够的地点来改变其处所，就挤压在下面静止着，就像在细颈漏壶中的水一样。他们还提出论据说，当气被隔断和静止下来时，能产生出很大的重量。现在，首先，如果大地的形状不是扁平的，那么，扁平性就不应是它静止的原因。但按照他们自己的论证，地球静止的原因与其说是它的扁平状，还不如说是它的体积。因为气之所以会紧紧地挤在一起，没有外出的通道，只能停留于所在之处，其原因正是由于它的体积庞大；而这种大体积则是由于隔断它的大地体积巨大。所以，即使大地是圆形，但只要它具有这个体积，这种结果一样发生。根据他们的论证，地球是静止的。

一般地说，我们与那些像这样谈论运动的人的争执不是关于部分的，而是关于整个宇宙。人们一开始就必须确定：物体有某种由于自然的运动还是根本没有这种运动，或者，它的运动不是由于自然的，而是由于强制的。既然 295a
我们在前面已经尽可能地确定了这些问题[1]，我们就必须把它们作为论据来使用。如果物体没有由于自然的运动，也就不会有强制运动；而如果既无由于自然的，也无由于强制的运动，物体就根本不会被运动。关于这些出现的必然性，我们在前面已经确定了。此外，静止在这种情形下也不可能，因为像运动一样，静止也或者是由于强制的，或者是由于自然的，但是，如果有某种合乎自然的运动，物体就不会只有强制移动或强制静止了。所以，如果地球现在静止着是由于强制，那么，由于旋转的作用，它就会在中心被移动到一起（这种因果关系是大家从对液体和气体发生情形的观察中一致同意的；因为在那里，更大的和更重的东西总是被移到旋转的中心）。因此，一切主张宇宙是生成的人都断言土积聚在中心。然后，他们就探寻它静止在那里的原因，有些人宣称（按我们解释过的那种方式）它的扁平状和体积是原因，另一些人则像恩培多克勒一样，认为天体围绕着它的快速的圆周移动妨碍了大地的移动，

[1] 见《论天》第一卷，【2】—【4】。

就如杯中之水一样；因为当杯子被圆周式移动时，由于同样的原因，尽管水经常处在铜的下部，但却妨碍了它本性向下的被移动。但是，假如旋转和扁平状都不妨碍大地的运动，它下面的气也被抽掉了，那么，大地会移往何处呢？它到中心的运动是强制的，它静止在那里也是强制的；但它必然有某种合乎自然的移动。它是向上的或朝下的运动还是其他什么运动？因为它必然有某种运动。如果朝下并不比向上更合适，上面的气就不会阻止它朝下移动，下面的气也不会阻止它向上移动。因为相同的原因对相同的东西必然有着相同的影响。

再有，还可以提出另外的对于恩培多克勒的反驳。当元素被“争吵”分离时，使土静止的原因是什么？因为在那时，旋转肯定不是原因。

它是非常荒谬的，以至于没有看出这样的问题：如果土的各部分以前是通过旋转而移动到中心的，那么，一切重的东西现在又是由于什么原因而移向它呢？因为旋转不会来到我们附近。再有，为什么火向上移动？显然不是由于旋转。如果火移向某处是自然的，土显然也可以这样被假定。再者，重和轻不是由旋转定义的，毋宁说是先有重和轻的东西存在，然后通过运动，它们才有的到达中心，有的停在表面。因此，在旋转开始前，重和轻已经存在了，但是，它们是依据什么而区分的，以及，它们如何自然移动，又移往何处呢？在无限的地点中，不能有上或下，而且正是通过这些，才区分出了重和轻。

这些原因引起了大多数思想家的关注。但是，有些人却断言大地的静止是由于它的“相同性”，例如早期哲学家中的阿那克西曼德。他们认为，无论是向上的、朝下的、还是偏斜的移动，全都同样地不适于处在中心的东西，而且，它与外缘各点有着相同的关系；它也不可能同时朝相反方向运动，所以，它必然静止着。这种说法虽然巧妙，却不真实。因为按照这个论证，凡是处在中心的东西都必然静止着，所以，火也是静止的了；既然这个说法并非只专门适于土。但它是不必要的。因为所看到的情形是：土不仅静止在中心，而且也向中心移动（因为土的任何部分移往的地方必然也是整个土移往的地方）。并且，一物合乎自然地移往的地方，也是它合乎自然地静止的地方。因此，它不是由于与外缘各点有着相同关系的缘故；因为这乃一切元素所共有，但朝向中心的被移动则是土所特有的。

只探求土为什么处于中心，而不追究火为什么处在外缘的作法也是荒谬的。如果外缘是火的自然地点，那么显然，土也必然有某个自然地点。另一方面，如果土所在的地方不是它的自然地点，而是由于“相同性”的必然才呆在那里的（这就类似于毛发，虽然用力拉扯，但只要在每一点上着力均匀，也不会被扯碎，或者有如一位非常饥渴，而且饥与渴的程度相等的人，由于他站在一个离食物和饮料等距离的地方，因而必然会呆在那里），那么，他们也应该探求火呆在外缘的原因。

296a 探讨元素的静止而不探究它们的运动也是奇怪的，也就是说，如果没有什么干扰的话，由于什么原因，一物朝上移动，另一物却朝着中心移动。

再有，他们的说明是不真实的。确实会偶然地出现这种情况：朝这种或那种方向运动都不合适的事物必然会停留在中心。但是，就他们的理论而言，事物不是静止，而是被运动，但不是作为整体，而是分散地被运动。因为同样的论证也适用于火。当火处于中心时，必然像土一样停留在那里，既然它与外缘任何一点的关系都是同样的。但事实上，正如我们所看到的，如若没有什么阻碍，它是离开中心而朝外缘运动的。当然，它不是整个地朝着单一的外缘点（因为这仅仅是通过有关相同性的论证而得出的必然结论），而是每个部分都朝向它所对应的外缘部分。我的意思是，例如，它的四分之一部分朝向外缘的四分之一部分；既然没有任何物体是不可分的点。犹如在凝聚过程中物体能够从占有的较大地点收缩到较小地点一样，通过稀散，它也能从较小地点扩大到较大地点；所以，依据所谓的相同性理论，如若中心不是土的本性所在的地点，土也就会以这种方式进行脱离中心的运动了。

其他思想家关于大地的形状、位置、静止或运动的观点，我们已经大致地说明了。

【14】 至于我们自己的看法，首先让我们说明大地是

运动还是静止的问题。因为正如我们已说过的，有些人把它当成一个星体，另一些人则认为它处于中心，并断言它围绕着像轴一样的极旋转和运动。如果我们把下述事实作为起点，上面两种观点的不可能性是显而易见的：如果大地被移动，无论它处在中心还是远离中心，它的运动都必然是由于强制地被运动；因为它不是大地自身的运动。若不然，它的每一部分也就会有同样的移动了；但事实上，它的所有部分都是直线式地被移向中心。所以，由于这运动是强制的和反乎自然的，就不能永恒；而宇宙的次序却是永恒的。

其次，一切圆周移动的物体，除了第一球体之外，都被看到是落在后面的，且有多个运动，所以，大地也必然 296b
有两个运动，无论它是围绕着中心移动还是在中心静止。但如若这样，就必定有恒星的通道和折转。然而，人们并未见到这种现象出现，相反，同样的星体总是在大地同样的位置上升起和下落。

再次，无论是大地整体还是各部分，它的合乎自然的移动是朝向宇宙中心的；正因为如此，它现在才实实在在地处于中心。也许有人会提出疑问，既然两者的中心是相同的，重物体和大地各部分合乎自然的移动所朝向的是哪一个，是宇宙的中心还是大地的中心？必然是朝向宇宙的中心。因为其移动与重物体相反的轻物体和火要移向包围着中心的那个地区的外缘。碰巧大地的中心与宇宙的中心相同，所以重物体移向大地的中心，但这只是出于偶然，即大地的中心在宇宙的中心之中。它们移向大地中心的现象可以用这个事实来表明，即：移向大地的重物并不是平行移动，而是有个相同的角度，所以，它们总是移向一个中心，即大地的中心。因而现在很清楚，大地必定在中心，而且是不能被运动的。这不仅由于上面所述的理由，而且也因为，当重物被强制地直线式上抛时，会再度回到出发点，即使被抛出无限的距离也如此。

从这些考察清楚可见，大地是不被运动的，它也不处在中心以外的任何地方。此外，从我们所说的来看，大地不动性的原因也很明显。如果从一切点向中心移动是大地的本性，犹如观察所表明的那样，而火的本性则是从中心移向外缘，那么，除非被强制，大地的任何一部分都不能从中心移走。因为单一物的移动是单一的，单纯物的移动是单纯的，不是两个相反的运动；而离开中心的运动与到达中心的运动却是相反的。如果大地的任何部分都不可能有离开中心的移动，那么很显然，作为整体的大地自身就更加不可能；既然处在
297a 部分自然移往的那个地方正是整体的本性。所以，如若没有强力的驱使它就不能被运动，那么，它必然会停留在中心。这个看法会得到数学家们有关星象学观点的支持。因为观察到的现象——被星体的排列次序所规定了的形状的变化——是与大地停留在中心的假定一致的。有关大地的位置及其静止或运动的方式问题的讨论，到此可以结束了。

它的形状必定是球形的。因为它的每个部分都有重，

直至它到达中心，而且，当较小的部分被较大的部分挤压推进时，不是呈波状的起伏面，而更是彼此靠近和聚合，直至到达中心。为了理解我们所说的含义，必须把大地设想为以某些自然哲学家描述的那种方式处于生成过程中。（当然，他们把朝下移动的原因归于强制，而我们认为，真实的情形最好应该说，其所以有朝下移动的发生，乃是由于朝向中心移动本来就是具有重的东西的本性。）当混合只是存在于潜能中时，被分离着的各部分就同样地从每一边朝着中心移动。无论这些到中心聚合在一起的部分在外缘被均匀地区分还是以其他方式被区分，都无关紧要。很明显，如果每个部分从外缘点到那单一中心的移动是相同的，那么，合成物的体积也必然会每边都相同；因为如果在每边都加一个相等的量，外缘离中心的距离也必然是相等的。这样的形状就是球形。即使大地的部分并不齐一地向中心汇聚，也不影响这个论证。因为较大的部分必然总是要把它前面的较小部分向前推进，两者都有直达中心的冲动，而且，重量小的要被更重的推进，直至到达中心为止。

对于有人或许会提出的难题，我们也可以通过同样的考察来解决。有人可能论证说：如果大地处于中心并且是球形的，那么，当比地球重许多倍的重被加到一个半球上时，宇宙的中心和地球的中心就不会同了。所以，要么地
球不停留在中心，要么，如果它停留，就可能会现在也还 297b
静止着，但却不在中心，而在本性上被运动的地方。这就

是那个难题。但是，只要我们对“具有重的东西（无论它的体积如何）都会移往中心”的假定作些许补充和规定，要理解这个问题是不难的。很明显，较大的东西并不因其外缘接触到中心就停止，而是必定要超过，直到以自己的中心占据那个中心为止；因为它的冲力就是达到那里。无论我们说的这个道理是用来指土块或地球的任意部分还是整个地球，都无关紧要；因为陈述的这个事实并不以体积的大小为依据，而是普遍适于具有朝向中心冲力的一切东西。所以，不论是作为整体还是作为部分，土都必然不断移动，直至每一面都同等占据中心，由于冲力的向前推进，较小的部分被较大的部分弄得相等。

如果地球是生成的，这就必然是它生成的方式，所以很明显，它的生成为球形；另一方面，如果它不是生成的，而是永远这样，那它就和最初生成（如若曾有生成的话）时的样式相同。按照这个论证，地球的形状必然是球形。此外，一切重物都以相同的角度，而不是彼此平行移动的事实也能证明这一点，因为朝向自然为球形的东西乃是它们运动的本性。所以，地球或者是球形，或者至少本性上是球形。我们必须按本性上意欲的和属于它的东西，而不要按强制的和反乎自然的东西来称谓每个事物。

从感觉现象中也能获得证据。假如地球不是圆的，月食就不会呈现出那种残缺形了。正因为它是圆的，在每一个月中，月亮才呈现出各种不同的形状（直边形，凸面形和凹陷形)，但在月食时，它的外线总是弯曲的；既然月食是由于地球插入其间，那么，它外线的那种形状就应是地球的表面所造成，所以，地球必定是圆球形。此外，通过对星体的观察，不仅表明地球是圆的，而且，也表明它的体积并不大。因为在我们这个部分的位置向南或向北发生很小的变化，也会引起地平线明显的改变，所以，在我们 298a
头顶之上的星体有很大的变化，并且，当我们朝北或朝南运动时，所看到的星体是不相同的。的确，有些星体在埃及和库勃洛斯附近能被看见，但在更北边的地区却看不见，而且，在北方完全可见的星体却在那些地区下落。所以，这些不仅表明地球的形状是圆的，而且表明这个圆球的体积不大；因为不然，如此微小的地点的变化就不会很快地显现其影响了。因此，那些认为“世界尽头”附近的地方与印度周围的地区接壤，并以这种方式认为海洋只有一个的观点就似乎不像人们所以为的那样极不可信了。为了支持这种观点，他们还提出大象来说明，认为它是在两个最远地区才能发现的一个动物类，而且解释说，两个最远地区之所以有这种共同特性，是由于它们的接壤。那些力图推算地球圆周大小的数学家宣称它是400 000斯塔得①。

从这些可以说明，地球不仅必然是球形，而且与其他星体相比，它的体积不大。

---

① 即 9987 英里。

第　三　卷

298a25 **【1】** 关于第一天及其部分，关于在它之中能见到的星体、它们的构成元素、自然特性以及不生不灭的性质，我们在前面都已论述过了。所谓由于自然的事物，既指实体，也指实体的功能与属性（我所说的实体，指的是单纯物体，例如火、土和其他类似的东西，以及由它们构成的事物，譬如作为整体的天及其部分，动植物及其部分；而所谓的功能与属性，指的则是这每一个实体的运动以及在自身内有引起运动的能力的其他东西的运动，也指它们的
298b 质变和相互转化）。因而很明显，有关自然的研究大部分都与物体相关；既然所有的自然实体都或者是物体，或者要依赖物体和体积才能生成。从对自然事物特性的分析中，以及从对个别情形的研究中，都能表明这一点。

既然我们已经阐述过第一元素、它的自然特性以及不生不灭的性质，那么，剩下的就是要论及其他两类了。在讨论它们时，我们不得不同时考察生成与消灭的问题，因为生成完全不在别处，只发生在这些元素及它们构成的事

物中。然而，我们首先应该问这样一个问题：生成是否是一个事实。较早的真理探求者们的看法不仅与我们现在提出的理论不一致，而且，他们彼此也不相同。其中的有些人完全否认了生成和消灭；他们说，存在之物没有什么是被生成和消灭的，那只是我们的看法。例如，麦里梭和巴门尼德的追随者们就是这种观点。虽然他们的有些说法很好，但不能认为他们是作为自然的研究者而这样说的；因为有些既无生成，也无任何运动的存在物不属于自然的研究范围，而属于另一门更高的学科。但是，由于他们没觉察到不同于感性实体的另一类东西的存在，而又第一次看到，如果要有知识和智慧，就需要有某些这类不变的实在物，所以，他们就自然地把这类存在转换成感性物。另一些人则像存心作对似地提出了与此相反的观点。他们断言，无物不生成，一切事物都是生成的，在生成之后，有些不可消灭，另一些则再度被消灭。持这种观点的首先是赫西俄德及其追随者，另一些人则是最早的自然哲学家们。这些自然哲学家主张，其余的所有事物都是生成和演变的，无物常住，只有一样东西永存，从中生出这一切的转换变化。这似乎是爱非斯的赫拉克利特和许多其他人的说法。还有一些人认为，通过面的结合和分解成面，万物都有生成。 299a

对其他观点的讨论可以推迟；但一切物体都由面构成的这后一种说法，一眼就可看出在许多方面与数学有明显的矛盾。要取消一门科学的基础是错误的，除非能用更有说服力的东西去取代它们。此外，按照体由面构成的相同论证，显然，面要由线构成，线要由点构成，所以，线的部分必定不是线。关于这些问题，在论运动的著作中早已讨论过了①，我们在那里表明，没有不可分的长度。但是，相关于自然物体，从不可分的线的断定中得出的不可能性，我们是可以在这里作一大致考察的。在数学中得出的不可能性也会在物理学中出现。但物理学中有的困难不会出现于数学中，因为数学涉及抽象的东西，而物理学则涉及具体的对象。许多属性不属于不可分的东西，却必然属于自然物。在不可分的东西中，没有什么能够可分，但物体的属性却都以两种方式之一可分。因为它们或者是种类上可分，或者是偶性上可分。种类上的例如颜色分成白和黑，偶性上的是它们依存的东西可分。在这后一种意义上，一切单纯的属性都可分。因此，我们可以用来考察这种观点的不可能性。

如若一物的两个部分各自都无重，那么，两个部分加在一起也不可能有重，但是，感觉物体或全部或有些有重，例如土和水，正如那些思想家自己所说的。如果点无重，显然线亦无重，而如果线无重，面亦无重。所以，体也不会有重。

点没有重，这是显而易见的。因为重物可以比某物更
299b 重，轻物可以比某物更轻，但更重或更轻的东西本身必然

---

① 见《物理学》第六卷，【1】。

不应是重或轻，正如大者是较大，但较大者并非总是大；因为许多东西在绝对的意义上是小的，虽然比其他某些东西更大。假如说重的或较重的东西是在重的方面更大，那么，重物就总是可分的了。但依据假定，点是不可分的。再有，假如重物是稠密，轻物是稀薄，稠密区别于稀薄是因为它在相等的体积中包容更多的东西，那么，如果一个点是重和轻，它也就是稠和稀。但是，稠是可分的，而点却不可分。如若一切重物必定是硬或软，也容易由此得出不可能的结论。因为软物能被挤压，硬物则不行；而能被挤压的东西就可分。

没有一个重物由不具有重的部分构成。因为除非由于虚构，否则，他们如何能确定这些部分的数量和性质呢？况且，如果使一个重比另一个重更大的确实是重，那么，每个不可分的部分就具有重。因为假如四个点的物有重，由更多的点构成的物体就会比这个重物更重，而且，使一个重比其他重物更重的东西本身必定也有重，恰如使一种白比其他白的事物更白的东西是白一样，所以，正是四点被减去之后仍留下的那个单一点，使更大的重更重。因此，这个单一点具有重。

再者，如若假定面只能线挨线地被置放在一起，这是荒谬的。因为正如把线与线置放到一起有两种方式，即长度相接和宽度并排，面与面的置放也应该有两种方式。通过使一条线顺延，而不是与另一条线并排的方式，两条线能被放到一起。但是，如果也像这样把两种面放到一起，就会有某个既不是元素，也不由元素构成的物体，即它是由像这样置放在一起的面所构成的物体。

再有，如果决定物体重量区别的是面的数目，正如在《蒂迈欧》中说明的那样[①]，那么显然，线和点也会有重。因为这些彼此之间有比例，犹如我们前面所说过的。如果重的差别原因不是这样，而是由于土重和火轻，那么，面也就会有的重，有的轻了。线和点也将同样。因为土的面会比火的面更重。总之，其结果是，或者全然无大小，或者大小能被抹去，只要点之于线就像线之于面、面之于体一样。一切能被分解为彼此的皆可被分解成最初的东西；所以，或许可能只有点存在，而没有任何物体。

除此之外，如果时间有相同性，它就也许会、或可能会被消灭；因为不可分的“现在”恰如线之上的点。

通过由数目的组合构造天体，也会推出同样的结论；正如某些毕达戈拉斯学派人士从数目构造出自然一样。因为自然物体都明显地具有重和轻，而单位的组合既不能造出物体，也不能具有重。

【2】　所有的单纯物都必然有一种由于自然的运动，这可以证明如下。因为，既然它们都显然是被运动的，所以，如果无自己特有的运动，就必然是由于强制被运动；

① 见柏拉图：《蒂迈欧》，56B。

而强制与反乎自然是相同的。但是，如果有某个反乎自然的运动，就必定有与其相反的合乎自然的运动。如果反乎自然的运动是多，合乎自然的运动则是一；因为每个物体合乎自然的运动是单纯的，而反乎自然的运动则是复杂的。

再者，也可以从静止的角度来说明。因为静止也必然或是强制的，或是合乎自然的；强制地被移往的地方就强制地呆在那里，合乎自然地被移往的地方就合乎自然地呆在那里。既然明显有一个物体呆在中心，那么，如果这种静止是合乎自然的，显然，到达这里的移动也是合乎自然的；但如果静止是强制的，是什么妨碍了它的被移动呢？如若是个静止的东西，我们就只会重复相同的论证；因为必然地，或者第一物体的静止是合乎自然的，或者会追溯到无限，而这是不可能的。假定妨碍其移动的是一个被运动物，正如恩培多克勒所说，使土不动的是漩涡，如若这样，它又曾移往何处了呢？既然不可能推到无限。因为不可能之事是不会发生的，而通过无限的距离乃不可能。所以，被移动物必定在某处停止，它在该处的静止不是强制的，而是合乎自然的。如果静止是合乎自然的，那么，运动，即朝向静止之处的运动，也是合乎自然的。

因此，当留基波和德谟克里特说第一物体总是在虚空或无限中被运动时，他们就应当说明它们的运动是什么，以及它们合乎自然的运动是什么。因为如果每个元素都被另一个强制运动，每个元素也都必然有某种与强制相反的合乎自然的运动。而且，第一运动者引起运动不应该是强制的，而是合乎自然的；因为如若没有某个第一运动者是合乎自然的，而是在先的被运动物都总是强制地被运动，那么，就会追溯到无限。

假如像《蒂迈欧》中描述的那样[①]，在宇宙生成之先，元素都处在无序的运动中，那么，也必然会遇到同样的困难。这种运动必定或者是强制，或者是合乎自然。但如果是合乎自然的，细心的考察就会表明，宇宙必然已经生成了。因为第一运动者由于其运动是合乎自然的，必然自己运动，而其他东西的被运动不是强制的，当其在各自特有的处所静止时，形成了与现在所处一样的次序，重的就到了中心，轻的则脱离中心。但这是宇宙的排列次序。

此外，人们还可以问另一个问题：那些无序地被运动的元素是否可能像合乎自然的构成物体（我的意思是，例如骨头和肌肉）的构成一样结合成某些混合物？正如恩培多克勒断言的在“友爱”的作用下发生的事情。他说：

许多无颈的头长出了。[②]

对这种有无限的物体在无限中被运动的观点的回答是，如果运动是单一的，它们必然也只以一种移动而被运动，

① 见柏拉图：《蒂迈欧》，30A。

② DK 残篇 57。

所以，其被运动不是无序的；但如果运动者是无限的，它们的移动也必定无限。因为如果是有限的，就会有某种次 301a
序；既然无序不会依据被移动的不同方向所得出。在我们现在的宇宙中，也并不是一切物体，而只是同类物体的移动才趋于同一目标。再者，无序实际上只是反乎自然，既然自然是感觉事物的特有次序。然而，认为无序的运动无限延续的观点也是荒谬的，不能成立。因为事物的自然就是它们多数在多数时间中具有的本性。这就使他们得出了相反的结论:无序是合乎自然的，次序和序列[1]则成了反乎自然的。但是，没有一个合乎自然的事情是由于机会发生的。这似乎正是阿那克萨戈拉把握极好的一点。因为他断言宇宙生成于不动的东西。其他人则想象在事物运动和分离之先是以某种方式汇聚在一起的。但是，使事物的生成始于被分离和被运动是不合理的。因此，恩培多克勒才从“友爱”的统治过程之后开始；因为他不能以使分离元素汇聚，并靠“友爱”使它们结合的方式来构造天体；既然宇宙仍有元素处在分离状态，那么，它的生成必然源于先前的统一和结合。

从上述这些论证清楚可见，每个物体都有某种自然运动，这种运动既不是强制的，也不是反乎自然的。下面将表明，有些物体[2]的冲力必然是由于它们的重和轻。我们

① kosmos。

② 这里实质上是指月下世界的所有元素，只有月上世界的“以太”除外。

说，它们必然被运动；而如果被运动物没有自然的冲力，就不能有或朝向中心，或脱离中心的被运动。假设物体 A 无重，物体 B 有重；无重的 A 运动距离 CD，有重的 B 在相等时间内运动 CE。有重的 B 会运动得更远。如若有重的 B 以 CE 对 CD 的比例被划分（因为 B 的一个部分能与它有这种关系），那么，如果整体运动了整个距离 CE，部分也必定在相同的时间中运动 CD。这样，无重物和有重物运动的距离就会相等了，但这是不可能的。同样的论证也适于轻。再有，如果某个被运动物既无重也无轻，那它必定是被强制的，而且，会被无限地强制运动。运动它的是某个力，较小的和较轻的物体会被这同一个力运动得较远。假设无重物 A 被运动距离 CE,有重物 B 在相等时间内被运动 CD。有重物以 CE 对 CD 的比例被划分，从有重物中切割下来的部分将在相等时间中被运动距离 CE，既然整个有重物已被运动了 CD。因为较小的速度对应于较大的速度，正如较大的物体对应于较小的物体一样。因此，无重物和有重物将在相等时间内被运动相同的距离。但这是不可能的。所以，既然无重物将比任何假定的物体被运动更大的距离，那么，它或许会运动到无限。因此很清楚，每个物体都有确定的重和轻。

既然自然是在事物自身内运动的本原，力是在他物内或作为他物的自身内的运动的本原，既然运动全都或是合乎自然的，或是强制的，那么，合乎自然的运动（例如朝下运动之于石头）只靠力加速，但反乎自然的运动则完全靠力。气对于两种情形而言都作为工具来使用；因为气的本性是既重又轻。作为轻，当它被力推进并开始运动时，产生向上的移动；作为重，它又要向下移动。在两种场合，力都仿佛通过附在气上而传递运动。这就是强制运动的物体在运动者已不跟随它时还继续被移动的道理。相反，假如没有气这种性质的功能，就不会有强制运动了。它也能以同样的方式帮助每个合乎自然的运动。

上面的讨论已经表明，每个事物都或轻或重，以及，反乎自然的运动是如何发生的。从前面所说的也可明白，所有事物都不生成，也没有什么东西是在绝对意义上生成的。每个物体都不能生成，除非能有某个分离的虚空；因 302a
为将被已生成之物（当它已生成时）占据的那个处所，此前必然被内中无物的虚空占据着。一物能从另一物中生成，例如火从气中生成，但是，没有什么能从无先在的大小中生成。最有可能的是，现实的物体或许会从某个潜在的物体中生成；然而，如果潜在的物体不是另外一个已经先在的现实物体，就会有分离着的虚空存在。

【3】 其余要说的是，什么物体是生成的，它们为什么生成。既然在每一场合中，知识都依赖原初的东西，而物体的原初成分是元素，所以，就必须考察这些物体的什么是元素，以及为什么，此后，还要考察它们的数目和性

质。只要我们确定了元素的本性是什么，答案就会清楚。让我们假定元素是这样的物体：其他物体可以被分解成它，它或潜在、或现实地存在于它们之中（因为到底是哪一种情况，仍是有争议的），但它自身不能被分解成种类上不同的东西。元素的某个这样的定义，是所有思想家在每一场合想要说明的。

如果我们所说的是元素，那么，必然有这种物体存在。在肉、木头以及诸如此类的物体中，都潜在地内含着火和土，因为可以看到这些元素从它们之中分离出来。但是，肉和木头都不存在于火中，无论是潜在地还是现实地；否则，它们就会从中分离出来了。同样，即使只有一种元素，它们也不会存在于它之中。虽然肉、骨头或其他什么是从它生成的，但不能因此而说它潜在地包含着这些。所以，再要考察的问题是：它生成它们的方式是什么。

在关于元素的问题上，阿那克萨戈拉和恩培多克勒的说法相反。恩培多克勒说，火、土及类似的其他物体是一切物体由以构成的元素。阿那克萨戈拉则相反，认为“同素”[1]是元素（我的意思是，例如，肉、骨头和类似的每种东西），气和火则是由这些和其他一切种子构成的混合物，
302b 它们每一个都是由一切不可见的同素体汇聚而成的。这就是万物都由这两种物体构成的原因（他没有区分火和以太）。

---

① homoiomere.

但是，既然每一自然物都有自己特定的运动，既然有些运动是单纯的，有些是混合的，而混合运动是混合物的运动，单纯运动是单纯物的运动，那么显然，一定有单纯物存在。因为有单纯的运动。所以，元素的存在以及为什么存在就清楚了。

【4】 接着我们来考察，元素的数目是有限的还是无限的，如果有限，又是多少。首先，元素不是无限多的，正如有些人所以为的。我们可以像阿那克萨戈拉一样，从一切同素体是元素的观点开始。采纳这种观点的人，没有一个对元素有正确的理解；因为我们看到，许多混合物也可以被分成同素的部分，我指的是例如肉、骨头、木头和石头。所以，既然混合物不是元素，每个同素体也不是元素，而是正如前面所说的，只有不能被分解为种类上不同物体的东西才是元素。

再者，即使他们对元素含义的理解成立，也无必要使它的数目无限；因为假定它有限也会得到完全相同的结果。如若只有二、三个这样的元素，结果也会一样，正像恩培多克勒试图表明的。而且，纵使按照元素无限多的观点，也不能从同素体中构造出万物（因为从若干事实中构造不出一个事实，其他合乎自然的构造物也不由相同的部分构成）。所以显然，最好是假定有限的本原，而且，要尽可能少，只要证明了必须被证明的东西就行，犹如数学家们所主张的；

因为他们总是假定在种类上或在数量上有限的本原。

再有，如果物体与物体之间是靠了各自特有的差异而区别的，而物体的差异是有限的（因为它们的差别在感觉
303a 性质方面，而感觉性质是有限的，虽然这需要证明），那么，很显然，元素必定有限。

还有一些人提出了另外的观点，例如留基波和阿布德拉人德谟克里特，其结论也是没有道理的。因为他们说，原初物为数无限，且在大小上不可分；不能从一生成多，也不能从多生成一，万物都是通过结合和纠葛而生成的。在一种意义上，这些人也认为存在的万物是数目或由数目构成；虽然说得不明显，但这却是他们所说的真实含义。此外，他们说，既然物体在形状上有区别，那么，形状也是无限的，单纯物体也无限。但是，他们没有详细说明每个元素的形状是什么，只是指出火是圆形。他们靠体积的大小来区分气、水和其他东西，仿佛它们的本性就是一切元素的“种源”①似的。

那么，首先，由于他们没有假定本原的有限，因而犯了同样的错误，虽然他们可以推出一切相同的结论来。再者，如果物体的差异不是无限的，那么显然，元素也不会是无限的。此外，原子物体的观点必然会与数学知识发生冲突，也会推翻许多公认的意见和感知到的现象。关于这

---

① panspermos，直译为“由一切种类的种子构成”。

些问题，我们在先前对时间和运动的讨论中已经说过了[1]。同时，他们的说法也必然自相矛盾。因为如果元素是不可分的原子，气、土和水就不能靠体积的大小来区分；既然它们不能相互生成。因为按他们的说法，水、气和土是相互生成的，这样，最大的原子在不断的流出中供给就会耗尽。再者，即使按照他们自己的假定，元素的数目似乎也不是无限的，既然物体在形状上有区别，而一切形状都由锥形构成，直线由直线构成，圆形由八个部分构成。形状必定有某些本原，无论这些本原是一、二还是更多，单纯物体的数目是相同的。再有，如果每一元素都有它特定的运动，单纯物体的运动就是单纯的，单纯运动的数目不会无限，因为单纯运动只是二[2]，其地点也不是无限的。

【5】 既然元素必定有限，那么，留待考察的问题就是：元素的数目是否比一更多。有些人只假定一种元素，有的说是水，有的说是气，有的说是火，还有些人说它是比水更稀疏、比气更稠密的无定的东西，包围着所有的天体。

这些人都主张单一的元素，或水、或气、或稀于水但稠于气的东西，并认为经过浓缩和稀散的方式由此生成其他万物，但是，他们全都一样地没有觉察到，他们设定了

---

① 见《物理学》第六卷，【1】—【2】，231^{a}18 以下。

② 即朝上和向下的两个方向，因为在月下世界没有圆形运动。

一个先于元素的另外的东西。因为照他们的说法，源出于元素的生成是合成，回到元素的则是分解，所以，更为稀薄之物本性上就必然在先。既然他们说，火是一切物体中最稀薄的，那么，火在本性上就应该是第一。最稀薄之物是不是火倒无关紧要，无论如何，它必然是其他物体之一，是最初的，而不是中间物。

再者，作为生成的方式而言，稠与稀和粗与细是没有什么区别的；因为按照他们的意思，细就是稀，粗就是稠。再有，细与粗又和小与大相同；既然由小的部分组成的东西为细，由大的部分组成的东西为粗。细乃是扩展的范围宽，由小的部分构成的事物正是如此。其结果，他们就用大和小来区分其他的实体。但按这种界定，就会使得一切说法都是相对的了，就不会有单纯的火、水和气，而是同一个东西相对于某物是火，相对于另一物又是气。那些断言元素是多，但仍用大小来区分它们的人[1]，也会遇到同样的困难。因为既然是用量来区分每一个，其大小就会有某种彼此间的比例，所以，相互有这个比例的就必定分别是气、火、土和水，因为较小物体的比例可以存在于较大物体中。

假定元素是火的那些人，虽然避免了这个困难，但却必然得出其他荒谬的结论。他们中的有些人，赋予火以一个形状，譬如有的人使它是锥形。他们的理由是：有些人

[1] 指原子论者。

较为粗糙地论证说，锥形是最尖锐的形状，火是最尖锐的物体；有些人的论证则精巧些，他们说，所有物体都由最精细的东西构成，立体的形状由锥形构成，既然火是最精细之物，锥形是最精细的和原初的形状，而原初的形状必属于原初的物体，所以，火应该是锥形。还有些人则对形状的问题未置一词，只是把它看做最精细之物，他们说，从它的结合中，就生成了其他东西，仿佛被擦掉的尘屑被吹到一起似的。

这两种观点均会遇到同样的困难。因为一方面，如果他们主张第一物体是不可分的原子，我们在前面说过的论证就会再度反驳这种假定。再说，人们的自然愿望也不可能关心这种说法。因为如果一切物体在量上都是可比的，各种同素物体和它们的元素的大小彼此之间就有相同的比例了（例如，整个水的大小对整个气的大小以及它们各自的元素大小的对比，其他物体也一样），而且，如果气比水的范围更大，以及一般而言的较细薄之物比较粗厚之物的范围更大，那么很显然，水的元素就会比气的元素更小。如果较小的体积被包含在较大的中，气元素就应是可分的。火和一般的较细薄之物也同理。另一方面，如果原初物是可分的，那么，赋予火以形状的人就会得出火的部分不是火的结论，因为锥形不是由锥形构成的；也会得出并非每个物体或是元素或由元素构成的结论，既然火的部分既不是火，也不是任何其他元素。那些以大小作为区分依据的人，不得不承认有某种元素先于那个元素，且会追溯到无限，既然一切物体都可分，最细薄的东西是元素。再者，他们也不得不说，同一个物体相对于一物是火，相对于另一物是气，相对于其他，又是水和土。

假定元素为一的所有人的共同错误是，他们只允许一种自然的运动，并认为万物都是这同一种运动。我们观察到，每个自然物都有运动的本原。所以，如果万物都是某一种元素，万物也就只会有一种运动。而且，适于这种运动的量越大的被运动得也越快，譬如火，它的量最大，因而它朝上的特有移动也运动得较快。但事实上，许多事物虽然量较大，但却是朝下被运动得较快。由于这些理由，以及按照我们早先已确立的有多种自然运动的观点，显然不可能只有一种元素。所以，既然元素既不是无限的，也不是一，它就必然是多，并且是有限的。

【6】 首先，我们必须考察元素是永恒的，还是有生成和消灭；因为这个问题一旦证明，它们的数目和性质也就清楚了。

它们不能是永恒的。因为我们看到，火、水和每个单纯物体都可被分解。这个分解过程必然或者是无限的，或者有终止。如果是无限的，分解所用的时间也会是无限的，组合占用的时间亦会如此；因为每个部分的分解和组合在时间上是相继的。所以就会得出，有不同于无限时间的另一个无限时间，在组合的时间无限的场合，分解的时间都

先于它。这样，就出现了两个无限，这是不可能的。另一 305a
方面，如果分解过程在某处终止，那么，在终止处的那个物体就或者是不可分的，或者如恩培多克勒试图说明的，虽然可分，但绝不会被分开。按照前面的论证可以表明，它不是不可分的；但它也不是可分而不会被分开的东西。因为较小的物体比较大的更易于消灭，所以，既然较大的物体能被这分解为较小部分的破坏过程所消灭，那么，较小部分的分解就有理由更容易些。我们看到，火是以两种方式被消灭的：当被扑灭时，被对立面消灭；当燃尽时，被自身消灭。较小物对较大物加以承受，量越小，承受的速度也越快。所以，物体的元素必然有消灭和生成。

既然它们是生成的，其生成就或者源于非物体，或者出于物体。如果出于物体，又或者是出于另外某物，或者是相互生成。从非物体中生成它们的理论要涉及一个与物体分离的虚空。因为一切将生成的东西都要在某物中生成，而生成发生于其中的，又或者是非物体，或者有物体；如果有物体，就会在同一地点同时存在两个物体，一个是将要生成的，一个是先前已有的；如果是非物体，就必然有一个分离的虚空。但这是不可能的，我们在前面已证明了。另一方面，元素也同样不能从另外的某物体中生成。因为这就会得出另一个物体先于元素的结论。如果这个物体有重或轻，就会是某种元素，如果它根本无运动的冲动，就是个不动的和数学的实体，这样，它就不会在地点中。因为一物在其中静止的那个地点，是它能够在其中被运动的地点。如果事物的被运动由于强制，就是反乎自然的，如果不是由于强制，就是合乎自然的。可见，如果它在地点中，并在某处，就会是某种元素；如果它不在地点中，就没有什么能从它生成，因为将要生成的东西和生成由以源出的东西必然是在一起的。既然元素不能由非物体生成，也不能由不是元素的其他物体生成，那么，剩下的唯一可能就是：它们是彼此生成的。

【7】 现在,我们必须考察:这种彼此生成的方式是什么,是像恩培多克勒和德谟克里特说的那样,还是如那些把物体分
[305b] 解成面的人所描述的那样,也许还有另外的某种方式?

恩培多克勒和德谟克里特的追随者们自己没有注意到，他们所说明的，不是元素的彼此生成，而只是生成的表象。因为他们说每种元素是固有的，只是被分离出，仿佛生成源于容器中，而不是源于质料中，所以没有什么变化发生。即使情形如此，也还有些结论同样不合理。不能认为一定大小的物体通过压缩就变得更重。但他们却坚持这一点，如果他们说水固存于气中，并从气中分离出去的话；既然水从气中变成，水就变得更重了。再者，当某物从混合物中分出时，它并不必然总是要占据比先前更大的地点；但当气从水中生成时，它占据的地点就增大了。因为较细微之物才占据较大地点（在变化的过程中，这一点很明显。

当液体被转化为蒸汽或气体时，包容它的容器因为处所不够要爆裂）。所以，如果完全无虚空，如果正如持这种观点的人所说的，物体并不膨胀，那么显然，这种情况是不可能的。如果有虚空和膨胀，那么，被分离出的物体必然总要占据更大的地点就没有道理。而且，相互生成必然有终止，既然一个有限的大小不能把无限数的有限大小包含在其中。当水从土中生成，有的东西就从土中消减了，既然生成是分离的过程。当水再从剩余物中生成时，情形也同样。如果这个过程永远继续下去，就会出现有限包含无限的情况；既然这是不可能的，那么，元素的彼此生成就不应当是永远的。

现在已经说明了，元素的相互变化不是靠分离进行的。剩下的选择是，它们应通过变成彼此而生成。这有两种方式；或者是通过改变其形状，正如由同样的蜡既可制成球体，也可制成立方体；或者就像某些人所说，通过分解成面。如果是通过改变形状而生成，就必然要涉及原子物体。因为如果一切皆可分，火的部分就会不是火，土的部分不是土，原因在于，并非锥体的每个部分是锥体，立方体的每个部分是立方体。但如果是通过分解成面而生成，第一 306a
个困难就是，并非一切元素都是相互生成的，这一点，他们不得不说出，当然也说了。因为在变化中，只有一种元素没有部分的看法既不合道理，也不符合感觉现象，而是一切都同样地彼此变成。结果，他们对现象的说明恰恰是与现象不一致的。其原因是，他们没有很好地假定第一本原，而是企图削足适履，使万物与他们的看法一致。似乎应该是，感性事物的本原是感性的，永恒东西的本原是永恒的，可消灭之物的本原是可消灭的，总而言之，事物要与其载体同类。但是，由于偏爱自己的观点，他们就在论证中充当了命题辩护人。他们以为自己的本原是真实的，准备着接受一切结论，仿佛有些本原不需要由结果、尤其是从最后的结果来判定似的。创制知识的结果是产品，自然知识的结果总是严格与感觉相一致的现象。他们的结论是，土最有资格被称为元素，而且是唯一不可消灭的，因为不可分解的东西是不可消灭的，是元素，而只有土不能被分解为其他物体。在那些能被分解的元素中，三角形的“搭挂”①是没有道理的。但在相互变化的事物中，由于构成它们的三角形数目不等，就会发生这种〗情形。再者，按他们的这种说法，生成必然不出于物体；因为从平面中生成的东西不能被说成已从物体中生成了。此外，他们也必定断言，并非一切物体都可分，但这样一来，就与最精确的知识，即数学相冲突了；因为数学假定，甚至理智也是可分的，而他们由于想拯救自己的假说，连感觉的东西也不承认了。他们要为每种元素赋予形状，并据此界定它们的本质，就必然使它们不可分；因为锥体和圆球被分后，必定会留下些许不是锥体和圆球的剩余。所以，或者
306b 火的部分不是火，而是有某个东西先于元素（因为万物都或者

① paraioresis。

是元素，或者由元素构成），或者一切物体都是不可分的。

【8】 一般地说，赋单纯物体以形状的企图是不对的。因为首先，整体不会被填满。在面中，只有三种形状被认为填充地点，即三角形、四方形和六边形；在体中，只有锥体和立方体如此。但是，这个理论需要的必然更多，因为它认定的元素更多。其次，一切单纯物体明显地都被包容它们的地点赋予形状，尤其是水和气。元素的这种形状不能被去掉；因为如其不然，被包容物的整体就不会与包容者完全接触了。但是，如果形状被改变，它就不再是水，既然是靠形状才得以区分的。所以很明显，元素的形状不是确定的。的确，自然本身似乎对我们表明了这是理论上的结论。正如在其他场合一样，载体必定是无形式、无形状的；因为这样，正如《蒂迈欧》中断言，“容纳一切的东西”最能变形①，因此，元素应被想象为构成物的质料；这也是它们能变成彼此、失去性质区别的原因。此外，肉、骨头和诸如此类的连续物体的生成是如何可能的？它们不能从元素本身中生成，因为不能从元素的组合排列中生成连续物；也不能从面的组合中生成，因为从中生成的是元素本身，而不是源于元素的物体。所以，只要某人愿意精确地思考，而不是匆匆一瞥就赞同这种理论，就会看出，它是把生成从世界中取消了。

① 见柏拉图：《蒂迈欧》，57^{A}。

再有，即使他们在分派形状时尤为注意的特性、力和运动也表明，形状不适于物体。例如，由于火易动，且能发热和燃烧，有些人就让它为球形，另一些人则说是锥形。他们认为，这些形状最易运动，因为它们被接触的点最少，最无
307a 稳定性，也最能发热和燃烧，原因是，一个的角是完整的，另一个的角最尖锐，而他们说，这些角就引起热和燃烧。

但是首先，在运动的问题上，他们两种人都是错误的。即使这些形状最易运动，但易动的不是火的运动；因为火的运动是向上和直线式，而这些形状的易动是圆周式，即我们所谓的旋转。再者，他们把土称为立方体，其理由是它的稳定和静止，但是，土的静止不是在任何地方，而只是在它自己的地点中，如无阻碍，它会从任何其他地方出发移动，火与其他元素亦同样。所以显然，火和每个元素在其他地点时是圆形或锥形，但在自己特有的地点时是立方体。再有，如果火生热和燃烧是由于角的话，一切元素都能生热了，虽然彼此的程度不一；因为它们全都有角，例如八面体和十二面体。德谟克里特甚至把球也当成角，认为它由于易动而分割事物。所以，区别只是程度的不同。但显然，这是错误的。同时，也会得出这种结论：甚至数学上的物体也会燃烧和生热；因为它们也有角，并在其中含有原子式的圆形和锥形，尤其如果像他们所说，有原子式的大小的话。如果有些东西具有这些特性，有些不具有，就该说明这差异，而不是像他们所做的那样一带而过。再

有，如果被燃的东西生出火，火是球形或锥形，那么，被燃的东西必然生成球形或锥形。就让我们假定这种形状切割和划分物体是合理的，但要说锥形必然制成锥形物，球形必然制成球形物，则极不合理，这就犹如某人主张刀把事物分成刀，或锯把事物分成锯一样荒谬。再有，在把形状赋予火时，只考虑到划分也是不对的；因为火更被认为是结合和连接，而不是分离。它虽分离不同类的东西，但却结合同类物。对火来说，结合是由于本性（因为结合是 307b 火的特性），而分离则是由于偶性；因为是为了结合同类物才排斥其他。所以，在给它赋予形状时，要考虑到两者，尤其是结合的功能。此外，既然热和冷是相反的力，就不可能把某种形状赋予冷；因为被给予的东西应有相反面，但形状却无相反面。因此，他们全都忽略了冷。虽然他们本应要么用形状来规定一切，要么什么也不规定。他们有些人企图说明这种力，但说了些自相矛盾的话。他们说，其构成部分大的物体是冷的，因为它阻碍了，不能畅通孔道①。那么很明显，热的东西是孔道畅通；这就是说，构成部分细小。其结果，热与冷的区别是由于构成部分的大小，而不是依据形状了。再有，如果锥形的大小不等，那么，大的锥形就不会是火，其形状就不是燃烧的原因，而是相反了。

从上所述可见，元素的区别不是由于形状。物体最重

① 见柏拉图：《蒂迈欧》，62A—B。

要的差异是特性、功能和能力方面的（因为我们说，每个自然物体都有功能、特性和能力）。所以，这些是我们首先应说明的，以便从对它们的考察中，我们能把握每个元素彼此间的区别。

第 四 卷

【1】 现在讨论重和轻。我们必须考察，物体是什么，它 307b28
们的本性是什么，以及由于什么原因，它们具有这些力。关于这些问题的考察是运动理论特有的内容；既然我们称事物有重和轻是因为它们能以某种方式自然地被运动（能力的实现没有名称，除非有人将其称为“冲动”）。因为对自然的探求与运动相关，而这些东西自身内又似乎有运动的活力，所以，一切探 308a
究者都要运用这些能力，虽然除少许情形外，全都没有明确规定。让我们先看一看其他人的说法，提出考察必须要确定的问题，然后，我们就可以说明我们关于这些问题的观点了。

事物之被称为重和轻，既是绝对的，又是与他物相对的。在两个有重的东西中，我们说，一个较轻，另一个较重，例如青铜比木头重。我们的前辈们没涉及这两个词的绝对意义，只涉及了相对意义；因为他们没有说明重是什么，轻是什么，只是说在具有重的事物中较重和较轻的是什么。下面，我们把这个意思表述得更清楚些。有些事物的被移动其本性总是脱离中心，另一些则总是朝向中心。

我把其中脱离中心的被移动称为向上，朝向中心的则叫做朝下。有些人不承认天体中有向上和朝下的运动，这是荒谬的。他们说，没有上下之分，既然宇宙在各个方向上都同一，而且，从地球任何一点出发的人，无论走到何处，都将站在自己的对立面。但我们把整体的外缘称为上，它就位置而言是上，但在本性上却是原初的。而且，既然宇宙有外缘和中心，也就显然有上和下；普通的说法是正确的，虽然并不充分。不充分的原因是，他们认为宇宙不是在各个方向上都同一，而只认为我们上面的这个半球如此。如果他们理解了它是完全同一的，中心对各方都相等，他们就会承认边缘为上，中心是下。绝对的轻，我意指向上和朝着边缘被移动的东西，绝对的重则指向下和朝着中心被移动的东西。相对的轻和较轻，我指的是，在具有重的同等大小的两个物体中，其自然地向下被移动的速度被另一个所超过的那个物体。

【2】 在对这个问题进行过考察的那些前辈中，大多数人都只在相对的意义上来谈论事物的重和轻，即在两个
308b 具有重的物体中，一个比另一个更轻的意义上。他们以为这就充分地分析了绝对的重和轻，但实际上，他们的论证是不合适的。随着我们讨论的深入，这会变得更清楚。

有些人像在《蒂迈欧》中描述的那样[①]来说明较重和较

① 见柏拉图：《蒂迈欧》，63C。

轻的含义，即：由较多的相同部分构成的物体就是较重，由较少相同部分构成的就是较轻，例如，部分较多的铅或铜就比较少的铜或铅更重。其余的每种同类物也一样。每个更重的东西都是由于相等部分更多。他们也以同样的方式断言铅比木更重；因为一切物体都由同样的东西和一种质料构成，虽然这不是公认的意见。但这些规定并没说明绝对的轻和重。事实是，火总是轻的，并向上移动，土和一切土性物都朝下和朝向中心。所以，火自然地向上移动不是由于三角形的量小，虽然他们说，万物都由三角形构成。仿佛火的量较大，移动速度就较慢，就较重，由于构成它的三角形较多。但观察的现象却与此相反，量较大，它就较轻，向上的移动就更快。从上到下的移动也同样，量小的较快，量大的较慢。此外，既然他们说，有较少同类部分的就较轻，有较多同类部分的就较重，既然气、水和火是由相同的三角形构成的，唯一的区别是在数量的多少上，并由此造成了它们的较轻和较重，那么，就会有比水更重的一定量的气。但事实完全相反；因为量较多的气向上移动起来更容易，而且，气的任何部分都无一例外地是从水中向上升起的。

这是人们区别重和轻的一种方式。对于另一些人来说，这种区分似乎是不充分的；和我们相比，他们属于较老的一代，但他们在这个问题上的观点却颇有新意。显然，有些物体在体积上虽然较小，但却较重。所以很清楚，说同重的物体由同量的原初成分构成是不充分的；因为还应体

积相等。把构成有重物的那些原初和原子的部分当成面的
309a 人，如果要持这种说法，就是荒谬的；而把那些部分当成是体的人，则更有可能说较大的物体较重。但在结合物中，我们看到，既然重明显不是像这样对应于体积，而是体积较小者经常较重，例如青铜之于羊毛，那么，有些人就提出了另外的原因。他们说，包含在物体中的虚空使它们轻。较大的物体有时之所以较轻，是因为它们有较多的虚空。也正是由于如此，有的物体虽然在构成的固体成分上与另一物相等，甚至更少，但在体积上却经常更大。总之，较轻物的一般原因是包含有较大的虚空。这就是他们的说明方式，必须为此添加内容，即一物之所以较轻，不仅由于有较大的虚空，而且也因为固体量较少。因为如果固体与虚空超过了这个比例，就不会较轻了。正是这样，他们说，火有最大的虚空，所以最轻，但按这种说法，就会推出，较大量的黄金由于包含着比较小量的火更多的虚空，所以比火更轻的结论，假如我们不加上它所包含的固体也比火要多许多倍的话。所以，附加说明是必要的。

那些否认虚空存在的人中，有些不能分析重和轻，例如阿那克萨戈拉和恩培多克勒，有些虽然想分析，但又不承认虚空存在，所以不能说明物体为什么有绝对的轻和重，即物体的移动为什么有的总是向上，有的总是朝下。再有，他们忽略了有的体积较大的物体比较小的物体较轻的事实，而且，从他们的说明中，也不能清楚地看出他们的理论如

何与现象相一致。但是，那些把火的轻归因于它包含有较多虚空的人也必然陷入几乎同样的困境。它虽然比其他物体含有较少的固体和较多的虚空，但会存在着一定量的这样的火——它含有的固体和充实物要超过某个微量土所含有的固体。他们可以回答说，火含有的虚空量也超过。但是，他们如何说明绝对的重呢？或者由于固体的较多，或者由于虚空的较小。如果这是他们的回答，那就会存在着这样的土：它的量如此之小，以至于它含有的固体比较大量的火含有的还少。同样，假如区分是由于虚空，就会有一个比绝对的轻、且总是向上被移动的东西还更轻的物体，且总是朝下被移动。但这是不可能的，因为绝对的轻总是比有重而又朝下被移动的物体更轻。当然，较轻者并非总是轻，因为我们是在都有重的物体中说一个比另一个更轻，例如水比土更轻。物体中虚空对固体的某种比例的说法也无助于解决现在面临的困难。即使他们以这种方式来解释，也同样会得出不可能的结论。因为较大量的火和较小量的火所含有的虚空与固体的比例是相同的，但较大量的火向上移动的速度显然比较小量的更快，正如较大量的金或铅比较小量的朝下移动更快；具有重的每个其他物体也一样。但是，这是不应出现的，如果重与轻相区分的依据真是这种比例的话。如果物体向上移动的原因是虚空，而虚空本身不移动，那么，这也是荒谬的。如果向上被移动是虚空的本性，向下则是充实物的本性，每一个因此而是另一个移动的原因，那么，就无需考察为什么合成物体有些轻、有些重了，而是要说明，这两者为什么一个轻，另一个重，再就是要说明，由于什么原因，充实物和虚空不是永远分离的。为虚空设想一个地方，仿佛它本身不是某种地点的作法也是没道理的。但如果虚空被运动，它也必定有某个处所以供变化。它运动的原因是什么？肯定不是虚空；因为被运动的不仅是虚空，也有固体。

按其他依据来区分也会遇到同样困难。他们或者用体积的大小来说明物体的较重和较轻，或者依照其他方式，但只把一切归因于同一种质料，或虽是多种质料，也是一对相反面。如果质料是一，正如那些主张从三角形中构成事物的人所说的一样，那么，就不会有绝对的重和轻。如果由相反者，即虚空和充实物构成，那就无法说明，由于什么原因，当相互比较或绝对自身比较时，较重和较轻是绝对重和轻的中间状态。以大和小作为区分依据的观点比上面提到的这些更难令人置信，虽然它能够区分出四种元素，但也会遇到前面所说的困难。既然它以为体积不同的这些物体全都是一个本性，那就与只有一种质料的观点同样地意味着，没有绝对的轻，也没有向上被移动的东西（除非在被其他事物超过或被它们强制时）；而且，既然较多的小原子比少许的大原子更重，也就会推出，较多的气或火比较少的水或土更重，但这是不可能的。

【3】 这些，就是其他人提出的观点及其理由的说明。

我们自己的说明则从确定一个使有些人最感困难的问题开始，即为什么有些物体总是合乎自然地向上移动，有些则朝下移动，还有一些物体既向上又朝下。在此之后，我们要探讨重和轻以及与它们相关的各种特性，并解释它们为何如此。

每个物体朝向自己特有地点的被移动，必须被看成与生成和变化的其他形式一样。有三种运动，即大小方面的、形式方面的和地点方面的运动；可以看到，每种运动都是从相反面到相反面或到中间状态的变化；而不是以任意的方式向任意事物的变化。同样，运动者与其对象的关系也不是任意的，而是正如能质变者与能增长者不同一样，引起质变者和引起增长者也不同。也必须以同样方式假定，地点运动方面运动者和被运动物的关系也不是任意的。那么，引起向上和朝下运动的东西就是造成轻和重的东西，向上和朝下的被运动物就是潜在的轻和重，每一物朝向自己地点的被移动也就是朝向自己形式的被移动。（这是理解先辈们“相似向相似移动”的说法的最好方式。因为这个说法并不是在一切意义上都真。假如地球被移到月亮现在所在之处，那么，地的每个部分就不会移向它了，而是移向它现在所在之处。一般地说，当同样而无差异的物体以同样的运动速度被移动时，就必然发生这种情况，即每一个部分自然被移往的地点，也是整体的地点。既然地点是包容它的那个东西的限界，一切向上和朝下被运动物都是被外缘和中心包容的，而它在某种意义上成为被包容物的形式，那么，朝向自己地点的被运动就是朝向它的相似物的被运动。因为彼此接续的物体是相似的，例如水似气，气似火。在中间物之间，这种关系可以被转换，但不能与限界转换，例如，气似水，水似土[1]。因为较上方的物体对于在它之下物体的关系就像形式对质料的关系。）所以，问为什么火往上升土向下降，与问能治愈者当作为能治愈者而被运动和变化时为什么朝向健康而不是朝向白色是一样的。其他一切能质变者也同样。能增长者当作为能增长者变化时，不是朝向健康，而是大小的增加。每个事物都同理：一个在性质中变化，另一个在数量中变化，另外的在地点中变化，轻的向上，重的朝下。唯一的区别是，重和轻的物体被认为在自身中有变化的本原，而其他事物的变化则是从外面引起的，例如能治愈者和能增长者。但在有时，这些也有源于自身的变化，譬如，依仗微小的外部运动就达到了健康和增长。既然同一事物既能健康也能受病，那么，如若作为能健康的而运动，就朝向健康，如若作为能受病的而运动，就朝向疾病。重和轻之所以显得比这些事物更在自身内有着运动的本原，是因为它们的质料离实体最近。其证据是，移动属于独立性物体，而且是几种运
311a 动中最后生成的，所以，就存在的序列而言，这种运动应

[1] 就是说，既可以说水似气，也可以说气似水，但不能说土似水，只能说水似土。因为土与火是限界，而水和气则是中间物。

是第一的。当气从水中生成时，轻就从重生成了，它升向上方。一旦到达那里，就是轻，不再生成，而是在那里存在着。因而很明显，它是潜能，到达了就是现实，就得到了位置，性质和数量只属于现实。同样原因，已经实际存在的土和火朝向它们自己的地点被运动，假如无妨碍的话。当无阻障或妨碍时，营养物或能治愈的东西也立即被移动。但是，运动也由原初的动作者和障碍清除者或事物运动重新开始者所引起，正如我们在开初的讨论中所说过的，在那里，我们曾力图表明，这些事物没一个是自己运动自己的①。

每个被移动事物由于什么原因而被移动，被移动物朝向自己的地点移动是什么意思，我们现在已经说明了。

【4】 现在，我们要说说这些物体的差异以及出现的特性。首先，像一切人都同意的，我们把绝对的重规定为沉到万物底下的东西，绝对的轻则是升到万物上面的东西。我所谓的绝对，指的是属及不具有轻重二者的东西。例如，假如没有什么不同的东西凑巧阻碍，任意大小的火就向上被移动，土则朝下被移动；而且，虽然体积越大，速度越快，但运动的方式是相同的。但是，具有轻重二者的物体则不一样，因为它们有的升到上面，有的沉到底下，例如气和水，它们无一是绝对的轻或重。它们二者都比土更轻

① 见《物理学》第八卷，【4】，$254^{b}33$—$256^{a}3$。

(因为它们的任意一部分都升到土的上面)，但都比火更重(既然它们的部分，无论体积多大，都沉到火的底下)。然而，就二者相对而言，一个是绝对的重，另一个就是绝对的轻了；因为任何体积的气都要升到水的上面，而任何体积的水都要沉到气的底下。

其他物体也都是有些重，有些轻，很清楚，所有这些是由于简单部分的不同，也就是说，依据所包含元素的多和少，有些物体重，有些轻。所以，我们必须说明这些元素，因为它们是其他一切物体依赖的原初物；而且，我们
311b 也必须像已说过的那样指出其他人的错误，他们认为重是由于充实物，轻是由于虚空。正是因为原初物的差异，被认为重或轻的东西才会出现并非在一切地方都相同的情况。我的意思是，例如，在气中，一塔仑特木比一米勒铅更重，但在水中，却更轻。其原因是，除火之外，所有物体都有重，除土之外，所有物体都有轻。所以，土以及含有量多为土的物体在一切地方必然都有重；除在土中之外，水在任何地方有重；除在水和土中外，气在任何地方有重。因为除火以外，这每一种物体在自己的地点中都有重，气也如此。吹胀了的皮囊比空的更重，这个事实证明了这一点；所以，如果某物含有的气比土和水更多，它就可能比在水中的某物更轻，但又比气中的更重；因为它不会升到气的上面，而是升到水的上面。

下面将证明，有某种绝对的轻和绝对的重。我所谓绝

对的轻，指其自然的被移动总是向上，绝对的重则指总是朝下，如若无阻碍的话。存在着这两类情形，不是像有些人以为的那样万物都有重；另外的人则同意，有某种重物总是朝向中心被移动的。但同样也存在着轻物。因为我们看到，正如前面所说的，土性物都沉到万物底下，并朝向中心移动。但中心是被确定的。所以，如果有某物升到万物上面（正如所见到的，火甚至在气自身中向上移动，虽然气静止着），那就很明显，这种物体是移向外缘的。因此，它没有任何重；因为假如有重，它就会在另一物中下沉了；而如若这样，就会有另外的某物移向外缘，并升到一切被移动物上面了。但事实上，却没有见到这样的物体。所以，火没有重。土也没有轻，既然它沉到万物底下，而下沉之物向着中心移动。可以从多方面表明，存在着一个重物的移动朝向它，轻物的移动脱离它的中心。首先，没有什么东西的被移动能够进行到无限；因为正如不能的东西不会存在一样，它也不会生成，而移动却是从彼地到此地生成的①。其次，火的向上被移动，土以及一切有重之物的朝下被移动，都表现出同样的角度②。所以，土的被移动必然朝向中心（至于朝向的是地球的中心，还是整个宇宙 312a
的中心，属于另外的论证，既然是相同的）③。但是，既然

① 见《论天》第一卷，【7】，274b13—18。

② 见《论天》第二卷，【14】，296b19。

③ 296b9 以下。

沉到万物底下的东西被移向中心，那么，升到万物上面的东西必然被移向这些物体的运动发生于其中的那个处所的外缘。因为中心与外缘相反，下沉物与上升物相反。物体有重和轻两类，地点有中心与外缘两处，这是很合理的。还有介于它们之间的某种中间地区，它的称谓是和它们每一方相对而言的；因为两者的中间区在某种意义上说既是外缘又是中心。正是如此，也就有了另外一种重和轻，即水和气。

我们主张包容者属于形式，被包容物属于质料。这种区别存在于一切种类中；因为在性质和数量中，都是有的更多地是形式，有的为质料。同样，在地点方面，向上的属于规定者①，朝下的属于质料。所以，在重和轻的质料本身中，当一种潜在时，就是重的质料，当另一种潜在时，就是轻的质料。质料虽相同，但其存在是不同的，正如疾病与健康；因为是不同的，所以疾病区别于健康。

【5】 可见，有某种质料的物体轻，且总是向上移动，有相反质料的物体重，总是朝下移动。但是，有些却不同于这些物体，它们彼此相对地具有这些物体绝对地具有的特点，所以，其被移动是既向上又朝下。因此，气和火各自都有轻和重，水沉到除土之外的万物底下，气升向除火以外的万物上面。既然只有一种物体升到万物上面，也

① horismenon。

只有一种物体沉到万物底下，那么，必然有两种另外的物体，它们沉到某物底下，升向某物上面。所以，质料的种类必然与这些一样多，即四种；在一种意义上，四种即是一种，是万物共同的，如果它们相互生成的话，但又是不同的。没有什么妨碍相反面的中间环节是一或多，正如颜 312b
色的情形；因为“居间”和“中间”有多层含义。

具有重和轻的每个物体在自己的处所中都有重（土在一切地方均有重），但却没有轻，除非是在它升到其上面的那些事物中。因此，当去掉支撑时，它就会移向挨着它的下面的物体，气移向水的地方，水移向土的地方。但如果去掉火，气也不会向上移到火的地方，除非是由于强制；同样方式，水也可以被提上去，当它与气处于同一平面，而且向上提升的速度比朝下移动更快时。水不移向气的地方，除非像刚才说的那种方式。土不会承受这种方式，因为它没有与其同一的表面。因此，水可以被提入适于火的容器中，但土却不行。正如土不能向上一样，火也不能朝下，纵然气被去掉；因为即使在它自己的地方，火也没有重，犹如土没有轻一样。当去掉支撑时，其他两种物体就朝下运动，因为，沉到底下的是绝对的重，而沉到自己的地方或沉到它从中升起的那个物体面上的是相对的重，由于质料是相同的。

显然，必须使质料与物体的差别同样多。因为如若万物的质料是一种，例如虚空、充实物、固体或三角形，或者，如若万物都向上移动或都朝下移动，就不会有另一种移动了。所以，或者不会有绝对的轻，如果每物的冲动或由于构成物的大小和数目，或由于充实物（这一点，不仅我们能看到，而且也已证明，朝下和向上的被移动同样是永远的和普遍的）；或者，如果是虚空或某种总是向上移动的类似的东西，那么，就不会有什么总是朝下移动了。再有，也就会有朝下移动比土更快的某些中间物体；因为在较大量的气中，会包含较多的三角形、固体或微小部分。但很显然，没有一个气的部分朝下被移动。同样道理也适于轻，如若被假定它是由于质料的超过的话。

假如质料是两类，又如何说明居间物像气和水一样活
313a 动呢？（例如，如果有人假设这两类是虚空和充实物，那么，火向上因为是虚空，土朝下因为是充实物，而且，气有火的更多，水有土的更多。）因为某种量的水比少量的气包含有更多的火，较大量的气比少量的水包含有更多的土，所以，一定量的气就比少量的水朝下被移动的速度更快。但是，无论在何处，都不会看到有这种情况发生。事实必然是：正如火之向上是因为它有此物（例如虚空）而不是其他东西，土之朝下则是因为它有充实物一样，所以，气朝向在水上方的自己的地点是因为它有某个特定的东西，水朝下也是因为它有某种类似的特定物。如若气与水二者只有某一种质料，或者虽然有两种质料，但却为二者各自所属，那么，就会出现一定量的一方被另一方超过的情形，即，在向上方面，水超过少量的气，在朝下方面，气又超

过水，正如我们经常说到的那样。

【6】 一般而言，物体的形状不是被移动向上或者朝下的原因，而只是移动较快或较慢的原因。其所以如此是不难看出的。因为现在提出的问题是：为什么扁平的铁或铅块漂浮在水上，而较小的和重量较轻的物体，只要是圆的或长的，譬如针，就会朝下沉去；而且，有些物体的漂浮是由于小，例如铁屑、其他土性物，以及在空气中的尘埃。关于这些问题，德谟克里特所作出的解释是不正确的。他说，源于水中的、被向上移动的热物体阻挡住了有重的宽大物，而狭窄之 313b
物则下落了；因为阻抗它们的物体是很少的。但是，这种情形更可能在气中出现，正如他自己提出的反驳那样。然而，他对反驳的回答是软弱无力的；因为他说，“驱动”不只朝着一个方向。所谓“驱动”，指的是向上被移动物体的运动。但是，既然有些连续物较容易分离，有些较不容易，同样道理，有些是较能引起分离者，有些则较不能，那么，就必须认为这些是原因。易于分离的东西是易于被限定的，更易分离的东西是更易被限定的；气比水，水比土更具有这种性质。再者，在每个种类中，量较小的东西就更容易分离，更容易裂开。具有较大体积的物体之所以稳定，是因为它们的覆盖面比较宽，而且，体积越大的就越不容易被分开；具有相反形状的物体之所以朝下被移动，是由于它们的覆盖面很小，所以就容易分开。这种情况更经常地出现在气中，既然它比水

更容易被分开。但是，既然存在着具有某种朝下移动冲力的重和阻抗被分离的连续，那么，这两种力必定相互对抗。如若朝向裂开和分离的重的冲力超过连续物的阻抗力，物体朝下的速度就会较快，但如若重的冲力较弱，就会停在表面。

这就是我们说明重和轻以及有关它们的诸多特性的方式。

论生成和消灭

徐开来　译

* peri geneseos kai phthoras　据《洛布古典丛书》希腊本文。

第 一 卷

【1】 关于由于自然而生成和消灭之物的生成和消灭，314a
因为它们对于万物都是同样的，所以，我们必须区分它们的原因并阐明其原理；此外，也要研究增长和质变，考察它们各自是什么，质变与生成是否有着相同的本性，或者，是否有与不同名称相对应的个别的本性。

在古代的哲学家中，有些人说，所谓单纯的生成就是质变，另一些人则认为，质变和生成是不一样的。因为断言宇宙是某种单一的东西并主张万物皆出于一的人们，必然认为生成就是质变，而且认为，在严格的意义上，被生成的东西就是被质变；而那些假定事物的质料多于一种的人，如恩培多克勒、阿那克萨戈拉和留基波，则必定主张生成不同于质变。但阿那克萨戈拉却没能理解他自己的话语。他说，生成和消灭与被质变是相同的;但又像其他人一样断言元素是多。恩培多克勒认为物体性元素为四种，再加上运动的原因，在数目上共有六种；阿那克萨戈拉、留基波和德谟克里特则断言元素无限。因为阿那克萨戈拉把

“同素体”当成元素，如像骨、肉、髓以及其他那些与整体同一的每个构成部分；德谟克里特和留基波则说其他一切都由不可分的物体构成，这些物体在数目和形状上无限，复合物依据其构成成分以及它们的位置与排列而彼此区别。阿那克萨戈拉学派的说法显然与恩培多克勒学派的相反，因为恩培多克勒宣称火、水、气、土这四种物体是元素，并认为它们与肉、骨头以及诸如此类的同素体相比是单纯的；相反，阿那克萨戈拉学派的人们则把同素体说成是元
314b 素和单纯的东西，土、火、水和气乃是复合物，因为它们是种子集合而成的。

所以，主张万物皆由单一元素构造而成的人们，必然宣称生成和消灭是质变；因为他们认为载体总是保持着同一与单一（我们所说的被质变，正是这样的）。而那些主张物种比一更多的人必定要区分质变和生成；因为生成和消灭是多种元素集合与分散的结果。因此，当恩培多克勒说“自然万物全无生成，只有被混合物的混合与分离”[①]时，他也是这个意思。明显可见，他们的这种理论与其假定是一致的，而且，实际上也是以这种方式来说明事物的；然而，他们也必然要把质变视为不同于生成的某种东西，虽然与他们所表述的那些观点不可能一致。在这个问题上，我们所说的正确性是容易看清的。因为正如我们看到事物中大

① DK 残篇 8。

小方面的变化（我们称之为增加和减少）而实体不变一样，质变的情形亦如此。然而，那些宣称万物由以构成的本原比一更多的人却使质变不可能发生。因为就我们所说的质变发生而言（我的意思是，例如热冷、白黑、干湿、软硬以及其他等等），其影响元素的性质是有差异的。正如恩培多克勒所说：

处处可见太阳明亮、炽热，
雨水则到处昏暗、阴冷。①

他也同样规定了其余的元素。所以，既然水不能生成于火，土不能生成于水，那么，黑就不能出于白，硬就不能出于软；相同的论证也适于其他性质。这就是质变的意思。从中明显可见，必须假定总是有某一种质料作为相反双方的基础，无论变化是地点方面的、增减方面的，还是质变方面的。再者，这种质料的存在和质变的存在必然是同一的；因为如果变化是质变，那么，基 315a
础物就是单一的元素，即，变成彼此的万物具有单一的质料；反过来，如果基础物是单一的，变化也就是质变。

恩培多克勒似乎与现象相反，也与他自己的观点相反。因为他否认他的任何一个元素由其他元素生成，而是主张其他一切事物都由这些元素生成，但同时，他把除“争吵”以外的一切自然合并成一之后，又认为它们每个再度由一生成。所以很明显，由于某些差异和性质，从某个一中就

① DK 残篇 21，3—5 行。

出现了分离，有的生成水，有的生成火，正如他把太阳称为白和热，把地球称为重和硬一样。如果去掉这些差异（因为是可以去掉差异的，既然它们已生成了），那么显然，土必然由水生成，水必然由土生成，其他每种元素也同样如此，不仅是“那时”，而且是“现在”[①]，只要它们在性质上发生变化。依据他的说法，它们能被附着于事物，也能再次从事物中被分离出去，尤其是“友爱”与“争吵”仍在彼此战斗时。正因如此，元素在初时才从一中生成了；因为火、土和水不是始终分离存在的，它们曾经是一。我们到底应把他的本原看成是一还是多（我的意思是指火、土以及它们的同等物[②]），是不清楚的。因为就一作为基础质料，土和火都由此生成而言（虽然变化是由于运动[③]），它是元素；但另一方面，就一是通过多的结合（多又是分解的结果），由复合生成而言，多就比一更根本，其本性也先于它。

【2】 所以，我们必须一般地考察总体意义上的生成和消灭，并看它们是否是存在的，又如何存在，还要讨论其他的单纯运动，譬如增长和质变。柏拉图考察过生成和消灭[④]，但只是局限于如何存在于事物之中，没有全面地讨

① 按恩培多克勒的观点，“那时”指元素的最初生成时，“现在”则指“争吵”处于优势地位时。

② 指水和气。

③ 即由“争吵”引起。

④ 见柏拉图：《蒂迈欧》，52^{D} 以下。

论生成，只说了元素的生成。他没有考察肉、骨头以及其他诸如此类的东西是如何生成的；此外，他也没有讨论质变和增长以什么方式存在于事物之中。一般地说，除德谟克里特之外，没有一个人不是以皮毛肤浅的方式来探讨这每个问题。德谟克里特似乎不仅深究了这所有的问题，而
且从一开始就按自己的方式作出了区分。因为正如我们所 315b
说，其他的人没一个确切地说明过增长，有的也似乎只是偶然提及而已，即认为事物的增长是靠了相似物与相似物的添加（但却没能说明这种添加如何进行），他们没有解释混合，没有说明其余的问题，例如动作与承受，即在自然事物的行为中，一物的动作与另一物的承受以什么方式进行。德谟克里特和留基波则设定了形状，使质变和生成都是这些形状的结果，认为生成与消灭是由于形状的分解与结合，质变则是由于排列与位置。既然他们认为真理存在于现象之中，而现象是相反的，无限多的，他们就使形状无限多，所以，由于复合的变化，同一个事物对于一个个不同的人来说就显得是相反的；它的成分会被细微的混合所改变，并由于这一变动而显得全然不同。因为悲剧与喜剧是由相同的字母组合而成的。

既然几乎所有的前辈都认为生成与质变不同，并认为事物的生成和消灭是通过结合与分离，质变则是由于性质的变化，那么，我们就必须注意并考察这些观点。因为他们提出了许多很有道理的疑难。如果生成是结合，就会导

致许多不能成立的结论；但是，又有其他一些不易解答的论证迫使我们承认生成不可能有其他方式的看法。另一方面，如果生成不是结合，就或者完全没有生成，或者它是质变，或者，我们就必须力图解决这个难以对付的困难。

要讨论这所有的问题，其起点是：生成、质变、增长，以及承受相反变化的事物，是因为第一存在为不可分的大小呢，还是没有大小不可分？因为对此的不同回答区别很大。再者，如果第一存在是不可分的大小，那么，它们是像德谟克里特和留基波所说的物体呢，还是有如《蒂迈欧》中主张的面[1]？把大小分到面为止，这种做法正如我们在另外的地方所说[2]，其自身是没有道理的。因此，把它们说成不可分的物体更有道理，虽然这种观点也多有悖理之处。恰如我们所说，靠这些物体可以造成质变与生成，如果某
316^{a} 人通过“转向”、“互触”[3]和形状的差异来转变同样的东西，就像德谟克里特所做那样的话（因此他否认颜色的存在，因为他认为事物的被着色是由于“转向”）。但是，对于那些把物体分成面的人来说，这种可能性就不存在了；因为除了立体之外，没有什么是由面的集合生成的，它们也不企图从自身中生出任何性质。

---

① 见柏拉图：《蒂迈欧》，53^{C} 以下。

② 见《论天》，$299^{a}6$ 以下。

③ 对转向（trope）与互触（diathige）的解释，参见《形而上学》第一卷，【4】，$985^{b}15$ 以下。

我们无力领悟这些公认事实的原因是缺乏经验。因此，与自然现象相处更为密切的那些人，就更能设定能覆盖广阔领域的那些关连着的本原；而那些从众多的理论出发，不观察事实的人，则容易只以极少现象为基础来提出论断。人们或许能由此看出，以自然的方法和论辩的方法来研究问题的人们之间的差别有多大。因为关于不可分的大小问题，有些人①主张是存在的，否则，“三角形自身”就会是多，而德谟克里特似乎确信适于这个问题的论证，从自然理论中引出结论。随着讨论的深入，我们的意思会明显的。

如果假定一个物体或大小是完全可分的，这种分割是可能的，那么，就会遇到困难，即逃脱分割的东西会是什么呢？因为如果它完全可分，分割是可能的，它就同时应该是被完全分割，虽然分割不是同时进行的；而且，如若这种情况实际出现了，也不会不可能。所以，如果它是由于自然地完全可分，那么，无论是通过同样的二分法，还是其他方法，都不会出现不可能的结局，假如它确实已被分割了的话，既然假如它已在无数次中分成了无数的部分，那就没有什么不可能，虽然实际上可能没有什么东西来这样分割。因此，既然物体完全可分，就假定它已被分割。那么，剩下的是什么呢？大小吗？不是；因为这就会有某种东西不被分割，而已经假定过它是完全可分的。但是，如果没

① 指柏拉图学派的人。

有物体或大小剩下来，分割发生了，那么，物体就或者由点构成，并且，其构成成分是无大小的，或者绝对地什么也不是；倘若是后一种情形，它的生成和被复合就是出于无，整体就仅仅是现象。同样，假定它由点构成，就不会有广延。因为当点接触，形成单一的大小并在一起时，并不使整体更大。因为在它被分成两个或更多的部分时，整体并不比以前更小或更大，所以，即使把所有的点放在一起，也不会造成大小。在物体被分割时，即使出现了如锯屑一般的小微粒，并像这样从大小中分出了某个物体，同样的论证依然适用，因为，这个小微粒在什么意义上是可分的？如果它不是一个分出的物体，而是某种分离的形式或性质，而且，如果大小是点或如此限定的接触，那么，大小要由无大小的东西构成就是荒谬的。再者，这些点在何处？它们是不动的亦或是被运动的？接触总是两个东西的一种接触，因为除了接触、分割或点以外，总有某种东西。如果有人要假定任何大小的任何物体都完全可分，就会导致上述这些结论。此外，在分割了一块木头或其他什么之后，如将其再放在一起，就会和以前相等，并且同一。显然，无论我切割木头的哪一点，都是这样的。所以，在潜能上木头是被完全分割了。那么，除分割外，木头中有什么呢？因为即使有某种性质，但木头如何被分成这些成分呢？它又怎样从它们中生成？或者，这些成分怎样被分开？所以，既然大小不可能出于接触或点中，就必然有不可分的物体和大小。但如果这样假定，也同样会推出不可能的结论。关于这些问题，我们已在另外的著作中考察过了①。但是，我们必须力图解决这些困难，因此要再度从头考察。

每个感觉物体在任意一点上都既是可分的，又是不可分的，这毫不荒谬；因为它在潜能上可分，现实上不可分。但是，物体在潜能上完全地同时可分似乎又不可能。因为假如可能，就会出现这样的结果：物体不应现实地同时是两者，即既不可分又被分割了，而应是在任意的一点上都被分了。因此，就没有什么剩下来，物体就被消灭成了非物体的东西，并且会再度或者从点中，或者从绝对的无中生成。这怎么可能呢？

但是，很显然，物体被分成这样的大小：它们是可以分离的，总是越分越小，彼此离异且被分开。所以，把物体分割成部分的过程不会无限进行，也不能在每一点上同时分割物体（因为这不可能），而是有某种限度。因此，在物体中必然存在着不可见的原子②大小，尤其是，如果生成和消灭是通过结合与分离而发生的话。这就是被认为原子大小必然存在的论证，我们现在要指出，它隐含着错误的推理，并要说明这种错误存在于何处。

既然点与点不是接续的，那么，大小在一种意义上就完全可分，但在另一种意义上则不行。当假定大小完全可

---

① 见《物理学》，231a21 以下。

② 即不可分割的。

分时，就认为在任意处和每一处有一个点，因此，大小必然被分到无。因为其中每处有一个点，所以，它或者由接触、或者由点构成。但是，大小只在一种意义上完全可分，即，在其中的某处有一个点，并且分别开来看各点皆在其中；但其中某处的点不会比一更多（因为点不是接续的），所以不是完全可分的。因为假如可分，那么，如果它在中心可分，邻接的点也可分。但却不是这样的；因为标记不邻接于标记，点也不邻接于点。这就是分割和复合。

因此，既有分离也有结合，但它们不趋于、也不出于原子性大小（因为要遇到许多不可能性），所以，也不会有完全的分割发生（因为假如点邻接于点，才会有这种情形）；然而，分割要趋于小，即相对小的部分，结合则出于相对小的部分。但是，不能像有些人所说的那样把绝对的和完全意义上的生成定义为由于结合与分离，把连续物中的变化说成质变。相反，这种观点是整个错误之根源所在。因为绝对的生成和消灭不是由于结合与分离，而是发生于当某物作为整体从“这一个”到“那一个”的变化时。有些人以为所有的这类变化都是质变，其实是有区别的。因为在变化的基础中，既有原理方面的，也有质料方面的因素。所以，当变化发生在这些因素中时，就是生成或消灭，但当变化是在性质中并由于偶然而发生时，就是质变。被分离和被结合的事物易于消灭。因为如果水被分成更小的水滴，气就从中生成得较快，但如果水滴被结合在一起，气就生成得较慢。在后面的讨论中①，这会显得更清楚。现在可以确立的是：生成不能是某些人断言的那一类结合。

【3】 我们已经确定，我们首先必须探索，是否有某种单纯的生成和消灭的东西，或者，是否没有什么在严格的意义上生成，有的只是每物生成某物或由某物生成。我的意思是，例如健康出于疾病，疾病出于健康，或小的出于大的，大的出于小的，其他一切情形也以同样的方式进行。因为如若有单纯的 317b
生成，某物就会单纯地从非存在生成，这样，说非存在属于某物就会是真的了。因为某物的生成是出于某种非存在的东西，例如出于非白或非美，但单纯的生成是出于单纯的非存在。

“单纯”② 或表示每个范畴中最初的东西，或表示普通的和无所不包的东西。如果它表示最初的东西，实体的生成就会出于非实体。但是，若不是实体或“这个”的东西则显然没有来自其他范畴的属性，例如性质、数量或何地等范畴，因为那样的话，属性就会与实体分离存在了。另一方面，如果它表示完全不存在，就将会普遍地否定一切存在，所以，生成的东西必然生成于无。

关于这些问题，我们虽然在其他地方③已作了更为详细的讨论和规定，但在这里还需要简略说明：在一种意义上，

① 见 $328^{a}23$—$^{b}22$。

② haplos。

③ 见《物理学》第一卷，【6】—【9】。

事物生成于单纯的非存在，但在另一种意义上，却总是生成于存在。因为必定有某种潜能上是，但现实上不是的先在的东西，可以从两方面[1]来述说这个东西。这些虽已被确定，但我们还要再次探讨一个困难的问题，即怎样有单纯的生成，无论它出于潜能的存在还是以其他什么方式。因为有人或许会提出这个问题：实体（即“这个”）是否真的生成，但又不是“这种性质”、“这般数量”、或在“某处”生成的（关于消灭，也许会提出同样方式的问题）。因为如果某物生成，它显然会潜在地是一个实体，虽然现实地不是，生成会出于它，消灭必然变成它。其他属性是否会现实地属于这个实体呢？我的意思是，例如，只潜在地是“这个”或存在，但在单纯意义上不是“这个”或非存在的东西到底有没有数量、性质或地点呢？因为如果它不具有这些，全都是潜在的，那就会推出，不是这样确定存在的东西能分离存在；此外，也会得出生成出于预先存在之无的结论，而这是最使初期的哲学家们感到惶恐不安的观点。另一方面，如果虽然它不是“这个”或实体，但却具有某种刚才说过的其余的属性，那么，正如我们所说的，性质就可以与实体相分离。所以，我们必须尽其所能来考察这些问题，并探讨生成总是发生的原因，无论是单纯的还是就部分而言的[2]。原因有两层含义，一指我们

---

① 即作为“存在”和作为“非存在”。

② 这里所说的“就部分而言”（kata meros），是相对于绝对的而言，即指在性质、数量、何地等方面的变化。

说过的运动由以开始的本原，一指质料，我们这里必须说 318a 明的是质料意义上的原因。因为关于前一种意义的原因，我们在前面对运动的讨论中已经说过了①，即有的东西在一切时间中都不能被运动，而有的则总是被运动。对不能被运动的本原的讨论，属于另一门在先的哲学的事情；关于由于自己的连续被运动来运动其他事物的东西，我们后面将会解释②，它属于特殊的原因那一类。现在，我们要说的是归于质料类的那种原因，正是由于它，自然中才总是有着消灭与生成；因为如果明白了这个问题，或许也会有助于我们对刚才提出的问题——关于单纯的消灭和生成——必须作出的说明。

什么是连续性生成的原因，这也是一个相当棘手的问题，如果被消灭之物消失为非存在，而非存在既是无；因为非存在既不是某物，也没有性质、数量或地点。所以，如果存在的某物总是不断消失，那为什么宇宙整体没在很久前耗尽蚀光呢，假如每个生成物由以生成的质料有限的话？生成不衰的原因不是因为它由以生成的质料无限，因为这是不可能的。在实现方面，没有什么是无限的，只有在划分上潜在的无限，所以，必定只有一类生成，即不会衰竭，生成的某物总是越来越小，但实际上，这是我们看不见的。

① 见《物理学》，$258^{b}10$ 以下。

② 见《论生成和消灭》第二卷，【10】，$336^{a}15$ 以下。

是由于此物的消灭即彼物的生成，此物的生成即彼物的消灭，才使得变化永无止息吗？对于相同的每个存在事物的生成和消灭，这必定被大家认作是恰当的原因。但是，为什么有些事物被说成是单纯的生成和消灭，而另一些则不是单纯的呢，还必须重新考察，假如同一个过程真是此物的生成彼物的消灭、此物的消灭彼物的生成的话；因为这个理论需要说明。因为我们说“它现在正单纯地消灭着”，而不仅仅是说“这个在消灭着”；而且，我们也称这为单纯的生成，那为单纯的消灭。然而，是“这个”生成某物，并不是单纯的生成；因为我们说学生成为有学问的，而不是单纯的生成。

318b 我们经常作出区分，说一些事物表示“某一这个”，另一些不，正因为这一点，才推出了我们正在探讨的问题；因为它区分出了正在变化之物所变成的东西。例如，或许变成火的路径是单纯的生成，但却是某物的（例如土的）消灭，而土的生成则是某物的生成，不是单纯的生成，虽然消灭是单纯的（例如火的）。这恰如巴门尼德的观点①，因为他说，变成的东西是两个，并主张它们（即存在和非存在）是火和土。无论我们是假定这些，还是同类的其他东西，并无什么区别；因我们探讨的是变化的方式，而不是其他处于底层的东西。变成单纯的非存在的路径是单纯的消灭，变成单纯的存在的路径则是单纯的生成。所以，无论用以区分的东西是火、土

① DK 残篇 8，第 53 行以下。

还是其他什么，其中有的是存在，有的是非存在。可见，单纯的和非单纯的生成与消灭的一种区别方式，我们已经说明了。另一种方式是依据变化物质料的性质；因为质料的差异越能表示某一“这个”，就越是实体，相反，越表示“缺失”，就越是非存在。例如，热是一个肯定的断定，即形式，冷则是缺失；土与火也是依照这些差异而区别的。

然而，大多数人却认为，区别的依据是感知性与非感知性；因为当变成可以感知的质料时，他们就说生成了，当变成不可见的质料时，就称为消灭了。他们区分存在与非存在是根据被感知和没被感知，正如可知的东西存在，不可知的东西不存在一样；因为在他们看来，感觉有知识能力。所以，恰如他们认为自己活着并存在是由于感知或有感知能力一样，他们也以为事物的存在是被感知，在某种意义上，他们是在追踪真理，虽然他们的实际说法并不真实。可见，在单纯的生成和消灭问题上，通常的意见与真理是不同的。因为按照感觉，风和气更少实在性（因此，当事物被消灭变成风和气时，就被说成单纯的消灭，而当变成可触的东西，即变成土时，就被说成生成了），而按照真理，它们就比土更是某一“这个”和形式。

现在，我们已经说明了有单纯的生成（虽然它是某物的消灭）和单纯的消灭（虽然它是某物的生成）的原因 319a
（因为它是由于质料的不同，无论变化源出和成为的这种质料是否是实体，有没有较多的实体性，有较多或较少的可感性)。但是，为什么有些事物被说成单纯的生成，有些则只是某物的生成，不是按我们刚才说过的那种方式，出于彼此的相互生成呢(因为到现在为止，我们只确定了这样一些，即虽然每物的生成都是他物的消灭，每物的消灭都是另外某物的生成，但为什么我们不一概地把生成和消灭归之于事物的相互变化。后来提出过的问题[①]不涉及这个问题，而是：为什么不说学到的东西是单纯的生成，而是成为有学问，但却说生长的东西是生成)？这是由于范畴的不同；因为有些表示某一“这个”，有些表示“这种性质”，有些则表示“如此数量”。所以，不表示实体的那些东西，就不能被说成单纯的生成，而只是什么生成。但是，在所有同样的事物中，当是在两列之一中生成某物时，我们就说生成了，例如，在实体一列中，如果生成的是火但不是土；在性质一列中，如果生成的是学问，但不是无知。

关于为什么有些事物是单纯的生成，有些不是的问题(既是一般地，也是在实体本身中的)，我们已经解释了，我们还说明了，载体之所以是连续性生成的质料因，是因为变化要成为相反面；而且，在实体方面，一物的生成总是另一物的消灭，一物的消灭总是另一物的生成。然而，没必要提出这个问题：为什么在事物被毁坏时生成总在继续；因为，正如当一物已成为不可感知的和不存在的时，

① 见 318^{a}33 以下。

人们说纯粹的消灭一样，当一物从不可感知的状态出现时，他们也说从非存在中生成。所以，无论载体是不是某物，生成都出于非存在。因此，一物生成于非存在与一物消灭为非存在是一样的。可见，生成不衰竭是可能的；既然生成是非存在的消灭，消灭是非存在的生成。

但是，关于单纯的非存在，人们可能对此有困惑：它是相反双方之一吗，例如，土和重为非存在，火和轻为存在？或者不是这样，土也是存在，土的质料和火的质料才是非存在？每一个的质料是不同的吗？或者，它们不应是彼 319b
此生成的，即不是反面出于反面？因为相反面存在于这些东西，即火、土、水、气之中。或者，它们的质料在一种意义上相同，在另一种意义上不同？因为它们的载体是相同的，但它们的存在却不同。关于这些问题，就说这么多。

【4】 现在，我们要说明生成和质变的区别是什么；因为我们说，这些变化是彼此不同的。既然载体和依据载体而被说明其本性的性质是有区别的，既然它们中的每一个都要发生变化，那么，当可感知的载体保持不变时，就会有质变，但是，在它的性质中发生的变化或者是相反的，或者是中间性的，例如，身体既可是健康的，也会有病，虽然保持着同样的身体，青铜既可是球形的，也可是有角的，但还是同样的青铜。然而，在事物整体发生变化时，就没有什么可以感知的东西作为同一的载体保持不变了，

例如，精液作为整体转换成血液，水变成气，或气整个地变成水，这类情形是一物的生成和另一物的消灭，尤其是，如若是从非感性物向感性物的变化（或通过接触，或通过所有的感官），例如，当水生成于或消灭而成气时；因为气很不可感知。但在这些场合中，如若相反之一方的某个性质同样地保持在生成和消灭中（例如，当水生成于气时，如果二者都是透明的或冷的），它所变成的东西就不必然是这个事物的另一种性质。否则，变化就会是质变。例如，文雅的人消灭了，不文雅的人生成了，而人还是保持着同一。假如文雅和不文雅不是这个人由于本性的一个属性，那么，就会是一者的生成，另一者的消灭；因此，这些是人的属性，即文雅的人和不文雅的人的生成和消灭；但实际上，这是保持不变者的属性。所以，这样的变化是质变。

当相反面的变化发生在数量方面时，就是增加和减少；当发生在地点方面时，就是移动；当发生在属性方面、即
320a 性质方面时，就是质变；当其结果是属性或一般的偶性的变化，没什么保持不变时，就是生成，相反的即为消灭。就其最严格的意义而言，质料乃是能承担生成和消灭的载体，但在某种意义上，变化的其余种类的载体也是质料，因为所有载体都能承担某种相反面。关于生成是否发生，如何发生以及关于质变的问题，就作这样的规定吧。

【5】 我们剩下要说的是有关增长的问题：它与生成

和质变的区别是什么，每个增长的东西如何增长，减少的任何事物如何减少。我们首先必须考察，它们的相互区别是只在各自的范围之中（例如，从此物到彼物——譬如从潜能的实体到现实的实体——的变化是生成，大小范围的变化是增长，属性范围的变化是质变，增长和质变这二者也是从潜能向现实的变化）呢还是变化的方式也有差异？因为很明显，质变的东西和生成的东西都不必然在地点方面发生变化，增长的和减少的东西与被移动物的变化方式不同。被移动物是作为整体改变地点，而增长物的改变地点则是犹如被锻打的金属物一样；因为当整体的地点保持不变时，部分的地点却变化了，但又不同于球体各部分的变化方式；因为在球的整体留在相同的地点中时，各部分变化了，相反，增长物的各部分总是占据更大的地点，减少物的各部分则占据更小的地点。

那么很清楚，生成物、质变物和增长物的变化，不仅在范围上，而且在方式上也有区别。我们该如何设想增长和减少的变化范围（一般认为，增长物和减少物是在大小方面变化）？是假定物体和大小生成于潜能上是大小和物体，但现实上是非物体和非大小的东西吗？既然这可以有两层含义，增长的发生适于哪一层？它由以发生的质料是自身分离存在的，还是已被包含在另一个物体之中的？或 320b
者，在这两种情形下都不可能发生？因为假如质料是分离的，它就或者像某个点一样不占有地点，或者是虚空，即不可感知的物体。在这些选择中，第一种不可能，第二种的质料必然在某物中。因为既然从它生成的东西总是在某处，所以质料也必定在某处，或自身直接的，或在偶性上。但如果它在某物中，却又是分离着的，不属于那个某物（或自身的，或在偶性上），就会导致许多不可能的结论。我的意思是，例如，如果气生成于水，那就会不是由于水的变化，而是由于包容在水中的气的质料，恰如在容器中一样。因为没有什么妨碍包容在水中的质料是无限多的，所以，它们就会现实地生成了。再者，也看不到气像这样生成于水，即气生出，而水则留存着。

所以，最好假定在所有情形中，质料都不可分离，数目上是一且相同，虽然在定理上不是一。由于同样的原因，我们也不能把物体的质料设定为点或线。质料是以点和线为限界的东西，如若没有性质和形状，它就决不能存在。所以，正如我们在别处确定了的[1]，一物单纯地生成于另一物，它的生成或者是被某个同属或同种的现实事物所作用，如火被火作用，人被人生成；或者是被现实[2]所作用，因为坚硬的东西不能被坚硬的东西生成。既然存在着物体性实体由以生成的质料，而该实体已是如此这般的一种具体物体（因为没有一般的物体）；那么，这个同样的质料也是大

① 见《形而上学》，1032ᵃ12 以下。

② 即“形式”。

小和性质的质料，虽然在理论上可分离，但在地点中却不能分离，除非性质是可分离的。

从前面讨论的难题中①清楚可见，增长不是出于潜能上有大小、但现实上无大小的东西的变化；因为不然，虚空就可分离了，而这是不可能的，我们以前在别处已说过②。此外，这种性质的变化不是增长的，而是生成的特性；因为增长是已经存在的大小的增加，减少则是这种大小的缩小（因此，增长着的东西必定具有某种大小），所以，增长必定不是从无大小的质料到现实的大小的过程；因为这种过程勿宁说是物体的生成，而不是增长。因此，我们必须从一开始就更贴近地抓住我们要考察的问题，探讨增长和减少的本性，寻求它们的原因。

显然，增长物的每个部分都已增加了，同样，在减少中，每个部分则变得更小了，所以，当添加某物时，就增长，当某物撤去时，就减少。增长必然是通过添加非物体性的东西或物体而实现的。如果是通过非物体性东西，就会有可分离的虚空；但正如前面所说③，大小的质料是不可能分离存在的；如果是通过物体，在同一地点就会有两个物体，一个是增长者，另一个是引起增长者；但这也不可能。然而，也不能说增长和减少像气生成于水的这种方式

① 见 $320^{a}27$—$^{b}12$。

② 见《物理学》第四卷，【6】—【9】。

③ 见 $320^{a}27$ 以下。

发生。因为那样的话，虽然体积变大了，但这却不是增长，而是生成，即变化所要变成之物的生成，相反物的消灭。它不是什么的增长，而是无增长，或某个共同属于生成物和消灭物二者的东西（譬如物体）的增长。水没有增长，气也没有，而是前者消失而后者生成了，增长了的是这个物体，如果有的话。但这也不可能。因为在我们的说明中，必须维持属于增长物和减少物的那些特征。这些特征有三：增长着的大小的任意一个部分变得较大（例如，如果肉增长，肉的部分亦更大）；通过某物的添加；第三，增长物的被保持和存留。因为一物虽在单纯的生成或消灭中不存留，但增长物或质变物在质变或增长、减少的过程中则保持同一，尽管在质变中的性质和在增长中的数量不会保持同一。假如上述的生成[①]是增长的话，一物就可能无任何添加和存留而增长，无任何离去而减少了，增长的东西也无需存留了。但这个特征[②]必须保持，因为已经假定，这是增长的特征。

有人或许要提出疑问：增长的东西是什么？是被添加的某物吗？例如，如果一个人的腿增长，那么，是腿增大而使其增长的东西即食物不增大吗？为什么增长的不是二者呢？因为添加物和被添加物都增大，正如把酒混于水时

① 即气从水中的生成。

② 即增长东西的存留。

一样；因为每方都同样增多。或者，是因为一方的实体保持不变，另一方(如食物)的实体则不然;因为即使是在酒与水的混合中，被说成增加了的也是有优势的一方，即酒； 321b 因为混合后的整体表现的是酒的功能，而不是水的。质变方面的情形亦同样。如果肉的某个由于自身的性质[①]过去不属于它，现在属于了，虽然肉的本性和本质未变，但它还是质变了；而质变所依的东西，有时不受影响，有时受影响。但使质变者和运动的本原在增长物中和被质变物中；因为运动者在它们之中，既然进入了的东西有时也和接受它的物体一样会变得较大，例如，假若在进入后，它变成了风，但在经历过这变化后，它就消灭了，运动者却不在其中。

在充分地展示了这些疑问后，我们必须力图找出对这问题的解决办法，但又要保持这个前提，即：增长的东西存留着，增长是通过某物的添充而实现的（减少则通过某物的撤离而实现），而且，它的任何一个可以感知的部分都或者变大或者变小，该物体不是虚空，在同一地点中没有两个大小，增长不是通过非物体的添充实现的。我们必须把握原因，首先，通过确定不同质的部分由于同质部分的增长而增长（因为每个部分都由这些组成），其次，通过确定肉、骨头和每个诸如此类的部分都有双重本性，正如在质料中有其形式的其他东西一样；因为质料和形式都被称

① pathos。

为肉或骨头。某一任意的部分通过某物的添充，在形式方面的增长是可能的，虽然不是在质料方面。因为我们必须把这个过程认作是像某人用同一的尺度去度量水时出现的情况一样；因为生成的东西总是前后不同的。正是在这种意义上，肉的质料增长了，有的进，有的出，但不是添充到它的每个小片上，而是添充给它的形状和形式的每个部分。在不同质的部分，例如手中，这种比例性的增长更明显一些；因为在那里，比起在肉中和同质部分中来，质料区别于形式更明显；因此人们宁可认为死尸还有肉和骨头，而不认为仍有手和臂。所以，在一种意义上，肉的任意一部分增长了，在另一种意义上则不是这样。因为在形式方面，它的任意一部分得到了添充，在质料方面却没有。然而，由于与肉相反的、被称为食物的某物的
322a 添充并转化成与肉的形式相同的形式，整体变大了，正如同湿被添加于干，并在添加之后，转化而变成干一样。因为相似可通过相似而增长，不相似也可通过不相似而增长。

人们或许会问：事物赖以增长的东西的性质必当是什么？显然，它必定潜在地是增长的东西，例如潜在的肉，如果增长物是肉的话。因此，在现实上，它是不同的另物。这就消灭了和生成了肉。但不是由于本性的如此（因为否则，就会是生成而不是增长了），而是靠了食物，增长的东西才转化成肉的。那么，食物怎样受增长物的影响呢？或许是通过混合，就像某人把水掺进酒中，酒又能使这混合物变成酒？而且，正如火把握其易燃性一样，可增长性存

在于增长物中（即在现实的肉中），它把握了潜在的肉即被添充的食物，并将其转化成现实的肉。所以，被添加的食物必定与增长物在一起；因为如果是分离的，就会是生成了。因为把木料放在已燃着的火上，是可以生出火来的。这种情形是增长；但当木料本身燃烧时，却是生成。

一般的数量并不生成，正如既不是人，也不是任何其他特殊种类的“动物”不生成一样；这里的一般相当于那里的数量。在增长中生成的是肉、骨头或手以及这些的同质部分，它们是通过添充某物的数量，而不是肉的数量而生成的。就其潜在地是二者的结合而言（例如一定数量的肉），它是增长，因为数量和肉必定都生成了；但就其潜在地仅是肉而言，它就是营养，正是这样，养料和增长才在定义上区别开来。因此，只要肉体活着，甚至减弱时，它也在被营养，但并非总在增长。营养虽与增长相同，但在存在上却各异；因为就添加物潜在地是一定数量的肉而言，它能造成肉的增长，但就仅是潜在的肉而言，它是养料。

这种形式是存在于质料中的某种力，犹如一根管道。如若某人把质料补充给潜在地是管道并且潜在地具有一定数量的东西上，这些管道就会变大。但是，如若形式再无事可做，而是像不断加大比例地与酒混合，并最终使酒水化并变成水的水一样，就会造成数量的减少，虽然形式仍保留着。

【6】 我们首先必须说说质料和所谓的元素，看它们 322b

是否存在，每一种是永恒的，还是在某种意义上生成的，如果是生成的，是全部以相同的方式彼此生成呢，还是其中有某一种是第一的东西。因此，我们必须先谈谈现在还说得不明确的那些问题。因为那些主张元素生成的人[①]和认为从元素中生成物体的人[②]，全都使用分解与组合、动作与承受这些词。组合就是混合；但我们是在什么意义上说混合的，并没有清楚地界定。然而，如若没有动作者与承受者，也就不能有质变，亦不能有分解和组合。因为那些主张元素是多的人把复合物的生成说成是元素彼此的动作与承受，认为从单一元素中生出事物的人们也必然要论及动作；在这一点上，第欧根尼是正确的，他说，除非万物源出于一，否则就不应有相互的动作与承受[③]。例如，热的东西不可能变冷，冷的东西也不可能又反过来变热；因为热和冷不变成彼此，而显然是载体的变化。所以，在有动作和承受的事物中，它们的基础本性必然是单一的东西。说万物都属此类本性是不真实的，说在有彼此的动作与承受的事物中却真实。

但是，如果我们要考察有关动作、承受和混合的问题，就必然要考察接触。因为严格地说，如果事物不相互接触，就不能有动作与承受；如果没有接触，事物也不可能先有某种混合。所以，我们必须界定这三个词的含义，即什么

① 指阿那克萨戈拉、德谟克里特和柏拉图等人。

② 指恩培多克勒等人。

③ 见 DK 残篇 2。

是接触、什么是混合、什么是动作。

让我们从下面开始。凡能混合的事物，必然也能相互接触；这也同样适于任何两个事物，如果它们是在严格的意义上一个动作，另一个承受的话。因此，我们必须首先讨论接触。大致说来，正如每个其他语词是在多种意义上被述说一样（在有些场合是同名的，在有些场合则是从不同的和在先的意思中推出的），接触一词也如此。但严格地说，接触只属于有位置的事物。位置又属于有地点的事物；因为地点和接触一样，必须被归于数学对象，无论它们每一个是分离存在还是以其他方式存在的，所以，正如在前面的著作中已界定的①，如果事物是接触的，就同时会有外缘，而只有相互接触的事物，由于有确定的大小和位置，才同时有外缘。既然位置只属于有地点的事物，而地点的首要属差是上和下以及诸如此类的其他对立范畴，那么，一切相互接触的事物就应有重或轻，或者有重和轻二者，或者有其中的一方。这种性质的物体能够动作与承受；所以，很明显，它们在本性上是相互接触的，其分离大小的外缘是同时的，能够相互运动和被运动。既然运动者并不总以相同方式运动被运动物，而是有的运动者在运动时自身也被运动，有的则自身不被运动，那么，很清楚，我们就必须以同样的说法来谈论动作的东西；因为运动者被说成什

① 见《物理学》，226b21—23。

么在动作，而动作者则被说成在运动。但是有差异，必须作出区分；因为并非一切运动者都能动作，如若我们想把动作与承受对照，而承受又仅仅适于其运动产生性质变异的那些事物（所谓性质变异，如白色和热，指依靠它才有质变的东西）；相反，运动比动作的含义更广。但这一点是明显的：在一种意义上，运动的东西可与能被运动的事物接触，在另一种意义上则不行。一般意义上的接触的定义适于具有位置，而且一方能运动，另一方能被运动的两个事物。相互接触的定义只适于这样的事物：一方能运动，另一方能被运动，但动作与承受必须分别地寓于其中。一般地说，如果此物接触彼物，彼物无疑也接触此物；因为几乎所有的事物都是运动又被运动，在这些场合，接触的东西必然（也显然是）接触也接触它的事物。但正如我们有时所说，运动者只接触被运动物，接触的东西不接触接触它的事物也是可能的。然而，由于同类的东西是通过被运动而运动，所以，一般认为它们必然相互接触。因此，如果某物运动但自身不被运动，它就可能接触被运动物，而自身不被任何东西接触；因为我们有时说，使我们悲伤的某人“触动”我们，但我们自己却不“接触”他。上述这种说明方式，可以用来界定自然事物中的接触。

322b 【7】 接下来，我们必须讨论动作与承受。我们的先辈们关于这个问题的说法是彼此冲突的。大多数人都一致宣称，相似物总是不作用于相似物而产生性质变异，因为他们认为，相似的双方并不是一方比另一方更能够动作或承受（因为一切特性都同样地属于相似的事物），不相似的或不同的事物才自然地相互动作与承受。当较小的火被较大的火吞没时，他们说，由于相反，它就承受这种影响，既然大相反于小。德谟克里特则与其他人的看法相反，单独提出了他自己的观点。他说，动作和承受是相同的和相似的；因为他认为，相异的或不同的东西不可能彼此承受，相反，即使是相异的两物，也在某种意义上相互动作，其所以如此，不是作为相异，而是作为有某种同一的特性属于二者。

这些就是他们提出的观点，看起来，这些人的说法显然是相反的。之所以相反，其原因是，每一派的人事实上都只说了某一部分，本来他们应从整体上来考虑这个问题的。因为如果两物完全相似，没有任何差异，就有理由认为一方根本不承受相似的另一方的作用而产生质的变异。因为，为什么一方比另一方更能动作呢？如果相似能承受相似的作用，它也就能被自身作用；但假如这样的话——即相似能作为相似而动作——，就没有什么东西不可消灭和不能被运动了，因为每一事物都会运动自身。如果两物完全相异，根本没有相同点，情形也会相同。白色不会承受线段的作用，线段也不会承受白色的作用，除非由于某种偶性，譬如，如果线段碰巧是白色的或黑色的；因为如果两物不是相反的或由相反面构成的，就不能一方自然地替换另一方。但是，既然只有或是相反面，或有相反性的那些事物才自然地（不是由于机会地）承受与动作，那么，动作者与承受者就必然在种上相似和同一，在属上不相似和相反。因为从本性上讲,物体
324a 被物体所作用,味道被味道作用,颜色被颜色作用,一般而言,同类物被同类物作用。其原因是,相反面总在同类中,而彼此动作与承受的正是相反面。所以,动作者和承受者必然在一种意义上同一,在另一种意义上彼此相异和不相似。既然动作者和承受者在种上同一和相似,在属上不相似,这种性质是相反的,那么显然,相反面及其中间状态就能够相互动作与承受;因为整体的生成和消灭正是由这些组成的。

因此，有理由认为火发热，冷的东西发凉，以及一般地，能动作的东西使承受者与自身相同；因为动作者与承受者是彼此相反的，生成是变成反面的过程。所以，承受者必然变成动作者；因为只有这样，才是生成变成反面。而且，可以合理地认为，虽然他们的说法不同，但两种观点都接触到了事物的本性。因为我们有时说基础物承受作用（例如，我们说一个人被康复、被加热、被变冷以及相同的其他情形），有时，我们又说冷的被加热、病的被康复。这两种说法都是真实的。（动作者方面亦如此；我们有时说人，有时说热的东西引起热；因为在一种意义上，承受作用的是质料，在另一种意义上是相反面。）一些思想家注意质料，因而认为动作者与承受者必定具有某种同一，

另一些则注意相反面，所以主张对立。

我们必须假定，关于动作与承受的理论也同样适于运动和被运动。因为运动者也是在两种意义上被称谓的。一般认为，运动的本原存在于其中的东西引起运动（因为本原是第一原因），在与被运动物和与生成的关系中，最后的东西[1]也如此。动作者亦同样；因为我们既说医生，也说酒使健康恢复。在运动中，没有什么阻碍第一运动者不被运动（在有些场合，这实际上是必然的），但最后的运动者总是通过自身的被运动而运动；在动作者方面，没有什么阻碍第一动作者不承受，但最后的动作者自身也承受。因为没有相同质料的东西动作而不承受（例如，医生的医术就是恢复健康，不承受被康复物的作用），但是，食物在动作时，自身也有某种承受；因为在动作的同时，它要被加热、被冷却或以另外的方式承受作用。医术是本原性的运动者，而食物却是最后的和被接触的运动者。

在能动作的事物中，不在质料中的那些形式不承受作用，而在质料中的那些形式则能承受作用。因为我们说，两个对立东西的质料是相同的和同一的，也就是说，如同是一类，而且，能热的东西必定能被加热，只要热源存在并近在跟前。因此，正如已经说过的，有些能动作者不承受作用，另一些则承受。就像在运动方面一样，能动作者

① 指直接挨着被运动物的东西。

方面亦有同样情形；因为在运动中，第一运动者不能被运动，在能动作者中，第一动作者也不承受作用。在运动由以开始的本原的意义上，能动作者是原因。但事物所为的目的却不是能动作者（因此，健康不是能动作者，除非是由于比喻）。因为当动作者出现时，承受者就生成为什么，但当状况[①]出现时，承受者不再生成，而是已经存在了；并且，形式和目的是某种状况，但质料作为质料却是能承受者。火有存在于质料中的热；但假如有某种与质料分离的热，它就完全不会承受什么作用。或许，热是不可能分离存在的；但如果确有某种分离存在的东西，我们所说的这些也适用于它们。

动作与承受是什么，它们存在于什么之中，为什么存在，又如何存在，就让我们规定上述这些吧。

【8】 现在，我们再来说明动作与承受的发生是如何可能的。有些人认为，严格意义上的最后的动作者是经由某些孔道进入其内，而使每个承受者被作用的。他们说，正是在这个意义上，我们也看、听、并动用一切其他感觉。此外，他们认为，事物之被看见，是通过气、水和其他透明物，因为它们有孔道；看不见则是由于孔道太细小，但是密集的，且排列着，越是透明的东西越如此。

① hekseis。

这就是包括恩培多克勒在内的有些哲学家就某些物体提出的观点。他们不仅认为动作与承受的东西是这样，而且还说，混合也只在其孔道彼此协调的东西中发生。但最系统、且适于一切物体的理论，是由留基波和德谟克里特提出的，他们将符合自然的存在作为本原。有些早期的哲学家①认为，存在必然是一，而且是不能被运动的；因为虚空不存在，而如果没有分离存在的虚空，存在就不可能被运动；再者，存在也不是多，既然没有什么分离它们的东西。他们也认为，如果某人主张宇宙不是连续，而是由分离的东西连接而成的，那么，这种观点与存在是多（不是一）、且有虚空的说法并无区别。因为如果宇宙完全可分，它就不是一，也不是多，而是整体为虚空；但如果假定它在某一点可分，在另一点不可分，这就无异于没有根据的虚构了。因为，可分的界线在哪里？为什么整体的这部分不可分，即充实，而那部分则被分了？此外，他们说，运动的不存在也是同样必然的。从这些理论出发，他们超越并否认了感觉，认为人们应服从理性，所以，他们断言宇宙是一，且不能被运动，其中的有些人还说它也是无限的；因为限界乃是对虚空的限制。这些哲学家就是依据上述理由而认为他们的观点是真理。此外，虽然这些看法似乎是逻辑地推出的，但就事实而言，主张这种观点却属胡言乱语。因为没有一个疯

① 指巴门尼德和麦里梭。

子会从他的感觉出发认定火与冰是一；只有在好的和出于习惯显得是好的事物之间，有些人才由于疯痴看不出什么差异。

但留基波认为他有一种理论，这种理论与感觉一致，不会取消存在物的生成、消灭、运动和多样性。在对现象作了这些说明后，针对坚持存在为一，并认为没有虚空就无运动的人，他宣称虚空是非存在，存在的任何一部分都不是非存在；因为严格地说，“存在”就是完全充实。但这样的充实不是一，而是无限多，只是由于体积太小，不能为肉眼所见。它们在虚空中被移动（因为虚空存在着），其结合造成事物的生成，分离导致事物的消灭。在其碰巧接触的地方，它们就动作与承受（因为在那里，它们不是一），当被放在一起且被缠结时，它们也生成。但是，从真正的一，不会生出多，从真正的多，也不会生出一，这是
325b 不可能的。而是犹如恩培多克勒和其他某些人所说，承受是经由孔道，一切质变和一切承受都以这种方式发生，分离与消灭则由于虚空，增长也同样，即固体潜入虚空之中。

实际上，恩培多克勒也被迫采取了与留基波几乎同样的说法；因为他说，有某些固体，但它们是不可分的，除非有完全连续的孔道。但这不可能；因为那样的话，除了孔道外，就没有什么是固体了，然而，整体却是虚空。所以必然地，那些接触着的东西不可分，而它们之间的居间者（他称之为孔道）则是虚空。而这正是留基波关于动作与承受的观点。

大致说来，这些就是他们关于一些东西动作，另一些

东西承受的方式的说法。关于这些人①，不仅他们的观点是什么以及如何说明很清楚，而且显然，他们的说法多少是与他们使用的假定一致的。但其他人的主张就说得不大清楚了；例如，按恩培多克勒的观点，如何有生成、消灭和质变，这个问题就不清楚。因为原子论者们的第一物体——事物最初由以构成，最后又分解而复归于它们——是不可分的，区别只在形状方面。但在恩培多克勒那里，直到元素为止的所有其他物体都显然有生成和消灭，然而，元素自身的总和性大小如何生成与消灭却不清楚，而且，既然他没像柏拉图在《蒂迈欧》中所做的那样②，断言火也是元素（与他的其他元素一样），他也就不可能作出说明。因为柏拉图与留基波的区别在于说明方式不相同：一个说不可分的东西是固体，一个说是平面，一个认为它们由无限多的形状决定，一个认为形状有限，虽然两人都说元素不可分，且由形状决定。从这些不可分的东西中，导致了生成与消灭，但按照留基波的观点，是通过虚空和通过接触而实现的（因为正是有接触，每个物体才是可分的）；而根据柏拉图的看法，只是由于接触，因为他否认虚空存在。

关于不可分的平面问题，我们在前面的讨论中已经说过了③；关于不可分的固体，我们现在不对它的后果作过多

① 指留基波和其他原子论者。

② 见柏拉图：《蒂迈欧》，53^{A} 以下。

③ 见《论天》，$298^{b}33$ 以下。

326a 研究，只简短地随便说几句。

他们说，每个不可分的东西，都必然不承受作用（因为除了通过虚空外，没什么能承受），也不能造成作用；因为它既不是冷的，也不是硬的。然而，只把热赋予圆的形状却无疑是荒谬的；因为这样的话，热的反面即冷，也就属于另外某个形状了。同样荒谬的是，如若这些性质（我指的是热和冷）属于不可分的东西，那么，重和轻、硬和软也就不属于了。但德谟克里特说，每个不可分的东西超过得越多，也就越重，所以很显然，它也就越热。但如果情形如此，它们就不可能不相互承受，例如，热较少的东西应承受在热上大大超过它的东西的作用。再者，如果一个不可分的东西是硬的，它也应该是软的。软之被称为软，是由于它承受什么；因为屈从于压力者为软。但如果除了形状外，没有一种特性属于不可分的东西，这是荒谬的；同样荒谬的是，如果其他特性属于它们，也只有一种属于，例如，这一个不可分的东西是冷的，另一个是热的；因为按照假定，它们的本性不是同一的。如若多种特性属于某一个不可分的东西，同样不可能；因为正是由于不可分，它就将在同一个地点具有这些性质，所以，假如它承受寒冷，也就会作为寒冷以其他方式动作或承受。其他性质亦如此；因为无论主张不可分的东西是固体还是平面的人，都同样要遇到这个问题，既然由于在不可分的东西中没有虚空，它们就不能变得更稀或更浓。此外，有小的不可分的东西，但无大的不可分的东西，这也是荒谬的；因为假定大的比小的更容易破碎是合理的，原因在于大的东西容易被分解，既然它们易与许多其他东西发生碰撞。但是，为什么不可分性一般地属于小的东西，而不更属于大的东西呢？再有，这所有的固体的本性是同一的，还是彼此区别的？例如，它们的体积是否一些为火性，另一些为土性？如果它们的本性全都同一，把它们彼此分开的东西是什么呢？或者，当它们接触时，为什么没成为一，就像水与水碰撞时一样？因为前后的水是没有差异的。如果它们不同，造成不同的又是什么？很明显，我们应把这些，而不是把形状假定 326^b 为现象由以出现的本原和原因。此外，如果它们的本性不同，就会彼此动作与承受，假如相互碰撞的话。再者，运动者是什么？因为如果是不同于它们的另一物，它们必能承受。但如果是每一个自己运动自己，它就或者是可分的，一部分运动，另一部分被运动，或者相反的特性在同一方面属于它，并且，它的质料不仅在数目上，而且在潜能上都是一[1]。

至于那些断言通过孔道中的运动导致承受的人，如果真的如此（即使孔道是被充塞的），孔道的假定就属多余；因为如果整个物体以这种方式承受，那么，即使没有孔道，它也会靠自身的连续而以同样方式承受。再有，按他们的说明，通过媒介的观看是如何可能发生的？因为在接触点

① 见《物理学》，190^b24，192^a1 以下。

上，既不可能穿过透明体，也不可能通过孔道，如果每个孔道是充满的话。没有孔道，将怎样加以区别呢？因为物体会同样是完全充满的。即使这些孔道是虚空（其实，必然有物体包含在它们中），也会再次得出同样结论。如果它们太细小，不能容纳任何物体，那么，假定有小的虚空而否认任意大小的大的虚空存在，或认为这虚空意味着除物体位置之外的另外什么，这是荒谬的。所以显然，对每个物体来说，都有一个对应的、体积相等的虚空。

一般地说，孔道的假定是多余的；因为如果动作者通过接触不产生作用，也就不会经由孔道作用于什么。另一方面，如果动作者通过接触产生作用，那么，即使没有孔道，有些东西也会承受，另一些则动作，只要它们能自然地适合这种相互动作与承受的方式。根据上述清楚可见，某些人所假定的那种意义上的孔道或者是虚假的，或者是无用的。而且，既然物体完全可分，孔道的假定就荒唐了；因为既然可分，物体就能分解成部分。

【9】 现在，我们要说明事物具有生成、动作与承受力的方式是什么，并从我们经常论及的原则开始。因为如果潜在的东西在现实上也是如此，那么，就它“是其所是”而言，自然不是在一些部分承受，另一些部分不承受，而是在每个部分都如此承受，而且，其承受程度的大小依其性质的大小而定。人们似乎会说孔道更有这种性质，正如

在开采出的矿石中，有能承受的纹路连续伸展一样。所以， 327a
只要每个物体连结着，并且是一，就不承受。只要物体不相互碰撞，或不和自然地动作与承受的其他物体碰撞，情形亦如此。我的意思是，例如火，它不仅在与他物接触时发热，而且在有一定距离时也如此；因为火把热加于气，气由于自然地动作并承受，又给那个物体加热。〔但是，假定一个物体某部分承受，某部分不承受的观点，下述说明是从我们在开始时所确立的区分中引出的。〕① 因为如果大小不是完全可分，而是有不可分的物体或平面，那么，确实就不会有完全能承受的东西，而是任何物体都不连续；但是，如果这种看法是错误的，即如果一切物体都可分，那么，"已被分但还接触着"与"可以分"就没什么区别；因为如果一个物体在接触时可分（正如某些人所说），即使它还没被分开，也会处在已被分的状态中；既然它能被分，既然没有什么不可能出现。一般说，认为物体只以被割裂的方式承受的看法是荒谬的，因为这种理论否认了质变；相反，我们看到，同一个物体虽然在一时为液体，一时为固体，但同样是连续的，而且，它承受这种变化不是通过分解与组合，也不是像德谟克里特所说的那样，通过旋转和相互碰撞；因为它从液体变成固体并无排列次序或本性的变化，在其体积中也不存在不可分的坚硬而凝结的成分，相反，它完全同样地是液体，有时是固体

① 这一句话的意思费解。

和凝结了的。此外，这种理论也使增长和减少不可能；因为如果有添充（不是通过某物的混合或它自身的变化而导致的整体的变化），它的任意一部分也不会变得更大。

关于事物彼此之间的生成与被生成、动作与承受，这些过程能够发生的方式，以及某些人所说方式的不可能性等问题，我们就作这些说明与区分。

【10】 现在我们要以同样的方法来讨论剩下的问题，即混合；因为它是我们一开始就假定了的第三个题目[①]。我们必须考察：混合是什么、能被混合的东西是什么、混合是什么事物的特性、如何混合？此外也还要考察：混合是真实存在的，还是虚假的？因为按有些人的说法，一物与他物混合是不可能的。他们认为，如果混合物的成分依然 327b 存在，没发生质变，它们现在就不会比以前更被混合了，而是处于同样状态；而且，如果一个成分被消灭了，它们就没被混合，而是一个成分存在，另一个不存在，相反，混合则是保持相同状态；此外，按同样道理，即使结合在一起的两个混合成分各自被消灭，仍无混合；因为完全不存在的东西是不能被混合的。

这个论证似乎要求找出混合区别于生成与消灭的界定，

① 另两个是“接触”和“动作与承受”，分别在前面的【6】和【7】—【9】中考察过了。

以及可混合的东西区别于可生成与可消灭东西的界定；因为很显然，如果混合存在的话，必定是与这些相区别的。所以，一旦弄清楚这些问题，我们的困难也就解决了。

我们不说木材与火混合，也不说它的燃烧或是自身各部分相互混合，或是与火混合，而说火生成，木材消灭。同样，我们不说食物与身体混合，也不说形状与蜡混合因而形成体积。身体和白色不能被混合，一般而言，性质与状态不能与“事物”混合；因为我们看见，它们是保持不变的。再有，白色与知识也不能被混合，不能被分离的其他任何东西都不能被混合[①]。这正是那些断言万物都在一起并被混合的人们所持理论的错误所在。因为并非一切都能与一切混合，相反，被混合的每一方必须原来就是能分离存在的；但没有任何性质能分离存在。然而，既然有些东西是潜能，有些是现实，混合物就可能在某种意义上存在又不存在，由它们混合生成的东西现实地不同于它们，而它们每一方潜在地仍是被混合前的那东西，而且可以是没被消灭的。（因为这是先前的论证中存在的困难；显然，混合的东西先是从已分离存在的东西中合并在一起的，它也能再度被分离。）所以，混合的东西不能像身体与白色一样现实地存留，它们也不被消灭（或其中一方，或两者）；因为它们的潜能被保持着。因此，这些困难可以消除；但与它们密切相关的那个问题——

① 指不能脱离实体而单独存在的性质、状态等。

混合是不是与感觉相关的什么——则必须被澄清。

当混成物被分成如此小的部分，并以这种方式彼此并 328a 列着，以至于每一个都不对感觉显现时，它们是已被混合了吗？或者不是这样，而是一个混成物的任一部分与另一物的任一部分并列着？无疑是后一种意义，因为例如，当一粒大麦与一粒小麦被并列放着时，我们就说大麦与小麦混合了。但是，如果每个物体都可分，那么，既然被物体混合的物体各部分同一，一个混成物的任一部分与另一物的任一部分就应该是并列着的。然而，既然物体不能被分成最小的部分，既然结合与混合不是同一的，而是相异的，那么很明显，只要混成物的成分被保持在最小的部分中，我们就不应说它们被混合（因为这是结合，而不是混杂或混合，其部分也不会具有与整体相同的比例。我们应该说，如果混合发生了，混合物就是各部分同一的，正如水的部分是水一样，混杂物的各部分也应与整体同一。但假如混合是最小部分的结合，这类情形就无一发生，而是相反，其成分只是对于感觉的混合；而且，同一个事物对某人会是混合，如果他目光不敏锐的话，但对留求斯①的眼睛来说，就会什么也没被混合）。并且，我们也不应说被混合是由于分割，因而一方的任一部分与另一方的部分并列；因

① 留求斯（Lugkeus），希腊神话中“阿戈”（Argo）船的乘坐者之一，以眼光锐利著称。

为它们是不可能这样被分的。所以，或者没有混合，或者我们必须再说明它何以可能发生的方式。

正如我们所说的，一些事物有动作，另一些能承受这些事物的动作。有些事物，即有相同质料的东西，是相互作用的，也就是说，能彼此动作与彼此承受。而有些事物，即没有相同质料的东西，则是动作而不承受。后面这类事物没有混合；因此，医术和健康都不能通过与病人身体的混合造成健康。但在既能动作又能承受的事物和易于分开的事物中，如果一个东西多的和大的体积与另一个东西少的和小的体积结合，所造成的结果就不是混合，而是优势东西的增长；因为另一个东西转变到了优势者的这一方。例如，一滴酒不是与一万升水混合，因为它的形式被分化了，它变成为整个水的一部分。但当它们之间的能力有某种均衡时，各自都会从自己的本性出发向优势者变化，但不是变到另一方，而是变向二者共同的居间者。

所以很明显，只有那些具有相反面的动作者能混合，因为它们能相互地承受。而且，它们能更好地混合，如果其中一方的小部分与另一方的小部分并列着的话；因为在这种情形下，能更容易地、也更快地造成彼此的变化。反之，大的动作者与承受者要用较长时间才能造成这种变化。
因此，在可分的、易于承受的东西中，其形状易于变更者 328b
能混合（因为它们容易被分成小的部分；而这正是易于变更的含义）；例如，液体是最容易混合的物体，因为在一切可分的物体中，液体最易发生形状上的变更，假如它不稠浓的话；因为稠浓的液体只造成体积的增大。但是，当只有一个混合的成分能承受，或承受过多，另一个则承受很少时，二者混合的结果在体积上不增大，或增大得很少，正如锡与铜混合时出现的那样。因为有些事物彼此处于一种含糊不明的状态，只表现出某种轻微的混合倾向，而且，一方作为能承担的质料，另一方作为形式。这就是这些金属发生的情形；锡几乎看不见了，仿佛只是铜的某种性质，没有自己的质料，在混合后，它消失了，只是把颜色赋予铜。同样情形也出现在其他例证中。

确有混合、它是什么、它如何发生、什么种类的存在物是能混合的，这些问题从上面所述就已清楚了，既然有些事物是这种性质，即相互承受，且易于在形状上变更和易于分开。因为不能必然地推出，这类事物或者因混合而被消灭，或者保持绝对的同一；而且，它们的混合既不是结合，也不与感觉相关。相反，可混合的东西由于形状易变，就能承受和能动作，也易于与同类的其他事物混合(因为可混合的相关于可混合的)；而且，当其发生质变时，混合与可混合是同一的。

第 二 卷

【1】 关于混合、接触、动作与承受如何属于合乎自 328b26
然而变化的事物的问题，我们已经讨论过了。此外，我们
也考察了单纯的生成和消灭的问题，说明了它们怎样发生、
在什么之中发生、由于什么原因发生。同样，我们也谈论 30
过质变，解释了它与生成和消灭的区别是什么的问题。现
在剩下的课题是，我们必须考察所谓物体的元素。

如果只假定感性物体的存在，那么，生成与消灭就发
生在一切自然构成的实体之中。有些人断言，作为这些物
体基础的质料是一，例如，他们假定为气或火，或它们之 35
间的某个居间者（但仍是一个可以分离存在的物体）。另一 329a
些人则认为质料的数目多于一，有些说是火和土，有些加
上第三种，即气，再有些还加上水，成了四种质料，譬如
恩培多克勒；他们说，正是从这些质料的结合、分离与质
变中，才出现了事物的生成与消灭。 5

现在，让我们同意，把由于其结合、分离或其他种类
的变化而导致事物的生成与消灭的第一质料正确地称为本

原和元素。但是，那些在我们论及的物体之外假定单一质料（它是能有形体的和能分离存在的）的人却是错误的；因为如若不与感觉相对立，这种物体就不可能存在；既然有些人称之为本原的这种“无定”①，必定是或轻或重、或冷或热的。其次，柏拉图在《蒂迈欧》中所写的②，也没有界定准确；因为他没有清楚地说明他的“无所不包者”③是否与元素分离存在，他也根本没使用它；他只是说，它是先于所谓元素的某种“载体”，正如金是金制品的载体一样。（但以这种方式作出的说明是不正确的，有生成和消灭的事物是不能用它们由以生成的那种东西的名称来称谓的，只有被质变的事物，才能保留使其质变的东西的名称。然而，他实际上说的是④，最真实的说法是断言每个东西都是金。）但是，他贯彻自己对元素的分析⑤，使它们回归为平面（虽然它们是固体）；而“养育者”⑥，即第一质料又不可能是平面。

我们自己的观点是，虽然有感觉物体的质料，但它不分离存在，而是总与对立物在一起，且正是从它那里，才生成出所谓的元素。关于这些问题的更准确说明，我们已

① apeiron。

② 见柏拉图：《蒂迈欧》，51^{A}。

③ pandekhes。

④ 见柏拉图：《蒂迈欧》，49^{D}—50^{C}。

⑤ 同上书，53^{C} 以下。

⑥ tithene，同上书，49^{A}。

在另外的地方作出了[1]。但是，既然第一物体也是以这种方式从质料中推出的，所以，我们也必须说明这些问题。我们必须把虽不分离存在、但却是对立面基础的质料认作本原和第一的东西；因为热不是冷的质料，冷也不是热的质料，载体才是二者的质料。本原首先是潜在的感觉物体，其次是对立面（我的意思是指例如热与冷），第三是火、水
及诸如此类的东西。第三类的这些物体彼此相变，不像恩 329b
培多克勒和其他人所说的那样[2]（因为否则，就不会有质变了），相反，对立面不变。但还必须说明这个问题：什么性质的对立面以及多少种对立面是物体的本原。因为其他的所有思想家虽都假定并使用它们，但却没有说明为什么是这些，为什么恰好是这么多。

【2】 既然我们是在寻求感觉物体的本原，既然感觉是可触的意思，而可触又是感官触及的东西，那么很明显，并非一切对立都构成物体的形式和本原，只有与触觉相关的才如此；因为正是靠了对立，即触觉方面的对立，事物才区分开。所以，白与黑、甜与苦以及其他任何类似的感觉对立性质都不构成元素。视觉先于触觉，因此，它的对象也在先。但是，它是可触物体的性质并不是作为可触性，

① 见《物理学》第一卷，【6】—【7】。
② 即不变。

而是由于另外的东西，即使它碰巧自然地在先。

对于触觉的差异和对立面本身，我们首先必须区分它们谁是首要的。下列种种是依据触觉的对立面：热与冷、干与湿、重与轻、硬与软、韧与脆、粗糙与光滑、粗大与细薄。其中的重与轻既不能动作，也不能承受；因为事物并不因动作他物或承受他物的作用而被称为重或轻。但元素必定能相互动作与承受，既然它们混合并变成彼此。另一方面，热与冷、干与湿则是这样的称谓：其中的第一对能动作，第二对能承受；因为热是结合同类事物的（因为分解——他们说它是火的动作——是结合同种事物的，既然其结果是排除异类），而冷却是汇集，把同类的以及不同种的东西结合起来。湿①易于变换形状，但不能靠自己的限界来确定，干易于靠自己的限界来确定，但不易变换形状。从干湿之中，可以推出细薄与粗大、韧与脆、硬与软，以及其他差异。因为既然湿没有确定的形状，易于变更，且依随与它接触的东西的形状，那么，能装填什么就是它的特征；细薄的东西也能装填什么（因为它由小的部分构成，而由小部分构成的东西就能装填什么；因为整体与整体接触，细薄物最具这种性质），所以很明显，细薄出于湿，粗大出于干。再有，韧也出于湿（因为韧柔者是以某种方式承受湿的东西，例如油），脆则源于干；因为完全的干就是

① 亚里士多德在这里指的是液体。

脆，由于缺少湿，它就变得坚固了。再有，软由于湿（因为软就是自己屈从、但又不改变位置的东西，这正是湿造成的；因此，湿不是软，但软源于湿），另一方面，硬则由于干；因为变得坚固了的东西就是硬，而坚固则是干。干与湿有多层含义。既然湿与潮都相反于干，而坚固与干又都相反于湿。但所有这些均是从我们开初说过的干与湿中推导出的。因为既然干相反于潮，而潮是表面有外来的湿性，浸泡是湿渗入了核心，干则是排除了外来的湿，那么显然，潮源于湿，与之相反的干来自于最初的干。再者，湿与坚固亦如此；因为湿是在其核心有自己的湿，潮是有外来的湿，坚固是排除了内里的湿；所以，它们一个源于干，一个源于湿。因此显然，所有的其他差异都可归结为最初的四种差异。但这四种不能再归结为更少的了；因为热本质上不是湿和干，湿本质上不是热与冷，冷与干亦既不能彼此推出，也不能从热与湿中推出。所以，它们必然是四种。

【3】 既然元素是四种性质，这四种可以构成六对[1]，但对立面自然地不能结合成对（因为同一个事物不可能既热又冷，或既干又湿），那么很清楚，元素性质的结合只是四对，即热与干、热与湿、冷与湿、冷与干。按照理论， 330b

[1] 就可能的配对而言是六对，即热与干、热与湿、热与冷、冷与湿、冷与干、湿与干。

这四对要依附于显然的单纯物体，即火、气、水和土；因为火是热与干，气是热与湿（例如气是一种蒸汽），水是冷与湿，土是冷与干。所以，差异有理由被分派给这些第一物体，它们的数目是符合理性的。因为一切主张单纯物体是元素的人，都认为它们的数目或是一，或是二，或是三，或是四。因此，那些说元素只有一种，尔后靠浓厚与稀薄生出其他事物的人，其结果实际上是使本原成了两个，即稀薄与浓厚，或热与冷；因为这些才是造形的力量，作为载体的一只是质料。但那些从一开始就主张元素是二的人（例如巴门尼德的火和土），又使中间元素——譬如气和水——成了它们的混合物。断言元素是三的人亦有同样情形，正如柏拉图在“划分”中所做的一样[①]；因为他使“中”成了混合。实际上，主张元素是二和元素是三的人们基本上没有区别，只是前一种人把“中”分成二，后一种人只把它分成一而已。还有些人一开始就宣称元素是四，例如恩培多克勒。但他也把它们合并成二；因为他把其余三种与火对立起来。

事实上，火、气以及我们提到的每个物体都不是单纯的，而是混合的。单纯物与它们相似，但却与它们不同，

---

① 古代的注释家斐洛波罗猜测亚里士多德指的是柏拉图未公开的学说。柏拉图认为，有“大”和“小”以及第三个本原，它是前两者的混合并用作质料；但此猜测无证据。H. H. 乔基姆则以为亚里士多德在这里指的是柏拉图在《蒂迈欧》35^{A} 以下的理论，在那里，柏拉图使他的三种实体的中间者成为另两种的混合。

例如，类似于火的只“像火”，但不是火，类似于气的也只“像气”，其余的亦如此。火是热的过度，正如冰是冷的过度一样；因为冻结是冷的过度，升腾是热的过度。所以，假如冰是湿与冷的冻结，火也就会是干与热的升腾了。因此，没有什么东西从冰或火中生成。

由于单纯物体是四个，它们就分为两对，各自属于两个处所；因为火与气构成朝向边界移动的物体，土和水则构成朝向中心移动的物体[1]。火与土处于两端，最为纯洁，水与气处在中间，则较混杂。每一对的成员与另一对的相反。水与火相反，土与气相反；因为它们是由相反的性质构成的。但既然它们是四，每个都单纯地各有单一的性质，土更干而不是更冷，水更冷而不是更湿，气更湿而不是更热，火更热而不是更干。

【4】 既然前面已经确定[2]，单纯物体的生成是相互的，同时，依据感觉也能表明，它们是生成的（因为否则，就不会有质变了；既然质变是可触物体性质方面的变化），那么，我们就必须说明：它们相互变化的方式是什么，以及，是每一个都能从另外的每一个中生成呢，还是有些能，有些不能。显然，它们全都自然地相互变化；因为生成就

① 见《论天》，308a14 以下。

② 同上，304b23 以下。

是变成相反面和出于相反面，所有的元素在其相互关系中都有相反面，因为它们相区别的性质是相反的。其中的有些两个性质均相反，例如火与水（因为一个干而热，另一个湿而冷），但有些则只有一个性质相反，例如气与水（因为一个湿而热，另一个湿而冷）。所以很明显，如果一般地看，每个都能从另外的每个中自然地生成，如果个别地看，就不难发现是如何发生的；因为虽然一切都源出于一切，但在变化的速度快慢与难易程度上有区别。彼此间有相符性质的事物变化得快，没有的变化得慢，原因在于，单一比众多变动起来容易些；例如，气源出于火只有一个性质的变化（因为正如我们所说，火是热而干，气是热而湿，所以，如果干被湿克服，就有了气）。再有，如若热被冷克服，水就生成于气（因为气是热而湿，水是冷而湿，所以，如果热变化，就有了水）。同样的方式，土源出于水，火源出于土；既然每对的二者都各有相符的性质：水是湿而冷，土是冷而干，所以，如果湿被克服，就有了土。再者，既然火
331b 是干而热，土是冷而干，假如冷被克服，就从土中有了火。

所以显然，单纯物体的生成是循环式的，这种变化方式最容易，因为在接续着的元素中，存在着相符的性质。然而，从火到水，从气到土以及从水和土到火和气的变化虽然可能，但却困难得多，原因在于变化的性质更多。因为如果火源生于水，冷和湿都必须被摒除；如果气源生于土，冷和干必须被摒除。同样，如果水和土源生于火和气，

二者的性质也必然改变。这种方式的生成要花较长时间；假如每方的一个性质被摒除，变化虽容易些，但不是相互的，而是从火和水中，会有土和气，从气和土中，有火和水。因为当水的冷和火的干被摒除时，就有气（既然火的热和水的湿保留下来了）；当火的热和水的湿被摒除时，就有土，因为火的干和水的冷保留下来了。同样道理，火和水源出于气和土。因为当气的热和土的干被摒除时，就有水（既然留下来的是气的湿与土的冷）；当气的湿和土的冷被摒除时，就有火，既然气的热和土的干留下来了，而火正是由这两种性质构成的。火的生成方式是被感觉所确认的；因为火焰是最显见的火，但火焰是燃烧着的烟，而烟是由气和土构成的。

然而，当两个元素处在接续的顺序中时，元素不可能从其中一个的一种性质的摒除中变成任何东西，因为在二者中留下的或是相同的，或是相反的性质；从这些性质中，没有什么物体能够生成。例如，如果火的干和气的湿被摒除，就什么结果也没有，因为热留在二者之中；而是相反，假如把热从二者中摒除，把对立面，即干和湿留下来。其他性质的情形亦如此；因为在一切接续的元素中，都包含着一个同一的和一个相反的性质。所以，同时也很明显，当从一个变成一个时，元素的生成是由一种性质的摒除引起的，而当从两个变成一个时，元素的生成则由多种性质 332a
的摒除所引起。现在，我们已经说明了，一切元素都由一切生成，也说明了它们的相互变化发生的方式。

【5】 让我们下面接着讨论它们的有关问题。如果像有些人所认为的那样，水、气以及诸如此类的东西是自然物体的质料，那么，它们必然或者是一，或者是二，或者是更多的数目。它们不能全都是一，例如，不能全都是气、水、火或土，因为变化是进入相反面[①]。因为假如全是气，而如果气持续存在，那么，就会出现质变，而不是生成。此外，也无人会这样认为：水同时是气或其他任何元素。否则，就将有某种相反的、不同的性质，而且，这种相反性的另一方就会属于另一元素，例如，热会属于火。然而，火肯定不是“热气”；因为这类变化是质变，也不为观察所窥见。同时，如果气再从火中生出，就会是由于热变成它的相反面。因此，这个相反面将属于气，而气则会是某种冷的东西。所以，火不可能是热气；因为否则，同一个东西就会既是热的，同时又是冷的了。因此，水与气将是另外某个相同的东西，也就是说，另外某个质料为它们所共有。

同样道理也适用于一切元素，即这些元素之中没有一个是万物由以生成的。除此之外的其他东西也不能。例如某种介于气与水（比气浓厚，比水稀薄）或气与火（比火浓厚，比气稀薄）之间的居间物。因为这个居间物就会既

① 见《物理学》，224^{a}21 以下。

是气，又是火，把相反的性质加在一起了；而在相反者中，一方是缺失；所以，这种居间物——如某些人①说的“无定”或“包容”——是绝对不可能独立存在的。因此，它或者是这些元素中的任一种，或者是“无”。

所以，如果没有什么可感觉的东西先于这些了，那它们就应是全部。因此，它们必然要么总是保留着，不彼此变化，要么发生变化，或全部变，或有些变有些不变，正如柏拉图在《蒂迈欧》中所写的②。前面已经证明，它们必然相互变成；而且，前面也已说过，它们彼此生成的速度快慢不是同一的，因为具有对应性质的那些彼此生成得快，不具有的那些就较慢。所以，如果它们据以变化的对立是一，它们就必然是二；因为质料是它们的中介，是不可感知的和不可分的。但是，既然元素被看到多于二，所以，对立面就至少应是二。既然对立面是二，元素就不应是三，而是四，正如所表现出来的那样；因为成对的是四。虽然六也是可能的，但由于其中的两个性质是彼此相反的，因此不能成立。

关于这些问题，前面已讨论过了③。但通过下面的考察将表明，既然元素是相互变成的，其中的某个——无论它处于序列的两端还是中间——就不可能是其余的本原。处

① 指阿那克西曼德。

② 见柏拉图：《蒂迈欧》，54^{B-D}。

③ 见《论生成和消灭》第二卷，【2】—【3】。

在两端的元素不会是本原，因为它们是火或土；这个理论与说万物都由火或土构成是相同的。中间的元素也不是本原，正如某些人所认为的，气变成火，也变成水，水变成气，也变成土，即使两端的元素不再彼此变成。因为这个过程必有终止，不会在直线的任何一个方向上推到无限；否则，属于单一元素的对立性质也就会无限多了。用G表示土，H表示水，A表示气，P表示火[1]。如果A变成P和H，就会有一个属于A和P的相反面。设这个相反面是白和黑。再有，如果A变成H，也会有另一个相反面；因为H与P不相同。设这个相反面是干和湿，干用KS表示，湿用H表示[2]。如果白存留，水就会是湿的和白的；如果白不存留，水就会是黑的；因为变化是成为相反面。所以，水必然要么是白的，要么是黑的。设它是第一种，同样，KS（即干）也会属于P。因此，P（火）也能变成水；因为火具有与水的性质相反的性质，既然火开始是黑的，然后是干的，而水先是湿的，后是白的。因此很清楚，一切都可以相互变化，而且，在上面的例子中，G（土）也具有剩下的两个对应的性质，即黑与湿（因为它们在某种意义上还未曾配对）。

上面的问题已讨论了。至于我们打算要证明的论

① 在古希腊语中，“土”是ge，“水”是hudor，“气”是aer，“火”是pur，亚里士多德在这里用各自的第一个字母来简略表示。

② 在古希腊语中，“干”是kserotes，“湿”是hugrotes。

题——过程不能推到无限——，则从下面的考察会表明。如果火（用 P 表示）不再变回去，而是依次变成另外的东西，例如变成 Z，那么，不同于已经说过的另外某个相反面就将属于火和 Z；因为已经假定，Z 与 G、H、A、P 四元素中的任何一个都不相同。让 K 属于 P，Y 属于 Z，那么， 333a
K 也会属于 G、H、A、P 四者；因为它们相互变成。假定这一点还没有得到证明；但是，这却是显然的：如果 Z 依次变成另一个元素，那么，另一个相反面就会既属于 Z，也属于 P（火）。同样，每个添加的元素也会把某种新的相反面赋予前面的元素，所以，如果元素无限多，也就有无限多的相反面属于这个单一的元素。但假如这样，任何元素就既不可能被界定，也不可能生成。因为如果一个源出于另一个，它也必定经过如此多的相反面，甚至更多，所以，成为某些元素的变化将不会发生，例如，如果中介是无限多的话。假若元素无限多，它们必然如此；此外，如若相反面无限多，甚至连由气变成火都不可能；最后，一切元素都会变成一；因为 P 以上的元素的一切相反面必然属于 P 以下的那些，反之亦然。因此，它们全都会是一。

【6】 有人或许会对这些人的看法——他们像恩培多克勒一样断言，物体的元素多于一，所以不能相互变成——感到惊异，并会问他们，他们何以能够宣称这些元

素是可以比较的。但恩培多克勒说，“因为这些元素是全都相等的……”①。如果这意味着它们在量上相等，那么，所有可比较者都必然具有某种同一的东西，凭借它，它们才被度量。例如，如果一杯水相当于十杯气，二者就有某种同一的东西，既然是用同一的单位来度量它们的。但是，如果它们不是在量上可比（即指一个的量源出于另一个的量），而是在能力上可比（例如，如果一杯水与十杯气的冷却能力相等），那么，即使如此，它们也仍是在量上可比，虽然不是作为量，而是作为某种能力。此外，不以量的尺度，而按类推，也应该能比较它们的能力，例如，“正如甲是热的一样，乙是白的”。这个类推，虽然表明的是性质上相似，但却意味着量上相等。如果物体（虽然不能变化）不是依照类推可比，而是按能力的尺度可比，也就是说，由于有相等的或相似的热，一定量的火与大许多倍的气可比，那么，这也是明显荒谬的。因为同一个事物，如果在量上更大，就会有其相应的增长比例，既然属于同一类。

再有，按恩培多克勒的理论，增长也是不可能的，除
333b 非由于添充。因为照他的说法，火靠火而增长，“土增长它自己的躯体，以太增长以太”②。这些都是添充；但一般认为，增长物不是以这种方式增长的。对他来说，更为困难

① DK 残篇 17，第 17 行。

② DK 残篇 37。

的是给符合自然的生成作出说明。因为自然生成的事物全都或者总是，或者一般是以一种给定的方式生成的，某些背离总是或一般地仅仅是自发的和机会的结果。那么，人总是或一般是生成于人，小麦（而不是橄榄）总是或一般是生成于小麦，其原因是什么呢？或者，假如元素被这样地置放在一起，骨头会生成吗？因为按照恩培多克勒的说明，没有什么通过元素的机会结合而生成，而是要按某种比例。那么，其原因是什么呢？显然不是火或土。但也不是友爱与争吵；因为前者只是结合的原因，后者只是分解的原因。这个原因是每一事物的本质[①]，不仅是（正如他所说）“被混合物的混合与分离”[②]。机会（而不是比例）也是适于这些情形的名称；因为事物可通过机会而被混合。所以，由于自然而存在的事物的原因是它们有如此这般的条件，而且，每物的本性正是这个，不过，关于它，他什么也没说。因此，关于自然，他没有说什么[③]。此外，它也是每一物的美和善，所以，他把所有的荣誉归于混合。然而，分解诸元素的不是争吵，而是友爱；既然这些元素自然地先于神，也是神。

再有，他关于运动的说明也是简单的。因为说友爱与争吵使事物运动是不充分的，除非友爱是这类性质的运动，

① ousia。
② DK 残篇 8。
③ 虽然恩培多克勒写过一首《论自然》的诗。

争吵是那类性质的运动。如果这样的话，他就应该或严格、或随便、或以其他某种方式界定、假定或证明它们的运动性质。此外，既然物体被看见强制地（即反乎自然地）和合乎自然地被运动（例如，火朝上就不是强制的，向下就是强制的），既然合乎自然的东西与强制的相反，而强制的运动实际上又发生了，那么，也就会有合乎自然的被运动。那么，这是否是友爱引起的运动呢？不是；因为相反，合乎自然的运动使土朝下，类似于分解；而且，合乎自然的运动的原因是争吵，而不是友爱。所以，一般地说，友爱似乎更是反乎自然的。除非友爱或争吵确实引起它们的运动，否则，单纯物体自身根本不运动，或完全静止。但这是荒谬的；因为它们显然在运动。因为即使争吵引起分解，以太向上也不是由于争吵，相反，他有时说它仿佛由于机会（“其所以如此，因为它有时碰巧这样流动，虽然经常采取其他的方式”[1]），有时，他又说向上移动是火的本性，但他又断言，以太“在土中扎下了深根”。同时，他也说，宇宙现在在争吵的支配下与过去在友爱的支配下有着同样的秩序。那么，什么是第一运动者和运动的原因呢？显然不是争吵和友爱，相反，它们只是某种运动的原因，如果第一运动者是本原的话。

① DK 残篇 53。

② DK 残篇 54。

如果假定灵魂由这些元素构成，或由其中的某一种构成，那是荒谬的；因为如果那样的话，灵魂的质变如何发生呢？例如，怎样从文雅变成不文雅？记忆或遗忘是如何发生的？显然，如果灵魂是火，那就只有火作为火的那些特性属于它；如果灵魂是混合的，就只有物体性的特性；但这些特性没有一个是物体性的。

【7】 但是，对这些问题的探讨是另一个学科的任务[①]。关于物体由以构成的元素问题，那些认为它们有某种共同东西或认为它们彼此变成的人，如果他们主张其中的一种观点，就必然接受另一种。另一方面，那些不主张元素相互生成，或一个从另一个生成的人（除了在砖从墙中生成的意义上之外），在说明肌肉、骨头和其他复合物如何从这些元素生成时，必然会陷于困境。我们说的这一点，甚至对于那些主张元素相互生成的人，也是一个问题，即元素之外的某物以什么方式从元素中生成。我的意思是，例如，水能从火中生成，火也能从水中生成，因为它们的载体是二者共同的某个东西；但是，肉和髓也是从它们之中生成的；那么，它们是如何生成的？按照与恩培多克勒持相同观点的人们的主张，它们的生成方式会是什么呢？他们必然认为是组合，就像墙由砖和石头组合而成一样；

① 见《论灵魂》第一卷，**【4】**—**【5】**。

这个混合由元素构成，但元素保持不变，而是以小的部分彼此并列在一起。这就被假定为是肉和其他复合物从元素中生成的方式。其结果是，火和水不是从肉的任一部分中生成的；例如，虽然圆也许会由一块蜡的这一部分生成，锥形由另一部分生成，但每个形状由蜡的每一部分生成是可能的。这就是水与火二者
334b 从肉的任一部分中生成的方式。但是，对于持上述主张的人们来说，这是不可能的，而是只能像砖和石头从墙中生成一样，也就是说，每个生成于不同的地点和部分。同样，那些主张元素有单一质料的人也会碰到某种困难，即某物如何从在一起的二者（例如，冷与热或火与土）中生出。因为如果肉由二者构成，但又不是它们的任何一个，也不是它们在保持不变情况下的复合物，那么，除了由它们复合成的东西是质料外，留下的是什么呢？因为某一元素的消灭要么造成另一个，要么造成质料。

既然冷与热存在着程度的差异，那么，虽然在一个现实地单纯存在时，另一个潜在地存在，但是，当二者都不是完全存在，而是（由于混合各自的优势被破坏）一个是冷的热，另一个是热的冷时，那么，无论是它们的质料，还是相反的任一方，都不是现实地单纯存在，而是居间物；而且，依照其潜能的热甚于冷或冷甚于热，这个居间物按其比例将具有比冷多两倍、三倍或其他比例的热。所以，一切其他物体都是从相反面中或是从元素中（当被混合时）生出的，而元素则是从相反面中生出的，当这些相反面在某种意义上潜在地存在时，当然，不是在质料潜在存在的意义上，而是以上述

的方式。这种方式的生成是混合，另一种方式的生成却是质料。但按本篇起先所定义的①，相反面也是承受；因为现实的热是潜在的冷，现实的冷是潜在的热，所以，除非它们相等，否则就会相互变成。其他相反面亦如此。因此，首先，元素是变化的，当热成为冷、冷成为热，它们到达中间时，从它们之中，肉和骨头以及诸如此类的东西生成；因为在这里，既无冷也无热。但中间有广延，并不是不可分的。同样，也正是由于在中间，干与湿以及类似的其他性质造成肉、骨头和其他复合物。

【8】 在中心周围地区存在的一切混合物都是由一切单纯物构成的。它们全都含有土，因为每个单纯物尤其大量地在自己特有的地点存在着；它们也含有水，因为复合物必定有确切的限界，而水是单纯物中唯一易于有限界的；此外，如无湿，土就没有聚合力，而湿就把它结合在一起；因为如果把湿完全从土中排除，它就会分散。

由于上述原因，它们含有土和水。它们也含有气和火。理由在于，气和火是土和水的相反物——在一个实体能与另一个实体相反的意义上，土与气相反，水与火相反。既然生成源出于相反物，而相反的一端已存在了，另一端也必然存在，所以，所有的单纯物都包含在一切复合物中。每个复合物的养分似乎也能证明这一点。因为复合物全都

① 见《论生成和消灭》第一卷，【7】，323^b1 以下。

被它们由以构成的养分所滋养，全都被多种养分所滋养。甚至植物，虽然似乎只被一种养分，即水所滋养，但实际上也由多种养分滋养；因为有与水混合的土；所以，农夫们在浇水时也使其混合。既然养分的本性是质料，被滋养者是与质料在一起的形状和形式。有理由认为，其余所有的单纯物都是相互生成的，只有火被滋养，正如以前的哲学家们所宣称的。因为只有火（或者比其余单纯物更甚）的本性是形式，原因在于它自然地朝向限界移动。每个单纯物都自然地朝着自己的位置移动；但它们的形状和形式全在限界中。我们已说明了，一切物体都是由所有的单纯物组合而成的。

【9】 既然有些事物是生成和消灭的，既然生成实际上发生在中心周围的地区，那么，我们就必须说明一切类似的生成的本原的数量和性质；因为当我们首先把握了一般理论后，就容易理解特殊的问题了。

原因与处于永恒和最初序列中的东西在数目上相等，种类上同一；因为一个是质料意义上的，第二个是形状意义上的，此外，第三个也必定存在。因为对于生成的事物来说，两个原因是不够的，正如它们不足以说明最初的东西一样。质料意义上的原因对于生成物是能既存在，又不存在。因为有些东西必然存在，例如永恒物，有些必然不
335b
存在。其中的前一类不可能不存在，后一类不可能存在，因为它们不可能反乎必然性而另有什么。还有些东西能既

存在又不存在，这就是能生成和消灭的事物；因为它们一时存在，一时不存在。所以，生成与消灭必然出现在能既存在又不存在的事物中。因此，这就是生成之物质料意义上的原因，而在“何所为”意义上的原因则是它们的形状和形式；这就是表明它们每个的实质的原理。

第三个原因也必定存在，每位先哲虽然都梦幻似地想象过它，但却没人说明过。相反，有些人认为，形式的本性就足以说明生成了，正如苏格拉底在《斐多》中所说的[①]。因为在谴责了其他人没有对此作出说明之后，他假定，存在的有些东西是形式，有些分有形式，而且，每物由于形式而被说成存在，由于分有形式而被说成生成，由于失去形式而被说成消灭。因此他认为，如果这是真的，形式就必然是生成和消灭的原因。另一方面，有些人则以为质料本身是原因；因为正是从质料中，有了运动。然而，这些说法没有一种是正确的。因为如果形式是原因，为什么它们不总是连续地生成，而是时有时无呢，既然总是有形式和对形式的分有？此外，在有些场合，我们看到原因是另外的东西。因为造成健康的是医生，传播知识的是知识家，虽然健康本身和知识本身以及分有它们的东西也存在；依照其能力而实现的其他活动亦如此。另一方面，如若某人说质料由于其运动而生成，那么，这种说法或许比我

① 见柏拉图：《斐多》，96^{A}—99^{C}。

们上面提到的那些人的观点要符合自然些；因为性质变化的东西和形状改变的东西更是使事物生成的原因，而且，在由于自然的产物以及同样地出于技术的产品中，我们也总是习惯于把能引起运动的东西说成是动作的原因。但是，这一种说法仍是不正确的。因为承受，即被运动乃是质料的特性，而运动，即动作则是另一种能力（这在由于技术和由于自然而生成的事物中都是很明显的；因为水本身并不从自身造成动物，造成床的也不是木头，而是技术）。由于这个理由，所以他们的说法是不
336a 正确的，而且，他们的错误还在于漏掉了更严格的原因；因为他们排除了“是其所是”[1]和形式[2]。此外，正因为他们排除了形式因，他们给物体赋予的力（这些力使物体得以生成）就过于具有工具化的特点了。因为既然（正如他们所说）热的本性是分解，冷的本性是组合，其他每对性质的本性是一方动作，另一方承受，那么，他们说，正是源出于这些，并由于这些，才有了其他一切事物的生成和消灭。但是显然，甚至火本身也被运动和承受。此外，他们的做法无异于某人把生成之物的原因归于锯子和其他工具；因为当锯时，木头必然分开，当刨时，必然光滑，使用其他工具亦有相应的结果。因此，如果这样，火尤为动作和使事物运动，但他们没有看到这一点：火在使事物运动的方式上如何不如工具。在前面的著作中，我们已一般

① to ti en einai。

② morphe。

③ 见《物理学》第二卷，【3】—【9】。

地讨论了原因的问题，现在，我们又对质料和形式作出了区分。

【10】 此外，既然移动方面的运动已被证明是永恒的①，那么，生成也必然是连续的；因为通过接近和疏远生成者，移动将造成不停顿的生成。同时也很明显，我们在前面的著作中②的说法也是正确的，在那里，我们把移动（而不是生成）说成是第一的变化。因为比较而言，存在是非存在生成的原因比非存在是存在生成的原因更合情理。被移动物是存在的，而正生成物是非存在，因此，移动先于生成。既然已经假定并已证明，生成与消灭的事物是连续的，既然我们又主张移动是生成的原因，那就很清楚，如果移动是单一的，两个过程就不可能发生，因为它们是相反的；只要有同一的原因和相同的条件，自然总是造成同样的结果，所以，生成或消灭总将发生。运动必定是多，而且，在其移动方向或不规则性上是相反的；因为相反面是相反面的原因。

因此，第一移动不是生成与消灭的原因，而是循着偏斜的圆圈的运动；因为这种运动既是连续的，又有两个运
动。因为如果生成与消灭总是连续的，就必然有某物总在 336^{b}
被运动，以便这些变化不致中断；而且，必定是两个运动，以便不只出现一种变化的结果。连续的原因是整体的移动，

① 见《物理学》第八卷，【7】—【9】。

② 见《物理学》，$260^{a}26$ 以下。

而运动物体的接近与疏远则由偏斜引起；因为偏斜的结果造成物体的时远时近。既然距离不等，运动也就不规则。所以，如果它通过接近而生成，这同一个物体就会通过疏远而消灭；而如果它通过经常的接近而生成，也就通过经常的疏远而消灭；因为相反面是相反面的原因，合乎自然的消灭与生成所用时间相等。因此，各类事物的时间（即生命）有一个数目，并因此而得以区分。因为万物都有次序，每个生命和时间都被一个期间度量，虽然不是全都用同一期间度量，而是有些用较短，有些用较长的期间；因为有些的度量是一年，有些则较长或较短。

感觉事实与我们的理论有着明显的一致性。因为我们看到，当太阳离得近时，就有生成，当太阳隔得远时，就有消灭，而且，这两个过程所用时间相等；因为合乎自然的消灭与生成的时间期限是相等的。但是，由于其相互混杂，也经常出现事物在太短的时间中消灭的情况；因为它们的质料不规则，不是在每处都相同，因此，它们引起的生成也必然不规则，有些太快，有些太慢，所以，就出现了一些事物的生成是另一些事物的消灭的结局。

正如已说过的，生成与消灭总是连续的，而且，由于我们已论及的原因①，也决不会中断。这有充足的理由。因为我们说，在万物中，自然总是追求更好的东西，而存在

---

① 见 318^a9 以下。

比非存在更好（关于“存在”的多种含义，我们已在别处说过了），但是，存在不可能在万物中，因为它们离本原太远了。所以，神接纳剩下的东西，并通过使生成不间断的方式而实现宇宙的完美；因为存在需要最大限度的结合，原因在于，本身连续生成的生成是最接近永恒的存在的。 337^{a}
正如我们经常所说，这种连续的原因是圆形移动；因为只有它才是连续的运动。因此，依据其特性和能力而相互变成的一切其余事物（例如单纯物体）都模仿圆形移动。因为当气从水中生成，火从气中生成，水又从火中生成时，我们说，生成已完成了一次圆环，因为它又回到了起点。所以，由于模仿圆形运动，直线移动也是连续的了。

同时，从这些考察中，也能使有的人感到迷惑的问题明了，即，既然每个物体都朝向自己特有的处所被移动，为什么在无限的时间中它们没有分离。其原因是它们的相互变化；因为假如每个都呆在自己的地方，不受相邻东西变化的影响，那么，它们也许早就分离了。由于是双重运动，所以它们是变化的；也正由于它们是变化的，因而就没有一个能够呆在固定的处所。

生成和消灭会发生，由于什么原因而发生，生成与消灭之物是什么，从上面的论述中，这些问题已经清楚了。但是，正如我们在前面的另一著作中已说明的①，如果有运

① 见《物理学》，255^{b}31 以下。

动，就必然有某个运动者；如果总有运动，就必定总有运动者，如果运动是连续的，运动者就必定是单一的、不能被运动的、不能生成的和不能质变的；如果圆形运动是多，那么，虽然是多，但它们全都在某种意义上从属于单一的本原。既然时间是连续的，运动也必然是连续的，因为不可能有时间而无运动。因此，时间是某种连续运动的数目，即圆形运动的数目，正如我们在一开始的理论中所确定的[①]。但是，运动的连续是由于被运动物的连续呢，还是因为被运动发生于其中的东西（我的意思是指，例如地点与性质）连续？显然，是因为被运动物的连续。因为除了其所属的事物是连续的外，性质何以能连续呢？如果是由于运动发生于其中的东西连续，那就只适于地点；因为它有某种大小。但是，只有圆形运动的东西才是连续的，因为它总是与自己的连续。因此，这就是使运动连续的东西，即以圆圈方式被移动的物体，它的运动使时间连续。

【11】 既然在生成、质变或一般的变化方面被连续运动的事物中，我们看到了接续现象，即一个在另一个之后
337b 生成，不会中断，那么，我们就必须考察，是有某种将必然存在的东西呢，还是没有这样的东西，而是一切都可能不生成。因为显然，有些东西不生成，而且正是由于如此，

① 见《物理学》，217^b29 以下。

“将是的东西”[①] 和“预计是的东西”[②] 才有区别。因为如果说某物“将是”是真实的，那么，说它“是”[③] 在有时也是真实的；相反，虽然说某物“预计是”在现在是真实的，但没有什么妨碍它不发生，因为例如，虽然某人现在预计要走，但也许他并不走。一般而言，既然存在的事物有些也可能不存在，那就很明显，生成之物也会如此，也就是说，它们的生成不会是必然的。那么，生成之物是否全都是这类性质？或者不是如此，而是有些会绝对必然地生成？在生成问题上，是否也像在存在方面一样，有些事物不能不存在，有些可能不存在？例如，冬至与夏至必然生成，不可能不发生。

如果在后的东西要存在，在先的东西必然已生成了（例如，如果房子要存在，必然已有了建筑，如果要有建筑，必然已有了黏土），那么，如果建筑已发生了，房子也必然会生成吗？或者不是这样，如果后者不是纯粹必然地生成的话？假如是这种情况，只要建筑已发生了，房子必然生成；因为假定的在先者对在后者的关系就是如此，所以，如果在后者要存在，在先者必然已存在了。因此，如果在后者的生成是必然的，在先者已生成也是必然的；如果在先者已生成，在后者也必然要生成，但不是由于在

① to estai。

② to mellon。

③ estin。

先者，而是因为在后者将来的存在被假定为是必然的。所以，在在后者必然存在的地方，其对反面也如此，而且，当在先者已生成时，在后者总是必然生成。

如果把先后的序列无限地推导下去，那么，某一个特定的在后者就不会是纯粹的必然，而是出于假定的必然。因为总有另一个必然将事先存在，以便这一个会必然生成。所以，既然无限没有开端，也就不会有使其他环节必然生成的第一者。即使是在有限的序列中，也不能真实地宣称某物的生成是纯粹必然的。例如，当建筑已发生时，房子并不纯粹必然生成；因为除非房子的生成总是必然的，否则，当建筑已发生时，其结果是，不可能总是存在的东西就会总是存在了。但是，如果它的生成是必然的，它就必定总是在生成中了；因为必然的东西同时也是总是的东西，既然必然的东西不会不存在。因此，如果一物是必然的，它就是永恒的，而如果它是永恒的，也就是必然的。所以，如果事物的生成是必然的，它的生成就是永恒的，而如果是永恒的，也就是必然的。

因此，如果某物的生成是纯粹必然的，它就必定是循环式的，即返回自身。因为生成必然要么有限度，要么无限度；如果无限度，它必定要么是直线式，要么是圆圈式。但是，如果生成是永恒的，就不可能是直线式，因为它没有开端，无论我们是向下考虑（当作将发生的事）还是向上追溯（当作已出现过的事）。但生成必然有开端，虽然不是有限的，而是永恒的。因此，它必然是圆圈式。所以，其关系必然是相互的，例如，如果乙是必然的，在它之前的甲也是必然的；如果甲必然生成，在它之后的乙也必然生成。这总是连续的；因为无论我们说甲乙二者还是说更多的东西，其关系并无区别。因此，正是在圆圈式的运动和生成中，才有纯粹的必然，也就是说，如果过程是圆圈式，其中的每一个环节必然会生成或已经生成，如果过程是必然的，它们的生成就是圆圈式。

这个结论是合理的，既然在另外的地方已经表明[1]，圆圈运动，即天体的运动是永恒的，因为它自己的运动和由 338b
于它而出现的运动都必然生成，也必然会生成；因为如果圆圈式的被运动物体总是运动某物，那么，它引起的那些事物的运动也必然是圆圈式。例如，既然上方的移动是圆圈式，太阳就以这种方式运动，而既然太阳的运动是这样，季节的发生也因此而是圆圈式的，即返回到自身；既然季节如此发生，它们引起的事物亦会这样生成。

那么，为什么有些东西显然以这种方式生成（例如雨和气就是循环式生成，如果有云，必定有雨，如果有雨，必定有云），而人和动物却不返回到自身，以便同一动物第二次生成呢（因为如果父亲生成了，你并不必然生成；虽然如果你生成，他已经生成了；在这种场合，生成似乎

[1] 见《物理学》第八卷，【7】—【9】。

是一个直线式过程)？ 讨论这个问题的起点应该重新探讨：是否所有东西都以同样方式回到自身，亦或不是这样，而是有些在数目上相同， 有些只是在种类上相同。显然， 其实体（它是被运动的）是不可消灭的那些事物将在数目上相同（因为运动的特性依据被运动物的特性），而实体不是不可消灭、而是可消灭的那些事物，则必然在种类上、而不是在数目上返回自身。因此，当水从气中生成、气从水中生成时，是种类上的、而不是数目上的相同。如果这些也在数目上相同，就不适于其实体要生成（如果其实体是可能不存在那一类的）的那些事物了。

天象学

徐开来　译

* Meteorologika 据《洛布古典丛书》希腊本文。

第　一　卷

【1】　关于自然的最初因和一切自然的运动，关于天上 338a20
星体有秩序的移动，关于物体性元素的数量、性质和相互变
化，以及关于一般的生成和消灭等问题，我们都已在前面论 25
述过了①。留待现在必须考察的，是这种探求的一个部分，
即我们的一切前辈称之为天象学的问题。它涉及的是合乎自
然而发生的、但其规整性又不及物体的第一元素②的那些现 338b20
象，它们出现于离星体的移动最近的地点。例如银河、彗星、
燃烧和运动着的流星，可视为气和水共同具有的属性，土的 25
部分、种类以及各部分的属性。从对这些的研究中，我们能 339a
明白风、地震以及由于它们的运动而生成的一切现象的原因。
对于这些东西，有些我们迷惑不解，有些我们则能以某种方
式理解。此外，也涉及霹雷的下落、飓风、火风和因凝聚而
为这些同样的物体的属性所导致的其他常有现象。在讨论了 5

① 分别见《物理学》、《论天》及《论生成和消灭》的有关章节。

② 指构成天体的第五元素，即以太。

这些问题之后，我们还要考察：我们能否依据所确立的方式，对动物和植物给出某种一般的或特殊的说明。一旦做完这些工作，我们似乎就可以宣称，我们在开始时为自己提出的全部考察任务业已圆满完成了。

开场白已经讲完，现在，让我们开始讨论主题吧。

【2】 我们在前面已经确定：有一种元素，由它构成圆形移动物体的本性；此外，还有由于四种本原[①]的四种物体，它们的运动分为两类：或脱离中心，或到达中心。这四种物体是火、气、水、土；其中，火升向顶点，土沉到底部，另两种元素在其彼此的关系上与它们相对应（因为与其他相比，气离火最近，水离土最近）。地球周围的整个世界[②]都由这些物体构成。我们说过，关于它们的属性正是我们必须考察的主题。这个世界必然与上方的移动相连续，所以，它的一切能力均被它们掌握；因为一切运动由以起始的本原必定被认作是最初的原因。此外，它是永恒的，在地点上没有运动的终点，而总是完满的。相反，其他物体由于彼此的限制，全都有分离的个别地点。因此，我们必须把火、土以及诸如此类的其他元素认作在这个世界上发生的结果的质料性原因（因为我们把这种方式的原因称

① 指热、冷、干、湿这四种性质。

② kosmos，即通常所谓的月下世界。

为载体和承受者），但是，永远运动的能力必须被当作是在运动由以起始的本原意义上的原因。

【3】 让我们先重温一下开初的假定和早先作出的定义，然后再说明银河、彗星以及与它们类似的其他现象。

我们说，火、气、水、土是相互生成的，其中的每一 339b
种都潜在地存在于每一种之中，正如那些有着某种单一而相同的载体的东西最后都还原为那载体一样。

或许会提出的第一个疑难是关于所谓气的：我们假定它的本性在环绕大地的世界中，其依据是什么？相对于其他所谓的物体元素，它的位置是什么？（因为地球的体积与它周围物体的大小之间的关系是毫无疑问的；既然天文学的研究现在已向我们表明：地球实际上比有些星辰还小得多。至于水，我们没有看到它聚合还是分散存在，它也不可能与位居地球周围的物体相分离，例如我们能看见的海洋与河流，以及我们或许不清楚的某种地下水。）关于地球与边沿星辰的居间者，我们是将其考虑为一个自然物体呢，还是考虑成多个？如果是多个，有多少？它们在地点上的确定限度是什么？

我们在前面已经说明过第一元素及其能力的性质是什也解释了上方移动的整个世界都充满着那种物体①。这种看

① 见《论天》第一卷，【2】—【3】。

法并非我们所独有，它似乎是一个古老的信念，且为先前的人们所主张；因为所谓的“以太”早已被用来作为名称了。在我看来，阿那克萨戈拉似乎就认为这个名称表示与火相同的东西；因为他认为，上方的地点充满着火，当人们说到以太时，指的就是在上方的东西。他的这后一个观点是正确的；因为人们似乎假定，永远运动着的物体在本性上就有某种神圣性，而且，正因为这类物体与我们月下世界的任何元素都不同，所以他们才决定把它称为以太。因为我们说，相同的看法在人们中间反复出现，不是一、两次，也不是偶尔如此，而是无限经常。有些人宣称，不仅移动的物体，而且它们的包容物都是纯粹的火，在土与星辰的居间物是气；但是，假如他们思考了现在由数学提供的充分证明，或许就会放弃这种孩童般的看法了。因为，以我们从地球上看显得很小为由，就认为每个移动着的物体在体积上也真的是那样小，这实在是极其幼稚的。这个问题在前面对上方地点的考察中已经说明了[①]；但是，我们现在要重述相同的论证。假如居间物充
340a 满着火，物体都由火构成，那么，其余各种元素就早已颓败了。但是，也不能说只由气充满；因为即使由两种元素充满地与天之间的地点，气也大大超过了保持与它相关的其他元素的适当比例所需要的量。因为我们说，相对于包容它的整个宇宙的大小而言，地球的体积（包括其中的全

① 见《论天》第二卷，【7】，【14】。

部水的容量）是极其微小的。但是，当气从水中或火从气中分离而生成时，我们发现，体积并不是以这样的大小而超越，而是相反，一定微量的水对从它之中生成的气的比例与全部气对全部水的比例必然是相同的。即使有人否认元素之间的相互生成，而主张它们的能力相等，也没有什么区别；因为按这种观点，是它们的大小在能力上相等，正如假若它们相互生成会出现的情况一样。所以很明显，气或火都不可能单独充满居间的地点。

在讨论了疑难后，现在要说明的问题是：两种元素（我指的是气和火）的位置与第一元素的位置的关系；由于什么原因，来自上方星辰的热传递给地球周围的地点。正如我们已设定的，让我们先讨论气，然后再说明这些问题。

如果水从气中生成，气从水中生成，那么，为什么在上方地点中没有云形成呢？照说，离地球较远而又较冷的地点，就较容易形成较多的云；其所以较冷，是因为它既不靠近星辰的热，也不靠近从地球反射回的光线；而正是这些光线，依据它们的热量，驱散了聚集物，阻止了地球附近云层的形成。因为云是在光线分散并失去热力的地方聚集而成的。

所以，要么水不是从所有的气中自然生成的，要么如果从所有的气中生成，包围地球的东西就不仅仅是气，而是某一类蒸汽，因此，它能重新凝聚成水。但是，如果如此大量的气全都是蒸汽，气和水的量就会大得不相称了；

340b 因为上方物体之间的地点必定被某种东西充满；但它不能是火，否则，其他一切就早已被烤焦了；这样，剩下的选择就必定是气和包围整个地球的水；因为蒸汽正是水的蒸发。

在以此种方式解决了这些疑难之后，让我们进而阐述我们自己的看法。这些看法既与将要作出的说明相关，也与已经提出的论述相关。我们说，到月亮为止的上方由某种物体占据，它既不同于气，也不同于火，而是更为纯粹，没有混杂，但有程度的差异，尤其是在它与气以及地球周围的世界邻接着的地方。当第一元素及其中的物体进行圆周移动时，离它最近的那一部分下方世界就凭借这种运动，生出火来，并被搅散，从而造成了热。

从另一个角度出发，也可以由下面得出同样的观点。处于上方的圆周移动下面的物体是某种质料，潜在地具有热、冷、干、湿以及由这些性质推出的其他属性，但在现实上，因其运动或静止，它只可能获得其中的一种，关于它的原因和本原，我们已在前面说过了①。所以，最重和最冷的元素，即土和水，就在中心和中心周围被分开了。在它们周围，并接续着它们的，是气和我们习惯于称谓的火，虽然它其实不是火；因为火是过度的热，是某种沸腾。但应该认识到，在我们所谓的气中，地球周围的那一部分是湿的和热的，因为它是蒸汽，有地球的散发物，在这上

① 见《论天》第二卷，【10】。

面的那个部分则是热的和干的。因为蒸汽的本性是湿和冷，散发物是热和干；蒸汽潜在地像水，散发物潜在地像火。所以，我们必须假设，云不在上方地点形成的原因是：在那里存在着的不仅是气，而且更多的是火。毫无疑问，在上方地点中云的形成也要被圆周移动所阻滞。因为地球周围的气必然全都运动，除了使地球成为一个完满球体的周围之内的那个部分。实际上，我们看到，风生成于地球的沼泽地带，从未看见它们在最高的山顶上吹。它的圆周运动是由整个天的旋转运动带动的。因为火与上方的元素连接，气又与火连接，所以，由于它的运动，阻滞了气凝聚成水。一旦它的某一部分变重，其中的热被挤入上方地点时，就朝下移动，挨着的另一部分则与火性的散发物搅和在一起，因此，有的地方总是连续地充满着气，另一地方则是火，它们每一个都处在永远的相互变化中。

关于云不生成、不凝集成水的问题，应当如何说明星辰和地球的居间地点以及它由什么物体充满的问题，就说这样一些。

关于由太阳生成的热的问题，单独而准确的说明更应在论感觉的著作中进行[1]（因为热是某种感觉的属性）；但是，我们现在可以解释它由于什么原因而生成，虽然天上物体的本性自身不是热的。我们看到，运动能够分散和点

① 但是，在《论灵魂》和《论感觉及其对象》中，都没发现这样的说明。

燃气，所以，经常发现被移动物被溶解了。仅仅是太阳的移动就足以保证暖与热的生成；因为这种运动必定快，而且不远。星辰的运动虽然快，但离得远，月亮的运动虽然近，但又慢；只有太阳的运动完全具备这两个条件。如果从我们这个世界发生的现象来进行类比思考，最远生成于太阳出现的地方就更容易理解了；因为在这里，离快速移动物最近的气也成为最热的。这种结果很合理，因为坚固物的运动最能分散它。这是热之所以传到我们这个地方的一个原因，另一个原因是，包围着气的火常常被天的运动所驱散，并被迫朝下移动。

星的闪射[1]足以表明上方地点既不是热的，也不由火构成；因为它们不是在那里，而是在下方生成；但是，物体被运动得越多、越快，它燃烧得也就越快。此外，被认为是万物中最热的太阳也显得是白的，而不是火性的。

341b **【4】** 在确立了这些之后，我们就来说明天上燃烧的火焰、闪射星以及有些人所谓的“火炬”、“山羊”等现象所以会出现的原因。所有这些现象都是同一的，也由于相同的原因，区别只在多寡上。

它们和许多其他现象的本原如下所述。被太阳加热的大地的散发物不是像有些人所认为的那样只是一类，而必

① hai diadromai ton asteron。

然是两类，一类的本性更像蒸汽，另一类的本性更像风；蒸汽源于在土之内和在土表面的潮湿，源于土本身的东西则是干燥的，像烟。其中，像风的散发物由于热，升到上面，较潮湿的则由于重，沉到下面。因此，地球周围地区的次序是这样的：首先，在圆周移动下面的是热而干的东西，我们称为火（因为没有共同的名称适于像烟的散发物的一切情形；但由于这种元素是一切物体中最易燃烧的，所以，我们必须使用这个名称）；在这种物体①下面的是气。我们必须将刚才把火称为在地球外缘周围扩散的东西考虑为像某种可燃物，少许运动就经常使它突然燃烧，像烟一样；因为火焰是干燥气息的沸腾。所以，当圆周移动以某种方式运动它时，这种聚合物就在最合适的地方着火。

按照可燃物位置或数量的不同，其结果也有差异。如果可燃物既宽又长，我们就经常看见火焰如麦田里残梗燃烧一般地燃烧；如果它只是狭长，我们见到的就是所谓的“火炬”、“山羊”和闪射星。如果可燃物较长而不是较宽，那么，当它燃烧时，就同时放射出火星（出现这种情况是因为它的小的部分虽然边上着火，但却与主体部分②连着），这被称为“山羊”；当没有这种属性时，就是所谓的“火炬”。如果散发物的长度在许多方向上被分成小部分，在宽

① phusis。

② arkhe。

度和深度上亦如此，就生成了所谓的闪射星。

有时，散发物生成这些现象是靠运动引火。有时，热是
342a 靠由于冷而凝聚的气挤压而排出的；因此，它们的移动似乎更像抛掷物，而不是像火。因为有人或许会提问：闪射星是否像把一盏灯置于另一盏之下，低处灯的散发物的发光是源于高处灯的火焰（因为它的速度快得惊人，所以，与抛掷物相似，而不像一个接一个地生出火的东西），或者，它的路径是否是某一个物体的抛掷。或许两种情形都有，因为有些如火焰生成于灯，有些则由于被挤压而抛射，犹如用手指挤出的果核。所以，能看到它们在夜间和白昼从晴空中落到地上，掉进海中。它们被抛下是由于推进它们的凝聚物趋于下落。因此，霹雷也下落。这所有现象的生成都不是燃烧，而是靠挤压的排射，既然一切热在本性上都合乎自然地朝上移动。

上方地点中形成的现象是由散发物的燃烧生成的；下面地点中的形成则由于较湿的散发物的凝聚和寒冷而产生的排放，因为当它凝聚和收缩时，就趋于下落，并使热朝下投射。根据散发物的位置以及是否凑巧处于平面还是垂直的方位，移动就因此而向上、朝下或横向运行。多数情况是横向的，原因在于包含有两种运动，即强制地朝下与自然地向上；因为在这些条件下，物体的移动总是倾斜的。因此，闪射星的移动也常是倾斜的。

所有这些现象的质料因是散发物，动力因有时是上方的移动，有时是气的凝聚和收缩。它们全都出现在月下。

证据在于，它们的表面速度与我们抛掷之物的速度相似，由于它们离我们很近，所以，在速度上似乎远远超过星辰、太阳和月亮。

【5】　有时，在晴朗的夜晚，我们能看到天空中形成的各种现象，例如“裂口”、“沟渠”和血红的颜色。这些也有相同的原因。因为已经表明，上方的气凝聚而着火，而且，342b
它的燃烧有时生成燃着的火焰，有时生成移动着的“火炬”与星辰；所以，如果这同样的气在凝聚时表现为各种颜色，是毫不奇怪的。因为较微弱的光可以穿过浓厚的媒介物，当气接收反射时，就会造成各种颜色，尤其是深红色和紫色；因为当火红色与白色靠重叠而混合时，最容易显出这两种颜色，例如在热天，当星辰升起或下落时，如果穿过烟雾状的媒介物去看，就显得是深红色的。当镜面处于如此性质，以至于只接受颜色、不接受形状时，通过反射，气也能造成颜色。这些现象都不持久，其原因是，气的凝聚是短暂的。

由于光从深蓝色或黑色中穿透出来，就使得“裂口”有某种纵深的外表。当从诸如此类的背景中进一步凝聚时，“火炬”就经常脱落出来；但收缩则是“裂口”的出现。一般而言，白色在黑色中造成各种颜色，就如火焰在烟中一样。在白天，太阳阻挡了它们，而且，除了深红色外，夜晚也看不见其他颜色，因为它们是暗的。

上述这些，必须被假定为是闪射星、燃烧现象，以及诸如此类的其他短暂现象的原因。

【6】 下面要说明的是彗星和所谓的银河。在此之前，先说说其他人在这些问题上的看法。

阿那克萨戈拉和德谟克里特宣称，彗星是行星的会合，由于它们相距很近，显得是彼此碰触的。

所谓毕达戈拉斯学派的有些意大利人则断言，彗星是一种行星，但不常出现，且只升起在地平线上面不远之处。这也是水星的位置，因为它也升起在地平线上面不远之处，我们经常看不见，所以，不常出现。

开俄斯（Khios）的希波克拉底（Hippokrates）和他的学
343a 生埃斯库洛斯（Aiskhulos）[1]也持类似的观点。只是他们说，那条尾巴不属于彗星本身，而是，在它经由地方的路径上，吸收了把我们的视线朝太阳反射的湿气，于是偶尔地带上了尾巴。和其他星辰相比，它最不常出现，因为它是最慢地落在太阳之后，而且，在它再次出现于同一地点前，它的圆形轨道已经落后了整个一周。它既朝北落后，也朝南落后。在回归线居间的地点，它不能把水吸到自身，因为该地区被移动的太阳烤干了。当它向南移动时，有足够的必需潮湿，但是，由于它在地平线上方的那一部分圆弧较小，在它下面的要大许多，所以，人们的视线不可能朝太阳被反射，

① 都是希腊的数学家。

无论太阳接近回归线地区时，还是在夏至时。因此，在这些地点，它不能成为彗星。但是，当它朝北落在后面时，就带上尾巴。因为在地平线上面的那段圆弧大，在下面的那部分圆弧小。因为在这种时候，人们的视线容易被朝太阳反射。

这所有的观点都不能成立，其中有些是对全体而言，有些仅对个别而言。

我们首先讨论认为彗星是行星之一的那些人的观点。因为一切行星全都落在黄道圈之内，但早已看到，许多彗星却在该圈之外。再有，多个彗星常常同时出现。此外，假如像埃斯库洛斯和希波克拉底所说，它们的尾巴是由于反射，那么，在有时，即使它没有尾巴，也能看见这种星辰出现了，既然按他们所说，在它落到的另外的地点时并非全都有尾巴。然而，事实上，在五颗之外没有一颗行星能被看见，它们全都经常在地平线上面一起同时出现。同样，也经常地看见彗星出现，无论是在所有行星都可见时，还是在有些不可见，被太阳遮挡时。再有，在太阳处于夏至时，彗星只出现在朝北的地点的说法也是不真实的。因 343b
为在阿开阿（Akhaia）地震和海啸期间①出现的大彗星就正好在西方，还有许多是在南方。再有，在摩伦（Molon）的儿子欧克勒斯（Euklees）执政雅典时②，在太阳处于冬至

① 公元前 373—前 372 年。
② 公元前 427—前 426 年。

时期的一、二月份，也在北方出现过一颗彗星。即使他们自己也说，在如此大的距离上，反射是不可能的。

对这种观点和彗星是行星的会合的说法都适合的反驳是：首先，某些恒星也带着尾巴。关于这一点，我们不仅有断言此事的埃及人的证据，而且我们自己也曾见到过。因为在犬座腿部的某颗恒星就有尾巴，虽然不明显；如果你盯着它看，光就晦暗，但如果瞬息一瞥，光就明亮些。此外，在我们这个时代看到过的所有彗星都不固定地消失了，逐渐地隐没在地平线上面的地点中，所以，没有一颗或多颗恒星落在它们之后。例如，我们前面提到过的那颗大彗星就在亚斯特俄斯（Asteios）统治时期出现在冬季晴朗而有霜冻天气的西方，在第一天，它处于太阳之前，所以见不到它，但后来就能见到了，因为它最短距离地落在太阳之后，并且立即固定着。它的光扩展到了天空的第三部分，像一条绳带①，因此被称为“路”。它升到猎户座的三明星那么高，并在那里消失了。

然而，德谟克里特则认为这种观点是合理的，他说，在彗星消失时，有些恒星仍看得见。但是，按他的观点，这不应有时发生，有时不发生，而应总是如此。此外，埃及的人们说，行星既与行星会合，也与恒星会合；我们自己也看到，木星与一颗星辰在双子座会合，并且遮着它，

① 这里本是 halma（跳跃），但按注释家们的意见，应视为 hamma（绳带）。

但是，却没有彗星生成。再有，从理论上也能表明，虽然有些星辰看起来较大，有些较小，但每一个自身似乎都是不可分的。因此，正如假若它们是不可分的，两个的聚合不会造出任何更大的量一样，那么，既然它们显得不是不可分的，它们的会合就不会显出更大的量。 344a

用不着再讲更多的理由，仅凭上述就足以表明，前人提出的关于彗星原因的说法是错误的。

【7】 我们以为，如若我们提出了一种可能的说明，就是给出了不能为感觉得到的、在理性上对事物的充分说明。下面的叙述似应当作对所论现象的解释。

我们假定，地球周围世界（它处于圆形移动之下）的那个最外面的部分是干而热的散发物。它和与它连续着、并在它下面的气的更大部分都被圆形旋转运动引带到土的周围。在它被移动时，它的运动经常在碰巧适合的地方着火，我们就断言这是散射星辰闪光的原因。因此，当由于上面的运动造成这类像火的本原（它既不强大到能迅速引起广泛的大火，也不微弱到很快燃尽，而是较为强大，也能引起大火）的凝聚时，当合适的散发物从下面升起，并与它会合时，彗星就生成了，它的种类依赖于散发物凑巧具有的形状。如果它在各个方向都相等，就是彗星；如果只是长，则是所谓的“胡须”星。正如当这类现象移动时似乎是移动星一样，当这类现象静止时，也就似乎是静止星。可以把这类现象与如果某人把火炬掷入谷壳堆或将火星掉进其中进行类比。闪射星的情形显然也与此类似，因为燃料易燃，火能快速地长驱直入。如果这火静止着自己燃烧，不穿透燃料，它停留在燃料最稠密的那一点上，那么，这一点就成为最后穿透的移动的开端。这就是彗星的性质：正如自身中含有开端和限度的闪射星。

当本原在下面地点中会合时，彗星就显得是由于自身 344b 的。但是，当散发物由某一颗星辰（恒星或行星）的运动形成时，其中之一就成了彗星。尾巴不附着于星辰本身，而是某种像随着太阳和月亮的移动而出现的光晕；当气稠密时，这种属性就在太阳轨道的下面生成了，尾巴与星辰的关系也如光晕与星辰的关系。区别只在于，光晕的颜色是由于反射，彗星尾巴的颜色则是它们实实在在显出的。

当本原的构成与星辰关联时，彗星的移动轨道就必然显得与星辰被运动的轨道相同。当彗星由于自身而构成时，就显得落在后面。因为这样的情形是地球周围世界的移动。

（彗星是对它伴随的星辰自身的某种反射——犹如在纯粹可燃物中的光晕——，而不是像希波克拉底学派的人们所说的，是对太阳的反射。反驳这种观点的事实是：彗星更经常地是由于自身而生成，而不是围绕着某颗固定的星辰。关于光晕的原因，我们后面再说明。）

关于彗星的构成性质像火的问题，可把下面的事实认作一个证据：它们的出现常常预示着风和干旱。因为显然，它们的生成是由于有许多的这类散发物，所以，必然使气更干燥，而且，湿的蒸汽被许多热的散发物驱散和分化，因而不容易凝聚成水。在后面论及风时，我们再对此作出更清楚的说明。

所以，正如我们所说，当彗星很多，而且经常出现时，那些年份就明显是干旱的和多风的。当它们出现较少，或体积较小时，就不会出现类似的后果，虽然在通常情况下，风在时间上或强度上有某种过量。例如，当那块石头从气中落入埃戈斯河（Aigos potamoi）中时，它就是先被风刮上去，然后在白天落下的；在那时，有颗彗星也恰巧出现在西方。再有，在大彗星出现时，冬季干燥，北风凛冽，潮浪由于风而相对撞；因为在海湾内，北风劲吹，在海湾 345a
外，南风猛刮。再有，在尼科马可斯（Nikomakhos）统治时[1]，一颗彗星在赤道圈周围出现了几天（这一次没有升起在西方），这与科林斯（Korinthos）发生的风暴是一致的。

彗星之所以不多，而且不常出现，它们之所以更出现在回归线之外而不是之内，其原因在于太阳和月亮的运动，因为这种运动不仅驱散了热的东西，而且在它聚合时，又将其分开。但最主要的原因是，这种东西大多聚集到银河地区。

【8】 现在，我们要说明银河是如何构成的，由于什

① 公元前 341—前 340 年。

么原因，其本性是什么。我们还是先谈谈其他人在这个问题上的说法。

在所谓的毕达戈拉斯学派中间，有些人说，银河是在传说中的费桑（Phaethon）毁灭时期某颗星辰坠落下来的一条路；另一些人则说它是太阳曾经移动的轨道，所以，这个地点被烧过，或承受过诸如此类的其他某个物体的移动所造成的影响。

这种说法是荒谬的，因为它不知道，假如这是原因的话，黄道带圆也就会有如此遭遇了，而且会比银河更甚；因为不仅太阳，而且所有的行星都在其中移动。虽然我们能看见整个黄道圆（因为在夜间的某时，我们能看到它的半个圆），但是，这并不表明它受过如此遭遇，除了如果它的某个部分与银河圆碰触在一起之外。

阿那克萨戈拉学派和德谟克里特学派的人们则宣称，银河是某些星辰的光。因为他们说，当太阳在地球下面移动时，就看不到有些星辰。太阳照耀着的那些星辰的光我们看不见（因为被太阳的光线遮挡了）；但是，银河则是那些星辰特有的光，它们来自太阳，只是被地球遮挡了。显然，这种说法亦不能成立。因为在同样的星宿中，银河总是相同的（因为显然，它是最大的圆），相反，由于太阳不是停留在相同的地点，所以，被它遮挡的星辰总是不同。
345b 因此，随着太阳位置的变化，银河也似应变换其位置。然而，却没有见到这种变化发生。此外， 如果正如天文学的研究现已表明的，太阳的体积比地球的更大，星辰与地球的距离比与太阳的距离大许多倍，正如太阳离地球比离月亮更远一样，那么，从太阳的光线形成的光锥就不会离地球太远，地球的阴影（即我们所谓的夜）也就不会到达星辰。相反，太阳必然照耀一切星辰，地球遮不住其中任何一个。

关于银河，还有第三种理论。有些人说，银河是我们的视线对太阳的反射，正如彗星一样。

但是，这也不能成立。因为如果眼睛、镜子和被见到的整个对象都是静止的，那么，映象的同一部分就会显现在镜中的同一点上。如若镜子和对象是运动的，与静止的眼睛保持相同的距离，而彼此的运动速度不等，因而不会总有相同的距离，那么，同一映象就不可能总在镜子的相同部分。在银河圆中被移动的星辰是运动的，反射对其发生的太阳也是运动的，但我们却静止着；它们与我们的距离是不变的，相等的，但它们彼此的距离却不相等。因为海豚星有时出现在午夜，有时则在黎明。但在每一场合，银河的部分总保持同样。然而，假如这是映象，不是在这些地点自身中因受到作用而产生的某种异变①，那么，情形就不应如此。

再有，我们看见银河在夜间反射到水中，以及类似的镜子中，但是，我们的视线怎么能对太阳反射呢？

从这些表明，银河不是任何行星之路，不是不可见的

① ti pathos。

那些星辰的光，也不是反射。其他人提出的这些观点差不多就只是到此为止。

现在，让我们重温一遍已设定的基本原则[①]，然后再说明我们的观点。前面已经说过，所谓气的外缘具有火的能力，所以，当气被运动驱散时，就有被分开的一类聚合物。我们说，彗星就是由它构成的。我们必须认为，发生的这
346a 种情形与彗星不是由于自身生成，而是被某个星辰（恒星或行星）形成时的情况是一样的。那时，星辰作为彗星出现，因为这种东西伴随着它们的移动，正如它们跟随着太阳一样，所以，我们说，当气碰巧这样合适地构成时，由于反射，光晕就从这种东西中出现了。我们必须假定，某个星辰个别发生的情形也是整个天和全部上方移动所发生的。因为有理由认为，如果某一个星辰的运动能使气燃烧，并由于圆周的大小而分散它，那么，所有星辰的运动也应能造成类似结果，尤其是在星辰最多、最大、彼此相距最近的那些地点。由于太阳和行星的移动，黄道圆分散了这类聚合物；因此，多数彗星出现在回归线外。再有，太阳和月亮周围均无尾巴出现；因为在这类聚合物形成前，就迅速地被分解了。但是，银河在其中显现给我们视线的那个圆是最大的，它的位置大大超过回归线的范围。此外，这个地点充满了最大的和最亮的星辰，也充满了所谓的散

① hupokeimene arkhe。

射星（只要你观望，就能清楚地看见这些），因此之故，一切这种聚合物都总是连续地在那里汇集。证明如下：在圆本身中，光更强的是其中的银河为双重的那一半圆，而且，在这一半中，比另一半的星辰更多、更密；这就表明，光的原因是由于星辰的移动，而不是因为其他什么。因为如果银河生成于星辰最多的圆中，而且是在星辰显得更密集、更大的那一部分圆中，那么，就有理由假定，这是异变的最特有的原因。

从图表中，可以看到这个圆和其中的星辰。不可能像这样把所谓的散射星固定在球体上，因为它们每一个都没有明显的稳定位置。如果你翘望天空，就会明白。因为只有在这个圆中，居间的地方才充满了这类星辰，而在另外的圆中，显然空缺着。所以，如果我们给出的彗星出现的原因说得有 346b
道理的话，我们就必须假定同样的说法也适于银河。因为在那里是单一星辰所产生的尾巴在这里以同样方式形成了整个圆，所以，可以把银河定义为由于分散物的最大圆的尾巴。

（因此，正如我们前面说过的，彗星既不经常、也不大量地出现，因为由于天的每次旋转，这类聚合物过去和现在总是在被分散，并汇集到这个地点。）

关于在与天的移动连续着的那一部分地球周围的世界中发生的现象，即关于闪射星、燃烧的火焰、彗星和所谓的银河，我们都已经说明了；因为在这个地点的异变现象，差不多就是这样一些。

【9】 让我们接着论述在这之后的第二个地点，即地球周围的第一个地点。这是水与气共同占有的地点，也是随着地球上面水的生成而出现的各种后果的地点。我们同样必须考察这一切的本原和原因。

动力的、支配的、最初的本原是太阳在其中移动的那个圆。因为显然，当太阳靠近或离远时，便引起了分散与聚合，所以，它是生成与毁灭的原因。地球静止着，它周围的潮湿被阳光和来自上面的其他热所蒸发，并向上移动。但是，当引起它上升的热离开时，有的就散入上面的地点，有的则由于升到地点上面很远的气，因而冷却了。冷却了的蒸汽由于热的离去和地点很高，就再度聚合，由气变成水；此后，又重新落到地上。源于水的散发物是蒸汽，由气凝成水的是云。雾是云凝集成水时的剩余物。因此，雾更预示着晴天，而不是雨天；因为雾仿佛是“不育”的云。

这种圆环式生成是摹仿太阳的圆环。因为随着太阳起落
347a
的变化，潮湿就朝上或向下。可以把它想象成一条由气和水共同构成的、环形地流上流下的河。当太阳靠近时，蒸汽流就上升，当太阳离远时，水流就下泻。这个序列的次序总是一样的。所以，如果古人们所谓的“洋”有什么隐义的话，那么，他们指的或许是围绕地球环形流淌的这种河。

所以，潮湿总是由于热的力量升起，又由于冷而重新下降到地上。有专门的名称来称谓这些过程以及它们属下

的某些情形。例如，当水小点下落时，叫毛毛雨；当水滴较大时，则称为雨。

【10】 白天蒸发的有些湿气由于使它上升的火对被上升的水的比例小，就不会升得很高，当它在夜间被冷却时，就会重新下移，这被称为露和霜。如果蒸汽在重新凝集成水以前被冻住了，就是霜（它出现在冬季，而且，在寒冷的地方更容易出现）。当蒸汽被凝聚成水，但热没有强大到烤干已升起的潮湿的程度，冷也不足以（或由于地方较温和，或由于季节较温和）使蒸汽自身冻结时，就是露。因为露更容易在宜人的气候和温暖的地区中出现，霜则刚好相反，正如已经说明的。因为显然，蒸汽比水更温热（因为它仍带有使它上升的火），所以，需要更冷的东西来冻结它。露和霜均出现在晴朗无风的天气；因为假如天气不晴朗，湿气就不能上升，而如果有风在刮，它就不能凝聚。

这些的生成是由于升得不高的蒸汽，表明这一点的事实是：霜不在山上生成。这种情况的一个原因是，它从低凹、潮湿的地方升起，所以，使它上升的热犹如承受着超出自身能力的太重负担，因而不能将它升向很高的地点，而是很快就使它重新掉下来。另一个原因是，在高处，气流动得最急速，因而破坏了这类东西的汇集。

一切地方的露都在南风中，而不是在北风中生成，只
有旁托斯（Pontos）的例外。在那里，情况刚好相反，因为 347b

是由北风，而不是由南风生成的。原因与它在宜人的气候，而不是在严寒的气候生成一样。因为南风带来温暖，北风造成严寒；正因为它是冷的，造成严寒，所以就冷却了散发物的热。但在旁托斯，南风并不造成足以使蒸汽生成的温暖，而北风由于冷，就包围并挤压热，所以，就更能造成较多的蒸汽。在其他地方，我们也能经常看到这种事情的出现。例如，墙上湿气的散发就更是在北风中，而不是在南风中。但是，在一定量的热聚合前，北风冷却了它，而在南风中，则允许散发物的汇集。

水本身并不冻结，犹如在有云的地点中一样。

【11】 从那里，降下由于冷而凝聚成的三种物体，即水、雪和冰雹。其中的两种与下面生成的现象相对应，并由于同样的原因，区别只在程度的大小和数量的多寡上。因为雪和霜相同，雨和露相同，只是前者量多，后者量少。因为雨生成于大量蒸汽的冷却，其原因在于它所从出的地点宽大，它在其中汇集的时间较长。但是，露的量却较少，因为它只是蒸汽在一天、且在很小的地点中聚合而成，正如它的快速生成和微小的量所表明的。霜与雪的关系也一样；当云凝冻时，就有雪，当蒸汽凝冻时，就有霜。因此，雪是冷的季节或地区的征兆。云内含有许多热，所以不会凝冻，除非冷占了上风。因为在云中，还内含着许多使潮湿从地上蒸发的热。

冰雹生成于更高的地区，在靠近地球的蒸汽地带中没有与它对应的东西。因为正如我们说过的，上方的雪对应于下方的霜，上方的雨对应于下方的露；但是，下方无类似的现象对应于上方的冰雹。在我们说明冰雹时，会明白原因的。

【12】 在考察冰雹的生成时，对于那些不难明白的问题和似乎费解的问题，我们都必须说明。

冰雹是冰，是水在冬季的冻结。但是，雹雨最多地出 348a
现在春天和秋天，较少生成于夏天，只有在不太冷时，才偶尔出现在冬天。一般地说，雹雨生成于较暖的地方，雪则出现在较冷的地方。

水在上面地点凝冻是荒谬的；因为在变成水之前，它不能凝冻，而水是不能在气中停留一时半刻的。也不能说像由于微小而升上去、并融于气中的小水滴，正如很小的土和金经常漂浮在水上一样，水也漂浮在气上，并由许多小滴聚合成大的水点掉下来。冰雹不可能出现这种情形；因为凝冻了的东西不能像液体一样接合。所以显然，如此大小的水滴已停留在气中，否则，当凝冻时，就不会有如此大小了。

有些人①认为，冰雹生成的原因是这样的：云被挤进上面的地点——由于来自地球的阳光的反射不能达到那里，所以更冷——，当它到那里时，水已凝冻。因此，雹雨更

① 指阿那克萨戈拉。

多地出现在热天和温暖的地区，原因在于，热迫使云更加远离地球。但是，在很高的地方，冰雹恰恰极少出现；然而，按他们的理论，是应该多出现的，正如我们看见雪在高处出现得最多一样。再有，经常看到，云在靠近地球移动时，带有大的声响，所以，听到和看到的人们当作是某种灾祸的凶兆而惊恐不安。有时，当看到这种云时，也没有声响，而是雹雨猛烈，雹块大得难以想象，而且形状不圆；其原因是，它们下落的时间不长，是在靠近地球的地方凝冻成的，而不像他们所说的那样。再有，大的雹块必然由最大的冻结所生成；因为冰雹是冰，这一点人人都明白。而那些大的雹块形状不圆。这就表明，它们的凝冻离地球近；因为那些远距离下落的冰雹由于移动的路程长，被磨损了，所以成了圆形，体积也较小。

348b 所以很清楚，在云被挤进寒冷的上面地点时，不会发生凝冻。

我们知道，热与冷相互反应（因此，在天气暖时，地球的下面是冷的，而在有霜的时节，它又是暖的）。我们必须认为，这种反应也出现在上面的地区，所以，在较暖的季节，冷由于环绕着的热而被凝缩，有时，就造成水从云中的突然生成。因此，夏天的雨滴比冬天的更大些，雨也下得更猛。下得更猛被说成是在更密集时，而更密集则由于浓缩的速度快。（这与阿那克萨戈拉的说法刚好相反。他说， 它发生在云升入冷气中时，而我们则说，它发生在云降入热气中时，而且，云降得越低，雨就越猛。）当里面的冷被外面的热更凝缩时，就凝结而造成水，并生成冰雹。当凝结的水下落速度更快时，就出现了冰雹。因为如果水在一定的时间中下落，而冷在较少的时间中使它凝冻，那么，就没有什么妨碍它在气中凝冻，只要凝冻所需的时间比下落的时间更短。离地球越近，凝冻就越快，雨就越猛，雨滴和雹石就越大，因为下落的地点距离短。由于同样的原因，大的雨滴就下得不密。冰雹在夏天比春、秋少，但比冬天多，因为在夏天，气较为干燥；但在春天，气是湿的，在秋天，气开始湿。由于相同原因，冰块有时也生成于晚夏，正如我们已说过的。

如果水先前已被加热，就有助于快速凝冻；因为这样，冷却得更快些。因此，当许多人想很快地使水冷却时，就先把它放到太阳下。旁托斯的居民们在冰上扎营钓鱼时 349a
（因为他们是在冰上凿一个洞，然后下钓），就在渔具上浇热水，因为它凝冻得更快；因为他们把冰用作使渔具下沉的铅块。在温暖的地区和季节，聚集的水会很快变热。

也正是由于同样的原因，在阿拉伯（Arabia）和埃塞俄比亚（Aithiopia），雨在热天下，而不是在冬天，而且，下得很猛，在同一天要下许多次。因为这个地区很热，靠着热的浓缩，就很快地冷却了云。

关于雨、露、雪、霜和冰雹的本性是什么，以及由于什么原因而生成的问题，我们就说这样一些。

【13】 我们现在来说明风、一切气息[1]以及河与海的本性。但是首先，我们要提出我们自己在讨论这些问题时的困难。因为正如在其他问题上一样，有关这些问题，也没有什么理论留传给我们，而它们似乎不是任何一个人就能偶然说出的。

有些人说，当所谓的气被运动和流动时，就是风，当同样的气被重新凝缩时，就成了云和水，这就意味着，水和风的本性是相同的，风是气的运动。因此，有些想说得更明确的人就断言，所有风都是一种风；其根据是，被运动的气全都是一，是相同的，没有什么实质的区别，只是由于气的流动碰巧源出于不同地点，才显得有区别。这就犹如某人说所有河流都是一条一样。因此，未经研究的众人的说法比研究之后提出的这种观点更好。如果一切河流都来自于一个本原，同样的情形也适于风，在这种理论中，或许有某种真实的成分；但是，如果两种场合同样无真实可言，那么显然，这种说法虽然巧妙，但是错误的。其实，需要考察的是这些问题：风是什么，它如何生成，它的运动者是什么，它们起始的本原何在；是应该假定风的流动像从某种容
349b 器中流出的东西、一直流到容器空了时为止呢（例如，从一只皮酒囊中流出），还是有如画家们画风一样，从自身中找到

[1] pneuma。

本原。

关于河的生成，有些人也持类似的看法。他们认为，被太阳吸上去的水当作为雨而再度落下时，就会集在地下，从大的孔洞中流出，或者一切河流都同出一源，或者各有各的源头；没有什么水是生成的，河流里的水都在冬天汇集到这类贮藏器中。因此，河水的流量在冬天总是比夏天更大，而且，有些四季长流，有些则不是如此。当孔洞大，汇集的水多，并能在冬季的雨再次下落之前持续流淌、不被耗尽时，河就无尽地终年不断；但是，当储存器较小时，由于提供的水不多，河流在新的雨水从天而降以前就干涸了，其容器是空的。

但是显然，假如有人想测算一下水的量，然后制造一个能使水日复一日连续流淌的储存器，那么，要容纳流淌一年的全部水，这个容器就应当比地球的体积还要大，或者至少不能更小。

虽然在地球的许多地方确有不少这种容器存在，但是显然，如果有人不承认在地球中气变成水，其原因与在地球上方的情形一样，那么，这是荒谬的。如果由于冷，蒸发的气在地球上面被凝缩成水，那么，必须假定，地球中的冷也会造成同样的结果。所以，在地球之中，不仅有分离的水生成和流淌，而且，这种生成是连续不断的。

再有，纵然水不是生成的，而是像这样一贯存在着，也不能像有些人所断言的那样，认为河流的源头是某些分离的地下湖泊；相反，正如在地球的上面地区小水滴汇集，这些再汇集其他，直到最后有一定的数量之后，水作为雨

而下落一样，在地球中也如此，开始是涓涓细流的汇集，逐渐成为一点，从地中喷出，成为河流的源头。事实也能
350a 证明这一点。当人们进行灌溉劳动时，他们把水集中到管道和沟渠里，犹如地的高坡在流汗。因此，我们看到河流源出于山，从最高的山上，流出最多、水量最多的河。同样，多数源泉在山和高地附近，除河外，平坝中很少有水源。山和高地就像悬挂在地上的吸透了的海绵，使许多地方的小水滴渗出，并聚合在一起。它们吸收了很多下落的雨水（无论这类容器是凹形的、朝上，还是凸出的、朝下，都无关紧要；因为在两种场合，它均含有等量体积的物体），也冷却升上去的蒸汽，并将其重新凝缩为水。

因此，正如已说过的，最大的河流发源于最高的山脉。只要看看地图，就能明白这一点；因为这些地图或者出于作者们亲眼所见的东西，或者是从其他目睹过的人们那里了解到的。我们发现，亚洲的河流最多，而其中最大的河流是从所谓的帕那索斯（Panassos）群山发源的，它被公认为是朝向冬天黎明[①]的一切山中最大的。当你越过它时，就看到了外面的洋，它的限界不为我们这里的人所知晓。除其他河外，从这座山中还流出了巴克托斯（Baktros）河、夸斯伯斯（Khoaspes）河、阿拉克色斯（Arakses）河；从后一条河中，分出了塔奈斯（Tanais）河，并流入迈俄提斯

① 即东南方。

(Maio-tis)湖。从它之中。也流出了印度河，其流量是一切河流中最大的。从高加索山中，流出了法色斯（Phasis）和其他许多非常大的河。高加索山无论在面积上，还是在高度上，都是朝着夏季日落方向①中最大的山。表明它高度的事实是：无论是从所谓的深渊，还是沉到湖中，都能看见它；再有，在日出前和日落后，夜晚三分之一的时间中它的峰顶上有阳光照耀。证明它体积大的事实则是：它包含有许多居住区，其中生活着多个种族的人，据说里面也有大的湖泊；但是他们说，直到最后的峰顶，所有这些地区都是见得到的。

从葡热勒（Purene）——这是在克尔提喀（Keltike）中朝着赤道线日落方向②的一座山——，流出了依斯托斯（Istros）河和塔尔特索斯（Tartessos）河。后一条河流到“赫拉克勒斯之柱”外面，依斯托斯河则穿过整个欧洲流入欧克塞诺斯（Eukseinos）海。其余的河大多从阿尔库里昂（Arkunion）群山朝北流，在这一地区，该群山在面积和高度上都是最大的。在北边的尽头，斯库塞亚（Skuthia）最外面的是所谓赫里派（Hripai）群山。关于这座群山的大小，讲故事的人们说得太不着边际了，但他们又宣称，在依斯托斯之后，其余最多的和最大的河都从该群山中流出。 350b

① 指东北方。

② 即西方。

同样，在利比亚，从埃塞俄比亚的群山中流出了埃贡（Aigon）和努色斯（Nuses），从所谓的“银山” （Argurosoroi）中，流出两条著名的、最大的河，所谓的克勒墨特斯（Khremetes）流入最外面的洋中，是尼罗河的第一源流。

在希腊地区的河中，阿克洛斯（Akseloos）出于平多斯（Pindos），依那科斯（Inakhos）亦如此。斯图芒（Strumon）、诺索斯（Nessos）和赫波洛斯（Hebros）三条河均源于斯孔波罗斯（Skombros）。还有许多河从赫洛多柏（Hrodope）流出。

人们会发现，其他河也都是以同样方式流出的，我们所说的这些只是用作例证。即使它们从沼泽地流出，那么，几乎所有的沼泽也都或者位于山下，或者位于逐渐升高的地区。

很明显，不应认为河的源泉出于确切的孔洞。因为我们可以说，即使只由已经存在着的水流来填装，地球的地方也是不够的（云的地点亦如此），更何况有的水并不蒸发消散，有的水又已经生成，而一切水都总是从已经存在着的容器中生出的。其次，河流发源于山脚的事实表明，一个地方积蓄的水是通过许多涓涓细流一点一滴逐渐汇集起来的，河的源泉正是这样形成。

当然，像湖一样容纳许多水的这种地点也不是不可能的，只是它们不会大到能产生人们所主张的那种效果；人们或许会假定，河水全是由看得见的源头提供的，因为多数河流都发源于泉水。其实，全部水的容器是湖或泉的认识同样不合理。

河流被吞没的事实表明，地球上确有缝隙和洞穴。这 351a
种情形出现在地球的许多地方。例如，在伯洛奔尼撒，就有不少这样的河出现在阿卡底亚（Arkadia）。其原因是，由于这里是山，没有从峡谷到海洋的出口，所以，当这些地方被水灌满时，由于没有出口，水在上涨的压力迫使下，就为自己找到了一条地下的通道。在希腊，这类事情发生的规模较小。但是，在高加索山下有一个湖，当地的人们把它称为海。许多大河流入其中，但由于没有明显的出口，就从科拉克索斯（Koraksos）大陆的地下流了出去，到了所谓的旁托斯深渊周围。这是该海深不可测的一处地方，至少没有人能用测深的办法探到它的底。在离陆地大约 300 斯塔得远的地方，新的水流出现在大片地区，但不是连着的，而是分成三块。在里谷斯提克（Ligustike），有一条与赫洛达诺斯（Hrodanos）同样大的河被吞没了，尔后又在另一个地方流出。赫洛达诺斯河可以行船。

【14】 地球的相同地区并非总是潮湿或干燥，而是依据河流的生成与干涸发生变化。因此，陆地与海洋也发生变化，并非一些始终是陆地，另一些始终是海，而是在曾为陆地的地方现在成了海，现在是海的地方又会重新变成陆地。我们必须认为，这些变化依照某种次序，而且是循

环的。其本原和原因是，地球的内部有它的长成与衰老过程，正如植物与动物的身体一样。区别只在于，动植物不是部分地承受这些变化，而必然是作为整体同时长成和消灭；地球的情形则是部分地承受变化，由冷与热引起。冷热的增减则由于太阳及其旋转运动；正是因为这些，地球的各部分才有不同的潜能，所以，有些部分能保持一定程度的潮湿，然后干燥，再变老，另一些地方则有生命，并
351b 且部分地变成潮湿。当地点变得较为干燥时，源泉必然消失，而一旦发生这些情形，河水就先是由大变小，最后干涸；当河流在一个地方退落并消失时，就相应地在另外的地方生成，海也必然发生变化。因为海由河流推进，侵蚀陆地，当它退潮时，必然使干燥的陆地出现，而当干燥的陆地被河流和淤泥塞满时，那里又会是洪水泛滥。

但是，由于地球生成的整个自然过程发生得缓慢，与人的生命长度相比，时间跨度大，所以，察觉不出这些变化，在这些变化能被自始至终地记载下来之前，整个种族就消亡和毁灭了。在战争中，毁灭量最大，速度亦最快，其他的还由于疾病与饥荒。有些饥荒大量地造成毁灭，有些则是微小而缓慢的，所以，觉察不到种族的毁灭。原因在于，有些迁走了，有些留在了这块地方，而且，这过程要一直持续到这块地方不能养活任何人的时候为止。从第一批撤离到最后一批迁走，其间经过的时间可能很长，无人记得；由于时间太长，因此，在最后的人死去前，就没

了记载。同样，我们必须认为，在从潮湿、沼泽变成的干燥的陆地上居住的第一批各种族的人也忘却了时间的变化。因为在这里，变迁也是微小的、缓慢的、长时期的，所以，不记得谁先来、何时来、在那时这些地方是什么状况。

在埃及，已经发生过这种情形。这地方总是在变得更加干燥，而且，整个地区都是尼罗河的沉积。但是，由于邻近的种族居住在逐渐干燥的沼泽地上，时间的跨度便淹没了过程的开端。然而，尼罗河的所有河口，除了卡洛比可斯（Kanobikos）的那一个外，全都是人造的，而不是河流本身形成的。在古代，埃及被称为忒拜（Thebai）。荷马也表明了这一点，虽然相对于这些变化而言，他是比较晚 352a
近的。因为他提到了这个地方，仿佛门菲俄斯（Memphios）或者还完全不存在，或者至少不像现在这样重要。实际情况也可能是如此；既然人们先住在高处，尔后才住在低处。因为一个地方离泥沙淤集越近，其沼泽化的时间也就越长，原因是，水总是更多地集中在最后形成的陆地中。但是，这块土地要变化，并再次出现兴旺。因为当这些地方干燥时，就会变好，而先前气候宜人的地方有朝一日则会恶化，变得太干燥。

这也出现在希腊的阿尔格亚（Argeia）和穆克奈亚（Mukenaia）附近的地区。在特洛伊战争期间，阿尔格亚是沼泽地，只能养育极少的人，穆克奈亚则条件优越（因为享有更大的荣誉），而现在，由于我们前面说过的原因，情况则相反。穆克奈亚变得完全干燥，成了不毛之地，曾由于沼泽而荒芜的阿尔格亚现在则成了肥沃的良田。在这小块地方发生的此种变化，必须被认为也同样地发生在广大的地区和整个领域。

视野不开阔的人们认为，这些变异的原因是在生成意义上的整个宇宙的变化。因此，他们说，海由于干燥，所以在变小，其理由是，现在与过去相比，可以看到更多的地方有这种情形发生。这种说法部分真实，部分不真实。确实，有许多地方过去是水覆盖着，现在则干燥了，但相反情形亦存在；因为只要他们看一看就会发现，有许多地方被海侵吞了。但切不要以为这种变化的原因是宇宙的生成。因为如果由于微小的和短暂的变化就认为宇宙在运动，这是荒谬的，地球的体积与大小根本不能和整个宇宙的相比较。我们宁可假定，所有这些变化的原因是，正如在一年四季中有冬天一样，在某个大的时期的固定间隔中，也有大的冬天，而且雨量过多。它并不总是发生在相同的地点，而是像所谓的丢卡里昂（Deukalion）时期的洪水一样，主要地发生在希腊地区，尤其是在古老的赫拉斯（Hellas）。
352b 它在多多奈（Dodone）和阿刻洛斯（Akheloos）河周围，该河经常改变流向。这里，居住着色洛依（Selloi）人和那时称为格来科依（Graikoi）、现在叫做赫伦奈斯（Hellenes）的人。当这种过量的雨出现时，我们必须认为它足以维持很长时间。正如我们说过的，关于有些河流终年不断，有些却时有干涸的原因，有的人认为是地下洞口的大小，我们则认为是山岭地区的大小，以及它们的密度和寒冷（因为这种地带接纳、保持和产生出最多的水；相反，假如突起的群山是矮小的、多孔的，并由石头和黏土构成，那么，它们提供的水早就枯竭了）。所以，我们也必须认为，在降雨量如此充足的地方，也会造成那些地区的潮湿最难消散。但随着时间的流逝，后一类地区更为干燥，前一类，即潮湿的地区较不干燥，直到相同的循环又重新开始。

既然必定有整体的某种变化，而这种变化又不是生成和消灭（因为宇宙整体是持存不变的），那么，就必然是正如我们所说，相同的地区并非总是由于海和河而潮湿，也并非总是干燥。事实能证明这一点。埃及人（我们断言他们是最古老的人）居住的那块地方全都显然是由于河流的行为而生成的。只要看看这片地区本身，便能明白这一点。关于红海的事实也足以证明。有位国王曾企图挖一条通向它的水道〔因为假如这整个地区可以通航，无疑会给他们带来不少的利益。据说色索斯提斯（Sesostris）是古代帝王中第一个想这样做的人〕，但是他发现，海比陆地还高。所以，起先是他，尔后是大流士（Darelos），均放弃了掘水道的企图，唯恐与海水的混合把河水弄糟了。所以显然，整个的这片地区曾经是一条连续的海。因此，利比亚的阿摩尼亚(Ammonia)地区不合道理地显得比它朝海的下边地区还要低洼一些。因为很明显，河流的淤积形成了湖与干燥的土地，但随着时间的推移，留在湖中的水干枯了，现在已消失。再有，在迈俄提斯湖周围，河流的淤积在不断增大，致使现在航行于其中的贸易商船比60年前的要小得多。由此可以轻而易举地推出，它也像其他许多湖泊一样，开始是由河流的行为造成的，最后必然要变得完全干枯。再有，由于这种淤积，总是造成一条穿过波斯泼洛斯（Bosporos）的水流，在这种场合，人们也能亲眼见到该过程是如何发生的。因为当源于亚细亚海岸的水流造成一个沙洲时，在其后就先形成一个小湖，后来它干枯了；在此之后，又是沙洲和一个又一个的小湖，该过程总是如此这般地接着发生。当这反复多次地发生时，随着时间的推移，水道必然变窄，像一条小河，到了最后，就干枯。

所以很明显，既然时间是无限的，宇宙[1]是永恒的，那么，塔奈斯河与尼罗河就都不会永远流淌，它们曾经流经的地方总有一天要干涸；因为它们的行为有限界，而时间却没有。同样的说法也适于一切其他河流。但是，如果河流生成和毁灭，而大地的同样地方并非永远潮湿，那么，海也必然有类似的变化。如果海总在一些地方退潮，另一些地方涨潮，那么显然，整个大地的相同部分也不总是一些是海，另一些是陆地，而是在时间之中全都要变化。

关于大地的相同部分既不总是干燥的地，也不总是可

[1] to holon，全体或整体。

通航的水，以及由于什么原因而出现这些的问题，我们都说明了。同样，我们也说明了为什么有的河流终年不断，有些则不是这样的问题。

第　二　卷

353a32 **【1】** 现在，我们要说明海和它的本性是什么，由于什么原因，这么多的水是咸的，以及它最初的生成问题。

那些关心神学问题的古人认为海有源泉，以便他们使 353b 地和海都有本原和根基。他们似乎认为，这种观点更生动辉煌，更能使人觉得地球是宇宙的一个重要部分；整个宇宙的其余一切都是围绕着这个地点而构成的，也是为着它，仿佛它最尊贵，是本原。

那些有着更多智慧的人也觉得它有生成。他们说，起初，地球周围的地点全是湿的，后来，太阳使它干燥，蒸发的部分造成风，以及太阳和月亮的旋转，余下的部分则是海。因此，他们认为海由于被蒸烤而在变小，而且，终究有一天要被完全烤干。他们有些人还断言，海是在太阳给地球加热时，地球流出的汗；因此，海水是咸的；因为汗是咸的。另一些人则宣称，咸的原因是土；正如透过灰烬而渗出的水会变咸一样；由于土与这类性质的混合，所以，海也是咸的。

现在，我们必须通过事实的考察来证明，不可能有海的源泉。

地球上的水，有些是流动的，有些是静止的。一切流动的水都有源泉。关于源泉，我们前面已说过，一定不要把它理解为是水得以保存的根源，犹如来源于容器中一样，而应视为总在生成和渗出的水最初汇集的那一点。在静止的水中，有些在聚集后保持着静态，例如沼泽中的水和湖水，它们的区别只在体积的大小上；有些则有源泉，但全是人为造成的，我的意思是，例如井中之水。源泉必须总是比溪流更高。因此，泉水和河水自发流动，但井水则需技术的作用。存在着的各种数量和性质的水，都属于这些分类。从这种区分可以看出，海不可能有源泉。因为它不属于两类中的任何一类，也就是说，它既不流动，也不是人为造成的；而一切有源泉之水都属于其中的某一类。我们也从未见到过自发静止着、但又有源泉的水是如此之多的。

再有，有些海在地点上彼此完全无关连。例如，红海 354a
与海峡外面的海的沟通就只靠很狭小的水道，而呼尔卡尼亚（Hurkania）和卡斯比亚（Kaspia）海则是与这片海及环绕而住的居民隔离的，所以，假如它们在某处有源泉的话，就已被发现了。

在狭窄的地方，如果开阔的海被包围着它们的陆地从宽处挤缩进细小的通道，那么，海显然是在流动的，但这是由于海经常在涨落波动。在大的海洋中，这种运动不太明显;但是，在陆地变窄和挤压海的地方，大海中小的波动也就必然显得是很大的了。

根据盆地的深度和河流的数量，整个地中海都在流动。因为迈俄提斯流进旁托斯，旁托斯又流进爱琴海(Aigaios)。除此之外，其他的那些海的流向不大清楚。迈俄提斯和旁托斯出现这种结果，是由于河流的数量〔因为流入欧克舍诺斯（Eukseinos）和迈俄提斯的河要比流进其他地方的多许多倍〕，也由于它们浅。因为海总是显得越来越深，旁托斯比迈俄提斯深，爱琴海比旁托斯深，西西里(Sikelikos)海又比爱琴海深。萨多尼科斯（Sardonikos）和图勒尼科斯（Turrenikos）是一切海中最深的。在“赫拉克勒斯之柱”外面的海由于淤泥，所以要浅些，而且，因为它处在低凹处，因而风平浪静。正如作为个别的河流显然源出于高地一样，作为整体的地球亦如此，最大的水流发源于朝北的更高之处。所以，有些海由于被灌注，因而不深，有些外面的海更深些。关于地球北部更高的某种证明，是由古代许多天象学家的观点提供的。他们认为，太阳不是在地球下面运行，而是围绕着地球的北部地区，而且，也正是由于地球的北部高，才遮住了太阳，造成黑夜。

关于海没有源泉和由于什么原因，它显得这样流动的问题，我们就说这些。

354b 【2】 我们现在必须说明海的生成（如果它确有生成

的话），以及它的咸味和苦味的原因是什么。

以前的人们认为海是一切水的本原和躯体，其原因在于，他们以为有理由假定，就像每种其他元素都有作为本原的主要体积（由于它的量大），从它之中才有变化的部分和与其他元素的混合一样——例如，火的主要体积在上面的地点中，气的在火的地点下面的地方，土的体积则在能看到其余元素围绕它而躺着的地方——，所以显然，我们也必须按照这相同的道理去找寻水的主要体积在何处。但是在这里，除了海的大小却发现不了像其他元素那样的水的单一物体。因为河水不是单一的，也不是静止的，而是显得总在日复一日地变化。正是这个疑难，使人们认为海是潮湿的本原和一切水的本原。因此，有些人说，河不仅流入海里，而且也源出于它，并且通过过滤，咸水就成为清甜可饮的。这种观点还遇到了另一个困难：如果水的这种聚合体是一切水的本原，为什么它不是清甜的，而是咸的呢？这个问题的原因不仅能解决这个难题，同时也能使我们关于海的基本见解必然是正确的。

地球由水包围，正如水由气的圆环包围，气又由所谓的火的圆环包围一样（无论是按多数人的说法，还是依照我们的观点，火都是最外缘的）。当太阳以自己的方式运行，并由于这种运行引起变化、生成和消灭时，就在每天汲取最好、最甜的水，并使它分化为蒸汽，升到上面的地点；在那里，它由于冷而再度凝聚，尔后重新落到地上。

这是自然永远愿意做的事情，正如我们在前面所说的。

因此，那些假设太阳被湿气哺育的前辈们是完全错误
355a 的。有些人说，正是由于它，才造成了冬至与夏至；因为同样的地点不能总是为太阳供给养料，而它必然要么需要养料，要么灭亡。譬如我们看到的火，只要它有养料，就有燃烧的活力，而火的唯一养料是湿气。这就推断出，升起的湿气抵达太阳，或者，它的升腾相似于生成着的火焰；因为他们假定，太阳的情形正好与火类似。但实际上，不存在这种类似。因为火焰是由于干与湿的连续交替变化才生成的，不是被哺育的（因为在任何时间中，都不能说它保持同一）。但这不能适于太阳。因为假如像他们所说，它也以同样的方式被哺育，那么显然，太阳就不仅如赫拉克利特所说的那样每天是新的，而且会无时无刻不是新的了。再有，太阳引起湿气上升类似于火为水加热，所以，如果火不被上面的水哺育，那么，也就不应该假定太阳被水哺育，即使太阳的热使一切水蒸发。况且，他们只考虑太阳，而不顾数量很多、体积很大的其他星辰的存留问题，这也是荒谬的。再有，他们也会与持下述观点的人导致同样的错误：起初，地球也是潮湿的，地球周围的世界被太阳烤热，所以，生成了气，整个天增大，气引起风和冬至与夏至。因为我们总是清楚地看到，升上去的水又落下来。即使相同的量也不会在某一年中，或某一地方复回，但在某个确定的时间里，一切被汲取上去的东西会复回。所以，它不能够哺育上面的物体，

也不可能有的在生成之后依然是气，有的则在生成以后又毁灭而重新变成水；而是一切都同样地分化成气，又凝聚成水。

可以饮用的清甜之水由于轻，全都往上升，咸水因为重，则留在下面，但不是在它自身固有的地点。这是一个必须加以讨论的难题（因为假如水不像其他元素一样具有自己的地 355b
点，那无疑是荒谬的），解决的答案如下。我们看见，海所占有的地点，实际上并不是海的，而毋宁说是水的，但显得是海的。因为咸水由于重，留在那里，清甜的、可饮用的水由于轻，就上升，正如在动物躯体内的情形。因为在这里，当食物进入体内时，是清甜的，而液体食物的残渣废物却似乎又苦又咸；因为食物中清甜可饮的部分被体内自然的热所散发，并按照各自的本性转化成肉和其他构成部分。正如在这种场合，如果有人因清甜食物很快消失而不把肚腹认作它的地点，反因看见残渣存留在那里而将其视为它的地点是荒谬的一样，我们现在讨论的问题也是如此。因为正如我们所说，海所占据的实际上是水的地点。因此，一切河、一切生成的水都流入它之中；因为水流入最深处，而海占据的就是地球的这种最深的地方。但是，它的一部分很快地完全被太阳吸走，另一部分则由于我们说过的原因而留在那里。为什么如此之多的水会消失不见（因为即使每天都有无数条大河流进海里，海也没有变得更大），这个古老的问题迷惑了一些人，是毫不奇怪的，但是，如果稍加思考，也不难解释。因为相同数量的水在散开时和在聚集到一起时，如果要使它干涸，所需时间是不相等的，相反，差异很大；在一种场合，它或许要一整天才能消失，但在另一种场合（例如，假如有人把一杯水洒在一张很大的桌子上），或许瞬间就完全消失了。河流的情形亦如此；它们总是连续不断地、密集地流动着，但是，一旦它们流到一个极其宽大的地区，便分散了，不知不觉地很快蒸发干。

然而，《斐多》[①]中关于河与海的理论却是不能成立的。
356a 他说，地下全由彼此相连的水道穿透，一切水的本原和源泉是所谓的塔尔塔洛斯（tartaros），它是中心周围的一个水群[②]，一切流与不流的水全都源出于它。由于这个最初的、本原性的水群总在来回奔涌，就造成了每条河的流动。因为它无固定的位置，总在中心周围动荡，也正是它的上下运动，使得河流装满。其中的许多成为湖，我们这里的海就是一个例证；但它们全都圆圈式地再次环绕到它们的流动所从出的本原，许多回到相同的地点，有些则到了与起点相反的位置，例如，如果它们的流动原出于下方，就会从上方返回。它们只下落到中心为止；因为在其他的地方，一切移动都是朝上的了。水的不同味道和颜色，取决于它碰巧流经的各种土。

但按这种理论，河并非总在相同的意义上流动。因为既

① 见柏拉图：《斐多》，111C 以下。

② plethos。

然它们流向自己所从出的中心，那么，与往上相比，就并不更多地朝下流动，而是依照塔尔塔洛斯的奔涌所趋的方向。假如这样，就会出现所谓向上流动的河，但这是不可能的。

再有，生成的水以及再次被蒸发的东西源于何处呢？这一点，必定完全没有考虑到，既然水总是保持着相等的量；因为从本原流出的水与流回本原的水是相等的。

再有，一切不相互流入的河最后显然都要流进海中。没有任何河流入地中，即使消失于地下，也会再度出现。那些穿过深谷远距离流动的河是大河；因为由于它们的位置和长度，它们截住了许多河流的水路，并将其容纳。因此，依斯特洛斯（Istros）和尼罗河成了流入我们这个海洋中的最大河流。正由于流入它们之中的河很多，就出现了在它们各自的源头问题上的众说纷纭。但显然，它们全都不可能按这种理论发生，塔尔塔洛斯尤其不应是海所从出的本原。

海占据的是水的地点，不是海的地点；由于什么原因，
可饮用之水只出现在流动的水中，咸水为何是静止的；为 356b
什么海毋宁是水的终结，而不是本原，犹如动物躯体中一切食物的残渣，特别是液体食物的残渣一样；所有这些问题，我们都已说明了。

【3】　我们必须解释海的咸味。也要考察：海是永远存在呢，还是以前不存在，以后也不再存在，而是会消失。因为有些人就是这样认为的。

这是人人都赞同的看法：如果整个宇宙是生成的，海亦如此；因为他们使它们同时生成。所以显然，如果宇宙是永恒的，就必须假定海也是这样。认为海的容量在减少，并将最终消失的看法（德谟克里特就是这样说的），与伊索寓言的信条并无区别。伊索的寓言说，哈鲁波底斯（Kharubdis）已有过两次吞吸，第一次她造出可见的山，第二次是岛，如果再吞吸最后一次，就会使海完全干涸。这种寓言，对于对摆渡者恼怒的人而言是合适的，但是，对于探索真理的人来说，则很不相宜。使海静止在最初之处的原因，或者是由于它的重，正如某些持这类观点的人断言的（因为在这里，它是容易觉察出的原因），或者是由于其他什么，显然，同样的原因必然使它总是处在那里。因为他们要么必须说，被太阳吸上去的水不再下落，要么，如果是水再落下，他们就必须承认，海必然总是处在那里，或者直到这个过程的结束，而且，清甜之水必然先就已被吸完。所以，海绝不会干枯；因为在干枯之前，先前被吸上去的水就会重新落下来；既然说它曾经发生过与说它还会经常发生并无区别。假如你要中止太阳的移动，那么，是什么使水干枯呢？如果你让它运行，那就正如我们所说的，当它靠近时，便吸吮清甜之水，而当它离去时，就让其重新下落。关于海被吸吮的这种观点源于这个事实：我们看到，在许多地方，现在比以前更为干燥。我们已说过，这种异变发生的原因是，在某个时期里，生成的雨量过多，

而不是由于宇宙整体及其部分的生成。有朝一日，会发生相反的情况，而在此之后，地球又将重新干燥。所以，这 357a
个过程的继续必然总是循环发生的，对事实的这种解释要比假定整个天都在变化更为合理。

但关于这些问题，我们说得太多了些，还是回到海的咸味上来吧。那些假定海一次生成或完全生成的人，不可能说明它的咸。因为无论断言海是地球周围的湿气被太阳蒸发后的剩余物，还是主张存在于大量清甜之水中的那种味道是由于土的某种混合，都没有什么区别。既然水重新下落的量与它先前被蒸发时的量是相等的，那么，海必然要么在开初就是咸的，要么如果开初不咸，后来也就不会变咸。如果它在一开始时就是咸的，那就应当说明其原因是什么，同时也要说明，如果咸水在那时已被吸吮，为什么现在不再被吸吮。但如果主张海的咸味是由于土的混合（因为他们说，土有多种味道，当被河水冲刷时，就由于混合而造成了海的咸味），河流没有咸味就不可思议了。因为，这种土的混合怎么可能在大量的水中造成如此明显的效果，在每条河中反而又不行了呢？因为显然，海是由一切河水构成的，除了咸之外，它与河没什么区别；正是在它们之中，咸被带到它们流入的地点。

如果有人像恩培多克勒那样，以为海是大地的汗乃是一个聪明的说法，那也同样荒谬。对于诗歌来说，这样的说法或许是合适的（因为诗歌可以用比喻），但对于自然知识而言，就不合适了。即使在身体中，咸的汗如何从清甜的饮水中生成也是不明显的——只是通过排除某种最甜的成分呢，还是由于某种东西的混合，正如从灰烬中渗出的水一样？这与汇集到膀胱中的残余液体的情形似乎有着相 357b 同的原因；因为尽管我们喝的水以及食物中的液体是清甜的，它们也变成苦而咸的。如果就像从灰中渗出的水变成苦的一样，这些场合的苦也是由于尿从体内排出的某种东西（实际上，我们在便壶中也看得到咸的沉淀物），它在汗中，是从肉里分泌出来的，仿佛是蒸发的湿气从身体内冲刷出的，那么显然，源于土的某种东西与水的混合就会是海中咸味的原因。在躯体中，这种东西是由于未消化而生成的食物的残渣。但是，必须说明，在土中怎么会有某种这样的东西？一般地说，土的干燥与热力如何使如此之多的水分泌呢？尤其是，它必定只是土中所剩东西的一部分。再有，即使撇开数量的多少不管，当大地碰巧被烘烤时，它现在为什么不出汗呢（因为湿气和汗是苦的）？如果它那时出汗，现在也应当如此。但没有看到发生这种情况，而是在被烘烤时，有湿气，但在有湿气时，并无出汗的性质。那么，在土最初生成时，以及在被烘烤而潮湿时，怎么能出汗呢？比较而言，某些人说的这种观点更合适些：多数湿气散发出来，并被太阳吸吮，剩下的是海。但是，当土是湿的时，也不能出汗。

说明海的咸味原因的言论显然都不合理。现在，让我们从前面已设定的原则开始来说明它。

既然我们假定有两类散发物，一类是湿的，一类是干的，那么显然，后一类必须被认作是所论现象的本原。

但我们必须先处理一个疑难问题，海总是由数目上同一而相同的部分构成呢，还是形式上和数目上同一，但构成部分总在变化，正如气、清甜之水和火一样（因为它们每一种都在不断地生成变化，虽然量的形式是固定不变的，就像流动的水和燃烧的火焰）？显然，更恰当的选择是，把同样的理论适于这所有的情形，区别只在于，它们变化 358a
的速度有快慢之分，既然它们全都有消灭与生成的过程，虽然在它们之中，这过程是以规范的方式发生的。

在解决了这些问题以后，我们必须力图对海的咸味的原因作出说明。有许多迹象表明，这种味道是由于某种东西的混合。在动物的躯体中，最难消化的是咸的和苦的东西，正如我们前面说过的；因为液体食物的残渣最难消化。一切这类残余物都如此，尤其是聚集在膀胱中的东西（它特别细薄就表明了这一点；因为一切被消化之物自然都是浓厚的），汗亦如此。在这些场合中，造成此种味道的相同物体被分泌出来。燃烧的情形也类似。热没有能支配的东西，在躯体中成了残渣，在燃烧中成了灰烬。因此，有些人说，海生成于焚烧过的土。这种说法是荒谬的；但如果说生成于类似的东西，则是真实的。我们必须认为，作为整体的宇宙也和我们说的这种情况类似，正如从燃烧中，这类土有剩余物一样，从合乎自然的不停生长和生成中，在干燥的地上，一切散发物也是剩余物；因为正是这种土产生出大量的散发物。既然犹如我们所说，潮湿的和干燥的散发物是混合的，那么，当被浓缩为云和水时，一定量的这种东西就必然总是包含在它之内，而且会在雨中重新落下来。这种过程总是按照这个世界上的事物可能有的某种次序生成。这样，就说明了海水中的咸味从什么生成的问题。

来自南方的雨和秋天的初雨之所以带有咸味，也是由于这个原因。因为南风在大小和强度上都是最温暖的，而且是从干燥、炎热的地方吹来，所以，极少有湿的散发物；正因为如此，它才是热的。即使不是这样，而是在开始时是冷风，也丝毫没有关系，因为从它经过的地方，它吸收了大量干燥的散发物，从而成了热的。另一方面，北风来自于潮湿的地方，带着湿气，因此是冷的。由于驱走了云，它为我们这里带来好天气，但在南方，它却引出了雨。同样，南风却给利比亚周围地区带去好天气。在下落的雨中，含有大量的这类东西； 秋天的雨有咸味， 因为最重的东西必然先落下。所以，包含着许多这类土的雨下落速度最快。正因为如此，海也是热的；因为一切沾染过火的东西自身内部都有潜在的热。我们能从灰烬中、炉渣中、既干又湿的动物的粪便中看到这一点。因为动物的肚腹最热，所以，排泄出了最热的粪便。

这个原因总是使海更咸，咸的某部分总是和清甜之水一起被吸走（但是，它的量比甜水的少些，其比例之小同雨中的咸味成分与清甜成分之比相等， 因此， 保持着总体的相等)。我们可以通过实验断言，咸水蒸发后可以变成清甜的，而当蒸汽再被浓缩时，却不形成咸的海水。其他场合也有相同情形。例如，酒和一切能蒸发、并能再次浓缩成液体状态的有味液体，都可以变成水。因为它们的属性只是由于水的某种混合，正是这种混合，造成了不同的味道。但是，关于这些问题，必须在另外的、更合适的场合来考察。现在，我们要说明的是：现有海水的某一部分总是被吸走，并变成清甜的，当它在雨中从上面落下来时，就变得与吸走时不同了，而且由于重，便沉到清甜之水下面。因此，海不会干涸，就像河一样，但是地点的变动除外（这是海与河都必然要同样发生的），陆地与海的部分并非总是保持同一，只是总的体积不变（因为必须假定，同样情形适于海和陆地）。它有的部分被吸走，有的部分又落下来，无论吸走的还是重新落下的，都变换其地点。

咸味存在于某种混合中。表明这一点的不仅有我们的上述说明，而且还有下面的实验。把一个蜡罐放进海里，封好罐口，以免海水进入，可以发现，透过蜡壁渗入的水 359a
是清甜的；因为由于混合而造成咸味的那种土性的东西被分离了，就像被滤出一样。这种东西也是使咸水重（因为它比甜水更重）和浓的原因。浓度的差别是如此之大，以至于装着同重货物的船在河中几乎要沉没，但在海中却较容易平安航行。正是忽视了这一点，才使得装满货物的船有时在河中被损毁了。当某物与其混合时，液体的浓度会更大，说明如下：如果有人把盐混合在其中，使盐水更浓，那么，即使是满的，鸡蛋也会漂浮其上；因为水变得几乎像泥浆了。海里也有很多的这种物体。腌制咸鱼时做的亦是同样的工作。

假如有些人讲的在帕奈斯提诺（Palaistine）湖中发生的故事——如果有人把一个人或一头野兽捆绑起来扔进湖里，那么，他会浮着，而不是沉到水下——是确实的话，就正好证实了我们的说法。他们说，这个湖特别苦和咸，所以，其中没有任何鱼类，如果你在湖中泡洗衣物，只需摇动几下就干净了。下面的事实也能表明我们的说法——存在的某种土性物体使水有咸味。在哈俄尼亚（Khaonia），有一处盐性的水源，它流进附近的一条河，这条河的水是清甜可饮的，但没有鱼。按当地人们的流传，在赫拉克勒斯当年赶着牛从埃鲁色亚（Erutheia）路经这里时，让他们选择物品，他们从水源中选择了盐，而不是鱼。他们熬煮一些水，让其余的放着，当水冷却时，热和湿气就蒸发掉，盐则留下来，但不是块团，而是松散细薄，像雪。它比其他盐更淡，更能用于调味，而且，颜色也不及其他的白。
359b 在翁波里科斯（Ombrikos），也出现了类似情形。在有的地方，生长着芦苇与灯心草，他们将这些植物焚烧，把灰烬投入水中，并将水烧开；当只剩下一部分水时，就让其冷却，从而生成出一定数量的盐。

必须认为，在含盐的河流与源泉中，多数曾经是热的，后来，其中火的本原熄灭了，水由以渗出的土却留了下来，犹如灰烬与炭渣。在许多地方，源泉与河流的味道是各种各样的，其原因全在于存在于其中、或生成于其中的火；因为如果给土加不同程度的热，它就会出现各种不同格调的味道。因为它由明矾、灰烬和其他诸如此类的东西充满，当清甜之水从它们中渗出时，就会发生变化。有时，它变成酸性物，就像在西西里的西卡诺（Sikane）一样。在这里，它变得既咸又酸，他们把它当作醋，用来调制某些菜肴。在卢革科斯（Lugkos）附近，也有一处酸性水的源泉，在斯库舍克（Sikuthike），则有一苦味源泉。从中流出的水使它流入的那整条河都有了苦味。这些差别显然是由于造成了不同味道的各种不同的混合。关于这些问题，已在另外的地方单独说过了。

关于水和海由于什么原因总是连续存在着、怎样变化、它们的本性是什么，以及它们合乎自然而发生的动作或承受的性质等问题，我们差不多都说过了。

【4】 现在，再来说明风，且以我们前面讲过的话为起点。我们已经说过，有两类散发物，一为干，一为湿。后者被称为蒸汽，前者无一般性名称，我们姑且把本用于它的特殊部分的名称用于一般，将其称为某种烟。如若无干，则湿不存在，反之，如若无湿，干亦不存在，我们是依据占优势的性质而称呼它们的。

太阳在进行圆形移动，当它靠近时，就靠热吸走湿气，而当它离远时，由于冷，就使已被吸上去的蒸汽重新 360a

凝聚成水（因此，冬天的雨更多些，夜间的也比白昼的多；但由于夜间的雨比白天的更容易被人忽略，所以，这一点没被普遍认可），下落的雨分撒向各地。但是，地中存在着大量的火和热，太阳不仅吸走地表的湿气，而且也使大地本身炎热和干燥，因此，就必然生出两类散发物，即我们已说过的蒸汽和烟。正如我们前面所说，其中，湿气较多的那种散发物是雨水的本原，干燥的那种则是一切风的本原和本性。它们必然是以这种方式发生的，它们本身的事实可以表明。因为散发物必然不同，太阳和地中的热不仅能够、而且必然生成它们。

既然二者的类属不同，那么显然，风和雨就是各异的，其本性亦有差异，就像有些人所说，同一的气，当在运动时是风，但当重新凝聚时是冷。正如我们在前面的论证中说过的，气由这些成分构成。蒸汽湿而冷（因为它的易动性由于湿，由于它出于水，所以，冷是其固有本性，犹如从未热过的水一样），烟则热而干。因此，仿佛出于会面，两者结合在一起的气就是湿而热。如果以为我们周围的气在运动时会变成风，而且，它运动的来源是巧合的，那就荒谬了；相反，风的情形像河。我们不把任意流动的水称为河，即使它的流量很大，而是必须凭水流的源泉。风的情形亦如此；大量的气或许被某个很大的下落物所运动，但没有本原或源泉。

事实能证实我们的说法。因为由于散发物或大或小、或
360b 多或少地连续出现，云和风就总是自然地在它们各自的季节

生成。而且，由于有时生成的蒸汽很多，有时又是干燥的和像烟的散发物多，所以，有的年份就多雨而潮湿，有时则多风、干旱。有时，旱和涝大量出现，同时生成在连续的大片地区，有时则只是局部的；因为周围的地区经常获得适量的雨甚至过多的雨，但在其中的某个部分却是干旱；相反，有时，周围地区的雨量很小，甚至干旱，而其中的某一部分却雨量充足。其原因是，在多数情况下，相同的现象被认为应出现在广大的地区，因为邻接的地方与太阳有着相同的关系，除非有某种不同的特性；但是有时，干燥的散发物在这一局部生成得多，湿的散发物在另一局部多，有时则相反。再有，这后一种情形的原因是，每种散发物都会窜到邻接地区的散发物中去。例如，干的散发物在自己的地方运行，但湿气却移到邻接的地方，甚至被风赶到较远的某些地点；在有时，湿气呆在自己的地点，干燥的却又飘走了。这种情形经常发生，正如在人体中，胃的上部假如是干燥的，下部则常常是相反的，如果下部是干燥的，上部则是湿而冷的。散发物亦如此，有地点方面的相互取代和变化。

再有，在雨过之后，常有风在下过雨的那些地点中形成，而在下雨时，风就停息了。这些是由我们阐明过的那些本原所导致的必然结果。因为在雨后，大地被它自己的热和来自上方的散发物（风）所弄干。当这种分离发生时，风就吹刮，而当风停息时，由于热总是在被分离，并升到上面的地点，所以，蒸汽就被冷却，凝聚而生成水。当云被

361a 挤到一起，冷被凝缩在它们之中时，水就生成了，并冷却干燥的散发物。正是由于这些原因，才使得风停雨落，雨落风停。

再有，由于同样的原因，风总是特别多地从北方和南方生成（因为事实上，出现最多的是北风和南风）。太阳不光顾这些地区，它只是靠近它们，又离开它们，它总是在西方和东方运行。因此，云在这两边聚集；当太阳靠近它时，就生出湿的散发物，一旦它移向相反的地点，就有雨和风暴。夏和冬的出现是由于太阳的移动到达至点与离开至点，而且，水被吸上去，又落下来。既然最大的雨量是降落在太阳转到的和离开的那些地方，即北方和南方，既然在大地接纳最大雨量的地方，必然出现最多的散发物，犹如从翠绿的木柴中冒出的烟最多一样，既然这种散发物是风，那么，最大的和最主要的风从这些地方生成就很好理解了。来自北方的风被称为 Boreai，来自南方的风则叫 Notoi。

风的移动是斜向的；因为虽然散发物垂直地从地上升起，但由于环绕着的整个气服从天的移动，所以，风是绕着地球吹。有人或许会问，风的本原是出于上面还是下面？它们的运动是来自上面；在风吹动以前，气就使它显现出来了，即使有云或雾。因为它们表明，早在我们觉察到风的到来之前，它就已经开始运动了， 而这就意味着， 风的本原在上面。但是，既然风是来自地上并绕着大地运动的、一定数量的干燥散发物，那就很明显，虽然它们的运动本原来自上面，但质料和生成却源于下面。上升的散发物的流动方向

是从上面引起的；因为天体的移动离地球较远。同时，源于下面的散发物的移动是垂直的，而每个原因更能作用于离得 361b
近些的结果；但散发物的生成本原显然是源于地球的。

事实也能表明，风是从许多散发物中逐渐汇集而形成的，正如河流的本原生成于大地渗出的水一样。每种风在其发源地都极其微弱，但是，当它们向前推进，远离发源地时，就变得猛烈了。再有，在北方（即在它本身的那个地点）的冬天，是宁静的，没有风；然而，那种微弱得人们都察觉不到的风，随着向前的推进，就变成了大风。

风、干旱和雨涝的本性是什么，它们是如何生成的，由于什么原因，风在雨后生成和吹刮，为什么北方和南方的风最多，这些问题，我们都已说明了。此外，我们还讨论了风的移动。

【5】 太阳既阻碍风，又刺激风。当散发物很微小时，太阳中较多的热就消耗了散发物中较少的热，并将其分散。再有，在溢流物还来不及积多前，太阳就烤干了大地，犹如把很少的燃料投入大火之中，在它冒出些许烟尘之前，常常就先被燃焦了。由于这些原因，太阳阻碍风，并从一开始就阻止它的生成；通过消耗热而阻碍它，通过快速烤干大地来阻止它的生成。因此，从奥利昂①出现直到定季风

① Qiron，即猎户座。

及其先兆生成之前，是最平静无风的时期。一般说来，宁静无风由于两种原因：或者由于冷扑灭了散发物，例如在严寒霜冻时；或者被极度的热所消耗。在中间性季节，宁静多是或者由于散发物不多，或者由于散发物消散了，还没有什么来替代。

奥利昂的起落被认为是无确定性的，并且有风暴。因为它出现在夏天或冬天的季节变化之时，而且，由于这座星的硕大，要持续许多天。所有变化都不确定，因而容易更改。

362a 在夏至和天狼星升起之后，就刮定季风。当太阳最近时，以及在它离得远时，都不刮这种风。而且，它们在白天吹刮，夜间停息。其原因是，当太阳靠近时，它在散发物生成前就烤干了土；而当太阳稍微远离时，它的热量与散发物之间保持着合适的比例，所以，凝冻的水就消融，被自己的热和太阳的热烤干了的土便冒出烟和汽。其所以在夜间停息，是由于夜晚的寒冷阻止了凝冻之水的融化。被凝冻的东西和不含有任何干燥的东西均不冒出汽，但是，当干燥的东西包含有潮湿时，一旦被加热，就冒出汽。

有些人会问：为什么我们称为定季风的北风在夏至之后连续地生成，但在冬至后的南风却不是如此呢？这个问题是提得有道理的。因为所谓“明亮的南风”[1]在对应的季节生成，但由于不是如此连续的，所以就觉察不到，引起

① leukonotoi。

了疑问。原因在于，北风是从北极地区吹来的，那里充满了水和许多雪；所以，在夏至之后不久，一旦它们被太阳融化，定季风就吹刮。因为最热不是出现在太阳最朝北的时候，而是在它离得近时，要很长时间才能感觉到它的热。同样，在冬至之后，就刮使鸟类移栖的北风。它们也是微弱的定季风，只是与严格的定季风相比，吹得晚些，风力也小些。它们在至日后的第 70 天才开始吹刮，因为太阳离得远，所以风力小。它们并不连续吹刮；因为在那时，只有地球表面的东西才被蒸发，凝冻度大的要更多的热才能融化。因此，它们只是间断地吹刮，直到真正的定季风在夏至时再度吹起；因为从那时起，这种风就总是倾向于最连续地吹刮了。

但是，南风是从夏至线吹出的，而不是从南极。地球上有两个可居住的地区，一个是朝上的一极，即我们居住的这一极，再一个朝另一极，即南极。它们的形状如鼓，
如果从地球的中心画线，就可分割出这种形状。它们形成 362b
两个锥形，一个的底边是回归线，另一个则是可见的圆，其顶点都是地球的中心。两者均以同样方式朝向下面的那一极，但各自由分割出的地球的相应部分形成。

只有这些部分是能够供人居住的。在回归线以外，无人居住（因为在那里，遮阳的阴影不是落到北边，而我们都知道，在阴影没出现或落到南边以前，地球上无人居住），在大熊星座下面的地区也无人居住，因为很冷。

〔冠状的东西[①]也在这个地区移动；因为当它处在子午圈时，显得正好在我们的头顶上方。〕[②]

因此，人们现在画的地图是荒谬的。因为他们把居住的地球画成圆的，但无论按照观察还是依据理论，这都不可能。因为理论表明，居住区在宽度上是有限的，但就气候而言，却有可能扩展到全球，——因为在长度方面没有过分的热和冷，只在宽度上有，所以，假若没有宽广的海洋在某处阻挡的话，我们是能游历一切地方的，——而且，根据游历海路和陆路的观察，也表明它的长度比宽度要大得多。如果某人要计量这些航程和路途，那么，从“赫拉克勒斯之柱”到印度的距离与从埃塞俄比亚到迈俄提斯和斯库塞亚最边缘的距离比 5∶3 的比例还要大，假如这些距离可以有精确的比例的话。但我们知道整个居住区（直到无人居住的地方为止）的宽度；因为在一边，无人居住是由于冷，在另一边，则是由于热。正是由于海，才使得印度和“赫拉克勒斯之柱”外面的地区似乎没有形成连续的、完全的居住区。

既然正如我们居住的地方对应于我们这一极一样，必然同样有某个地点对应于另一极，那么很明显，该地点在风的次序和其他方面与我们的地区就有类似情形。所以，犹如我们这里有北风，那里也有从它们的那一极吹来的某种这类

① stephanos。

② 人们认为，这句话是后来的学者插入的。

风，而且不能到达我们这里，既然我们这里的北风也不能吹遍我们居住的每一角落，就像陆上的风一样。但由于我们的 363a
居住地靠着北方，所以，这里大多是北风。但即使在这里，它们也不能抵达远的地方，因为在利比亚外南边的海中，东风和西风总是轮流地吹刮，恰如在这里，总刮北风和南风一样。

所以很明显，南风不是从南极吹来的风。但是，它也不是从冬季回归线刮来的（否则，就会有另一种风从夏季回归线吹出了；因为这样才对称。但事实上没有这样的风，因为显然，从这地方刮出的只有一种风）。所以，南风必然是从炎热的地方刮出的。由于该地区靠近太阳，所以没有水，没有被融化而造成定季风的雪原①。但是，由于这个地方更广袤、更开阔，南风比北风更大、更强，也更温暖，因此，和北风向南吹相比，它更往北刮。

这些风的原因是什么，它们彼此有何关系，都已说明了。

【6】 现在，我们要说明风的位置，什么与什么是相反的、哪些能与哪些同时吹刮、哪些不能，它们的名称是什么、有多少；此外，也要说明在特殊性问题的讨论中没有涉及的其他性质。

要想得到关于它们的位置的理论，必须借助于图形才有可能。为了清楚起见，我们把地平线画成圆圈，因此它

① nomas。

是圆的。而且，它必定被认为表示我们所居住的那个地带；因为其他地带也能以同样方式被分开。首先，让我们假定，那些在地点方面彼此相距最远的东西在地点上是相反的，正如在类属方面彼此差异最大的事物在类属上是相反的一样。而处于同一直径相反两端的东西在地点上是彼此相距最远的。

363b 设 A 是在昼夜平分线上日落的地点，B 为与此相反的地点，即在昼夜平分线上日出之点。让另一条直径垂直地切割它，设该直径上的 H 点是北，与 H 相反的 H_1 点为南。设 Z 为夏季的日出点，E 为夏季的日落点，D 为冬季的日出点，C 为冬季的日落点。画一条从 Z 到 C、从 D 到 E 的直径。可见，既然在地点方面彼此相距最远的东西在地点上是相反的，而直径上相反的点彼此相距最远，那么，从直径的相反两端吹来的风也必然彼此相反。

下面，是与这些地点的位置相对应的各种风的名称。从 A 点吹来的风是 Zephuros，因为这里是昼夜平分线上的日落之点。与它相反的是从 B 点吹来的 Apeliotes，因为这里是昼夜平分线上的日出之点。从 H 点吹来的是 Boreas 和 Aparktias，因为这里是北方。与它相反的是从 H_1 点吹出的 Notos，因为这里是南方，H 与 H_1 是直径上的相反。从 Z 点吹出的是 Kaikias，因为这里是夏季日出之地，它的反面不是从 E 点吹出的风，而是从 C 点吹出的 Lips；因为它是从冬季日落之处吹出的，所以，与 Kaikias 相反（是直径方面的相反）。从 D 点吹出的是 Euros，因为它来自冬季日出之地，与 Notos 靠近；所以，人们经常说 Euronotoi 在吹。它的反面不是来自 C 点的 Lips，而是来自 E 点的风，有些人称为 Argestes，有些人叫做 Olumpias，有些人则称做 Skirona；因为它来源于夏季日落之地，是唯一在直径上与 Euros 相反的风。

这些就是在直径上相反的，因而是对立的风。还有一些风没有相反面。从 I 点吹出的风被称为 Thraskias，它处于 Argestes 和 Aparktias 之间。从 K 点吹出的风他们称为 Meses，因为它处在 Kaikias 之间。IK 几乎与可见的圆相符，但并不严格。这些风无相反面，没有与 Meses 相反的风（否则，就会有从 M 点吹出的风了；因为它在直径上是 364[a]
与 K 相反的），也没有与 I 点的 Thraskias 相反的风。（否则，就会有从 N 点吹出的风了；因为 N 与 I 在直径上相反。但是，或许会有被当地居民称为 Phoinikias 的局部性的风从 N 点吹出。）

这些就是最主要的、确定的风以及它们的位置排列方式。从靠北的地方吹来的风比靠南的更多，原因是我们居住的地方靠北；此外，还由于南边处在太阳及其运行轨道的下面，所以，较多的雨水和雪就常常被推到这一部分。当这些被融化，浸入地中，并被太阳加热烘烤时，大地就会因此而生出许多的、并在很大范围内出现的散发物。

在上述的各种风中，Aparktias 是最严格的北风，Thraskias 和 Meses 也是北风。Kaikias 半是东风，半是北风。Notos 和 Lips 是从南边吹来的风。东风是从昼夜平分线上日出之处吹来的 Apeliotes 和 Euros。Phoinikias 则是半南半东的风。西风是从正西吹来的 Zephuros 和所谓的 Argestes。一般地说，可以把它们一些叫做北风（Boreia），另一些称为南风（Notia）。西边的风可当作北风（因为它们是从日落之处吹来的，所以较冷），东边的风可算为南风(因为它们从日出之处吹来,所以较热）。正是依据风的冷、热或暖,才把它们划分为北风或南风。来自日出处的风比来自日落处的风更热,因为日出处的风被太阳照耀的时间更多,相反,阳光要较晚才照耀日落处的风,而且,光临不久就很快离开了这片地区。

既然风的排列是如此，那就很明显，相反的风不可能同时吹刮（因为它们在直径上相反，所以，其中一方要压倒或止住另一方的吹刮），但是，如果风不是在直径上彼此相反的，就没有什么妨碍它们同时吹刮了，例如 Z 处和 D 处的风。因此，在有时，两股风能在同一点上吹刮得对航行有利，虽然它们不是从同一地点吹出的，也不是同一种风。

一般而言，相反的风总是在相反的季节吹刮。例如，
364b 在春分时节，Kaikias 以及一般地在夏季日出时来自北方的风就吹起，但在秋分时节，则是 Lips；在夏至时是 Zephuros，在冬至时则是 Euros。

Aparktias、Thraskias 和 Argestas 是最通常地阻挡和止息其他风的风。因为由于它们离我们很近，所以，和其他

风相比，常常刮得最大、最猛。它们带来晴朗的天气；因为它们就在最近的地方吹，能压倒其他风并止住它们，它们也吹散聚集的乌云，从而造成晴天。但如果它们同时碰巧也很冷，就不会带来晴天；因为假如它们更冷，而不是更猛，那么，就会使云聚集，而不是将其驱散。Kaikias 不是带来晴天的风，因为它返回到自身。因此才有俗话说："还给自己吧，就像 Kaikias 的云一样。"

当某些风停息时，就被在太阳运行方向上邻近的风所接续。因为邻接本原的东西最容易运动，而风的本原随太阳一起运动。

相反的风造成相同的或相反的后果。例如，Lips 和 Kaikias（有时也被称为 Hellespontias）都潮湿。Argestes 和 Euros 则干燥；但后者开始时干燥，结束时潮湿。

Meses 和 Aparktias 最有可能造成雪，因为它们最冷。Aparktias、Thraskias 和 Argestes 带来冰雹。Notos、Zephuros 和 Euros 则是热。Kaikias 带来浓云密布天空，Lips 则带来薄云。其所以如此，是因为 Kaikias 返回到自身，也因为它半是北风，半是东风，所以，由于冷，它就凝聚和集中了蒸汽，而且，由于位处东方，也有许多在它面前的蒸汽作为质料。 Aparktias、 Thraskias 和 Arnestes 带来好天气； 其原因我们已在前面说明过了[1]。它们和 Meses 最

① $364^{b}7$。

常引起闪电。因为它们在近处吹，所以是冷的，而闪电就是由于冷，被密云所挤出才生成的。因此，在这同样的风

365a 中，有些有时带来冰雹；因为它们迅速凝聚。

飓风最多地发生在秋季，其次是春季，最容易由Aparktias、Thraskias和Argestes引起。其原因是，飓风最常生成于一些风正在吹刮、另一些风则侵扰它们时，而最常侵扰其他风的正是这些风。至于它们为什么会如此，其原因我们在前面已经说过了①。

定季风是转向的。在人们住在从Aparktias到Thraskias、Argestas和Zephuros的西方时，它们从北方开始，到遥远的南方结束；在人们住在东方时，它们就转到Apeliotes。

关于风，—— 它们最初的生成、本质以及一切所共有或各自特有的种种属性，我们就说这样一些。

【7】 接下来，我们必须说明地震和地球的运动问题；因为这些情况的原因与上一章所论问题相类似。

到现在为止，有三个人提出了三种理论；因为克拉佐美尼人阿那克萨戈拉以及在他之前的米利都人阿那克西曼德都就这个问题发表过意见，还有在他们之后的阿布德拉人德谟克里特。

阿那克萨戈拉说②，自然地朝上移动着的气，当陷入地

---

① 364b3。

② 见第尔斯 56A1（9），42（12），89。

下的洞穴中时，就使大地震动；因为大地的表层被雨水阻塞了（虽然从本性上讲，它的所有地方都同样应有气孔）。可见，他以为整个球体有向上和朝下的两部分，向上的部分是我们居住的，朝下的部分则是其他东西的。

这种说法极其古老，或许根本就没有予以反驳的必要。因为如果认为下与上不是重物体从各个方向朝地球移动，轻物体（例如火）朝上移动，那是荒谬的。尤其是，就我们对地球的知识而言，我们看到，地平线总是随着我们所处位置的变化而变化，这就表明，地球是凸面和球形。地球由于大，所以在气中静止着，这种说法也是荒唐的，因此，也不能说它的震动是由于从下而上的碰撞。此外，他也没有说明随着地震而发生的各种情形；因为它们并不是在任何地点和任何时间随随便便出现的。

德谟克里特说①，地球充满了水，当它再接纳大量的其 365b
他雨水时，就造成了地震；因为在过量的雨水生成时，由于地中的洞穴不能容纳，它就被迫另找出路，因而引起地震；或者，在大地变干时，水就从充盈之处流向空余的地方，由于它变换地点时的冲击力，就引起地震。

阿那克西曼德说②，在地球变湿或变干的过程中，它破碎了，地震就是由破碎了的那些碎块的下落引起的。因

① 第尔斯 68A97，98。

② 第尔斯 13A7（8），21。

此，地震生成于干旱的以及多雨的时期。因为在干旱时，正如我们说过的，地球就变干，就破碎；相反，雨水则使它太湿，把它泡散了。

但是，假如情形如此，就会发现，地球在许多地方下沉着。再有，由于什么原因，地震却常常出现在与其他地方相比，并无过多干旱和雨涝的地方呢？按这种理论，是不应该如此的。此外，照这种观点，地震必然总是越来越少，甚至在最后的某时会完全停止；因为把这种见解概括起来，结果自然如此。所以，如果这种结果不可能，那么显然，原因亦不可能。

【8】 正如我们在前面已说的①，既然已经表明，从湿和干中，都必定要生出许多散发物，那么，地震就必然是这些散发物的结果。大地本身是干燥的，但由于降雨所致，其中就有了许多潮湿，结果，当潮湿被太阳和地球之中的火烘烤时，许多的风就会从地球的外部和内部生成。风有时完全在外面流动，有时完全在里面流动，有时又被分散了。

如果这是必然的话，那么，我们接下来就必须考察，什么物体会具有最大的引起运动的能力。这必然是那种其自然运动最远、最强劲的物体。而最为强劲的东西必定是移动速度最快的；因为由于它的快速运动，就产生出最大

① 见《天象学》第一卷，【4】，$341^{b}6$。

的碰撞力。再有，自然运动得最远的东西，必定最能够穿过其他一切物体，可见，这种东西是最稀薄的。所以，如 366a 果风的本性是这种性质，它就肯定是最有引起运动的能力的物体。因为火也只有借助风力，才会变成火焰，并快速地移动。因此，地震运动的原因既不是水，也不是土，而是风；当外面的散发物流入时，就引起地震。

所以，最大的地震大多出现在宁静无风的时候。因为连续的散发物通常随着本原的冲力出现，所以，它们或者同时流入内部，或者全都流向外面。但是，有的地震出现在风正在吹刮时，这并不悖理。因为我们有时看见几种风同时在吹，当其中的一种进入地球中时，这种风就引起了地震。

再有，最猛烈的地震生成于潮涌的海中和有孔洞的陆上。因此，它们发生在赫勒斯旁托斯（Hellespontos）、阿海阿斯（Akhaias）和西西里附近，以及尤波依阿斯（Euboias）的有些地方。因为在这些地方，海被认为流进了地下的河道。埃德泼梭斯（Aidepsos）附近的温泉也是由于这种原因而生成的。在被提及的这些地方，之所以最容易发生地震，是由于挤压。因为当一股狂风自然地从地中吹起时，由于海中大量奔腾向前的浪潮，它又被逐回地中。地表下面有孔洞的那些地方较易发生地震，是因为它们能容 366b 纳大量的风。

由于同样的原因，地震最易在春天、秋天以及旱、涝时期发生；因为这些季节生成的风最多。夏天由于热，冬天由于霜，引不起地震；因为冬天太冷，夏天太干，形不成风。但在旱季，气则充满了风；因为旱本身就出现在干的散发物比湿的散发物多得多的时候。在雨季，有大量的散发物在地中形成，这种东西由于孔洞之中灌满的水的排挤，就被挤压在窄小的地点中，当大量的风因为被挤进小的地点而开始冲撞时，就猛烈地击打和震动地球。我们必须认为，正如在我们的身体中，颤抖和震动的原因是体内的风力所引起一样，在地球中，风也造成这种情形，有的地震像颤抖，有的则如同震动。而且，我们也要假定，就像我们在撒尿之后经常感受到的一样（因为随着一股风从外面折回里边，会有某种颤抖穿过身体），地球也会发生类似的情形。风有力量。这一点，不仅能从发生于气中的情形里看到（因为在那里，人们可以假定，由于风的量大，就有能力造成这种结果），也能在动物的体内发现。破伤风和抽筋就是风的运动所致，而且，其力量非常之大，以至于许多人同时使劲也不能控制发病者的抽动。假如我们可以把大小事件加以比较的话，就必须认为，地球中发生的，也是这种情况。

人们在许多地方观察到的现象能证明我们这些观点。在有些地方，地震一直不断，直到引起它的风像飓风一样
367a 冲出，并升向地球上面的地点。例如，在旁托斯中的赫拉克勒亚（Herakleias）附近，最近就出现过这种情况；以前，在赫拉斯（Hieras）岛——它是所谓的埃俄洛斯（Aiolos）群岛之一——也发生过。在那里，大地的一部分隆起，

伴着声响冒出冠状块团；最后，它爆发了，大风从中冲出，抛出溶石与灰烬，掩埋了邻接黎巴莱（Liparaion）的城镇，甚至到了意大利的有些城市。这次喷射发生的地方，现在依然能见到。必须把这看成是在地球中生成的火的原因；因为当气先被分裂成小的部分时，风的撞击就使它着了火。

这些岛上发生的另外的事情也能证明风在地下吹动。因为在南风将要吹刮时，就先有一种预兆：在喷射发生的那些地方，听得见一种声响。这是因为，海水总在从远处向前推进，当它与从地中喷出的风相遇时，就把风重新逼了回去。这就造成声响，但不是地震，因为地下有足够的地方容纳风，只有少许的风漏到外面去。

再有，我们关于地震原因的说明还有下述事实证明：在地震发生前的日出时分，即使无云，太阳也显得朦胧昏暗，有时无风，但有浓重的霜。当分散和冲淡气的风开始退回地中时，太阳必然朦胧昏暗，而且，靠近日出和黎明时，必然无风和寒冷。无风必然常常出现，正如我们已经说过的[①]，因为风已回到了地中，而且，在更大的地震出现前，情形更是如此；因为当风不是分散的，一部分在地球外，一部分在地球内，而是整体性地移动时，力量必然更大。出现寒冷的原因在于，本性上和本质上是热的散发物被弄入了地内。但是，不能以为风是热的，因为风运动气，

① 366^a5 以下。

367b 而气充满着许多冷的蒸汽。这有如我们呼吸时风通过嘴巴吹出一样：当我们张嘴呼吸时，在近处，它是热的，虽然由于量极小，很难觉察；但在远处时，由于和风同样的原因，它就冷了。所以，这类热的成分消失在地中，蒸汽的散发物由于潮湿，就凝聚而造成冷，出现在热消失的那些地方。有时，在地震之前出现的预兆也是由于同样的原因。在天气晴朗的白昼或日落后不久，天空中明显可见一片细长的薄云，犹如画出的一条笔直的长线，其原因是，风由于退走而止息了。与此类似的现象也出现在海边。当海奔腾时，碎浪就浓密重叠、起伏不平，但在宁静无风时，就波微浪小、平直如镜〔因为分离物很小〕。海对陆地的作用相当于风对气中之云的作用，所以，当无风时，留下的云就细小平直，犹如气的细浪。

由于同样的原因，地震有时发生在月食出现之际。因为当地球插在中间，来自太阳的光和热虽已渐退，但还没有完全从气中消失时，风回到了地中，出现了宁静，这就在月食之前引起了地震。在月食之前经常有风，如果月食在午夜前，风就在黄昏，如果月食在黎明前，风则在午夜。出现这种情形的原因是，当它的运行轨道接近月食将发生的那个地方时，几乎没有来自月亮的热量。所以，当限制气并使其静止的东西失去作用时，气就重新运动，风就生成，接着是地震，再接着就发生了月食。

当地震强烈时，震动并不立即停止，而是先常常地连续震动约 40 来天，尔后，在 1—2 年内，在相同的地点出现

征兆。强烈的原因是风的量很大，以及它流经地点的形状； 368a
因为当风遇到阻抗，不能轻易地穿过时，震动就最为强烈，这时，它必然被滞留在狭窄的地方，犹如水装在容器中不能流出。因此，就像体内的颤动不能立即而很快地停止，而是要随其承受因素逐渐地平息一样，生成散发物的本原和风的原动力也显然并不立即把风从中造成的、我们称之为地震的那种质料完全耗尽。所以，只要它剩余的影响还没有耗尽，震动就必然继续，虽然它的程度在减弱，但却一直要持续到散发物极少，以至于不能引起可以觉察到的震动时为止。

地下发出的声响也是由风造成的。虽然它们出现在地震之前，但有时，即使无地震相随，地下也有声响。正如气被碰触时会发出各种声响，它自身碰撞别物时亦会如此；在这两种场合，没有什么分别，因为每个碰撞物自身同时也被碰撞。声响先于震动，是因为声响更稀薄，比风更容易穿过万物。但是，当风由于极其稀薄而太微弱，所以引不起地球震动时，地不能动是由于风很容易穿过，虽然通过碰击各种形状的坚硬的或空疏的团块，它能造成各种各样的声响。所以，正如讲述奇闻怪事的人们所说，地球有时似乎发出呼唤。

在地震发生时，水会喷涌而出，但是，水并不因此而是地震的原因。风才是原因，它或者在地面上，或者从地下起作用，就像风是浪的原因，浪不是风的原因一样。人们也许会假定地球是震动的原因，因为在地震中，它被倾覆了，正如水一样（因为溢出就是某种倾覆）。但是，地球和水两者都只是质料意义上的原因（因为它们是承受，而不是动作），风才是本原意义上的原因。

潮浪与地震同时出现的原因在于相反风的生成。当引
368b 起地震的风不能完全地推进正被另一股风驱动着的海水，而是被逐回，并堆积在巨大海浪所处的同一地点时，这种情形就发生了。这时，如果这股风减弱了，整个海浪就必然被相反的风推进、涌动，并造成大潮。在阿亥阿斯(Akhaias)，就发生过这种情况。因为在这里，是南风在吹刮，但在外面，则有北风；此后出现了平静，风进入地中，接着发生了潮浪，同时出现地震。这种地震更强烈，因为海没有可供风进入地中的出口，而是把它堵塞了。所以，在它们的相互冲突中，风造成地震，浪则通过减退造成大潮。

地震是局部性的，常常只在小范围内发生，但风却不然。当一定地区的散发物与相邻地区的结合时，就是局部性的，正如我们已经说过的[1]，它们出现在局部性的干旱或雨涝地区。地震通过这种方式生成，风却不是如此。因为前者的本原在地球之内，所以，散发物全在一个方向上运动；太阳作用于它们的力比作用于气中散发物的力要小，因此，当太阳的移动依据所处的不同地点给它们以原初动力时，它们就在一个方向上流动。

当风量较大时，就引起平面性地震，犹如颤抖一般；

① 360b17。

在有些地方，偶尔也出现从下向上的地震，恰似跳动。这种上下震动的类型很少发生，因为足以造成这种震动的原动力不容易汇集，既然横向的散发物比纵向的要多得多。然而，一旦这种类型的地震发生，就会有大量的石头抛向地面，正如在簸箕里簸除空壳一样。正是这种类型的地震，毁灭性地破坏了塞浦洛斯（Sipulos）、所谓的弗列格莱盎（Phlegraion）平原和利古斯提克（Ligustike）地区。

位于海中的岛比靠近陆地的岛发生的地震少得多。因为大量的海水冷却了散发物，而且，靠它的重量，压制并阻止了它们。再有，风虽然引起浪涌，但并不造成地震。 369a
此外，由于海的范围很广，散发物不是进入其中，而是从它之中生成，并与陆地上生成的那些相结合。靠近陆地的岛是陆地的部分，居于它们之间的海水由于太少，起不了什么作用。相反，海中的岛没有震动，如果包围它们的整个海没有震动的话。

关于地震的本性、发生的原因，以及它们的出现所伴随的最重要的环境条件，我们都已说明了。

【9】　现在，我们要说明闪电、雷鸣，以及旋风、火风和霹雳。因为必须假定，所有这些现象的本原都是相同的。

正如我们已说过的，有潮湿和干燥的两类散发物，它们的合成物潜在地包含着二者。就像前面所说，它凝聚而成云，云的凝聚对于上方的外缘限界来说，更为浓厚。

(因为在热离去、并散发到上面地区去了的地方，凝聚物必然更浓，也更冷。因此，霹雳、飓风以及一切类似的现象都向下移动，虽然所有的热都自然地朝上移动。它们必然从浓厚的地方被挤出，正如果核从手指之间被挤出一样；它们虽重，但却常常朝上移动。）热一旦散发，就分布到上面的地区。但是，在气变冷的过程中，如果有的干燥散发物没逃脱，就会在云聚拢时被挤出，在其移动时强制地碰撞邻近的云，这种碰撞造成的声响，就是所谓的雷。这种碰撞的生成方式（假如就小比大的话）与火焰中声音生成的方式相同，有些人称这种声音为赫费斯托斯（Hephaistos）的笑声，有些人称为赫斯提亚斯（Hestias）的笑声，有些人则认为是他们的恐吓。当木头被弄破并烤干，散发物移进其火焰中时，就产生出这种声音。同样，在云中，
369b 当风性的散发物被挤出，并碰撞浓厚的云层时，就造成雷鸣。声响的不同是由于云层生成的不规则，也由于云层不是连续的浓密而造成的空隙。

这就是雷及其生成的原因。在通常情况下，被逐出的风要和稀薄而微弱的火一起燃烧，这就是我们所谓的闪电；当逐出的风被我们看见时，仿佛染上了颜色似的。闪电生成于碰撞之后，也后于雷鸣；但是，由于我们的视觉先于听觉，它显得在先。三层桨的战船的划动就表明了这一点；因为在木桨碰触水面发出的声音传到我们之前，它们已在被第二次划动了。

有些人断言，云中本来就有火存在。恩培多克勒说，它是被滞留的太阳的光线。阿那克萨戈拉则认为，它是他称为火的上方以太的一部分，只不过从上方降下来了。他们以为，闪电是这种火的闪光，雷鸣则是它在云中被弄灭时的嘶叫声，所以，就像显现出来的一样，实际上也是闪电先于雷鸣。

在这两个人的说法中，火的滞留是荒谬的，上方的以太降下来的观点尤其不能成立。因为需要说明原因：为什么自然地向上运动的东西会朝下移动，为什么这种下降只出现在天空有云时，而不在其他场合也如此，既然在天气晴朗时没有闪电。这种观点似乎完全是轻率的。说这些现象的原因是太阳光线的热被滞留在云中也同样不可能；因为这种理论是极不切题的解释。雷鸣、闪电以及诸如此类的其他现象必然总有个别的、确定的原因。但这种理论却不是这样。就像某人以为水、雪、雹不是生成的，而是先已存在着，后来显现出来了一样，仿佛总是有只手把它们每一种聚合在一起。因为必须假定，聚合物与分离物的道理是相同的，所以，如果其中一种不是生成的，而是已经存在着的，同样的论证也就适用于两者。再有，如何说明 370a
这种场合的滞留与在较浓厚物中的滞留的区别呢？因为水也是被太阳和火加热的；但是，在再次凝聚、冷却和冻结时，水并没有如他们所说的那种逐出现象发生，虽然按他们的理论，是应在适当范围内发生的。沸腾是由火所生成的风造成，它不能预先存在于水中；而且，他们不把造成的声音称为沸腾，而称为嘶嘶声，但实际上，嘶嘶声就是小范围的沸腾。因为当与潮湿接触的火虽被弄冷，但仍占优势时，就会沸腾，并造成声响。

有些人——例如克勒德谟斯（Kleidemos）——说，闪电并不存在，只是显得如此。他们把它与这种现象作比较：当某人在夜间用枝条抽打海面时，就可见到海水泛出光亮。他们说，闪电也如此，是云中的湿气被撞击时发出的光亮的显现。这些人那时还不知晓反射理论，而它正好被认为是这类现象的原因。水在被抽打时之所以显出光亮，是因为我们的视线从它反射到某种明亮的物体上。因此，这种情形多发生于夜间；因为在白天，日光的强烈使得我们看不见。

下面这些是其他人关于雷鸣和闪电的观点：有些人认为闪电是反射，有些人断言闪电是穿过云层的火光，雷鸣是它的熄灭，火在每一场合都不是生成的，而是预先存在着。我们则宣称，相同的自然物在地上时是风，在地中时是地震，在云层中时则是雷鸣；因为所有这些的实体是相同的，即都是干燥的散发物。如果它以一种方式流动，就是风；以另一种方式流动，就造成地震；在云中，当它们变化，处于聚集和浓缩成水的过程中时，就被排挤出来，引起雷鸣、闪电和与它们具有相同本性的其他现象。关于雷鸣与闪电，就说这些。

第　三　卷

【1】　现在，让我们用与前面相同的方式，来说明这种散发活动的其他方面。 370b3

当这种风以微小的、分散的量经常散发出来，并很快扩散得极其稀薄时，就造成雷鸣与闪电。但是，当它整体式地、较浓密而不是较稀薄地被散发出时，就生成飓风。因此，它很猛烈（因为散发的速度很快）。

当散发物大量而连续地被散发出时，其结果与相反的过程再度发生、与生成雨和大量水的方式相同。两者的这种能力潜在地存在于质料之中；当二者中的任意一方潜在的本原生成时，在质料中存在着更大的量的那一方就从中分离出来，其结果或者是雨，或者是飓风，如果另一类散发物占优势的话。

当在云中散发的风与另一股风冲突时，所发生的情形犹如在门口或路径中的风被迫从宽敞的地方挤入狭窄之处。（在这种场合，结果经常是，运动物体的第一部分或由于地方狭窄的阻抗，或由于相反运动物的阻抗，因而发生偏斜，这样，风就成了圆圈或漩涡。因为它前面的部分阻止它向前，而后面的又在推挤，所以，就必然朝着没有阻碍力的旁边移动。这种情形总是出现在一个个后续着的部分，直到最后成为一，即形成圆圈；因为任何由单一移动所形成的图形自身也必然是单一的。）地球的旋风就是以此种方式生成的，就起始而言，云中的也一样。但正如飓风，当云总在分散时，就生成连续的风一样，在这里，云也总是连续地跟随着；由于云很稠密，风不能从中分离出来，所以，
371a 由于已经说明过的原因，它起初就圆圈式地运转，然后，由于云总是在热量消退的地方密集，它就朝下移动。如若没有颜色，这种现象就是所谓的旋风，它是一种不成熟的飓风。旋风不在北方生成，在下雪时，也没有飓风；原因在于，所有这些都是风，而风是干的和热的散发物。霜和冷在一开始就占优势并压住了它。这种优势是很明显的，否则，就不会有雪，也不会有北方的雨；因为这些是冷占优势的结果。所以，当已经生成的飓风不能穿出云层时，就出现旋风；它由漩涡的阻抗引起，发生在涡旋移动到地上，并把它和它不能摆脱的云卷到一起时。它通过直线式吹动的风运动事物，并通过圆圈式运动和强力漩掉并卷走所遇到的东西。

当降下的风着火时（如果风较为稀薄，这就会发生），就是所谓的火风；因为它的风引燃了邻近的气，并为其着色。

如果大量稀薄的风从云自身中被挤压出来，就生成

霹雳；如果风非常稀薄，由于稀薄不能燃烧，诗人们就将此称为光亮；如果风不很稀薄，能燃烧，他们就称为冒烟。第一类由于稀薄而快速移动，也正由于快速，所以能在引燃物体或在其中使它变黑之前穿过它；第二类由于移动较慢，就使物体变黑，但也在引燃它之前穿过了。因此，有阻抗的东西要承受某种作用，无阻抗的则无所承受，例如，盾牌的铜已被消熔了，但木柄却未受影响，因为它稀疏松软，风穿过时不影响它。同样，它也能穿透罩袍，但不烧着它们，只是弄破。

这些例证表明，它们全都由于风。我们有时也能获得看得到的证明，爱非斯神庙新近发生的火灾[①]就是例子；因为火焰连成一片火海，在多个方向上离开火源，蔓延出去。烟是风，烟会燃烧，这是明显的，而且，我们在前面的其他地方也说明过[②]。当火焰集束运行时，那时就可清楚地看到它是风。在小的火灾中觉察到的东西出现在更大规模的火灾中，因为在那时，燃烧的质料很多。因为作为风之本原的木料[③]一旦破裂，其中的一些就从它所出的地方冲出，并在火焰中向上移动；所以，看起来火焰移走了，并落到了房舍上。因为我们必须认为，风总是伴随着、并先于霹雳，但由

① 发生在公元前 356 年。

② 《天象学》，$341^{b}21$，《论生成和消灭》，$331^{b}25$。

③ ksulon。

于无颜色，不能被看见。因此，将遭雷击的物体就在被击打前移动了，因为本原的风要先触及该物体。霹雳也撕裂事物，但不是靠它的声音，而是由于同时排出了既造成击打又发出声音的风。因而它击打事物，但只是撕裂，并不烧毁。

关于雷鸣、闪电、飓风，以及火风、旋风和霹雳，我们都已说明了。我们既解释了它们全都相同，又指出了它们的区别是什么。

【2】 现在，我们来讨论晕、虹、幻日和“枝丫”，说明每个的本质及其由以生成的原因；因为它们生成的原因全都一样。

首先，我们必须说说它们每一个的性质和情况[1]。

我们经常看到，晕是一个完整的圆环，绕着太阳、月亮和明亮的星辰，无论夜晚还是白昼，正午还是下午，都一样出现；但在日出或日落时发生得少些。

虹从来就不是完整的圆环，甚至也不比半圆更大。在日出和日落时，圆最小，弧线最大；随着太阳的升高，圆渐大，弧线渐小。在秋分之后较短的白昼中，它在一天的每个时辰都可出现；但在夏天，它在正午左右不发生。在
372a 同一时间里，最多出现两个虹。在两个虹中，每个都各有三种颜色，彼此的颜色相同，数目相等，但在外面的那个

[1] sumbainonta。

虹中，颜色较淡些，所处的位置也相反。在里面的虹中，第一条、也是最大的一条线带是红色；在外面的虹中，红色则是最小的、最靠近这条线的；其他线带的对应关系也与此相同。这些差不多是画家们唯一不能创作出来的颜色；因为他们是靠混合来调制颜色，但红、绿、紫等不是靠混合生成的。这些就是虹的颜色；虽然在红与绿之间，经常能见到黄色。

幻日和“枝丫”总是出现在太阳的旁边，既不在它上方，也不朝着地面，亦不在它反面。它不在夜间出现，总是在太阳附近，无论是日出或日落时，但最多地是对着日落之处。在日当正午时，它们很少出现，虽然在波斯泼洛斯（Bosporos）曾经发生过；在那里，两个幻日曾随着太阳升起，并持续了一整天，直到日落。

上述这些，就是这每一种现象的情形。它们的原因全都是相同的；因为它们都是反射。它们的区别在于反射方式和反射面的不同，其结果依据反射对象——是太阳还是其他发亮的物体——而定。

虹出现在白昼，也由于月亮而出现在夜间，但是，早期的思想家们认为它不在夜间出现。这种观点是由于虹在夜间出现得稀少，因而没被注意到；因为虽然它出现了，但确实极其罕见。其原因是，在黑暗中，不易见到颜色；此外，还必须有许多其他条件，而这些条件在一个月中只有一天才完全具备，即如果要发生的话，必然是在满月的那一天；因为在那时，正是月亮的升起或下落。所以，在

50 多年中，我们只遇到过两次月虹。

我们必须接受光学已证明了的理论，相信视力是从气中，以及从其他一切有着光滑表面的物体中反射到的，正如从水中反射一样；而且也要相信，在有些镜面中，反射的是形状，但在另一些中，只反射颜色。在后一类中，镜 372b 面特别小，以至于不能为感觉所分开。在这些镜面中，形状不能被反射（不然，镜面就会被认为可分了；因为一切形状都既是形状，同时又是可分的）。既然某种东西必然在其中被反射，而形状又不可能，那么，剩下的就只有颜色被反射了。明亮物的颜色有时在反射中显得是明亮的，但在有时，或者由于镜面颜色的混杂，或者由于我们的视力较弱，就造成了其他颜色的外表。

在这些问题上，我们必须接受我们在对感觉的研究中表明的观点。因此，当我们说明其他问题时，要把其中的有些结论当作当然的来接受。

【3】 我们先说明晕的形状，解释它为什么是圆的，为什么绕着太阳或月亮以及同样地绕着某个其他星辰；因为同样的理论适于这一切情形。

当气和蒸汽被浓缩成云时，如若被浓缩物是一样的，且由小的部分构成，那么，视觉的反射就发生了。这种凝聚是雨的征兆，如果它消失了，是好天气的征兆，但如果它被分散，则是风的征兆。因为如果它既不消失，也不分散，而且允许它达到自然状态，那就应把它认作雨的征兆；既然它表明，凝聚是这种性质的生成，即如果浓缩过程继续下去，最后必然导致降雨。因此，这些晕在颜色上是最黑的。当它分散时，是风的征兆；因为它的分散正是由于已在那里存在着，但还没有到达我们这里的风。表明这一点的事实是：风生成于主要分散所出现的那个地方。它消失时，是好天气的征兆；因为如果气还没有战胜内含的热，并进而处于浓缩成水的状态中，那就表明，湿的蒸汽还没有与干燥的、像火一样的散发物分离；而好天气的原因，正是这种散发物。

关于反射发生的大气条件，就说明这样一些。我们的 373a
视线是被在太阳或月亮周围凝聚的雾反射的，因此，晕不像虹那样，显现在太阳的反面。既然来自于每一边的反射都是同等的，其结果就必然是圆或圆的一部分；因为如果从同一点到同一点的线是相等的，那么，构成角的那个地方的点就会总是在圆上。设 ACB、AZB、ADB 都是从 A 点到 B 点，而且，各自都形成一个角；设 AC、AZ 和 AD 三条线彼此相等，到 B 点的三条线，即 CB、ZB 和 DB 也彼此相等。再画一条线 AEB，那么，这几个三角形是相等的，因为它们的底边 AEB 相等。再从每个角画到 AEB 的垂直线，即从 C 画 CE，从 Z 画 ZE，从 D 画 DE。那么，这些垂直线是相等的；因为它们在相等的三角形中，而且全都在一个面上；因为它们对于 AEB 而言，都是直角，且全相交于 E 点。因此，如果要画线，其图形是圆的，E 点是圆心。

假设 B 是太阳，A 是眼睛，围绕 CZD 画出的圆周是云，从云之中，视线被反射到太阳。

须认为反射面是连续的。虽然它们每个都由于太小而不可见，但由于是连续的，就使得它们全部的总和看起来是一。明亮的物体，即太阳，看起来像圆环，在每个反射面中连续地显现，对感觉而言，犹如一些不可分的点。晕离地球较近，因为它较为平静；但如果有风，晕就不能保持其位置。挨着它的是一条暗环，由于晕的明亮，它就显得较暗。

晕更多地出现在月亮周围；由于太阳更热，所以更快地消散了气的凝聚。由于同样的原因，晕也出现在星辰周围，但它们不是同样的征兆，因为它们表明聚集物极其微小，不产生什么作用。

【4】 我们在前面已说过，虹是反射。现在，我们必须说明，它是哪一类反射，它如何导致伴随物的生成，又是由于什么原因等问题。

视线是从一切外表光滑的东西（其中有气和水）反射
373b 来的。当气被浓缩时，就从中生成反射，但如果视力较弱，即使气没有浓缩，也经常造成反射。例如，在某人的视力不好和不清晰时，就出现这种情形；因为在他走路时，总是盯着在前面正对着他的影像。这是由于他的视线被向他反射回来了；它的衰弱使它如此模糊不清，以至于邻近的气也成了反射面，不能将其推开——就像对较远的和浓密的气那样。这就是当东风吹刮时，海中的岬角显得突出，万物都似乎更大的原因。雾中的情形亦然，例如，太阳和星辰在升起和下落时，就显得比当顶时大。

来自水的反射最好，即使处在开始生成的过程中，从水反射也比从气更好；因为由以聚合成雨滴的那每个小部分，与雾相比，必然是更好的反射面。因为很显然，而且前面也已说过，在这类反射面中，被反射的必然只是颜色，形状是不明显的。因此，当要下雨，云中的气正凝聚成雨滴，但雨还没有下落时，如果相反的太阳或其他某个物体非常明亮，足以使云成为反射面，并反射到这个相反的明亮物体，那么，就会产生该物体的颜色，而不是它的形状。每个反射面很小，不可见，我们看到的是由它们的全部所构成的连续的大小，所以，对我们显现的必然是一种颜色的连续大小，因为每个反射面都把相同的颜色给予连续体。因此，既然这些条件是可能的，就可以推出，当太阳和云具有这种关系时，我们处于它们之间，由于反射，就会出现某种影像。正是在这些，而不是其他条件下，才有了虹的生成。

显然，虹是我们的视线对太阳的反射。因此，虹总是出现在太阳的反面，而晕则在太阳周围。二者都是反射， 374a
但颜色的变换却各不相同：虹是从黑暗的水，且从远距离反射；晕则从近处，从本性较亮的气反射。

明亮的光穿过黑暗或者在黑暗中时（这没有什么区别），显得是红的。我们能够看到，湿柴的火焰是红的；这是因为明亮的火光与大量的烟混合。同样，太阳穿过烟雾时，也显得是红的。因此，虹的反射在第一圈里有这种颜色(因为反射生成于细小的水滴)，但晕的情形却不如此。关于其他颜色，我们将在后面说明。再有，这种凝聚在太阳本身的周围不会持久，而是或者变成雨，或者分散。但是，在从太阳到相反的雨生成期间，有某段时间。假如不是这样，晕就会像虹一样被染上颜色了。实际上，没有什么完整的或圆环性的晕具有这种外表，只有小的、部分性的、被称为“枝丫”的东西。因为如果有雾状物从水或某种其他阴暗物中聚合而成的话，那么，就像我们所说过的，我们就会见到完整的虹了，犹如在灯烛周围一样。虹在冬天围绕着这些生成，尤其是在吹刮南风时。眼睛湿润的人最能清楚地见到，因为他们的视力微弱，最易反射。虹是源于气的潮湿，也源于火焰释放的、并与气混合的烟尘；由于黑，就形成了反射面，因为烟尘是烟雾。灯的光显得不是白炽的，而是紫色的，成一圆环，像虹一样，只是没有红色，因为被反射的视线很微弱，反射面也黑暗。在海中，因划桨产生的虹与天空中的虹有着同样的相对位置，但颜色却像灯烛周围的；因为它的颜色显得是紫的，而不是红的。从细小的水滴中形成的反射是连续的，当然，在这种情况下，水已完全形成。如果有人在房中
374b 面对太阳泼洒稀薄的水花，使阳光照耀一部分，其余的则在阴暗中，那么，也会有虹生成。如果一个人在房内洒水，另一个站在外面的人就会在阳光不到而造成阴暗的地方看到

虹的出现。这种虹的方式和颜色与由浆生成的相似，原因亦相同；因为用来洒水的手类似于浆。

虹的颜色就是我们所说的那些，其他颜色怎样在它之中出现，从下面的考察中会弄清楚。我们必须认识到（正如已经说过的）并且假定，首先，白光在黑的表面中或穿过黑色介体时，会成为红色；其次，在距离远时，视力将变得较为微弱无力；第三，黑色是视力的某种否定，因为由于视力的衰弱，对象才显得是黑的；因此，由于我们的视线没有达到，远处的万物就显得更黑。这些思考本来源于感觉的领域，因为对它们的探讨专属于感觉理论的课题，所以，在这里，我们只就它们谈些必要之点。由于这些原因，远距离的物体和反射面中的物体显得较暗、较小和较为光滑；云在水中的倒影比云本身更暗也是由于这些原因。后一种情形尤其明显；因为由于反射，降低了我们观察的视力。无论变化发生在所见的对象上还是在视线中，并无什么区别，在两种场合的结果是相同的。下面的事实也不应忽视。当云靠近太阳，我们看云自身时，它显得没有颜色，是白的，但当我们观察它在水中的倒影时，它就有了某种虹的颜色。理由很明显，正如当视线被反射时是微弱的，使黑的东西更黑一样，它也使白的东西不太白，并接近黑色。当视线相对地强大时，就朝向红色变化，次一些的就朝绿色变，视线微弱时就变成紫蓝色。没有见到更多的颜色变化，这三种（正如在大多数其他事物中的情形一样）就构成了颜色变化的完整过程，其他的变

375a 化不能被觉察。因此，虹也显出三种颜色；二者皆如此，但顺序相反。第一个虹的外环是红的；因为从最大的环带中，对太阳反射的视线最强，而外环就是最大的。第二和第三层环依此类推。所以，如果我们关于颜色表现的说法是正确的，虹就必然有三种颜色，而且也只能有这三种。黄色的出现是由于其他颜色的相互对比，因为红色和绿色相比，显得白。从下面的事实可以明白这一点：在云最暗时，虹最清纯，这时，红色就显得较黄。（在虹中，黄处在红色与绿色之间）所以，由于环绕着云的是黑色，红色从总体上就显得是白的；因为与云相比，它是白色。再有，当虹消失，红色离散时，也会如此；因为白色的云被引到近于绿色时，就变成黄的。最能表明这些的是月亮的虹：它显得完全是白的。其所以如此，是因为它出现在幽暗的云中，而且在夜间。正如火助火势一样，黑外之黑使微白的东西显得更白；红就是这样。在染料方面也有这种情形。在编织和刺绣的原料中，颜色外表的差异就是由它们彼此排列的不同引起的，例如，紫色在白的或黑的原料中就显得不同；此外，也由光亮的不同引起。因此，刺绣的工匠们说，他们在烛灯下工作时常常把颜色搞错，把一种颜色弄混为另一种。

为什么虹有三种颜色，而且只由这些颜色构成，我们已经说明了。同样的原因也能解释双层虹以及外层颜色的暗淡和顺序的相反。当视线的距离增大时，要影响对远方
375b 对象的观察，这里的情形亦如此。来自外层虹的反射较为

微弱，是因为反射的距离更远，所以力量较小，造成了所见颜色的较为暗淡。颜色顺序的相反则是由于，来自较小的、里面的环带的反射能更多地到达太阳；因为离我们的视线较近的反射是来自最靠近第一层虹的环带的。在外层的虹中，最小的环带是最近的，所以它是红色；第二和第三层环带也按同样理论解释。

设 B 为外层虹，A 为内层的、第一层的虹；用 C 表示红色，D 表示绿色，E 表示紫色；黄色出现在 Z 点。

不会有三层虹，更不可能有更多层数的虹，因为第二层就显得较为暗淡了，所以，第三层反射会极其微弱，根本不会到达太阳。

【5】　对图形的研究可以表明，虹不会是一个圆形，其弧线也不会比半圆更大；也可以表明虹的其他特性。设 A 是在地平圆上的一个半球，其中心是 K，H 是在地平线上的另一点。如果从 K 点引出处于锥形的线以 HK 作为轴线，如果连接 KM 的各条线在更大的角度上从半球到 H 点被反射，那么，从 K 引出的线就会处在圆周线上。如果反射发生在发光体的升起或降落时，被地平线切割的地球上的圆的部分就会是半圆；如果发光体已经升高了，被切的部分就总是小于半圆，在发光体升到顶点时，被切部分最小。

首先，设发光体正升起在 H 点，设 KM 被反射到 H，从三角形 HKM 中产生了一个平面。那么，被切割的球体

的部分将是一个大的圆，设它为 A（通过 HK 的平面和依
376a 据三角形 KMH 而产生的平面没有区别）。从 H 和 K 点到 A 的半圆上任何一点（除 M 点以外）的线彼此都不会有这种比例关系。因为既然 K、H 点和 HK 线被给定，那么，MH 线与 MK 线的比例亦会被给定。这样，M 点就会切出一个给定的圆周，设它为 NM。可见，这两个圆周的交点是给定的。但是，在同一平面中，从相同的点到除了 MN 以外的任何其他圆周的线之间，并不适于这同样的比例。

在这个图形之外画一直线 DB，并按 MH 与 MK 的比例将此线分为 D 和 B 两段。MH 比 KM 更大，既然锥的反射是在更大的角上；因为它对应的是三角形 KMH 的那个较大的角。〔所以，D 比 B 更大。〕为 B 加一截线 Z，这样，BZ 对 D 就如同 D 对 B 了。再画一条从 K 到 P 的线，使 B 对 KP 的比例与 Z 对 KH 的比例相同。连接 P 和 M，形成线段 MP。那么，P 将是由从 K 引出的那些线所构成的圆的极点；因为 D 对 PM 的比例与 Z 对 KH、B 对 KP 的比例相同。如果不相同，而是 D 与比 PM 更大或更小的线（这无关紧要）有这种比例，假定这条线为 PR，那么，HK、KP 和 PR 彼此间的比例就会与 Z、B、D 之间的比例相同。但是，Z、B、D 之间的比例有如 D 对 B、ZB 对 D，所以，PH 对 PR 就如 PR 对 PK。如果从 K、H 点画出到 R 的两条线，即 HR 和 KR，那么，这两条线之间的比例就与 HR 对 PR 的比例相同；因为在角 P 的周围，三角形 HPR 和 KRP 是

类似的。所以，PR 对 KR 的比例将会与 HP 对 DR 的相同。但是，MH 和 KM 之间也有这种比例；因为这两种比例有如 D 对 B 的比例。所以，从 H、K 两点画出的线不仅对圆 376b
周 MN，而且对其他点都有相对比例关系。但这是不可能的。因此，既然 D 不能对比 MP 更长或更短的线有这种比例（在两种场合中，证明是相同的），那么显然，它必然与 MP 自身有这种比例。所以，MP 对 PK 的比例与 PH 对 MP［以及 MH 对 MK］的比例相同。

如果以 P 为极点，以 MP 为距离画一个圆，那么，它将切触从 H、K 引出的线的反射而造成的所有的角。如果不能，它就会像前面一样表明，画到半圆的不同点上的线就会有相同的比例关系，而这是不可能的。如果以 HKP 为直径转一个半圆 A，从 H 和 K 反射到 M 点的线就会在每个面上有相同比例，就会使角 KMH 相等；而且，由 HP 和 MP 在 HP 上造成的角也总是相等的。所以，在 HP 和 KP 上的三角形等于三角形 HMP 和 KMP。它们的垂直线将落在 HP 的同一点上，而且相等。设它们落于 O 点。那么，O 就是圆心，也是半圆 MN 被地平线分割的中心。

〔太阳并不主宰上方的那些部分，而只主宰地球附近的部分，并驱散气。正是由于如此，虹不形成完整的圆。生成于月亮的、夜间的虹极少；因为月亮并非总是完满的，而且由于本性太微弱，所以不能主宰气。当太阳最有主宰

力时，虹最稳定；因为在那时，它里面的湿气最多。〕①

再有，设地平线为AKC，设H升起在它上方，设现在的轴线为HP。这里的证明大多与前面的相同，只是圆的极
377a 点P处在地平线AC的下面，既然H点已升到它上方。圆的极点和中心，以及现在确定太阳升起的那个圆（即HP）的中心全都在同一条线上。但是，既然KH在直径AC上方，中心就将在前面的地平线AC的下面，在KH线上的O点。所以，在地平线上方被切的圆弧SU就比半圆更小；因为SUY是半圆，现在被地平线AC切开了。因此，它的部分，即UY，在太阳升到地平线上方时，是不可见的；当太阳处在中天时，可见的部分最小。因为H点越高，圆的极点和中心就越低。

在秋分之后较短的白昼中，虹有可能在白昼的任何时候都发生，但在春分与秋分之间的较长白昼中，虹不会在正午左右发生。其原因是，朝北的部分全比半圆更大，并总在不断增大着，而不可见的部分则很小；但就赤道南边的部分而言，上方的弧线小，地球下方的弧线大，而且，越往下，就总是越大。所以，在夏至的那些白昼中，弧线的长度很大，以至于在H点到达弧线的中间，即顶点之前，P点已完全处在地平线下面了。因为弧线大，所以，顶点离地球的距离就远。但在冬至的白昼中，因为地球上方的圆

① 有些学者认为这一段与上下文不连贯，是后人插入的。

的弧线不大，所以，必然出现相反的结果。因为在 H 点升得不高时，太阳到达其顶点。

【6】 必须假定，幻日和“枝丫”也是出于已经说明过的同样的原因。

幻日是由我们的视线对太阳的反射引起的。“枝丫”则是由于当我们的视线到达处于我们说过的那种情形之下的太阳时，即当太阳附近有云时，视线从某个液体的表面被反射到云。在直接地看云时，它们自身显得无颜色，但在 377b
水中时，云就满是“枝丫”现象。唯一的区别是，在后一种情况下，云的颜色似乎在水中，但在“枝丫”的场合，颜色似乎在云自身中。在云的组合不均匀，一部分浓密，一部分稀薄，一部分水分多，一部分水分少时，“枝丫”就出现。在视线被反射到太阳时，见到的不是它的形状〔因为反射面很小〕①，而是颜色；视线被反射到的太阳的明亮色彩，由于是在不均匀的反射面中见到的，所以，就显得有的红，有的绿或黄。至于视线是穿过对象，还是从其表面反射回来，是没有区别的。因为在两种场合中，出现的颜色相同，如果在一种场合是红色，在另一场合亦复如此。

“枝丫”是由于反射面的不均匀引起的，当然，是指它的颜色，而不是形状。相反，幻日则出现在气很均匀并且

① 弗伯斯（Fobes）删去了括号中的内容。

同样浓密时，因此，它显得明亮。因为反射面的均匀使映像的颜色单一；视线集束性地被反射，从雾状物中同时投射到太阳，这雾很浓密，近于水，但又不是水。这种反射引起太阳真实的颜色出现，正如视线从密集、光滑的青铜表面反射一样。所以，太阳的颜色明亮，幻日也显得明亮。由于同样理由，幻日比起“枝丫”来，更是雨的征兆。因为对于水的生成而言，气有着更多适宜的条件。与北方的相比，南方的幻日更是下雨的征兆，因为南方的气比北方的气更容易变成水。

正如已经说过的，“枝丫”和幻日都出现在日出和日落时，但不是在太阳的上方或下方，而是在它旁边。它们既不靠太阳很近，也不离太阳太远。因为如果太近，太阳就会驱散它的聚合，而如果太远，视线就不能被反射。原因在于，当视线从一个小的反射面被反射到较远的对象时，
378a 是微弱的；因此，晕才从不在太阳的反面发生。如果聚合在太阳的上方，而且靠近它，太阳就会将其驱散；如果隔得太远，视线太微弱，就不能造成反射，或不能到达太阳。但是，在太阳旁边，反射面有足够间隔，太阳不会驱散它，视线也能集束性地到达，因为它的移动朝向地球，在它穿过间隔的过程中，似乎不会被驱散。它不在太阳的下方出现是因为，靠近地球会被阳光驱散，但如果它高在中天，视线就被分散了。即使是在太阳旁边，它也不在中天生成；因为这样的话，视线就不朝向地球移动了，其结果，只有很少的视线到达反射面，反射就是极其微弱无力的。

关于地球上方地区中的、散发物所造成的那些现象的性质，我们差不多已说完了。现在，我们还必须说明闭锁在地球本身的部分之中的那些散发物所造成的结果。

它自身的双重本性使两种不同种类的物体产生出来，正如在上方地区的一样。我们断言，有两类散发物，一类是蒸汽，另一类是烟尘。在地球中，也生成出两类对应的物体，即挖掘出的①和开采出的②。干燥散发物的热造成了一切挖掘物，例如不能溶化的石头、鸡冠石、赭石、代赭石、硫黄以及诸如此类的其他东西。大多数的挖掘物都是有颜色的灰土，或是由这种灰土聚合成的石头，比如朱砂。蒸汽性的散发物生成开采物，它们是可溶化的，有韧性的，例如铁、铜和金。它们都由闭锁在地下的潮湿散发物造成，尤其是在石头中的。它的干燥把它挤压成一体，并使其坚固，正如露和霜被分离时一样。虽然在这里，在分离出现前，被生成的只有这些金属。因此，它们在一种意义上是水，在另一种意义上又不是；因为它们的质料在过去能变成水，但现在却不能，它们也不像味道一样，是通过某种异变而来的水的生成物。铜和金不是这样生成的，相反， 378b
它们各自都是在散发物变成水之前凝固的结果。因此，它们全都有火和土的成分，因为它们包含有干燥的散发物。

① orukta。
② metalleuta。

只有金例外，它没有火的成分。

上述种种，就是对这些物体的共同说明。现在，我们要将它们分开来个别考察。

第 四 卷

【1】 既然元素的原因被区分为四个，那么，它们的结合就决定了元素也是四种。两个原因是能动作的，即热与冷，另两个是能承受的，即干与湿。这种观念，能从对事例的考察中得到支持。在一切场合中，都可见到热与冷在规定、结合和改变着同类的和不同类的事物，并滋润、烤干、硬化和软化它们。另一方面，干燥的和潮湿的东西则被规定，是被说明的其他性质的承受者，无论是在单独的情况下，还是二者结合共处于同一物体中。此外，当我们规定它们的本性时，也能从道理上表明这一点。我们说，热与冷是能动作的（因为结合就是某种能动作性），湿与干是能承受的（因为正是依据其承受的本性，一物才被说成是易于规定的和难以规定的）。

所以显然，有些是能动作的，有些是能承受的。为确立这一点，我们必须考察它们的“运作”①，即动作者的活

① ergasia。

动和承受者所采取的形式。首先，单纯的生成和自然的变化是这些力量的“运作”，相对应的、由于自然的消灭也如此。这些过程发生在植物、动物及其构成部分之中。单纯的、自然的生成是由进入每一自然事物基础质料之中的这
379a 些力量（当处于一定比例关系时）所引起的变化，而质料则是我们说过的能承受的东西。当热与冷控制了质料时，就有事物的生成，但如果没有控制它，就只能是部分的调配，或根本不能消化。一般地说，与单纯的生成最相反的是腐朽；因为一切由于自然的消灭都要导向这条道路，例如衰老与枯萎。这一切事物以及其他自然构成的东西的终结都是腐朽，除非是因强制而导致消灭。因为虽然可以烧焦肉、骨头或其他东西，但它们由于自然的消灭的终点却是腐朽。因此，腐朽之物开始于潮湿，终结于干燥。因为正是从干与湿中，才生成了事物，而且，能动作的东西的活动，使干燥被潮湿所规定。

当被规定者通过包围而控制了规定者时，消灭就发生了（虽然在事物的本性被违背时，腐朽一词的特有含义是指部分地被消灭的东西）。因此，除火之外的一切其他东西都会腐朽。土、水、气都要腐朽，因为相对于火而言，它们全都是质料。腐朽是指，在外部的热，即周围的热的作用下，每一潮湿物中特有的、自然的热的消灭。所以，既然这种承受是因为缺少热，而一切缺少热的东西是冷的，那么，热与冷就是造成腐朽这种异变的共同原因，冷是内部固有的，热是外面的。正因为如此，每一腐朽物都变得

较为干燥，而且最终都成为土和粪。原因在于，它自己的热消散了，自然具有的湿蒸发了，没有什么能吸入湿；因为吸收并接纳湿的，正是它自身的热。在寒冷的季节，腐朽发生得比炎热的季节要少（因为在冬天，在周围的气和水中包含的热量较少，因而没有什么力量，但在夏天，所含热量较多）。被凝冻的东西不会腐朽（因为它的冷超过气的热，所以不会被热控制，运动者才控制它）。沸腾的或热的东西也不腐朽（因为气中的热比物体自身中的热要少，所以不能控制它，不会引起任何变化）。同样，与不流不动的东西相比，被运动物和流动着的东西不容易腐朽，因为气中的热量所造成的运动不及物体中已经先行存在着的运动，所以引不起事物的变化。379b
由于同样原因，量大的事物比量小的东西更不容易腐朽。因为量大者自身中有较多的火和冷，所以，周围的东西不能控制它。因此，被分割成部分的海水很快腐朽，但作为整体的海水却不，其他水的情形亦如此。生物在腐朽之物中生成，因为散发出来的自然之热从质料中释放出来，构成了它们。

关于生成和消灭是什么的问题，就说这些。

【2】 接下来必须说一说上述那些性质作为载体在构成自然事物起作用时的其他一些形式。

热的结果是调协①，调协有三种，即制熟、煮沸和烧

① pepsis。

烤；冷的结果是不调协，它也有三种，即生的、烫的和烘的。但必须懂得，上述名称用以描述这些事物并不严格，而且，也无普遍性的名称来指称同类的其他事物，所以，必须认识到，已经说过的那些形式不是相同，而是类似的。

现在，让我们来逐一说明它们每个的本性。

调协产生于对立的能承受性，靠事物自然的、固有的热完成，而能承受性乃是每一事物固有的质料。因为当事物被调协时，就已完成和生成了。而完成的本原，正是事物固有的热，虽然外部的影响也在某种程度上有助于这种完成。例如，沐浴和诸如此类的其他行为虽然也有助于食物的消化，但本原还是体内自身固有的热。在有些场合，过程的终结是事物的本性。这里所谓的本性，即形式和本质。在另一些场合，当被烧烤、煮沸、发酵或以其他方式加热，及潮湿获得了某种性质和数量时，调协的终结就导向某种潜伏的形状。因为在这时，事物可使用了，我们才说已成熟了，例如葡萄汁，在肿块中聚集的、化脓时的脓汁，发炎时分泌的泪水，以及诸如此类的其他东西。

每一事物的这种调协性质发生在质料和潮湿被控制的时候；因为质料是被事物中自然的热所规定的。只要它们
380a 之间的比例存在于其中，事物的本性就保持着。因此，大小便以及一般而言排泄出的多余物，乃是身体健康的征兆。它们被说成已经调协了，是因为它们表明，固有的热控制

了不确定的质料。被调协了的东西必然更浓密，也更热；因为热所造成的结果就是使事物更密集、更浓厚、更干燥。

调协的性质就是如此。不调协则是由于缺少固有的热而出现的未完成状态（热的缺少也就是冷）。未完成是一种作为每一事物自然质料的对立的能承受性。

关于调协与不调协，就作这种规定。

【3】 成熟是调协的一种；因为果实中养分的调协被称为成熟了。既然调协是一种完成，那么，当果实中的种子能够产生出与它同类的其他果实时，这个成熟的过程也就是完成。因为在其他场合，我所谓的完成就是这种意思。当用来指果实时，其含义就是成熟；但被调协的许多其他东西也被说成成熟，过程的特性是相同的，只是带有比喻性。因为正如我们在前面所说，对于靠自然的热和冷规定其质料的事物的每一类完成，没有个别的合适名称。在脓肿、黏液及其类似的场合，成熟的过程是靠着它们的自然热而使内部的湿气调协，因为没有控制住质料的东西不能规定它。所以，成熟的一切事物从气态变成水态，从水态变成土态，一般而言，从稀薄的变成较浓厚的。在这个过程中，自然同化一些质料于自身，又排斥一些质料。

关于成熟是什么的问题，就说到这里。生是它的反面，熟的这种反面是果实中养分的不调协，即无确定性的水分的不调协。因此，生或者是气性的，或者是水性的，或者是由这二者混合而成的。既然熟是某种完成，生就是未完成。这种未完成状态是由于自然热的缺乏，并与被成熟的潮湿不相称。（如若无干燥成分的混合，就没有什么潮湿的
380b 东西能靠自身成熟；因为仅是液体的水是不会浓厚的。）这种不相称的出现，或者是因为热太少，或者是由于要被规定的质料太多。因此，生的汁液是淡薄的，冷多于热，不宜食用和饮用。生如同熟一样，有多种含义。大小便及感冒炎症之类都由于同样的原因而被称为生；因为在生适用的这每一场合，热都没能控制住它们，也没把它们聚合在一起。如果深入探究便会发现，砖和奶类以及其他许多东西也都可以被称为生，虽然它们能变化，并被热聚合在一起，但假如不承受热的作用的话。因此，我们说煮沸的水，而不是生水，因为它没变浓。

现在，我们已说明了熟和生是什么，也指出了它们的原因。

一般而言，滚沸是由存在于潮湿物中的不确定质料的湿热引起的调协，但严格地讲，该词只适于指称在蒸煮方面滚沸的东西。这种质料正如我们已经说过的，是气性或水性的。调协的出现源于潮湿中含有的火；因为在锅中蒸煮的东西是在被烧烤（因为它承受外面的热，而潮湿存在于其中，所以，热使湿变得较快，并将其吸入自身）。但是，滚沸之物却造成相反的结果（因为它的湿被外面湿气中的热从它之内吸出）。因此，滚沸之物比烧烤之物更加干燥。因为

滚沸物不把湿气吸入自身之中；既然外面的热控制了内里的热。假若内里的热占优势的话，它就会将湿吸入自身了。

并非一切物体都可滚沸。其中无湿气的物体（如石头）就不行。其中虽有湿气，但由于太浓密，湿气不能将其控制的物体（如木头）也不行。只有既包含有湿气，又能承受外面湿气中的热的作用的物体才能滚沸。虽然黄金、木头和其他许多东西都可以说成滚沸，但其类型却是不同的，是比喻性说法。因为没有合适的词来称谓这种差别。当包围着液体的外面的火对它加热，使液体中的味道变成某种样子时，我们也说液体（譬如奶）滚沸，因为这个过程与 381a
我们所说的滚沸造成结果的方式有某种相似之处。（滚沸的或被调协的事物的目的并非全都一样，而是有些为了吃，有些为了喝，有些又有其他用途，例如药剂，我们也称为被煮沸。）所以，一切可滚沸之物都能变得更浓，更小或更重，或者，它们的有些部分变得如此，有些部分则变得相反，因为由于分化，有的部分被浓缩了，有的部分则淡薄了，譬如奶就分成乳清和凝乳。油类本身不滚沸，因为它不承受这些方式的作用。这就是所谓由于滚沸的调协。无论是发生在人造的器皿中，还是在自然的容器里，没有什么区别，因为在每一场合，都是由于同样的原因。

半熟①是与滚沸相反的不调协的形式。与滚沸相反的、

① molunsis。

半熟的首要含义是，由于在周围的液体中缺乏热而出现的物体中不确定质料的不调协（前面已经说过，热的缺乏就意味着冷的存在）。半熟的出现是由于另一类运动，因为调协的热被排挤出去了。热的缺乏或是由于液体中的冷多，或是由于被煮沸之物中的冷多。因为在这些情形下，液体中的热或者因太多而不能不引起运动，或者因太少而没有完全一致的调协。因此，半熟的东西比滚沸物更坚硬，其中的湿气也更分散。

烘烤是靠外在的热的干燥而出现的调协。因此，假如某人想造成事物滚沸的变化和调协，但不是靠液体的热，而是靠火的热，那么，当过程结束时，事物就是被烘烤的，而不是煮沸的。如果烧得过分，我们就称为烧焦。如果过程结束时变得更为干燥，就是靠干燥的热。因此，外面的东西比里面的更干燥，相反的情形适于被煮沸之物。在人的行为方面，烘烤比煮沸更困难。因为要均匀地给外面的和里面的东西加热是很难的，既然离火更近的部分干燥得
381b 更快，因而也更完全。这样，当外面的孔道收缩时，存在于事物之中的湿气就不能出来，而是在孔道关闭时被封在里面。烘烤和煮沸无疑是技术过程，但是，正如我们已说的，在自然中，也有相同的一般形式。虽然没有相应的名称，但所产生的现象的性质是类似的，因为技术摹仿自然。例如，在身体中食物的消化类似于煮沸，因为它靠身体的热而发生在湿与热的结合中。同样，有些不消化的形式类

似于半熟。有些人关于生物生成于食物的消化调协中的说法是不真实的。其实，它们生成于在下腹部中腐烂发酵的排泄物里，尔后才升上去。因为调协出现在上腹部，排泄物的腐烂发生在下腹部。其所以如此的原因，我们将在别处说明。

半熟与煮沸相反。同样，还有某种现象与我们所谓烘烤的调协形式对应，但更难找到称谓它的名称。如果由于外面火的不足，或由于被烘烤物中水的过量而导致的热的缺乏造成了事物被烧焦，而不是被烘烤得恰到好处，那么，这种现象就会发生。因为在那时，热量要么过多，不能不引起运动，要么太少，无法使调协发生。

关于什么是调协与不调协，熟与生、煮沸与烘烤以及它们的相反面的问题，我们就说这些。

【4】 现在，我们必然说明干和湿的能承受性的各种形式。

在物体的本原中，能承受的本原是湿和干。物体要由它们构成。如果哪一种本原占优势，就由它决定该物体的本性，所以，有些物体较干，有些则较湿。在一切物体中，有些现实地存在着，有些则以对立的方式，即潜在地存在着，这样，就有了例如正溶解之物与可溶解之物的关系。既然湿易于确定，干难以确定，它们的相互关系就有如盘子与调味品之间的关系。因为湿是使干得以被确定的原因， 382a
每一方对另一方就像粘胶，正如恩培多克勒在其《论自然》

的诗中所说，“用水把饭黏合在一起”[1]。所以，确定的物体是由它们二者构成的。在所谓的四元素中，土最具干的特性，水最有湿的特性。正是由于这样，我们这个世界上的一切确定的物体都不可无土和水（每个物体所表现的，是能在其中占优势的那种元素的性质）。也正是因为物体的质料是这些，动物才只存在于陆上和水中，而不在气和火中。在物体的诸多性质中，硬或软必然是首先属于确定的事物的。因为由干与湿所构成的东西必然有硬或软的性质。硬是其表面不下陷的东西，软是其表面虽下陷，但并不易位的东西。水不是软的，因为它的表面不因压力而下陷，而是发生易位。完全具有这些性质的东西是绝对的硬或软，与另物相比较而具有这些性质的东西是相对的硬或软。硬与软的程度是不确定的，因为是就彼此的关系而言。但是，既然我们判定一切感觉事物是相对于感觉而言，那么显然，硬和软是相对于触摸而被绝对地确定的，触摸被用作尺度。因此我们说，超过它的东西为硬，不及它的东西为软。

【5】 被自身的限界所界定的物体必然是硬的或软的（因为它或者下陷，或者不下陷）。此外，它也必然是可凝结的（因为它是被界定的）。所以，既然每一被界定的和聚合的事物都或硬或软，而硬与软又是由于被凝结，那么，

① DK 残篇 34。

如若无凝结，一切聚合的和被界定的东西就不会存在。因此，我们必须说明凝结。

除质料之外，还有两类原因，即动作者与承受者[1]——动作者作为运动的根源，承受者作为形式。所以，凝结与分散、干燥与潮湿也有两类原因。正如我们说过的，动作者靠两种力量动作，承受者亦靠两种力量承受。动作靠热与冷才发生，承受靠热与冷的缺乏或存在而出现。 382b

既然凝结是某种意义上的干燥，那么，就让我们先来说明它。承受者或者是湿的，或者是干的，或者由二者所合成。水是湿所决定的物体，土是干所决定的物体；因为在湿和干的东西中，这二者是能承受者。因此，在能承受者中，冷占优势，因为它存在于它们之中，所以，我们设定土和水为冷。但正如我们前面已说过的，在毁坏或在偶性的意义上，冷是能动作者。因为有时，冷被说成燃烧和加热，但与热的方式不同，而是通过聚集和浓缩热。水、各类水性的东西，以及或外来或本身而有水的事物（我所谓外来的，指例如羊毛中的水，而所谓自身的，则指譬如奶中的水），都要承受干的影响。各类水性的东西，指的是例如酒、尿、乳清，以及一般而言的那些根本没有或很少有沉淀，但又不是由于黏性的东西。因为有些事物虽无沉淀，但原因是有黏性，例如橄榄油和松脂油。万物或靠加

① to poioun，pathos。

热或靠冷却而被弄干，但在两种场合中，动作者都是热，即靠内里的或外面的热。因为即使是被冷却弄干的东西，例如罩袍，其自身之中分离存在着的湿，也是被内里的热弄干的。因为当热被周围的冷挤出时，如若湿量较小，就被蒸发了。

所以，正如已经说过的，万物总是由于加热或冷却而被弄干，其动作者总是内里的和外面的热，靠它蒸发湿气。（我所谓外面的热，指的是犹如煮沸的情形，而内里的热则是指，当事物具有的热被释放出来时，它排挤并消耗掉湿气。）

关于干燥，就说这些。

【6】 溶解有两种形式，一是被浓缩的东西变成水，一是凝结物的溶化。其中，浓缩是气的被冷却，而溶化和凝结同时被表明。凝结的东西或者是水性物，或者是土和水的混合物。其动作者或是干燥的热，或是冷。因此，在 383a 由于热或冷而凝结的事物中，那些溶化的东西是被相反者所溶化。因为靠干燥的热凝结的东西被水，即被潮湿的冷所溶化，而靠冷所凝结的东西则被火，即热所溶化。有些事物似乎是被水凝结的，例如煮沸的蜂蜜，但实际上，引起凝结的不是水，而是水中的冷。

水性物体不是被火凝结的，因为使它们溶化的才是火，而以相同方式作用于相同对象的相同原因不会引起相反的结果。再有，在水凝结时，热要减少，因而显然，当水溶化时，热要增加，所以，冷才是使它凝结的动作者。因此，在水性物凝结时，不会变得浓厚。因为变浓厚出现在湿气散发，干燥物被聚拢时，而水只是不变浓厚的液体。

由土和水共同构成的那些东西既被火，又被冷所凝结，而且，在两种场合下，都要变浓，但二者动作的方式有的意义相同，有的意义不相同。湿被热所排除，而湿一旦散发，干的东西就变得浓厚，并聚合在一起，热则被冷排挤，湿也随之散发。那些虽然柔软，但不潮湿的东西，在湿气散发时，不是变浓，而是凝结，例如被烘烤的黏土。但是，那些液体性的混合物就会变浓，例如奶。那些先前已经被冷变浓或变硬的东西，常常首先变得潮湿，例如被烘烤的黏土先是冒出水气，并变得较软；因此，它容易在窑中走形。

在被冷凝结，由土和水构成，但土占优势的事物中，有些是通过热的离散而凝结，又由于热重新进入其中而被热熔化的，例如被凝冻时的泥浆。但是，那些由于冷和自身的一切热的散发而凝结的东西却不化（除非由于极大的热），而是变软，例如铁和角。当然，被冶炼的铁能溶化，成为液体，并重新凝结。钢就是这样制成的。因为无用的铁渣落到底部，并被清除，当多次这样做之后，金属就被 383b
提纯，钢就生成了。这种过程并不经常重复，因为在提纯中，金属重量的损耗很大。但较好的铁含有的不纯杂质很少。“普里马合斯①石头也会溶化，形成小滴并流动，但

① purimakhos。

在液化后，它又被凝结，再次成为坚硬的。磨石也能溶化流动，当液体凝结后，它的颜色成了黑的，但形状却类似于石灰。泥浆和土也能溶化。

在被干燥的热所凝结的事物中，有些不可溶化，有些则能被液体所溶化。陶器以及由被火烧烤过的泥土构成的其他种类的石头（譬如磨石）不可溶化。碱和盐则能靠液体溶化，但不是被一切液体，而是冷。因此，它们能被水及一切种类的水性物溶化，却不能被油溶化。因为与干而热相反的是湿而冷，所以，如若一方凝结，另一方就会溶化，既然相反的结果由相反的原因造成。

【7】 如果一物包含的水比土多，它就只能被火变浓；但如果包含的土更多，就被火凝结。因此，碱和盐包含的土多，石头和黏土亦然。

油的本性最难确定。如果其中包含的水多，它就应被冷凝结，而如果其中的土多，就应被火凝结。但实际上，二者都没使它凝结，但二者却都使它变得浓厚了。其原因是，它充满着气。因此，油浮在水上，因为气的本性就是往上移动。冷通过把它之中的气变成水而使它变浓；因为当水和油混合时，其浓度比二者各自的更大。火和时间的推移能使油变浓和变白。变白是由于其中包含的某种水的散发，变浓则是由于当其中的热消退时，气变成了水。可见，在两种场合中，结果和原因都是相同的，只是作用的

方式不同。虽然热与冷使它变浓，但都不使它变干（因为无论是太阳，还是冷，都不使油变干），这不仅因为它是黏 384a
性的，而且也由于它含有气。火之所以不能烤干和烧沸它，是因为它的黏性阻止了水分的散发。

根据谁占优势的原则，可以对由水和土合成的事物进行分类。有一种酒在煮沸时凝结，例如新酿的葡萄酒。在变干时，水就从所有的这类东西中被蒸发出来。它们含有水，这可以用下面的事实来表明：只要有人愿意汇集，蒸汽就会浓聚成水。所以，如果有什么沉积物留下来，那就是土性的东西。但在这些物体中，正如我们已说过的，有些却被冷变浓和变干。因为冷不仅凝结水，而且弄干水，并通过把气变成水而使事物浓厚；而我们已说过，凝结就是某种变干。所以，那些不是被冷变浓，而是被冷凝结的东西包含着更多的水，例如葡萄酒、尿、醋、灰液和乳清。而在那些变得浓厚，但不因火而蒸发的东西中，有些由土构成，有些由水和气共同构成，例如，蜂蜜是土性的，但油类则包含气。奶和血由水、土二者共同构成，但更多的是土，构成碱和盐的液体也如此（石头也是由某些这类东西构成的）。因此，如若乳清未被分离出来的话，那么，在被火煮沸时，就会被烧干。假如某人以医生那样的方式将其煮沸，那么，奶中的土性成分也会被无花果树的汁液所凝结。乳清和奶酪就是这样被分离出来的。一旦分离，乳清就不再变浓，而是像水一样被烧干。如果奶中没有奶酪，或者很少，那么，其中的水就更多，也就没有营养。血的情形亦同样。因为当它被冷弄干时，就凝结。但在不凝结的血中，例如鹿的血，有些更多的是水，而且是冷的。因此，它们不含有纤维成分；因为纤维是由土和固体构成的，所以，被抽取了纤维成分的血就不会凝结。这就是它不变干的缘由；因为剩下的是水，正如被抽取了奶酪的奶一样。其证明是，患病者的血就不会凝结。因为它是血清性的，是黏 384b 液和水，其本性不能支配和处置它。再有，有些构成物是可溶的，如碱；有些是不可溶的，如陶瓷。在后一类中，有些能被软化，如兽角，有些不能被软化，如陶瓷和石头。这是由于，相反的原因造成相反的结果，所以，如果凝结来自两种原因，即冷和干，那么，热和湿就必然造成溶化。因此，火和水是溶解的原因（因为它们是相反的），水所溶解的是只被火凝结的东西，火所溶解的是只被冷凝结的东西。所以，如果某物恰好是被二者共同构成，那就最难溶解。这种情形出现在那些先被加热，尔后又被冷所凝结的事物上。当热离开它们，使大多数的湿蒸发时，它们就被冷再度聚合在一起，即使对湿也不提供任何入内的通道。正因如此，热不能溶化它们，因为它溶化的是只被冷所凝结的东西。水也不溶化它们，因为水并不溶化被冷凝结的东西，而是溶化那些只被干燥的热所凝结的东西。但是，铁被热溶化，在冷却时又凝结。木头由土和气构成，因此，它可以燃烧，但不溶化，也不软化，除黑檀木外，其余的都能在水上漂浮。黑檀木之所以不漂浮，是因为其他木头含有的气更多，而气却从它之中被排挤出去，土在其中占了优势。陶瓷仅由土构成，因为在被烘干时，它是逐渐凝结的。水不能进入它之中，因为孔道不大，只能供气出入。火也不能溶化它，因为使它凝结的正是火。

关于凝结和溶化是什么，它们的原因有哪些，它们发生在何种事物之中等问题，我们就说这些。

【8】 从这些考察清楚可见，物体是由热与冷构成的，而热与冷的“运作”乃是造成浓厚与凝结。由于物体是由它们造成的，因此，热存在于万物之中，就缺少热而言，冷亦存在于有些事物之中。既然热与冷是作为动作者而存在，湿与干是作为承受者而存在，那么，混合物体就有着它们四者。在植物、动物和金、银及同类的其他金属中的同质[1]物体都由水和土构成，正如我们在别处所说的[2]，是在它们和它们各自的散发物被闭锁时。所有的这些混合物是相互区别的。首先是它们作用于感官的能力特性不同（因为根据某物作用于感官的能力，它是白色的、芳香的、鸣响的、甘甜的、温热的或冰冷的）。其次，就承受者而言的特有承受性不同，我指的是诸如可溶性、可凝性、可塑性等等；因为所有这些性质都像湿与干一样，是能承受性。

① homoiomere。

② 《天象学》第三卷，【6】，378^{a}15 以下。

正是通过这些性质，骨头、肉、肌腱、木头、树皮、石头以及其他每种自然的同质物体才得以区别。

让我们先来列举这些性质，说明一物能不能以某种方式具有它们。这些性质如下：

能凝结，不能凝结。

能溶化，不能溶化。

能受热变软，不能受热变软。

能被水软化，不能被水软化。

能弯曲，不能弯曲。

能弄破，不能弄破。

能弄碎，不能弄碎。

能留痕迹，不能留痕迹。

能成形，不能成形。

能压扁，不能压扁。

能拉长，不能拉长。

能碾薄，不能碾薄。

易裂开，不易裂开。

可分割，不可分割。

有韧性，易脆断。

能压紧，不能压紧。

易燃烧，不易燃烧。

能发香味，不能发香味。

绝大多数物体都靠这些性质相互区分。下面，我们来说明它们每一个具有什么能力①。

关于能凝结、不能凝结和能溶化，不能溶化的问题，我们已在前面作了一般的论述。现在，我们要回到这个问题，给予重新说明。在凝结和变硬的物体中，有些是通过热而承受这种性质的，有些则是通过冷。通过热的是靠烘干湿，通过冷的是靠排除热。所以，有些物体由于缺少湿而承受这种性质，有些则是由于缺少热。水性物体由于缺少热，土性物体由于缺少湿。那些因缺少湿而如此承受的物体被湿所分解，除非由于它们结合得很紧密，孔道太小，不能使水的成分渗入，例如陶瓷。不是这种情形的那些东西全都被湿溶化，例如碱、盐和干土。那些缺少热的物体被热所溶化，例如铁、铅和铜。关于能凝结和溶化，以及不能溶化的物体，我们就说这些。不能凝结的物体是那些 385b
不含有水的潮湿和不是水性，而是热和土的成分居多的东西，例如蜂蜜和葡萄汁（因为它们处于一种发酵状态）。那些虽然含有水，但气居多的物体（例如油类和水银），以及诸如松脂和粘鸟胶一类的黏性物体亦属此类。

【9】 能变软的有形物不是像冰由水构成一样，而是含有更多的土，而且，它们的湿不是全都已经散离（像碱与盐一样），它们的构成成分也不是不合比例（例如陶瓷），

① dunamis。

它们或能拉长但不吸水，或能碾薄但无水性成分，是火使它们变软的，例如铁与兽角。

在能溶化和不能溶化的物体中，有些能被水软化，有些则不能。例如，能熔化的青铜就不能被水软化，而羊毛和土则能软化，因为它们能被浸湿。青铜虽能熔化，但却不是被水溶化。有些东西虽能被水溶化，但却不能被水软化，例如碱和盐；因为如果在浸泡时不变得更柔软，就没有什么东西能被说成是被水软化了。另一方面，有些东西能被水软化，但却不能被水溶化，例如羊毛和谷粒。有的土性物能被水软化，它具有的孔道比水微粒大，也比水硬。但能被水溶化的物体必定处处有孔道。为什么土既能被湿溶化又能被湿软化，而碱却只被溶化而不被软化呢？因为碱处处都有孔道，所以，它的部分直接地被水分散；但土的孔道不是处处都有，所以，水渗入的位置不同，就使承受的结果有了区别。

有些物体能被弯曲或拉直，例如芦苇和柳枝；有些物体却不能被弯曲，例如陶瓷和石头。不能被弯曲和拉直的是这样的物体，它们不能从直的变成曲的，也不能从曲的变成直的，而弄弯与拉直是使事物成为直或曲的变化或运
386a 动，因为一物无论向上弯还是朝下弯，都是被弯曲。所以，弯曲就是在长度不变时趋于凹形或凸形的运动。因为假如要加上它也是“趋于直的运动”，那么，一物就同时会既是弯的又是直的了，而直的东西不可能又是弯的。如果一切被弯曲的都或是朝上弯， 或是朝下弯， 而朝上弯的是向凸

形变化，朝下弯的是向凹形变化，那么，朝向直的变化就不应是弯曲，因为弯与直是不同的。这些就是能弯曲与能拉直、不能弯曲与不能拉直的东西。

有些东西既能弄破又能弄碎，有些东西只能有其中的一种性质。例如，木头能弄破，但不能弄碎，冰和石头能弄碎，但不能弄破，陶瓷既能弄碎又能弄破。其区别是：弄破是分开并分成大的部分，弄碎则是分成比两部分更多的可能大的部分。所以，那些不是处处都有孔道的凝结物能被弄碎（因为孔道决定了它们分裂的限度），那些在长度上有连续孔道的事物能弄破，而那些兼具上述两种孔道排列方式的事物就既能弄碎，也能弄破。

有些东西能留痕迹，例如铜和蜡，有些则不能留痕迹，例如陶与水。所谓留痕迹，就是一物在压力或撞击，或一般而言的碰触的作用下，其表面有部分的凹陷。这样的物体有些是柔软的，如蜡块，它的表面只是部分凹陷，其余部分不变；有些则是坚硬的，如青铜。不能留痕迹的物体中，有些是坚硬的，如陶瓷（因为它的表面并不后缩凹陷），有些是潮湿的，如水（虽然水要后缩，但不是部分性的凹陷，而是易位）。在留痕迹的物体中，那些能保持痕迹并易于用手造形的东西叫能成形的；那些不易造形（如石头或木头）的东西，或虽易造形，但不保持痕迹的东西（如羊毛或海绵）叫不能成形的，但是，它们能被压扁。能被压扁之物指这样的东西：在压力作用下，它们能向自身

收缩，其表面能无破损的凹陷，各部分也不变换位置，与水的情形不同，因为水在这种场合要发生易位。压力是运
386b 动者与被运动物保持接触时生成的运动，碰撞则是在运动者移动时的运动。能被压扁的物体含有它自身质料存在的空孔道，所以，在有压力时，它能收缩进空的地方，或换言之，能缩进自已的孔道。因为在有时，物体缩进的孔道并不是空的，例如浸湿了的海绵（因为它的孔道是充满的），但在这种情形下，充塞孔道的东西要比将缩进自身中去的东西更柔软。海绵、蜡和肉都能被压扁。不能被压扁的是那些在压力作用下不能收缩到自身的孔道中去的东西，其所以如此，或由于没有孔道，或由于孔道已被更坚硬的东西所充满。所以，铁不能被压扁，石头、水及一切液体亦如此。

能拉长的是能延伸其表面长度的东西，因为被拉长就是其表面不破损地向运动者方向延伸。有些东西能拉长，例如头发、皮带、肌腱、面团、粘鸟胶，有些则不能拉长，例如水和石头。有些东西既能拉长，又能压扁，譬如羊毛。有些东西不能兼具二者，如黏液不能被压扁，但能拉长，海绵却能被压扁，但不能拉长。

有些东西能碾薄，例如青铜，有些则不能碾薄，如石头和木头。所谓能碾薄，指事物的部分表面在相同撞击力的作用下，能同时朝下和横向延伸。如果不能同时延伸，就是不能碾薄。一切能碾薄的东西都能留痕迹，但能留痕迹的东西并非全能碾薄，例如木头。但一般地说，这两个

词可替代使用。在能被压扁的东西中，有些能碾薄，有些不能。例如，蜡块和泥浆能碾薄，但羊毛则不行。

有些东西易裂开，例如木头，有些不易裂开，例如陶瓷。如果一物比分裂它的东西更能分裂，就是易裂的，因为当一物比分裂它的东西能更进一步分裂，其分裂性超过它，此物就被说成是易分开的。但分割的情形不是这样。不能如此承受的东西是不易裂开的。凡柔软物都不易裂开(我指的是绝对的柔软，而不是相对的柔软；因为铁本身就有相对的柔软)，一切坚硬之物也不易裂开。只有既不是液体，也不能留痕迹，也不能弄碎的东西才易裂开。这些物体是那些在长度上有，但在宽度上没有赖以附着的孔道的东西。

可分割的是这样的凝结体：它们或坚硬或柔软，但在被分裂时，并不必然胜过分裂它的东西，或不必然被弄碎。凡不潮湿的东西都不可分割。有些东西既能被分割，又能被分裂，例如木头。但一般而言，事物是在长度上可分裂，在宽度上可分割。因为既然事物能分成许多部分，那么，如果统一体由许多长的部分构成，它就可分裂，如果统一体由许多宽的部分构成，它就可分割。

当一物能拉长，或是潮湿的，或是柔软的时，就有黏性。这种性质属于各部分是连接着的、其构成像链条一样的物体。因为它们既能被拉得很长，又能收缩回去。不具有这种性质的物体是脆的。

能压紧的是那些能被挤扁，又能保持挤扁时的形状的物体。不能压紧的或是根本不能被挤扁的物体，或是不能保持被挤成的形状的物体。

有些东西能燃，有些不能燃。例如，木头、羊毛和骨头是能燃的，但石头和冰却不能燃。具有能接纳火的孔道，而且，其纵向性孔道中含有的潮湿敌不过火的那些物体，都是能燃的。相反，没有孔道，或纵向孔道中包含的湿比火更强的物体，如冰和极湿的新柴，则是不能燃的。

包含有潮湿的物体能散发香味，但在着火时并不分别蒸发。因为蒸汽是被燃烧的热所作用的、从潮湿中散发出来进入气和风中的湿的散发物。物体散发的香味随着时间的推移而消散在气中，它们有些因干燥而消失，有些则变成土。这种散发物是有区别的，它既不湿，也不变成风（风乃是在一个给定方向上的连续的气流）。香味是在燃烧的热的作用下，干和湿结合的共同散发物。因此，它不是
387b 弄湿事物，而更是为其着色。木性物体的香味是烟。我说的意思包括了骨头、毛发和同一种类中的一切类似的东西。因为没有称谓它们的共同名称，而它们是类似的，所以，全都被归于同一类。正如恩培多克勒所说：

头发、树叶、紧裹飞禽的毛羽，
生长在强壮肢体上的鳞，
它们全都同一。①

① DK 残篇 82。

脂肪的香味是黑烟，油物的则是油气。油类物之所以不滚沸，也不变浓，是因为它散发的是香味，而不是蒸汽。相反，水散发蒸汽，而不是香味。甜酒散发香味，因为它含有脂肪，并像油物一样动作；因为它不被冷所凝结，且会燃烧。虽然它被称为酒，但实际上不是酒，因为它没有酒味。所以，它也不像普通的酒一样醉人（它含有的香味极少，因此会燃）。

可燃物体是能化为灰的东西。承受这种性质的一切物体都或者被热，或者被冷与热二者所凝结。因为我们发现，它们都被火控制。在石头中，受火的影响最小的是被称为红宝石的那种宝石。在可燃物中，有些易燃，有些不易燃。而在易燃物中，又有些被碳化。易燃物是能产生火焰的东西，不能产生火焰的是不易燃物。那些不潮湿，但却有着香味的东西是易燃物。松脂、油类或蜡在与其他东西混合时，比自身更加易燃。最易燃的是能产生烟的东西。在这类东西中，包含的土比烟更多的那些能被碳化。有些能溶化的东西却不易燃烧，例如青铜；有些易燃物又不能溶化，例如木头；有些则既能溶化又易燃烧，例如乳香。其原因是，木头具有的湿气是集合在一起的，完全连续，所以能燃烧；而青铜的湿气则分散在每个部分，不连续，所以，其量很小，不足以造成火焰；但乳香却具有这两种条件。有些散发香味的易燃物之所以不能溶化，是因为其中的土占优势。因为它们有与火相同的干燥。当这种干燥变成热 388a
时，就生成火。正因如此，火焰是风或燃烧的烟。木的香味是烟；蜡、乳香及类似的东西、松脂、含有松脂的东西以及诸如此类的事物的香味是黑烟；油和油类物的香味是油气。由于内含的干燥（正是由于干燥，才变成火）太少而不能自我燃烧，但与其他东西结合又极易燃烧的东西的香味亦如此。因为脂肪就是干燥与油类的结合。所以，散发香味的物体（譬如油与松脂）是湿的成分居多，而燃烧的物体则是干的成分居多。

【10】 正如我们已说过的，这些就是使同质物体在触觉方面彼此区分的性质和差异。此外，它们在味觉、嗅觉和颜色方面也有区别。我所谓的同质物，指的是开采出的金属物——铜、金、银、锡、铁、石头和诸如此类的其他东西，以及以它们作原料构成的物品——，也指动物和植物中的东西，如肌肉、骨头、肌腱、皮肤、内脏、毛发、纤维物、血管（从它们之中，形成了脸、手、脚等非同质物），以及在植物中的木头、树皮、树叶、树根等等。虽然它们的构成原因各不相同，但由以构成的质料却都是干与湿，即水和土（因为它们最明显地表现出能具有这两种性质）。动作者则是热和冷（因为它们使同质物从水和土中聚合并成形）。让我们来考察一下，同质物中哪些种类由土构成，哪些由水构成，哪些由二者共同构成。

在已经形成的物体中，有些是液体，有些是柔软的，有些是坚硬的。正如我们在前面所说，柔软物和坚硬物均是凝结的结果。

能蒸发的液体由水构成。不能蒸发的由土构成；或由土和水共同构成，例如奶类；或由土和气构成，例如木头；或由水和气构成，例如油类。那些受热而变浓的液体是混合性的。〔有人或许会对液体中的酒类提出疑难，因为它既能蒸发，又能变浓，例如新酒。其原因是，有多种被称为 388b
酒的液体，不同种类的活动方式不同。新酒所含的土比陈酒多，因此，它极易受热变浓，却极难被冷凝结。因为它含有大量的热和土，如同在阿卡底亚（Arkadia）的一样，在那里，烟烤干了皮囊之中的酒，以至于还未曾喝过，就所剩无几了。可见，如果一切酒都有沉淀，那么，判断酒是土性的还是水性的，就取决于它具有的沉淀物的多寡了。〕那些被冷变浓的液体是土性的。而那些被热与冷二者变浓的液体则由多种元素混合而成，例如油类、蜂蜜、甜酒之类。

在固体中，冷的凝结物由水构成，例如冰、雪、雹和霜。热的凝结物则由土构成，譬如陶瓷、奶酪、碱和盐。还有些固体由热与冷二者凝结而成（这些物体是那些由冷却凝结的东西，即由于热和被热所驱散的湿这二者的缺乏所造成。因为盐和纯粹由土构成的东西仅因湿的缺乏而凝结，冰则仅因热的缺乏而凝结，但这些物体是由于二者）。因此，它们出于两种动作者，并含有两类元素。由于一切湿气的蒸发而凝结的固体，统统由土构成，例如陶瓷或琥珀（因为琥珀和被称为“泪珠”的东西均由冷却形成，例如没药、乳香和树胶。琥珀也显得属于这类事物，因为包裹在其中的生物表明，它曾是被凝结而成的。被河中的冷排挤出的热蒸发了其中的湿，正如滚沸的蜂蜜在浸进水中时出现的情形一样）。有些固体不能被溶化或软化，例如琥珀和有些石头（譬如洞穴中的钟乳石）。因为它们也以同样的方式形成，即不是被火，而是被冷，因为当热被冷逐出而离开物体时，就从它之中带走了湿气。但在另一些场合，物体是被外面的火凝结的。有些物体的湿气未完全蒸发，土仍占优势，所以，它们能被热软化，例如铁与兽角。（乳香和类似的东西像木头一样散发湿气。）既然在能溶化的东
389a 西中，也包括那些被火溶化的，那么，它们就更多地是由水构成，虽然其中的有些（例如蜡）由水与土共同构成。但是，那些被水溶化的东西由土构成。那些不被它们溶化的东西则或由土构成，或由土与水二者构成。

如果万物都或是液体，或是固体，如果具有我们所说的那些性质的事物都属于这两类，没有居间物，那么，我们就说明了区分万物的标准，即：事物或是土性的，或是水性的，或是多种元素混合成的，它或受热形成，或因冷形成，或因冷热二者形成。

金、银、铜、锡、铅、透明的石头①以及许多没有名称的石头，都是水性物；因为它们全都被热熔化。此外，

① hualos。

有些葡萄酒、尿、醋、碱液、乳清和血浆，也是水性的；因为它们全由冷凝结。铁、兽角、指甲、骨头、肌腱、木头、毛发、树叶、树皮等则是土元素居多；还有琥珀、没药、乳香、一切被称为“泪珠”的东西、钟乳石，以及豆类、谷粒之类的果实（这些性质的东西或多或少是土性的；因为它们有些能被火软化，有些能散发香味并因冷却生成）；此外，还有碱、盐和既不因冷却形成，也不能溶化的各类石头。血液和精液则由土、水和气共同构成。在含有纤维成分的血中，土元素居多（因此，它能因冷却凝结，被液体溶化），不含纤维成分的血则是水元素居多（因此，它不凝结）。当精液的湿与热散发时，它就因冷却而凝结。

【11】 我们必须以前面所述为基础，继续考察固体或液体的热或冷。由水构成的东西一般是冷的，除非像碱液、尿和葡萄酒一样，含有外来的热。由土构成的东西一般是热的，因为是热造就了它们，例如石灰和灰烬。

必须假定，冷在某种意义上是物体的质料。因为既然干和湿是质料（因为它们是能承受者），而土和水最是这些物体的元素（因为它们被冷规定），那么很明显，在单纯元 389b
素所构成的一切物体中每一个都是由冷占优势，除非它们有外来的热，如煮沸的水或从灰烬中渗出的水。这后一种水含有源于灰烬中的热；因为在被焚烧过的一切东西中，都或多或少地包含有热。因此，在腐烂之物中有生物生成，因为在腐烂物中，有消灭物体自身固有之热的那种热存在。

由土和水共同构成的东西是热的；因为它们大多是靠热的调协形成，虽然有些是腐烂的结果，如体内的废物。所以，血液、精液、骨髓、无花果汁及诸如此类的一切物体都有其本性的热，然而，当它们腐朽而失去其本性时，就不再热了；因为剩下的是质料，即土或水。因此，对于它们有两种看法，有些人认为它们是冷的，有些人则断言是热的。因为在它们保持其本性时，是热的，而一旦失去本性，就凝结了。这的确如此。但是，正如我们已区分的，当事物的质料以水为主时，就是冷的（因为水与火最相反对），而以土或气为主时，就是较热的。

有时也会出现这种情况：在外来的热作用下，最冷的东西变得最热。因为如若失去热，最凝固、最坚硬的东西就是最冷的；而如若遇到火，它又最能燃烧。例如，水比烟雾，石头比水更能燃烧。

【12】 在对这些作出区分后，我们必须逐一说明肉、骨头或其他同质物的本性。通过对它们生成的了解，我们能够说明同质物的本性由哪些东西构成，它们的种类，以及每种同质物属于哪一类。因为同质物由元素构成，而它们又作为质料构成自然的全部“作品”[①]。

---

① erga。

虽然一切同质物由我们说过的元素作为质料构成，但它们的本质却由原理①决定。在自然较后的产物中，一般而言，在工具性的、“何所为”的事物内，这种情形总是表现得更为明显。例如，死人只在名称上才是人，这是较明显的；同样，死人的手也只在名称上才是手，正如石雕的长笛或许可称为长笛一样；因为这些似乎也是一类工具。但是，在肉、骨头和类似之物中，情形就较不明显了；在火和水方面，更不明显。因为在质料占优势的场合，“何所为”最不明显。因为如果取两个极端，即纯粹的质料和纯粹的本质或原理，那么，居间物与每一极端的关系以接近哪一方而定。它们每个都有所为，但完全不是水或火，正如不是肉，也不是内脏一样。这些情形更适于脸和手。每物的本性是由其活动的能力决定的；因为每物的真实存在表现在它动物的能力上。例如，眼睛之为眼睛在于它能看到东西，如其不然，就只是名称上的，例如死人的或石雕的眼睛。木锯也不是锯，无异于一个相似物。这也适于肉，但它的功能与舌头的相比更不明显。火也如此，而它的自然功能与肉的相比，又更不明显。植物和非生物（如铜和银）中的情形亦然；因为它们全都因能动作或承受而是其所是，犹如肉与肌腱一样。但它们的原理不易准确判定，所以，它们何时存在，何时不存在， 难以把握，

① logos。

除非作为内容的东西完全消失，只留下外形。例如，古代的尸体在墓穴中突然变成了灰烬，极古老的果实只剩下外390b 形，却没有了感觉特性，由奶构成的固体也一样。

热、冷以及由它们引起的运动，足以生成这种物体的部分（物体由热与冷凝结而成），我的意思是指同质物，如肉、骨头、毛发、肌腱以及诸如此类的东西。因为它们全由我们前面说过的那些不同特性（如扩张力、延伸性、破碎性、坚硬性、柔软性等等）而彼此区别；而这些特性又是由热与冷以及它们的运动的混合造成的。但是，却无人会认为非同质物（如头、手或脚）由这些特性构成。正如虽然冷、热及它们的运动是生成铜或银的原因，但却不是锯、碗或箱的原因一样。在这里，物品的原因是技术，在另外的场合，事物的原因是自然或某种其他原因。

如果要知道每一同质物属于什么种类，我们就必须考察每个是什么，例如血、肉、精液或其他的东西是什么。假如我们知道了每物的质料或原理，尤其是知道了事物生成与消灭的质料和原理及其运动开始的本原时，我们就把握了它的原因和本质。在说明了同质物后，我们还必须同样地考察非同质物，最后，也必须考察由它们构成的事物，譬如人、植物和诸如此类的其他东西。

论宇宙

徐开来　译

*　peri Kosmou　据《洛布古典丛书》希腊本文。

【1】 亚历山大[①]，我经常以为，哲学似乎是一项神圣 391a
而超自然的工作，尤其是它独自高高在上地思考普遍的东西，并竭力探求其中的真理。由于这种探求的艰深和广泛，其他知识部门都避而远之；但哲学从不惧怕这一任务，也不认为自己不配研究这些最美好的东西，相反，它相信这些研究最接近、也最适合自己的本性。因为既然不可能像蠢笨的阿罗阿戴曾企图所做的一样，凭借身体来离开大地、到达天界，去探察那块神圣的地方，那么，灵魂就依靠哲学，以理性为向导，通过一条易于穿插之路，跨越中间地带，向前迈进，并依据理智把握那些在地点上彼此遥遥相隔的事物。我以为，它容易理解与自己相关的那些东西，并凭借“灵魂神圣的眼睛”[②] 认识神圣的东西，再解释给人类。其所以如此，是它想尽可能地把自己的殊荣慷慨地分一份给众人。因此，那些竭力地对我们描述某一地点的本性、某一城市的概貌、某条河流的大小、某座山峰的秀美的人，正像某些人所做的一样——他们中间的有些讲俄萨（Ossa），有些说尼萨（Nussa），有些讲哥利基昂的洞穴（Korukion antron），还有些人碰巧说了其他情节——人们或许会可怜这些人思想的粗陋与贫乏，既然他们局限于这

① 据说此文是写给亚历山大的信。
② 可能是引用柏拉图所谓“灵魂的眼睛”。参见《国家篇》，533D。

些平庸之事，并为微不足道的景观而沾沾自喜。之所以如
此，是因为他们从不思考较高尚的事情，我意指的是宇宙
391b 以及宇宙中最伟大的事物。因为如果他们专心致志于这些
东西，就不会对其他什么有新奇感了；相反，对他们来说，
与这些无与伦比的优越相比，其他一切都似乎不值一文了。

那么，就让我们来讨论这些问题，并尽其所能考察整个天的特征，说明每一个的本性、位置和运动。我以为，即使是你这位至善的领袖，也应进行最伟大事物的研究；哲学没有任何卑微的动机，而是以这类礼品欢迎最为高尚的人。

【2】 宇宙是一个系统，由天、地和被包含在它们之
中的自然事物构成。在另一个意义上，宇宙是神所保护的、
并经由神的整体的次序和排列。宇宙的中心由产生生命的
地球占据，它是不能被运动的、固定的，是一切生物之家
和生命之母。在宇宙的上面区域，为一有固定上界的整体，
是诸神之居所，被称为天。其中充满着的神圣物体，我们
称之为星体，它们永恒地被运动着，以庄严肃穆的韵律在
同一的圆形轨道上和所有天体一起永无止息地旋转。正如
我们所说过的，整个天和宇宙是圆环形，且被连续地运动
着。但是，必然有两点是不被运动的，它们正好彼此对立，
恰如在雕刻架上被转动着的圆球一样。这两点保持不动，
使圆球结合在一起，整个体积都围绕它们进行环形旋转；
392a 它们被称为两极。如果我们想画一条连结两点的直线（有

人称之为轴线），就会形成宇宙的直径，以地为中心，两极为外缘。在这两个不能被运动的极中，有一个是我们通常所能见到的，就处在我们头顶之上的北方，被称为北极；另一个则总是躲在地球的下面，在南方，被叫做南极。

天和星体的实体我们称为“以太”，这不是像有些人所以为的，由于它的本性像火，能燃烧（他们搞错了它的功能，其实与火很不相同），而是因为它总以环形方式在运动。它是不同于四元素的另一种元素，纯粹而神圣。在它所包裹着的星体中，有些是固定的，与整个天一起旋转，总是占据着同样的位置。在它们中间，是所谓的“黄道带”[1]，它斜横着通过回归线，被分成黄道带的十二个区域。另一些星体则是行星，自然地被运动，其速度既区别于前面所说的恒星，自身内部也彼此不同，而是各有不同的环形轨道，所以，其中有的靠近地球，有的更高一些。恒星的数目不能为人们所确知，虽然它们全都在一个可见的表面，即整个天体的表面被运动。行星分为七等，排列在相互接续着的七个环形轨道中，所以，较高的总是比较低的更大，七个圆环虽然彼此包围，但全都被恒星球体所围绕。靠近这个球体的那个位置总被启明星（Phainon）——同时也是所谓的土星（Kronos）——的轨道占着。接下来是发光星（Phaethon）或所谓的木星（Zeus）的轨道。再下来

① zoophoros kuklos。

是火似星（Puroeis）——也被叫做赫拉克勒斯（Herakles）和火星（Ares）——的轨道。再接着是闪耀星（Stilbon）——有些人称为是献给水星（Hermes）的，有些人则说是献给阿波罗（Apollon）——的轨道。在这之后，是生亮星（Phosphoros）——有些人命名为金星（Aphrodite），有些人则称为赫拉（Hera）——的轨道。接下来是太阳的轨道。最后是月亮的轨道，它被地球所限制。可见，以太包围着神圣的物体以及它们有次序的运动轨道。

在以太性的和神圣的元素之后（我们说，它是按次序排列的，而且不变乱、不质变、不受外来干扰），紧接下来的是这样一种元素：它完全要受外来影响，能变化，总而言之，可以消灭和衰败。在这种元素的第一部分，有由细
392b 薄小片构成的、像火一样的实体，由于体积大、运动速度快，它被以太元素所点燃。在这个所谓像火的和无序的元素中，闪光放射，火星迸出，所谓的“梁柱”、“凹坑”和彗星保持不动，并经常耗尽。

接在它下面的是四处漫弥的气，其本性是晦暗与冻结，但被像火的元素的运动照亮和加热时，就变得较亮和温暖。在气中，自身也有承受作用和进行各种质变的能力，所以，它会结成云，降下倾盆大雨，也有雪、霜、冰雹、暴风和飓风、雷鸣、闪电和落下的霹雳，还有无数的云雨撞击在一起。

【3】 接着气元素的是大地和海洋，它们有着固定的

位置，充满了植物和动物，还有小溪和河流，有些盘绕在大地上，有些则流入海中。大地装点着无数苍翠的植物、巍峨的高山、荫翳的林木和由智慧的动物——人所建造的城镇，还有海中的岛屿和陆地。通常的说法是把这个人们居住的世界分成岛屿和陆地，而没有认识到，它的整体其实是一个岛屿，被所谓的大西洋所包围。在海的对面，远离我们这块土地，可能还有其他许多陆地，有些比这块更大，有些更小；但是，除了这块土地外，所有的我们都没看见过。因为正如我们的岛屿与我们的海相关，整个的这片居住区与大西洋相关一样，许多其他陆地与整体的海相关；它们或许是某些被大的海洋环绕的大的岛屿。整个的湿元素处于大地的表面，让所谓的居住世界通过大地凸出的地方而显现出来，它应该是紧接着气的一种元素。在它之后，是处于宇宙最中心的整个土，它是充满的，挤压得很紧密，不能被运动，也不被震动。这就是我们称为宇宙低处的整个部分。那么，这些就是处在五个球面区的五种元素，其中，393a
较小的球面总是被较大的环绕——我的意思是，土在水中，水在气中，气在火中，火在以太中——，它们构成整个宇宙。整体的上方代表诸神的住所，下方则是有死生命的家园。在下方中，有的是潮湿的，我们惯于将其称为河流、泉水和海洋，有的是干燥的，我们则将其命名为大地、大陆和岛屿。

在岛屿中，有些较大，正如我们所说的这作为整体的居住世界（还有被大的海洋环绕着的许多其他这样的地方），有些则较小，它们是我们所能见到的，就在我们自己的海中。其中有些很大，如西西里岛（Sikelia）、撒丁岛（Sardo）、科西加岛（Kurnos）、克里特岛（Krete）、埃维厄岛（Euboia）、塞浦路斯岛（Kupros）和累斯博斯岛（Lesbos），有些则相当小，如斯泼拉得群岛（Sporades）、库克拉得群岛（Kuklades）以及有着不同名称的其他小岛。

在居住区下面的海是大西洋，或称为“大海”（Okeanos），它包围着我们。这个洋有条朝向西方的狭窄通道，即所谓的“赫拉克勒斯之柱”（Herakleiai stelai），所以，就形成了流入内海的入海口，犹如流进港口；然后逐渐开阔、拓展，环抱彼此连接的大港湾，时而收缩为狭窄的海峡，时而再度开阔。如果有人乘船穿过“赫拉克勒斯之柱”，从右边过去时，第一个港湾据说就成了两个，即所谓的“沙洲”（Surtis），有人叫“大沙洲”，有人叫“小沙洲”；但在另一边，就不形成同样的港湾，而是三个海，即撒丁岛的海，小亚细亚的（Galatikon）海和亚得里亚的（Adrias）海。接着这些，是西西里海，再下来是克里特；再连下去，一边是埃及的海、潘菲利亚（Pamphulion）的海和叙利亚（Surion）的海，另一边则是爱琴海和摩尔托（Murtoon）海。在这些已提及的海对面，是旁托斯，它由
393b 许多小部分构成，最里面的那部分叫迈俄提斯（Maiotis），最外面的部分通向赫勒斯旁托（Hellesponton），通过一条海峡与波罗旁提斯（Propontis）相连。

在东边，这条大海再展开，流入印度湾和波斯湾，并显露出与它们连接的埃勒思雷海（Eruthran）。在另一条支流，它穿越一条狭长的海峡，再度展开，划界出呼尔卡利亚（Hurkania）海和卡斯皮安（Kaspian）海。在这之外，它占据了迈俄提斯湖外面的深谷。然后，在斯库萨斯（Skuthas）和克尔梯克（Keltike）陆地外面，它逐渐被小亚细亚海湾和前面说过的“赫拉克勒斯之柱”限制。此外，这条大海也绕着大地流动。在它之中，有两个极大的岛屿，即所谓的不列颠群岛、阿勒比昂（Albion）[1] 和依尔勒（Lerne），它们比已提到过的任何岛屿都大，位于克尔梯克陆地外面。与这两个岛不相上下的是在印度外面的塔普洛巴勒（Taprobane），它斜对着居住地区，也被称为费波尔（Phebol），其位置靠着阿拉伯海湾。还有许多小岛在不列颠群岛和依柏利亚（Iberia）[2]，环形地围绕着这块居住区，正如我们所说， 它自身也是岛屿。从该大陆最大的地方丈量，它的宽度不足40 000斯塔得，据最优秀的地理学家们说，其长度约70 000斯塔得。它被划分为欧洲、亚洲和利比亚（Libue）。

欧洲是被“赫拉克勒斯之柱”、旁托斯海里面的部分和呼尔卡利亚海环形地界围着的地区。那里有一狭小的地峡

[1] 不列颠的古名。

[2] 西班牙半岛的古名。

伸入旁托斯海；但有些人说，是塔奈斯（Tanais）河，而不是这个地峡。亚洲是从所说的旁托斯海的这个地峡和呼尔卡利亚海到另一个地峡——它位于阿拉伯海湾与地中海（eso thalasse）之间——的地区，被地中海和环绕世界的那条大海所包围。但有些人却把亚洲定界为从塔奈斯河到尼罗河口。利比亚则是从阿拉伯地峡到“赫拉克勒斯之柱”，
394a 虽然有些人说它是从尼罗河到“赫拉克勒斯之柱”。埃及则被尼罗河口所封围，有些人把它归于亚洲，有些则将其划归利比亚；有些人把这些陆地排除出去，有些人则将它们并到最邻近的地区。

上述这些，就是对我们称之为居住世界的陆地与海洋的本性和位置的一些说明。

【4】 现在，让我们转而对地球上以及它周围的一些最值得述说的东西作些说明，但只是扼要概述。

有两种蒸发物连续地从地上升起，进入我们上面的气中；它们由细薄的小部分构成，完全不可见；只有在有时的清晨，才能看见它们沿河边溪旁冒起。其中的一种是干燥的，像烟雾，从地中散发出；另一种是潮湿的，似蒸汽，从湿元素中蒸发出。从湿气中，产生出雾、露、各种类型的霜、云、雨、雪和冰雹。从干燥的蒸发物中，生出风、不同的微风、雷、光、闪电、霹雳以及诸如此类的其他现象。雾是不产生水的一种汽状散发物，比气浓厚，但又不

如云浓；它或者是从最初的云中，或者是从残存的云中生成的。与此相反的天气叫晴空，因为只有气，没有任何云和雾。露是从晴空中降下的、凝结了的细微湿气。冰是凝固的水，在晴空中冻结而成。白霜是凝冻了的露，露霜是半凝冻的露。云由浓厚的蒸汽构成，生成于水。雨产生于紧密结合在一起的云的挤压，其差异依据云所形成的压力；如果压力轻，就播撒绵绵细雨，但如果压力重，雨滴就密集些。这后一种情形，我们称之为倾盆大雨，因为它比阵雨更大，是持续地倾注到地上。雪形成于密集的云在变成水之前的破碎与撕裂。正是这种撕裂，造成了雪的泡沫状和晶莹的白色；雪的寒冷则由于其中凝结着的潮湿还没有消融与稀释。当雪凝固、并 394b
变重时，由于增大了浓密度及下落的速度更快，就生成了冰雹。依据撕裂了的云片的大小，冰雹的体积增大，下落速度加快。这些就是源生于潮湿散发物所产生的自然结果。

当干燥的散发物被寒冷逼迫而流动时，就产生了风；因为风只不过是一定数量的气的集群运动。风也被称为“气息”。“气息”的另一含义是指存在于植物、动物之中、并渗透于一切事物内的生命与生成之实体，不过，现在我们没必须细说它。在气中呼吸的气息我们称为风，源于潮湿的气息我们叫做和风。生于湿地的风是陆风，源于海湾的风叫海风，与它们类似称呼的还有从河流与湖泊中吹出的风。那些靠云的破碎和稀释其密度而造成的风，是所谓的云风。伴随着水而突然发出的风叫做雨风。源于日出而连续吹动的风是东风（Euros），来自北方的风叫北风（Boreas），源于日落的风是西风（Zephuros），来自南边的风叫南风（Notos）。在 Euros 中，从夏季日出之地吹来的风叫东北风（Kaikias），从在赤道日出地区吹来的风是东风（Apeliotes），从冬季日出之地吹来的风才叫 Euros。在与此相反的 Zephuros 中，源于夏季日落之地的是西北风（Argestes），但有些人称为 Olumpias，另一些人称为 Iapuks。只有日落于赤道地区时吹来的风才叫 Zephuros；生于冬季日落之地的风是西南风（Lips）。在北风中，紧接着 Kaikias 的，是所谓的 Boreas，它是这个词的特有含义；接着是 Aparktias，它是从北极吹到南方的风；Thraskias 是接着 Argestes 的风，但有些人把它称为 Kirkias。在南风中，从不可见的那一极吹来的、与 Aparktias 对反的才叫 Notos，在 Notos 与 Euros 之间的是 Euronotos。在另一边，介于 Libos 和 Notos 之间的风，有些人称为 Libonotos，有些人称为 Libophoinika。

有些风是直的，即沿着直线向前吹，有些的风向则是
395a 弯曲的，正如所谓的 Kaikias。有些风在冬天肆虐，譬如 Notos，有些风则在夏季盛行，例如所谓的 Etesiai，它是北方的风和西方的风混合成的。那些所谓的 Ornithiai 出现在春天，属于北风这一类。

在暴风类中，狂风是突然从上面吹刮下来的风；阵风是瞬间突然冒出的暴风；旋风是螺旋式从下而上旋转的风；地上喷出的风是从某个深谷或缝隙中发出的气流所引起的

阵风；当它剧烈地旋转运动时，就成了地暴风（Prester）。当风在有水的厚云层中旋转，并从中冲出，凶猛地撕裂连续的厚云层时，造成巨大的吼声和轰鸣，这就是所谓的雷，正如风急速穿过水时所造成的音响一样。风在撕裂云时，生成火、发出光，这被称为闪电。闪电先于雷鸣被我们感知，虽然它产生在后；既然听到的东西其本性要比看到的东西移动得慢，原因在于，后者隔很远就能看见，而前者只是在接近耳朵时才能听到；尤其是，一个是火元素，移动得最快，另一个的本性是气元素，速度较慢，且只有在接触中才能撞击耳膜。当闪耀的物体燃了火，并猛冲到地上时，就叫霹雷。假如它只有一半的火，但却强烈和浓密，就是所谓的火霹雳（prester）；假如它完全无火，则是烟霹雳（tuphon）；但由于它们全都冲落到地上，故而又叫落地霹雳（skeptos）。闪电有时像烟，所以也叫烟闪电；当它穿行很快时，叫活闪电；当其曲线运动时，则是杈状闪电；当冲降到地上时，就叫落地闪电。

总之，发生在气中的现象有些是外表性的，有些则是实质性的。外表性的有虹、空中的脉纹以及类似的东西，实质性的是闪光、流星、彗星以及其他的这类现象。虹是部分太阳光或月亮光的反射，犹如镜中的影像一样，能看到它出现在表层潮湿、低凹、连续的云中，形状似圆弧。空中的脉纹是以直线形式显出的虹。晕是光亮照在星体周 395b
围而产生的表象。它与虹的区别是：虹出现于太阳与月亮的反面，晕则环形地完全绕着星体。光是气中火团的燃烧。有些光是投射性的，有些是固定的。投射性的光由火的摩擦生成，因为火在气中运行很快；正由于快，就产生了一条长的印痕。固定的光是被拉长了的，但位置不变，犹如扯长了的恒星；如果在一头加宽，就是所谓的彗星。有些光经常持续很长时间，有些则瞬间熄灭。在天空中，还能看到许多其他现象，可以参照与这些现象相类似的物体，给它们命名为所谓的火炬、梁柱、桶缸和凹坑。它们中的有些能在西方被看见，有些能在东方看见，有些在东西方都能看见，但极少有在南方和北方出现的。它们全都不是固定的；因为它们无一能在同一个位置上被窥见。气中的现象就是这样一些。

正如在土自身中包含有许多水的源泉一样，它也蕴含着不少风和火的源头。其中有些在地下，因而不可见，但许多却有出口和喷水孔，正如黎巴拉（Lipara）、埃特奈（Aitne）以及小亚细亚岛上的那些。它们常常像河一样流淌，或冒出似火一般炽热的块团。有些靠近水源的地下泉眼给这些加热，使有些微温，有些滚沸，有些温热适宜。

同样，在大地表面也有许多为风敞开的孔口。有些使靠近它们的风变得狂乱，有些使它们减弱，有些则使它们感应预言，正如在德尔斐神庙和勒巴德亚（Lebadeia）的那些，有些甚至完全毁灭它们，譬如在弗卢吉亚（Phrugia）中的那个。也常有生于地上的和风，被逐入地中深深的裂缝之内，脱离了自己固有的地方，在许多部分造成震动。

还常有从外面来的大风进入地中的洞穴，并被封闭起来，它使大地强烈震动，由于要为自己寻找出口，就造成了我 396a 们通常称为地震的后果。其中，那些成锐角的倾斜性震动，我们称为地平性地震；那些垂直性的上下震动，叫沉重性（brastai）地震；那些使地下沉到凹坑中去的，是陷落性地震；而那些裂开缝隙、扯破地表的，叫撕裂性地震。在它们之中，有些释出风，有些抛出石头，有些冒出泥浆，有些则使以前没有的泉水显露出来。有些靠着一次性震动造成破坏，被称为强突性地震。有些来回摇动，并通过向一边倾斜及波动，来补偿其震动的影响，这些被叫做摆动性地震，其结果类似于颤动。还有些是轰鸣性地震，它们晃动大地时带有吼响声。有时虽无地震，但大地也经常出现轰响；这是由于，风虽不足以引起震动，但在地中被挤压在一起时，它也能以其冲力拍击。渗入地内的风亦由隐匿于地中的湿气来赋予形体。

在海中，也有类似的现象发生。因为海中也形成缝隙，常有波进浪退的情形；有时出现反冲，有时只是前涌，诚如据说在赫里克（Helike）和鲍拉（Boura）发生的情况一样。在海中，也常有火的散发、泉的喷涌、河的流注、树的生长；有潮流与漩涡，与气中的风引起的那些类似，有些在海中间，有些在狭窄的水道。还有许多潮汐和潮浪，据说总与在某些确定时间内的月亮的运行相伴随。

总而言之，由于元素是彼此混杂在一起的，所以，发生在气中、土中和海中的现象就自然地有这些类似之处，它们虽造成部分的消灭与生成，但却保证了整体的不生不灭。

【5】 然而，有的人会感到不可思议：如果宇宙是由相反的本原（我指的是干与湿、热与冷）构成的，那么，
396b 它过去怎么没有被消灭和衰败呢？正如当一个城市由最相反的阶层（我的意思是，例如富翁与穷人、年青人与老年人、瘦弱者与强健者、坏人与好人）构成，而又能继续存在时，人们仿佛觉得奇怪一样。他们没有认识到，这正是城市居民和睦相处的最不可思议之处，我的意思是，从多中求一，从相异得相同，接纳一切自然的和由于机会的东西。也许，自然喜爱相反的东西，且正是从它们中，而不是从相同的东西中，才求得了和谐，就像自然把雌与雄结合在一起，而不是使每对相同性别的东西结合一样；所以，最初的和谐一致是由于相反，不是由于相同。在这方面，技术似乎也模仿自然。例如，绘画就是把白与黑、黄与红混合起来，才创造出与自然物一致的作品；音乐是糅合了高音与低音、长音与短音，才谱写出一曲不同音调的悦耳乐章；文法也是把母音与子音结合在一起，才从中形成了这门整体的艺术。这大体上就是赫拉克利特说法的意思，他说：“组合是整体又不是整体，是聚集又是分散，是协调也相抵触。一出于一切，一切出于一”①。整体（我指的是

---

① DK 残篇 10。

天、 地以及整个宇宙）的组成也是如此，单一的和谐秩序是由最相反的本原混合成的。因为干与湿混合、热与冷混合、轻与重混合、直与曲混合、整个的地、海、以太、太阳、月亮以及整个天都由渗透到万物中的某种单一的力量安排次序；从未被混合的、不同的元素——气、土、火和水——中，它造就了整个宇宙，把一切都包裹在单一球体的表面上，迫使宇宙中最相反的本性彼此谐和地聚在一起，从而从它们之中，保证了整体的稳定。整体稳定的原因是元素的一致，元素一致的原因则是它们的部分相等，其中没有哪一个比另一个更有力量；因为重与轻、热与冷是相称的。在这些重大问题上， 397a
自然教会我们，相等在某种意义上维持和谐，和谐则维持宇宙——它是万物之祖先，也是万物中最美好的东西。因为，有什么自然事物会比它更为美好呢？人们能言说的任何东西，都只是它的部分。一切美好之物和排列齐整之物都命名于它；因为正是从宇宙秩序中，才有所谓的“井然有序”。有什么特殊现象能与天体的排列，星星、太阳和月亮的移动（它们以最准确的时间为尺度，永永远远地被运动）等量齐观呢？什么能与这些良好的节令维持的规律相比——它们造就了万物，以合适的次序引出夏季与冬季、白昼和黑夜，从而实现了年月的完满？此外，在大小上，宇宙无与匹敌，在运动上，它速度最快，在亮度上，它最为光彩夺目，在能力上，它永葆青春、不可消灭。它使生活在海中、地上和气中的生物各具不同的本性，并用自己的运动来度量它们的生命。一切有生物由它而呼吸和具有生命。甚至发生在它之中的、不曾预料到的变化，也是以恰当的次序实现的——冲撞到一起的各种风，自天而降的霹雷，倾盆浇注的暴雨。通过这些，造成了湿气的排除和火的散发，从而导致了整体的和谐与稳定。大地亦装饰着各种植物，涌出泉水，充满了生物，在合适的季节生出、养育和回收万物，产生了无数的种类和性质，但它却总是保持着不老的本性，虽然有地震颤动，洪水淹没，以及有的部分被火焚烧。所有这些，似乎都是为了地球的善，保证它永远存在而生成的；因为当地震发生时，风就渗入其中，穿过缝隙找寻出口，正如我们在上面所说的①；当它被雨水冲刷时，就涤尽了一切污秽之物；当微风吹拂着它时，就纯洁了它的上、下之物。再有，火烤软凝结之物，冰霜则减弱火的力量。在特殊的事物中，有些正在生成，有些处于鼎盛，有些却在灭亡；生成抑制消灭，消灭又减缓生成。从彼此对抗性交替——一时是支配，另一时则是被支配——的这一切中，能发现某种不间断的持久性，它保证整体的安全，永远不可消灭。

【6】 在讨论了其他问题之后，留待我们现在要简略说明的，是使万物得以结合的原因。因为在描述宇宙时，虽然不详细，但至少一般地说明了：如果忽略宇宙中这个

---

① 395^b26。

最重要的问题，就是错误的。我们从祖先处继承下来的一个传统理论是：万物都来源于神，也由神构成，如果离开了他的庇护，没有一个自然物在本性上是自足的。因此，有些古人就率先宣称，这所有的事物都充满着神灵，而这些神灵通过我们的眼睛、耳朵和一切其他感官呈现给我们。这种说法虽然与神的能力一致，但却和他的本质不符。确实，神在任何意义上都是这个宇宙中的一切东西的保护者和生成者，但是，无论如何完满，他并不是为统治和生成某一东西而劳作，而是运用不倦的能力，并因此而支配甚至似乎远离他的事物。神有自己的居所，在最上面的和第一的地方，因此，该地被称为“最高处”，按照诗人的说法，是在他居住的整个天的“极顶”①。离他最近的物体最分享他的能力，接着该物体的东西次之，如此接续，直到我们居住的地方。所以，由于隔神的恩典最远，地球及地上的事物，似乎是软弱无力的、不协调的，充满了诸多混乱；其实不然，因为渗透于万物之中乃是神灵的本性，因此，我们周围的事物与我们上方的东西受神恩惠的方式是相同的，区别只在于，所得恩典的多寡随与神距离的远近而改变。因此，较好的假定是（对于神来说， 398a 这也是较符合与最适宜的），在天中确立的力量也是在最遥远之物中的维护原因，正如我们可以说，它是一切事物的维护原因；或者还不如说，它渗透和出现于这样的地方，

① 荷马：《伊利亚特》Ⅰ，499。

在那里，它若要掌管地球上的事务，则似乎是不光彩的，也是不合适的。因为即使是在人类，统治者——例如军队的统帅、城市的长官或家族的尊长——要统辖每一个行为活动也是不适宜的，假如有必要做包捆家具以及其他由奴隶所做的低贱事务的话；而是宁可如记载中所说的，像在大王统治时期[①]那样行动。康布塞斯（Kambuses）、塞尔塞斯（Kserkses）、大流士（Dareios）就是以极度的排场和光彩而富丽堂皇地安排了壮观的府邸。那份记载说，国王自己住在苏萨（Sousa）或伊克巴塔那（Ekbatana），完全见不到，深居于用黄金、琥珀和象牙装饰着围墙的华丽宫殿中；它有许多连接着的门廊和通道，彼此分开，相隔一定距离，其安全靠铜门和高墙来保证。除这些外，头领们以及诸多最著名人士各有排定的职位，有些是国王的贴身警卫和侍从，有些则守护着每道围墙，是所谓的守门人和"耳目"，所以，作为他们的主人和神的国王本人，可以看到一切、听到一切。此外，还有些人被任命为财税官员、在战争中和狩猎时的首领，以及贡品收礼官，其余的人也各自掌管一切必要的事务。被西方的赫勒斯彭特海峡（Hellespontos）[②]和东方的英德斯（Indos）界定的整个帝国，依其种族分为将官、地方官、国王和该帝国的奴隶，

① 指的是公元前6—前5世纪时波斯王朝的繁荣时期。

② 是现在的达达尼尔海峡的旧名。

还有邮差、守夜人、传令官、烽火监管。该组织体系的分工就是如此；尤其是用烽火传达信号的作法，形成了从该帝国最远的地方到苏萨和伊克巴塔那的连续传送，所以，国王能在同一天就知道发生在亚洲的情况。我们必须假定，这个 398b
大王的权威远不及统治宇宙之神的权威，正如最卑微、最弱小的生物不如国王的尊严一样，因此，如果说要显示自己是万物的支配者、实现自己的愿望、管理该帝国会有损塞尔塞斯的尊严的话，那么，对于神，这似乎更不合适。对他来说，更高尚、也更相宜的是：居住在上方地区，而且，由于其力量渗透于整个宇宙，他能使太阳和月亮运动，使整个天旋转，成为保证地球上一切事物稳定的原因。他无需任何技巧和其他东西的帮助，不像我们人类的统治者，由于自己力量的弱小，需要许多助手；他是最神圣的东西，能靠单纯的运动，轻易地实现各种意图，恰如机器操作者，借助于机器的转动，就能实现许多不同种类的活动。玩木偶戏的人也是这样，他们只要拉扯一根线绳，就能使木偶的颈、手、肩、眼、有时甚至是全身各部分进行某种和谐的运动。神圣的本性亦如此，他通过最接近的第一元素的单纯运动，把力量传给连续着的下一个东西，然后到较远的事物，直到渗透于万物之中。因为当一物被另一物运动时，它自己又以合宜的序列运动第三个事物，一切东西都按自己的构造活动，万物的路径不是同一的，而是相异的和不同的，有时甚至是相反的，虽然运动的最初生成可能是单一的。正像假如某人从一定高度同时掷出一个圆球、一个立方体、一个圆锥物或一个圆筒，它们各自都将按自己特有的形状被运动。或者，如果某人把水生动物、陆地动物和鸟类包在罩袍中，然后把它们同时放出，那么，很显然，虽然使它们各自得以按自己的方式运动的最初原因是单一的，但浮游动物会跳进自己的水域游走，陆地动物将爬到自己的巢穴和草地，鸟类则会从
399a 地上升起，飞进云空。宇宙也有这种情形；通过整个天的分为白昼与黑夜的单纯旋转运动，所有天体的不同运动便生成了，虽然一切都包含在单一的球体中，但依据其距离和各自特有的构造，有些被运动得较快，有些则较慢。因为月亮是在一个月中完成它的周期，先圆盈、再亏缺、后消失；太阳和与它的轨道长度相等的其他天体（即生亮星和水星）则是一年转一圈；火星转一圈则需这个时间的两倍；木星要十二年才转一圈；最后，所谓的土星则是在它下面的那个天体所需时间的两倍半[①]。由聚在一起的所有这些天体的轻歌曼舞所造成的单一和谐，生成于同一的开端，也要达到同一的目的，所以，整体的真实名称是“井然有序”[②]，而不是“无序”[③]。正如在一支合唱队中，当指挥示意开始时，整个男人的合唱队（有时也可以是女人的）便一齐高歌，有些音高、有些音低，由这些不同的音调混合

① 即 30 年。

② kosmos。

③ akosmia。

成和谐悦耳的一曲。统辖整个宇宙的神也是如此：音调由可以恰当地被称为合唱队指挥的神从高处发出；星星和整个天总是被运动着；普照万物的太阳作双向旅行，靠它的升起与下落区分出白昼和黑夜，随着它移向北方和移回南方，带来了一年中的四个季节。在适当的节令，有雨、风、露以及在大气中出现的其他现象，它们全都由最初的、第一的原因所引起。在这些现象之后，又跟随着溪河的流淌、海洋的涨潮、树木的生长、果实的成熟、动物的繁殖以及万物的培育、繁荣与枯灭，正如我说过的，每个事物的构造，都要归于这种过程。因此，当万物的统治者和生成者（它是不可见的，除非根据理智的力量）给在天地之间的一切被运动的自然物发出信号时，万物就在自己的轨道上和自己特有的界域内连续地被运动，有时消失了，有时又显现出来，表现出无数的形式，又将它们遮蔽起来，但全都出于单一的本原。这种情
形，与战争期间当号角吹响、发出信号时军队中发生的情况 399b
极为相似。因为在每个兵士听到号音时，有的操起盾牌，有的绑上胸甲，有的则戴上护胫、头盔或剑带；有的套上马具、有的登上战车、有的下传口令；队长匆忙赶到自己的连队，旅长回到军旅，骑兵回到骑兵营，步兵跑向自己的岗位；一切人都依照最高统帅的命令，被单一的号声指挥得匆忙行动。我们也必须假定宇宙有这种情形；通过某一刺激力，万物都动作起来，发挥自己特有的作用，而这个力是看不到的、不可见的。虽然它不可见，但既不妨碍自己的活动，也不影

响我们对它的信念；因为灵魂（正是由于它，我们才有生命，并有了居所和城市）虽不可见，但我们却能见到它的活动；因为所有的生命系列，都是通过它而被发现、被安排和被连结在一起的——土地的翻耕播种、技术的发明、法律的使用、城市的组织系统、家务和公务活动、与外邦的战争与和平。这样，我们也必须相信神，其力量最强大、容貌最漂亮、生命永不朽、德行最高尚，因为虽然一切有死的自然物不能见到他，但通过他的活动，可以看到他。因为发生在气、土、水中的一切现象，都可以真实地被说成是支配宇宙的这个神的作品。按自然哲学家恩培多克勒的说法，从神之中：

生出一切过去、现在和将来存在的东西，
树木、男子和妇女，
走兽、飞禽和游鱼。[①]

作个粗浅的比较，它确实像拱形建筑中的所谓拱心石——它们处于中间，把两边连结起来，保证整个建筑结构的平衡、次序与稳定。他们也说是雕刻家斐第阿斯（Pheidias），当他在卫城（Akropolis）建竖起雅典娜[②]时，把自己的特征刻在了她的盾牌中间，通过某种隐秘的技巧，
400a 就将其附着于这座雕像，所以，假如某人想取走它，必然

① DK 残篇 21。

② 雅典娜（Athena），雅典的守护女神。

会打碎和倾覆整座雕像。宇宙中的神就有类似的地位，他保证整体的和谐与安全。唯一的区别是他不在宇宙的中心（因为那里是土的位置，是混乱的地方），而是极度纯洁，处在纯洁的地方；由于它是上方的界域[1]，所以，我们正确地把这里称为天[2]；它也被叫做奥林波斯[3]，因为它通明透亮[4]，摆脱了一切昏暗与混乱无序的运动；这些混乱现象之所以出现在我们地球上，是由狂风暴雨引起的。因此，诗人荷马说：

> 奥林波斯，人们说那是诸神之家，
> 永远安全和牢固；
> 没狂风袭击，无暴雨淋浇，
> 雪不飘落在附近，乌云全无；
> 只有以太缭绕，
> 银白的光辉在上面漂浮。[5]

人类生活的习惯——把上方的地点给予神灵——也表明了这一点；因为当人们祈祷时，大家都是把双手举起，伸向天空。依据这个道理，诗人下面的说法也是极好的：

---

① horos ano。

② 天（ouranos），从词源上讲，ouranos是从horos ano中推出的。

③ 奥林波斯（Olumpos），是马其顿的特萨勒边境上的一道高墙，被相信为是诸神之家，其门道被厚厚的云层所守护。

④ 通明透亮（hololampes），在词源上，Olumpos是从Hololampes中推出的。

⑤ 《奥德赛》Ⅵ，42—45。

宙斯的住所，
在云彩和以太之中广阔的天上。[①]

所以，同一个地方也被最高贵的感性物体——星星、太阳和月亮占有。也正是由于如此，唯有天上的物体才总是保持着相同的次序和排列，从无变化与质变，地上的流逝之物则有许多质变，并承受影响。因为在此之前，强烈的地震撕裂过地球的许多部分，倾盆大雨铺天盖地、淹没过它，波浪的涨落常使干燥的陆地变成海洋，或使海洋变成干燥的陆地，疯狂的风暴和飓风有时摧毁了整座城市；来自天上的火焰以前曾焚烧了地球的东部，正如人们所说，这发生在发所托（Phaethontos）的时代；有些火焰则从西方的地中冒出，就像当埃托那（Aitne）的火山口喷发，并如山洪在大地上流动时一样。在这里，那个虔诚者的种族尤其受到神灵的珍宠，因为当他们受到滚滚而来的岩浆袭击时，他们将年迈的长辈举在肩上，以求保证他们的安全；当火的河流涌到他们身边时，他们就将其分成两部分，一部分转向这边，一部分转向那边，以使年轻的人和他们的长辈不受伤害。

总之，正如舵手在船中，驭手在战车中，指挥在合唱队中，立法者在城市中，将帅在军队中一样，神也在宇宙中，区别只在于：他们的统治是疲乏的，充满了许多变动和担心，而神则没有愁苦与劳累，也摆脱了一切肉体方面

① 《伊利亚特》XV，192。

的虚弱。因为他位处不能被运动的东西中，在他意愿的地方并以他意愿的方式运动和旋转存在于不同形式和本性中的万物；犹如城市的法律，在遵从它的人们的灵魂中是不能被运动的，但却规范该城市的一切。因为，为了服从法律，行政长官要去履行自己的职责，法官要去适于他们的法庭，议员和陪审团成员要去指定的碰头地点议事；有的人要走到公共建筑物去用餐，有的人要去法庭为自己辩护，有的人则到狱中被处死。也出现了由法律规定的公众节日和一年一度的庆典，祭献神灵、崇奉英雄、祭奠死者。根据单一的指令或法律的权威而进行的一切活动，都在诗人的诗句中得到了很好的表达：

整座城市香烟缭绕，
充满着乞求与哀号。[1]

所以，我们必须假定，那个更大的城市（我指的是宇宙）的情形亦如此。因为对于我们，神是公正不倚的法律，不容任何更改或变动，肯定比刻写在书板[2]上的那些法律更好、更稳定。在他不动而和谐的统治下，天和地的一切秩序都被安排，通过适合于依据种、属划分出来的各类动物、植物的生命种子，扩展到自然万物。葡萄树、棕榈树、鳄 401a
梨树、“甜的无花果树和橄榄树”[3]，以及正如诗人所说的，

① 索福克勒斯：《俄狄甫斯王》，4—5。

② 书板（kurbeis）：一种三角形的板块，雅典的一些早期法律曾刻写于上。

③ 荷马：《奥德赛》Ⅺ，590。

那些虽不结果、但有其他用途的梧桐、松树和黄杨树，“赤杨、白杨、香甜的丝柏”[①]，在秋季有愉快的收获、但难以贮藏的树，“梨树、安石榴树和果实艳丽的苹果树”[②]；还有野生和家养的各种动物，有些生活在气中，有些在地上，有些在水中，它们的生成、长大和灭亡，全都服从于神的法则；因为正如赫拉克利特说：“一切爬行动物都被他鞭打，驱赶到牧场”[③]。

【7】 神虽然是一，但依照他自己造成的不同影响，又有多个名称。我们把他称为芝那（Zena）和底亚（Dia），交替着使用这两个名称，仿佛我们说他是因为我们通过他（dia hon）而活着（zen）[④]。他也被称为克罗诺斯[⑤]的和时间的儿子，因为他从一个无限的时代[⑥]活到另一个时代。他也从自然现象中获得了下列名称——光神、雷神、气神、以太神、霹雳神、雨神等等。他也被称为丰收神和城邦神、和族神和家族神、亲属神和祖先神，因为他与这些有关系；他还叫做朋友神、友爱神和款待神、战争神和胜利神、洁净神和复仇神、祈求神和宠惠神，正如诗人们说，他是真正的救世主和拯救者。总之，他是天神和地[⑦]神，从一切自

①② 荷马：《奥德赛》，V，64；XI，589。

③ DK 残篇 11。

④ Zena 源于 zen，Dia 源于 dia hon。

⑤ Kronos。

⑥ aionos。

⑦ chthonios。

然的和技术的事物中得到名称；因为他是万物的原因。因此，《奥菲诗》[1] 中正确地宣称：

宙斯最先生出，
宙斯是最终的雷光之本；
宙斯是头领，宙斯是中心，
一切都从宙斯构成；
宙斯是地和星天之根； 401b
宙斯生出男子，宙斯是不朽的女人；
宙斯是万物的呼吸，
宙斯是不倦之火的开端；
宙斯是海之根，宙斯是太阳和月亮，
宙斯是王，
宙斯是万物之首和雷光之本；
他掩隐一切人，
又将他们带向快乐的光明；
从他圣洁的心中，造出诸多烦怨。[2]

我以为，“必然性”作为不可征服的原因，只是他的另一个称呼；“天命”则是由于他把事物束缚在一起，并无阻障地运动它们；“命定”则因为万物都是有限的，世上无物无限；“命运”源于万物的被分割；“报复”则出于对每一

---

① Orphikoi。

② 科恩（Kern），《奥菲诗残篇》，21[a]。

个的分派；“亚得拉斯提亚”[①]是依照本性不可避免的原因，“天意”则是永远存在的原因。关于“命运”女神和纺锭的故事，在某种意义上也有同样倾向；因为命运女神有三个，对应于被分开的不同时间，在锭子上的那部分生命之线已纺成，有一部分有待于纺，另一部分正在被纺。已纺成的相关于命运女神之一，即亚托洛波斯（Atropos），因为一切过去了的东西都是不可逆转的；将纺的属于拉赫色斯（Lachesis），因为依据自然而命定的运气在等待着万物；现在的则属于克罗梭（Klotho），安排每人特定的命运并纺线。这个故事讲完了，而且说得不错。

所有这些其实都只不过是神。正如思想高深、出身名门的柏拉图所说：“恰如古代的故事所讲的，神把持着存在万物的开端、终结与中间，以一条直线运动，合符自然地把它们引向完成；而且，总是追随着公正，惩罚一切达不到神圣法则的东西——使每个人从一开始就有它，假如他想分享宠赐的至福的话”[②]。

① 报复女神的名称之一。

② 见柏拉图：《法律》，715^{E}—716^{A}；730^{C}。柏拉图的原文是两段话，这里被合并到一起了。

后　　记

在《亚里士多德全集》第二卷即将出版之际，作为本卷译者，有以下几个问题需要加以说明。

（一）关于《论宇宙》的真伪问题。在本卷的五篇中，大多数学者认为，《论宇宙》不是亚里士多德自己真正的作品，而是后人的伪托之作。其理由主要有二。一是该篇的文体风格与亚里士多德其他作品中素来惯用的讲稿或论证体不一致。二是该篇的不少知识性细节，被认为不是亚里士多德及他生活的那个时代的人们所能掌握的。至于该篇的真正作者是谁，很难准确判定。对该篇写于什么年代的问题，学界意见不一，我们只能笼统地说，很可能成于公元1世纪到2世纪上半叶。

（二）关于《天象学》的译名问题。在我国，以前多把该篇译为《气象学》，这是受了现代西方语言的影响，因为英文就将其译为 meteorology。我们译为《天象学》，是基于词源和内容两方面的考虑。从词源上看，该篇原文为 meteorologika，是由 meteoros 与 logos 合成演变而来的。

meteoros 是形容词，其中性的复数名词形式为 meteora，指“气中的东西”，“天上的物体”等；logos 在这里作为学科性词尾，当“学说”、“理论”讲。所以，meteorologika 就是关于天体现象的学说，故译为天象学。从内容上看，该篇也不仅限于研究大气现象及原因，其范围要广泛得多。这一点，前面的正文已经表明，这里不赘述。

（三）必须说明，本卷是凝聚了众人智慧与心血的结晶。主编苗力田先生和编译组的秦典华、余纪元、颜一、喻阳、崔延强、李秋零、申明等人在译稿的校核、修改等方面提出过不少宝贵意见，并帮助译者做了很多工作。出版社的李淮春老师和沈小农、李艳辉等同志对本书给予高度重视和热情支持，并提供了不少具体帮助。没有他们及其他许多未提到名字的同志们的共同努力，本卷是不可能顺利完成的。借此机会，向他们表示我深深的谢意！

译 者
1991 年 10 月 9 日